2026~2027

대한민국
산업지도

2026~2027

투자자를 위한 업종별 투자 가이드

대한민국 산업지도

이래학 지음

경이로움

2025년 12월 현재 증시는 그 어느 때보다 뜨거운 상황이다. 새 정부 출범 직후 약 2,400대에 있던 코스피 지수가 불과 몇 개월 만에 4,000을 돌파하며 새 역사를 쓰고 있다. 이는 상법 개정에 따른 주주가치 제고 움직임이 본격화된 가운데 새 정부의 주식시장 활성화 기조에 대한 기대감이 영향을 미쳤기 때문이다. 여기에 미국의 금리 인하 및 세계 각국의 재정정책 드라이브가 리스크 선호 현상을 만들고 있으며, 메모리 반도체 호황이 시작된 점도 한몫했다. 이에 따라 국내외 증권사들의 코스피 지수에 대한 눈높이가 한층 올라간 상황이다. 10대 증권사들의 2026년 코스피 전망치는 대부분 4,000을 상회하며 5,000까지는 대부분 열어 놓았고, KB증권의 경우 장기적으로 7,500까지 제시하기도 했다. 외국계 증권사 역시 5,000~6,000까지 바라보고 있다. 역사적으로 1~2년 바짝 오르고 5년에서 10년간 박스권 흐름을 반복해 온 국내 증시의 현황을 잘 알고 있는 투자자라면 이번 기회를 놓치면 안 된다는 것을 뼈저리게 느낄 것이다.

코스피 지수 수익률에 만족한다면 인덱스 ETF를 사면 되지만, 초과 수익을 올리고 싶다면 단연 산업별 투자 포인트를 꿰고 있어야 한다. 주식은 미인 대회이기 때문이다. 내가 보기에 미인을 뽑는 것이 아니라 누가 보더라도 이견 없는 미인이 선출되는 대회이며, 그 수는 시장의 유동성에 따라 100명 중 30명일 수도, 5명에 불과할 수도 있다. 1~2종목에 투자하더라도 다른 여러 종목과 비교해 신중히 결정해야 하는 이유다.

앞으로 증시를 달굴 키워드는 AI와 지정학이며, 이 두 키워드는 독립적으로 작용하는 것이 아니라 연관되어 있다. MAGA(Make America Great Again의 약자로, 미국을 더 위대하게 만들겠다는 뜻의 슬로건)를 앞세운 미국이 중국과의 패권 전쟁에 우위를 점하기 위해 제조업 부활을 선언했는데, 이 중 가장 핵심이 AI다. 투자자들은 AI에 직접적인 수혜 산업으로 분류되는 반도체, 로봇, 소프트웨어 외에도 방산, 자동차, 헬스케어, 전력기기 등 다양한 후방 산업에 미치는 파급효과까지 고려해 투자에 나설 필요가 있다.

지정학적 측면에서, 바이든 시대에는 동맹국을 활용한 공급망 구축이 핵심이었으므로 미국에 공장을 짓는 국내 기업들에 인센티브 혜택을 주는 방식을 선호했다. 그러나 트럼프 2기 정부는 미국의 막강한 수입 파워를 활용해 모든 타국에 비용(관세)을 부과하는 제도를 실시하겠다고 선언했다. 이에 따라 미국 현지에 공장을 보유한 기업들이 반사이익을 볼 전망이다.

물론 미국에 공장을 짓는다고 무조건 성공을 보장하는 것은 아니며, 저숙련도 현지 인력 및 높은 인건비는 미국에 진출한 기업들이 해결해야 하는 과제다. 투자자는 이 부분을 잘 모니터링할 필요가 있다. 추가로 미국이 한국의 도움이 없이는 제조업 부활 및 중국 견제가 불가능한 산업도 존재하는데, 조선과 원전 건설이 대표적이다. 해당 산업은 관세 여부와 상관없이 구조적으로 수혜가 가능할 전망이다.

　반대로 미국 관세 이슈와 상관없는 산업도 존재하는데, 바로 K-콘텐츠 분야다. K-팝, K-드라마 영향으로 K-컬처에 대한 글로벌 확산세가 뚜렷하다. 1차적으로 엔터테인먼트와 K-콘텐츠를 만드는 제작사가 수혜를 받겠지만, 한국에 대한 관심 증가로 방한 관광객이 늘어나는 현상에도 주목해야 한다. 이에 따라 호텔, 카지노 섹터 역시 호황을 누릴 것으로 예상되며 K-뷰티에 힘입은 화장품 수요도 확산될 전망이다. 물론 방금 언급한 증시의 주도 키워드는 언제든지 상황에 따라 달라질 수 있다. 때문에 투자자들은 본 서적에 나와 있는 산업의 개요와 특징, 그리고 투자 포인트까지 잘 살펴보고 내가 투자하는 주식에 미치는 영향을 곰곰이 생각한 후 투자 판단을 내리길 권고한다.

　첫 번째 서적부터 그랬지만, 여전히 업종 분류 기준에 대한 어려움이 존재한다. 회사가 속한 산업을 기준으로 하되 어떤 기업들과 군집을 이뤄 밸류에이션을 부여받고, 주가가 동행하는지 투자 직관적인 부분을 종합적으로 반영했다. 가령 글로벌 K-뷰티 역직구 몰을 운영 중인 '실리콘투'는 업태로 보면 유통업에 속하지만, 실제 화장품 기업들과 투자 포인트가 같고 주가 흐름, 밸류에이션 역시 화장품 기업과 유사하므로 본 서적에선 화장품 산업으로 분류했다. 반대로 두산에너빌리티, 한국전력은 증시에서 명실상부한 원전 대장주로 평가받고 있지만 따로 '원전' 섹터는 분류하지 않았다. 이유는 대부분 원전 산업을 하는 기업들은 석유화학, 신재생 등 다양한 발전소 및 관련 기자재를 생산하고, 특히 원전 관련 매출이 의미 있게 나오는 기업들은 드문 상황이기 때문이다. 따라서 관련 기업들 대부분은 각기 다른 산업으로 분류했다.

　2,230여 개에 달하는 기업들을 두고 하나하나 고민하며 산업 분류를 했지만 한계는 분명 존재한다. 이 부분은 독자들이 감안하고 읽을 필요가 있으며, 도무지 분류가 적절하지 않다고 생각되면 출판사로 연락을 주기 바란다. 부

디 이 책이 2027년까지 투자자들의 성공 투자에 큰 도움이 되기를 바란다.

사실 산업분석 시리즈는 지난 버전(『2024~2025 대한민국 산업지도』)을 끝으로 막을 내릴 뻔했다. 500쪽에 달하는 대한민국 전 산업의 내용을 업데이트하는 것이 도무지 엄두가 나지 않았기 때문이다. 『2026~2027 대한민국 산업지도』가 완성되기까지 큰 도움을 준 경이로움 출판팀, 늘 존재만으로 힘이 되는 사랑하는 아내와 예예남매에게 고맙다는 인사를 전하며 이 모든 것을 주관하신 하나님께 감사드린다.

이래학

목차

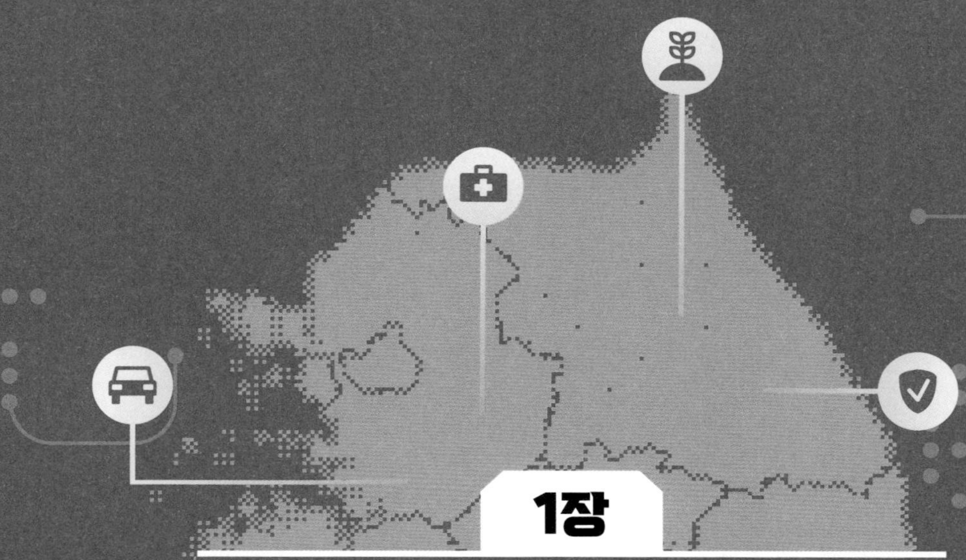

인프라·필수소비재

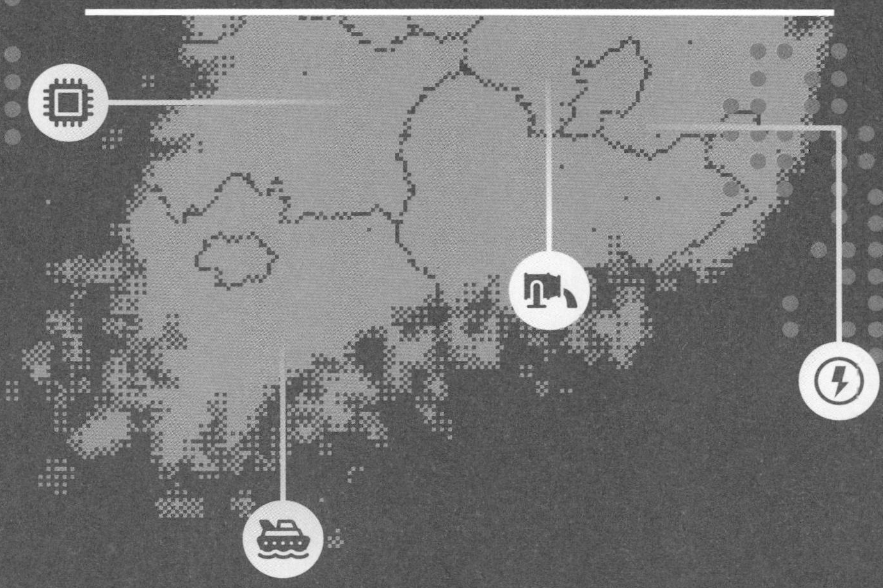

에너지

에너지 산업은 전기, 가스 등 각종 에너지 자원을 필요한 곳에 공급하거나 에너지 공급에 필요한 기자재, 에너지 생성에 필요한 각종 기기를 만드는 기업을 포함하는 산업이다. 에너지 산업 분야에 속한 기업은 총 66곳으로 시가총액 기준으로 주식 시장에서 차지하는 비중은 3.9%다.

에너지 산업은 크게 전기·가스·난방 에너지, 전기 인프라, 친환경 에너지로 구분한다. 이 중 최근 몇 년 간 증시에서 눈부신 성장을 보여준 것은 전기 인프라 섹터다. 전기 인프라에 속한 전력기기 업체들은 2024년부터 눈부신 성장을 보였다. 미국에서 노후화된 전력망 교체 사이클이 도래한 가운데 챗GPT의 탄생으로 빅테크들의 AI 투자 붐이 일면서 전력 인프라 투자가 대폭 늘었다. AI는 '전기 먹는 하마'라고 비유될 정도로 전기를 많이 사용한다. AI

학습 과정에서 대규모 데이터센터가 필요하고 추론 과정에서 복잡한 연산과 실시간 처리에 막대한 전력을 소비하기 때문이다. 특히 변압기 등 일부 전력기기의 경우 미국 공급망 중 대한민국이 사실상 유일하게 때문에 수혜를 톡톡히 보았다. 따라서 효성중공업, LS 일렉트릭, HD현대일렉트릭 등 전력기기 대표 업체들의 실적도 급증했으며 주가도 크게 올랐다.

트럼프 2기 행정부는 2025년 7월 'AI 행동 계획'이란 행정명령을 통해 미국 내 AI, 데이터센터, 전력망에 대한 대대적인 투자를 강조하고 있어 향후 미국의 전력망 투자는 여전히 핵심으로 자리할 것으로 보인다.

전기·가스·난방 에너지

1. 전기·가스·난방 에너지 산업의 개요와 특징

사람이 살아가면서 아무리 절약한다 하더라도 반드시 지출해야 하는 고정비 항목이 있다. 바로 의식주와 연결된 생활 필수 공공재, 즉 전기, 가스, 수도 같은 기초 에너지 요금이다. 특히 에너지는 인간다운 삶의 기본 인프라이기 때문에 정부의 직접 개입 아래 공공기관 주도의 독점적 공급 체계로 운영된다. 한국전력공사, 한국가스공사, 한국지역난방공사 등은 각각 전기, 가스, 지역난방을 공급하는 대표적인 공기업이다.

전기 에너지의 공급은 한국전력이 전국 단위의 유통을 담당하고 있으며, 2024년 기준 전국 전력 소비량(전력생산+소비)은 약 595.6TWh에 이른다. 전력 공급은 여전히 석탄화력·가스복합·원자력·신재생에너지가 혼합된 구조이며, 탄소중립 정책 및 RE100(Renewable Energy 100%의 약자로 기업이 사용하는 전력량의 100%를 2050년까지 재생에너지로 충당하겠다고 약속하는 글로벌 캠페인) 확산에 따라 재생에너지 비중 확대가 산업계 전체의 과제로 떠올랐다.

가스 에너지는 한국가스공사가 천연가스를 수입해 도매로 공급하고, 이후 지역 도시가스사들이 이를 소매 형태로 공급하는 구조다. 2025년 전국 약 34개 도시가스사가 운영 중이며, 공급 가구는 약 1,800만 가구를 넘어섰다. 한국가스공사는 주로 카타르, 미국, 호주, 말레이시아 등으로부터 LNG를 수입하고 있으며, 이에 따라 국내 가스 요금 체계는 국제 가스 가격에 따라 탄력적으로 조정된다.

한국가스공사를 통하지 않고 직접 LPG(액화석유가스)를 수입해 공급하는 민간 기업도 있다. SK가스, E1 등이 직접 수입한 LPG를 국내에 유통하고 있으며, 산간 지역, 농어촌, 소형상업용 수요처 중심으로 공급되고 있다. 특히 친환경 연료로 주목받는 LPG 기반 하이브리드 보일러, 차량용 LPG, 캠핑 수요 등 틈새시장에서의 활로 개척이 활발하다.

지역난방은 한국지역난방공사와 서울에너지공사 등 공공기업 중심의 집중 열공급 체계를 기반으로 하며, 주로 신도시 대단지 아파트나 산업단지, 공공기관 단지 등에 공급되고 있다. 지역난방은 기존 개별난방에 비해 에너지 효율이 높고, 온실가스 배출이 적은 점에서 환경친화적이다. 2025년 약 400만 세대가 지역난방을 이용 중이며, 집단에너지 확대 정책과 연계한 공급망 확장이 계속되고 있다.

2025년 에너지 산업의 주요 화두는 단연 에너지 전환과 ESG(환경·사회·지배구조) 경영 강화다. 전기와 가스요금의 공적 통제 기능은 여전히 유지되지만, 에너지 원가 상승, 글로벌 공급망 불안, 고탄소 배출 규제 등의 요인이 가격과 수급 안정성에 영향을 미치고 있다. 이에 따라 한국전력은 전기요금 원가 연동제(전기를 만드는 데 들어가는 연료비의 변동분을 반영하는 제도)를 일부 복원하며, 재무 구조 개선과 재생에너지 구매 확대를 병행 중이다. 한국가스공사 역시 국내 LNG 인프라 고도화와 탈탄소 연료 혼합 기술 개발에 힘을 쏟고 있다.

또한, 2024년부터 정부 주도의 '에너지캐시백' 제도가 전국 단위로 확대 시행되며, 전기·가스 절약을 유도하는 에너지 소비자 참여형 모델이 확산되고 있다. 가구 단위의 에너지 절감 실적에 따라 금전적 인센티브가 지급되며, 이는 전력 수요 관리 수단으로도 기능한다.

2. 전기·가스·난방 에너지 기업의 투자 포인트

1) 수익 구조

한국전력이 생산하는 전기의 주요 원재료는 유연탄, LNG(액화천연가스), 벙커C유 등이다. 모두 수입에 의존하는 품목이어서 환율, 국제 에너지가 가격이 오르면 동반 상승하는 경향이 있다. 한국가스공사가 공급하는 천연가스도 국제 유가 같은 에너지 가격에 영향을 받는 편이다. 따라서 국제 유가가 오르면 전기나 가스를 생산하는 기업의 원료 부담은 가중될 수밖에 없다.

한국전력의 전기요금은 원칙적으로 총괄원가제 기반이다. 즉, 전기 생산·공급에 들어가는 모든 비용과 투자자산에 대한 적정 수익을 보전 받는 구조로, 한국전력이 요금을 산정해 산업통상자원부에 신청하면 기획재정부와 협의를 거쳐 최종 승인되는 방식이다. 맹점은 전기요금의 최종 결정자가 정부라는 것이다. 2021년 1월부터 연료비 연동제가 도입되어, 국제 연료 가격 변동이 분기마다 전기요금에 반영되는 체계가 마련되었다. 다만 연료비 조정은 분기별로 ±5원/kWh 이내에서만 이루어지며, 물가 부담 등의 이유로 정부가 승인을 미루는 경우가 많다.

가스요금 역시 비슷한 현실이다. 가스요금은 한국가스공사가 수입한

LNG 가격을 기준으로 원료비를 산정한다. 전기요금과 차이점이 있다면 민수용의 경우 2개월 주기로 반영하고, 산업용의 경우 매월 요금에 반영하는 구조다. 다만 산업통상자원부와 기획재정부의 승인 없이는 조정이 불가능하다. 실제 2022년, 2023년 고유가 시대 민수용 가스요금이 동결되어 한국가스공사의 미수금과 차입금이 크게 증가한 바 있다. 이런 이유로 실제 한국전력, 한국가스공사 등 유틸리티 기업들의 수익성은 에너지 가격이 하락할 때 개선된다.

2) 정부의 정책

전기나 가스 에너지는 필수공공재인 만큼 수요는 꾸준하지만 담당 기업의 성장성은 제한적이다. 매출액이 증가하기 위해서는 판매량과 요금이 올라야 한다.

먼저 판매량 측면에서 살펴보면 우리나라 산업화의 정도, 인구구조 특성상 앞으로 판매량이 늘어날 가능성은 낮다. 기대를 걸어볼 만한 것은 요금인데, 이마저도 쉽지 않다. 전기, 가스, 수도 요금은 공공재적 특성 때문에 가격 인상 과정에서 국민의 강한 저항을 넘어서야 하기 때문이다. 다만 장기적으로 전기요금은 올라갈 가능성이 있다. 정부는 AI 산업 육성을 위해 데이터센터 확충, 재생에너지 확대, 송배전 인프라 투자를 추진할 계획이다. 투자의 주체는 한국전력이며, 연간 수조 원에 달하는 재원 마련을 위해선 전기요금 인상이 불가피하기 때문이다.

이재명 정부는 2023년 기준 30GW 내외였던 재생에너지 설비 용량을 2030년 78GW, 2038년 122GW 수준으로 확대할 계획이다. 또한 2030년까지 서해안 에너지 고속도로 건설을 완료해 남서해안 해상 풍력에서 발전된 20GW 규모 전기를 주요 산업지대로 송전하고, 2040년까지는 서해안부터 남해안, 동해안, 제주까지 한반도 전 지역을 연결하는 U자형 에너지 고속도로를 구축한다는 계획을 갖고 있다.

전기 인프라

1. 전기 인프라 산업의 개요

전기는 발전소에서 생산되어 송전, 변전, 배전 과정을 거쳐 최종 소비자에게 전달된다. 송전은 발전소에서 고압으로 전기를 보내는 단계, 변전은 고압을 저압으로 바꾸는 단계, 배전은 변전소에서 가정·산업체 등으로 전기를 공급하는 단계다. 이 과정에는 송배전선, 변압기, 개폐기, 계량기, 배전반 등 다양한 기자재가 필요하다.

전기 인프라는 전형적인 SOC Social Overhead Capital (사회간접자본) 산업이기 때문에 정부 예산 및 에너지 정책 방향에 민감하게 반응한다. 예를 들어 2024년부터 시행된 탄소중립형 국토계획 가이드라인에 따라 신재생에너지 연계형 송배전망 구축이 활발해지면서, 관련 인프라 기업들도 재생에너지 계통 연계 기술에 투자를 확대하고 있다.

과거 전력 인프라 산업은 선진국에서는 성숙기, 개발도상국에서는 성장기 산업으로 분류되었다. 한국의 경우 이미 20세기 말에 전국에 전력망이 깔리며 성숙기 산업에 진입했다. 하지만 2025년 현재, 이 산업은 100년 만의 '슈퍼 사이클'을 맞이하고 있다는 것이 시장의 중론이다. 데이터센터로 대표되는 AI 혁명이 폭발적인 전력 수요를 유발하고 있으며, 수십 년간 방치되었던 노후화된 전력망 교체 수요가 동시에 폭발하고 있기 때문이다. 이에 따라 미국, EU, 중국 등 전 세계가 대대적인 전력망 투자에 나서고 있다. 국제에너지기구[IEA] 보고서에 따르면, 전 세계 에너지 투자 규모가 2025년에 사상 최대치인 약 3조 3,000억 달러에 달할 것으로 예상된다.

이러한 투자는 지역별로도 구체화되고 있다. 미국은 인플레이션 감축법[IRA](바이든 행정부의 서명으로 발효된 기후변화 대응 및 의료보험 확대 내용을 담은 법안)에 포함된 전력망 현대화 예산과 더불어, AI 데이터센터 구축을 위한 민간 테크 기업들의 막대한 투자가 집행되고 있다. 유럽의 경우, 배전망의 약 40%가 40년 이상 노후화되어 현대화가 시급하며, 이에 유럽연합은 2030년까지 전력망 투자에 약 5,840억 유로가 필요하고, 이 중 배전망에만 평균 약 4,000억 유로의 투자가 필요할 것으로 추산하고 있다. 중국 역시 '14차 5개년 계획(2021~2025)'에 따라 신형 인프라 구축의 일환으로, 약 1조 5,000억 위안(약 280조 원) 이상을 초고압[UHV] 송전망과 재생에너지 연계에 투자하고 있다. 한국도 정부의 '제11차 송·변전 설비 계획'에 따라 2024년부터 2038년까지 약 72조 8,000억 원을 투자해 송전선로 등 설비를 확충할 계획이며, 이는 반도체 클러스터와 같은 첨단 산업단지의 막대한 전력 수요 및 신재생에너지 확대를 뒷받침하기 위한 필수적인 투자다.

글로벌 전력 인프라 시장은 GE 버노바[GE Vernova](미국), 지멘스 에너지[Siemens Energy](독일), 미쓰비시 파워[Mitsubishi Power](일본) 등으로 구성되어 있다. 이들이 글로벌 가스터빈·초고압 송전 기기 시장의 90%를 점유해 왔다. 그러나 최근 몇 년간 공급망 차질, 납기 지연, 적자 누적 문제가 발생하면서 발주처가 납기를 맞출 수 있는 새로운 공급자를 찾는 수요가 커지고 있다.

이 지점에서 한국 기업들이 강력한 대안으로 부각되고 있다. 투자자들이 주목해야 할 핵심은 바로 '납기'다. 효성중공업, HD현대일렉트릭, LS일렉트릭 등 국내 기업들은 초고압 변압기, 가스절연개폐기, 그리고 장거리 송전의 핵심 기술인 초고압직류송전 기기 등에서 품질이 검증되었을 뿐 아니라, 무엇보다 리드타임이 글로벌 메이저 기업들(2~3년 이상)보다 획기적으로 짧은 1년 내외에 불과해 글로벌 발주 물량을 빠르게 확보하고 있다.

2. 전기 인프라 기업의 투자 포인트

투자자들이 가장 주목해야 할 시장은 단연 미국이다. 딜로이트[Deloitte]는 2025년부터 2030년까지 미국 전력 부문에만 총 1조 4,000억 달러(약 1,870조 원)의 막대한 투자가 필요할 것으로 예상했다. 이는 지난 12년간 투자된 금액과 맞먹는 규모다. 이러한 투자의 핵심 동력은 바로 AI 혁명이다. 블룸버그NEF는 2024년 약 20GW였던 미국 데이터센터의 전력 소비가 2035년에는 78GW로 증가해, 미국 전체 전력 수요의 8.6%를 차지할 것으로 예측했다. 이는 막대한 전력망 증설 없이는 감당할 수 없는 수준이다.

이 거대한 시장의 수혜가 2024년부터 한국 기업들에 집중되고 있다. 여기에는 세 가지 복합적인 이유가 작용한다. 첫째, 미중 패권 갈등으로 인해 미국이 '보안상 위험'을 이유로 자국 에너지부[DOE]를 중심으로 중국산 전력기기 수입 규제를 강화한 것이 결정적이었다. 둘째, AI 데이터센터나 반도체 공장을 짓는 미국 테크 기업들은 이미 한국산 장비에 익숙하며, 초고압 변압기부터 배전반, 차단기, ESS까지 일괄 공급이 가능한 한국 기업들을 선호한다. 셋째, 유럽이나 미국의 메이저 기업들보다 가격 경쟁력이 있으면서도 기술 신뢰성을 확보했고, 무엇보다 이들보다 압도적으로 빠른 '납기'를 제공할 수 있다는 점이 시장을 장악하는 비결이 되었다. 따라서 투자 관점에서는 미국향 수출 비중이 확대되는 기업이나, 미국 현지에 공장을 두고 있어 상호관세 영향에서 자유로운 기업에 주목할 필요가 있다.

물론 본업에서 갈고닦은 기술을 활용해 미래 성장 산업에 진출한 기업도 눈여겨볼 필요가 있다. LS전선은 전선 기술을 활용해 전기차의 핵심 부품인 구동모터용 권선捲線 사업에 진출했으며, 효성중공업은 그룹 차원에서 수소를 미래 성장동력으로 삼고 수소 충전소 건설에 박차를 가하고 있다. 또한 AI와 노후 전력망 교체 수요가 비단 미국만의 이슈는 아니므로, 산업화가 진행 중인 동남아시아, 중동 등 신흥국 시장에 집중하는 기업 역시 주목할 만하다.

한편, 전선 및 전력기기 기업의 실적을 분석할 때 반드시 고려해야 할 변수는 구리 가격이다. 전선 원재료의 60~70%는 전기동이 차지하기 때문이다. 일반적으로 전선 업계는 판매 가격을 구리 가격에 연동해 정한다. 따라서 구리 가격이 올라가면 판매가 역시 상승하며 단기적으로 매출(외형)이 증가하는 효과가 나타난다. 다만, 구리 가격의 급격한 변동은 원가 부담이나 재고 평가 손익으로 이어질 수 있어, 안정적인 원자재 관리 능력 또한 기업의 핵심 경쟁력으로 평가된다.

친환경 에너지

1. 친환경 에너지 산업의 개요

친환경 에너지는 통상적으로 온실가스(특히 이산화탄소) 배출이 없거나 매우 적은 에너지를 의미한다. 태양광, 풍력, 수소, 바이오 연료 등이 대표적인 친환경 에너지로 분류되며, 수소 및 바이오 연료는 생산 과정의 온실가스 배출 정도에 따라 '친환경' 여부가 달라질 수 있다. 이 책에서는 친환경 에너지를 저장하거나 생산하는 데 필요한 각종 기자재를 만드는 기업을 한데 묶었다.

전 세계적으로 탄소중립^{Net Zero} 실현이 정책 목표로 설정되면서 친환경 에너지는 에너지 산업의 중심으로 부상했다. 2024년 기준 100여 개국이 2050년 탄소중립 목표를 선언했으며, 이를 달성하기 위한 중간 단계로 재생 에너지 비중 확대와 에너지 구조의 전환이 진행되고 있다. 특히 유럽은 리파워EU^{REPowerEU}, 일본은 GX(녹색전환) 정책을 통해 풍력, 태양광, 수소, SMR(소형모듈원전) 등에 대규모 투자를 이어가고 있다.

주요 선진국의 탄소중립 실현을 위한 온실가스 감축 목표

구분	온실가스 감축	에너지 효율	재생에너지
독일	2030년까지 65% 감축 2045년까지 탄소중립 달성	2030년까지 1차 에너지 소비 24% 감축 (2008년 대비)	2030년까지 전력 소비의 80%를 재생에너지로 충당
일본	2030년까지 46~50% 감축 (2013년 대비)	'제7차 에너지 기본계획'에 따라 전 부문의 에너지 효율 개선 의무화	2030년까지 전체 발전량의 36~38%를 재생에너지로 충당
영국	2030년까지 최소 68% 감축 2035년까지 78% 감축 (1990년 대비)	'에너지 안보 전략'을 통해 원자력, 해상풍력 등 무탄 소 에너지원 확대에 집중	2035년까지 모든 전력을 무탄소 전원으로 충당 (100% 탈탄소화)
프랑스	2030년까지 최소 55% 감축 (1990년 대비, EU 공동)	2030년까지 최종 에너지 소비 40% 감축 (2012년 대)	2030까지 최종 에너지 중 32%,

출처: 산업통상자원부

미국은 바이든 행정부 시기(2021~2024년)에 인플레이션 감축법을 중심으로 태양광·풍력·수소·배터리 등에 적극적인 보조금과 세제 혜택을 제공하며 글로벌 재생에너지 투자 흐름을 주도했다. 그러나 2025년 출범한 트럼프 행정부는 정책 축을 재생에너지 중심에서 에너지 믹스 안정성(가스·원자력 강화)으로 옮기고 있다. 일부 재생에너지 지원 프로그램은 축소·조정되고, 대신 전력망 확충과 데이터센터 전력 수요 대응을 위한 송전망·가스발전·원전 분야 지원이 강화되는 추세다. 다만 SMR은 초당파적 지원 분야로, 여전히 미국 내 투자가 유지되고 있다.

한국의 정책 방향 또한 2025년 이재명 정부는 '에너지 대전환'을 핵심 국정 과제로 설정, 기존의 에너지 믹스 논의를 넘어 RE100을 장기 목표로 제시하며 강력한 정책 드라이브를 걸고 있다.

1) 풍력 에너지

풍력발전은 바람의 운동 에너지를 전기 에너지로 변환하는 방식이다. 블레이드 Blade가 회전하면서 생기는 기계적 에너지를 발전기가 전기 에너지로 바꾸는 구조로, 친환경 에너지 중에서도 기술 성숙도가 높은 편이다. 풍력발전기의 구성 요소는 크게 풍력발전기를 지지해 주는 타워, 바람 에너지를 회전 운동 에너지로 변환해 주는 블레이드, 운동 에너지를 전기 에너지로 전환하는 발전기로 구분할 수 있다. 증시에서는 풍력발전기 구성품을 만드는 기업과 구성품으로 풍력발전기 및 시스템을 구축하는 기업으로 나뉜다.

2025년 기준, 글로벌 풍력발전 산업은 미국·유럽·중국 기업이 시장을 주도하고 있다. 덴마크의 베스타스 Vestas, 독일의 지멘스 가메사 Siemens Gamesa, 중국의 골드윈드 Goldwind와 엔비전 Envision, 미국의 GE가 상위권을 차지하고 있으며, 대부분이 육상풍력과 해상풍력을 함께 다루고 있다. 글로벌 풍력에너지협의회 GWEC에 따르면 2024년 전 세계 신규 풍력 발전 설치용량은 131GW, 2025년엔 138GW가 될 전망이다. 2030년엔 194GW가 신규 설치되어 연평균 8.8% 증가할 것으로 내다본다.

국내에도 일찍이 HD현대중공업, 삼성중공업, 한화오션 등이 풍력발전 시장에 뛰어들었지만, 산이 많고 국토가 좁은 우리나라의 지리적 특성상 풍력발전 시장이 성장하기란 쉽지 않았다. 이에 따라 정부와 업계는 해상풍력에 집중하고 있다. 산업통상자원부는 전력수급기본계획을 통해 2030년까지 해상풍력 14.3GW 보급 목표를 유지하며, 경쟁입찰 및 해상풍력특별법 도입을 통한 제도적 기반 강화와 인허가 절차 간소화를 추진하고 있다. 2025년 기준 국내 해상풍력 누적 설치용량은 0.32~0.35GW 수준이나, 정부는 서남해와 제주 권역을 중심으로 대규모 집적화 단지 개발 및 민간 참여 확대에 총력을 기울이고 있다.

관련 기업으로는 두산에너빌리티(터빈), 씨에스윈드(타워), SK오션플랜트

(하부구조물), 유니슨, 효성중공업 등이 있다. 반면 풍력발전기 구성품을 만드는 기업은 수출을 중심으로 선전하고 있다. 씨에스윈드가 대표적이다. 씨에스윈드는 중국을 제외한 글로벌 풍력발전타워 시장에서 글로벌 1위(2025년 3월 기준 점유율 약 17%)를 유지하고 있다.

2) 태양광 에너지

태양광발전은 태양의 빛 에너지를 반도체 재료에 흡수시켜 전기로 전환하는 발전 방식이다. 설치가 간편하고 발전 단가가 빠르게 낮아지고 있어, 가장 빠르게 성장 중인 재생에너지로 꼽힌다. 국제에너지기구에 따르면 2024년 세계 태양광 신규 설치량은 약 420~450GW로, 전년 대비 약 20% 급증했으며, 2030년까지 연간 약 600GW 수준으로 확대될 전망이다.

태양광발전 산업의 밸류 체인은 업스트림, 미드스트림, 다운스트림으로 나뉜다. 업스트림은 태양전지의 소재를 제조하는 과정이다. 기초 소재인 폴리실리콘을 가공해 잉곳(규소봉), 웨이퍼를 만든다. 잉곳, 웨이퍼라는 용어에서 알 수 있듯이 태양광발전은 반도체를 제조하는 과정과 유사하다. 미드 스트림은 실리콘 웨이퍼로 실제 태양전지 셀, 모듈을 만드는 과정이다. 웨이퍼를 가공해 만든 셀끼리 접합하면 모듈이 완성된다. 마지막으로 다운스트림은 가정, 산업단지 등에 태양광 모듈을 설치해 태양광발전소를 세우는 과정이다. 국내 상장사 중 업스트림에서는 OCI가, 미드스트림과 다운 스트림에서는 한화솔루션이 대표적인 기업이다.

글로벌 태양광 밸류 체인은 대부분 중국 기업이 장악하고 있다. 국제에너지기구 및 시장조사 기관들의 분석에 따르면, 2022년 기준 중국 기업들의 폴리실리콘(태양광 패널을 만드는 기초 원재료) 생산 점유율은 약 76%였으나, 2025년에는 90% 이상으로 더 높아진 것으로 추정된다. 잉곳과 웨이퍼 부문은 이미 2022년에도 각각 95%와 96%를 차지했으며, 2025년 이와 유사한 점유율을 유지하고 있다. 셀 부문은 2022년 86% 수준에서 2025년에는 95%를 상회하는 수준으로 확대되었으며, 모듈 부문 역시 80% 수준에서 여전히 강한 지배력을 보이고 있다.

이처럼 중국이 태양광 밸류 체인의 거의 모든 생산 단계에서 독점적 지위를 공고히 하고 있기 때문에 미국을 포함한 다수의 국가들은 여전히 중국산 제품에 대한 의존을 피하기 어렵다. 이러한 공급망 구조 속에서 한국 기업들은 미국 내 현지 생산기지 설립을 통한 우회 전략을 적극 추진 중이다. 한화솔루션은 미국 조지아주에 태양광 셀·모듈 일관 생산시설을 운영 중이며, OCI홀딩스는 말레이시아에서 폴리실리콘을 생산해 글로벌 수요에 대응하고 있다. 또한 LS일렉트릭, HD현대에너지솔루션, 신성이엔지 등도 태양광 부품 또는 EPC 사업에 집중하고 있다.

국내 시장은 국토 면적 제한, 수요지 근접성 등의 한계로 대규모 태양광 개발보다는 건물 지붕형, 산업단지 연계형 등 분산형 발전 모델이 증가하고 있다. 신규 설치는 2025년 상반기 기준 전년 동기 대비 61% 증가하며 2년간의 감소세를 반전시켰으나, 연간 기준으로는 3.0GW 내외로 2020년 대비 낮은 수준이다.

3) 수소 에너지

만약 지구에서 가장 풍부한 자원인 물에서 무한정으로 친환경 에너지를 뽑아낼 수 있다면, 그 에너지원은 다름 아닌 수소다. 이처럼 수소는 지역적 편재성이 없으며, 탄소배출량이 없고, 고압의 기체나 액체 수소 형태로 저장할 수 있다는 장점이 있다. 따라서 에너지 자립도가 낮은 국가에서 차세대 에너지원으로 활용하기 좋다.

수소는 생산 방식에 따라 크게 개질수소, 부생수소, 수전해 방식으로 구분된다. 개질수소는 석유, 석탄, 천연가스 등 화석연료를 이용해 직접 수소를 생산하는 것이다. 생산 과정에서 탄소가 발생하기 때문에 친환경이라고 볼 수 없다. 부생수소는 석유화학 공정이나 제철 공정에서 부수적으로 발생하는 수소에 촉매 반응을 이용해 정제시킨 후 생산하는 것이다. 이 역시 결과적으로 탄소를 배출하는 공정으로 수소를 얻으므로 친환경적인 수소 생산 방식은 아니다. 가장 이상적인 수소 생산 방식은 수전해 방식이다. 물을 전기분해를 통해 수소와 산소로 분리해 수소를 얻는 방식이다.

생산 과정에 따라 만들어지는 수소를 구별해 표현하는데, 생산 과정에 이산화탄소를 배출하면 그레이수소, 이때 이산화탄소를 포집·저장하면 블루수소, 수전해 방식으로 생산하면 그린수소로 분류한다. 그린수소가 가장 친환경적인 수소이며, 수전해 방식은 지금도 발전단가가 부생수소 및 개질 수소보다 높지만, 꾸준한 기술 개발로 낮아질 것으로 보인다.

2025년 기준 세계 각국은 수소 에너지 확산을 위해 청정수소 로드맵을 적극적으로 추진 중이다. 미국 에너지부는 인플레이션 감축법에 따라 95억 달러를 투입해 7개의 청정수소 허브를 구축하고 있으며, 수전해 기반 그린수소 생산단가를 2030년까지 1달러/kg으로 낮추는 목표를 설정했다. EU는 2030년까지 역내 생산 1,000만 톤, 역외 수입 1,000만 톤의 청정수소 확보 계획을 수립했다. 한국 정부도 '제1차 수소경제 이행 기본계획'을 통해 2036년까지 수소 생산 550만 톤, 수소발전 비중 7.1% 목표를 제시했다.

다만 문재인 정부 때 확립된 수소 산업 육성 계획은 윤석열 정부를 거치며 뒷전으로 밀렸다. 새로 들어선 이재명 정부도 수소보단 태양광, 풍력에 치중하면서 국내 수소 산업은 소강상태에 있다. 현대자동차가 야심 차게 선보인 수소 연료 전지차 '넥쏘'도 판매량 부진에 빠지면서 증시에서 수소 밸류 체인 역시 소외되어 있는 상태다. 다만 해외 시장에서 돌파구를 찾은 기업의 경우 차별화된 주가 흐름을 보이고 있다.

국내 수소 관련 기업으로는 연료전지 분야의 두산퓨얼셀, 범한퓨얼셀, 비나텍 등이 있으며, 대기업 계열로는 SK, 효성, 포스코홀딩스, 현대자동차 그룹이 수소 생산·저장·운송·활용 전반의 밸류 체인에 진입해 있다.

4) 원자력 에너지

우라늄의 핵분열이 일어날 때 나오는 에너지를 이용해 전기를 생산하는 것을 원자력발전이라 한다. 화력발전은 화석연료를 태운 열로 물을 끓일 때 나오는 중기의 힘으로 터빈을 돌려서 전기를 생산하는데, 이와 같은 원리다. 원자력발전소(이하 원전)는 화석연료를 태우는 대신 우라늄을 핵분열시켜 열을 만들어 낸다는 차이점이 있다. 원자력이 지구상에 존재하는 가장 강력한 에너지원인 만큼 원자력의 에너지 효율은 높은 편이다.

　2025년 기준 원자력은 전 세계적으로 '가장 현실적인 친환경 에너지원'으로 재평가받고 있다. 국제에너지기구, 산업부 등의 최신 분석에 따르면, 신규 원전의 균등화발전비용^{LCOE}(발전소에서 생산하는 전력^{kWh}당 소모되는 비용)은 태양광이나 풍력 대비 여전히 가장 낮거나 대등한 수준으로 나타난다. 더욱이 태양광과 풍력은 날씨와 시간에 의존하는 '간헐성'이라는 치명적 한계가 있지만, 원전은 24시간 안정적인 '기저 전력'을 공급할 수 있다. 이러한 특징은 2022년 러시아-우크라이나 전쟁으로 유럽이 극심한 전력 부족을 겪으면서 에너지 안보의 핵심으로 다시금 부각되었으며, AI 데이터센터가 요구하는 막대한 전력을 감당하고 '탄소중립' 목표를 달성하기 위한 가장 현실적인 대안으로 각광받고 있다.

　이러한 인식의 전환은 글로벌 정책의 'U-턴'을 이끌어냈다. 탈원전을 선언했던 유럽 주요국조차 기존 원전의 수명 연장을 재검토하고 있으며, 프랑스, 영국, 스웨덴 등은 대규모 신규 원전 건설 계획을 발표하며 원자력 중심의 에너지 정책으로 회귀하고 있다. 미국 역시 2025년 출범한 트럼프 행정부가 '에너지 믹스 안정성'과 '미국 원자력 산업 부흥'을 전면에 내세우며, 기존 원전의 수명 연장과 차세대 SMR 개발에 대한 초당파적 지원을 강화하고 있다. 이러한 흐름은 전 세계적인 현상으로, 국제원자력기구[IAEA]의 최신 데이터에 따르면 2024년 말 기준 전 세계 32개국에서 417기의 원자로가 가동 중이며 총 377GW의 설비용량을 보유하고 있다. 투자자들이 주목할 점은, 수십 년간 정체되었던 신규 원전 건설 프로젝트가 전 세계적으로 다시 활발하게 발주되기 시작했다는 것이다.

2025년 현재, 이 거대한 대형 원전을 실제로 시공할 수 있는 국가는 사실상 5개국(미국, 프랑스, 러시아, 중국, 한국)으로 압축된다는 점이다. 하지만 이들 사이의 경쟁력은 명확히 갈린다. 미국과 프랑스는 기술적 신뢰도는 높으나 자국 내 시공 지연과 막대한 비용 상승 문제를 겪어왔다. 러시아와 중국은 가격 경쟁력은 높지만, 러시아-우크라이나 전쟁과 미중 패권 갈등으로 인해 서방 국가들이 선택하기 어려운 '지정학적 리스크'를 안고 있다.

이 지점에서 한국의 독보적인 경쟁력이 부각된다. 한국은 UAE 바라카 원전 프로젝트를 통해 '약속된 공기(납기)와 예산 내에 가장 신속하고 정확하게' 원전을 건설할 수 있는 현존 유일의 시공 능력을 입증했다. 또한 미국, 유럽 등 서방 국가들이 안심하고 맡길 수 있는 '신뢰할 수 있는 파트너'라는 지정학적 이점까지 보유하고 있어, 글로벌 원전 시장에서 가장 유력한 공급자로 떠오르고 있다.

다만, 원전 수출은 막대한 자본과 10년 이상의 장기간이 소요되는 국가의 초대형 프로젝트다. 따라서 정부의 강력한 외교적 지원을 바탕으로 한국전력이나 한국수력원자력이 주계약자 및 프로젝트 전반의 운영을 책임지며, 두산에너빌리티가 원자로 등 핵심 주기기를 제작하고 현대건설, 삼성물산 등이 시공을 담당하는 '팀 코리아' 구조로 진행되는 것이 일반적이다.

한편, 기존 원전의 단점을 극복한 SMR이 각광을 받고 있다. SMR이란 기존의 원전을 간소화해 모듈 형식으로 만든 설비다. 에너지 출력을 줄이고 원전 외부 설비들을 원자로 내부에 통합시켜 절대적인 크기를 줄이고 안전성을 높였다. 또한 노심의 냉각도 자연순환형으로 변경해 비교적 자유롭게 원전 설치 위치를 정할 수 있다. 기존 원전은 강제순환형 냉각시스템을 사용하기 때문에 냉각수를 공급할 수 있는 바다나 강 부근에만 설치가 가능했다. 반면 SMR은 AI 데이터센터나 대형 산업단지 인근 도심 및 산간에도 설치가 가능하다는 혁신적인 장점이 있다.

2025년 기준 이 SMR의 최대 수요처로 AI 데이터센터가 급부상하고 있다. AI 혁명으로 인한 폭발적인 전력 수요를 감당하기 위해 마이크로소프트, 구글 등 빅테크 기업들이 직접 SMR 개발사들과 전력 구매 및 파트너십을 논의하는 것이 현실화되면서, SMR 상용화의 가장 강력한 촉매제로 작용하는 중이다.

에너지경제연구원 등에 따르면 2025년 기준 전 세계적으로 80여 개의 SMR을 개발 중이다. 다만 2024년, SMR 선두 주자였던 미국 뉴스케일Nuscale의 첫 상용화 프로젝트가 비용 급증 문제로 좌초되는 등, 기술적 '하이프Hype'가 걷히고 경제성을 입증해야 하는 '옥석 가리기'가 본격화되었다. 이러한 옥석 가리기 속에서, 빌 게이츠가 설립한 테라파워TerraPower의 4세대(소듐냉각) 원자로나 엑스에너지X-Energy의 고온가스로 등 차세대 SMR이 미국 정부의 지원을 받으며 상용화에 속도를 내고 있다. 본격적인 SMR 상용화는 2030년대 초반에 가능할 예정이다.

국내에서는 두산에너빌리티가 대표적이다. 이 기업은 미국의 뉴스케일 및 엑스에너지와 전략적 계약을 맺고 SMR 핵심 주기기를 제작해, 이 차세대 에너지 시장의 '글로벌 SMR 파운드리(생산 전문기지)'로서의 독점적 지위를 선점하고 있다. 이밖에 삼성물산, DL이앤씨, 현대건설, SK그룹 등도 단순 지분 투자를 넘어, AI 데이터센터와 연계한 SMR 사업권을 확보하기 위해 유망 SMR 기업들과의 협력을 강화하며 미래 시장에 진출한 상태다.

2. 친환경 에너지 산업의 투자 포인트

태양광, 풍력 관련 기업들의 주 수요처는 발전 사업자다. 2차전지는 에너지 저장 시스템의 경우 발전 사업자 및 일반 기업, 차량용 배터리의 경우 완성차 기업이 주요 고객이다. 수소연료전지 역시 발전 사업자 및 완성차를 주 수요처로 두고 있다.

친환경 에너지는 전통 에너지의 대체재 성격을 띤다. 따라서 국제 유가나 천연가스 가격이 오르면 친환경 에너지 관련 기업이 부각된다. 재생에너지의 발전단가와 화석 에너지의 발전단가가 일치하는 그리드 패리티[Grid Parity]를 앞당길 수 있다는 기대감 때문이다. 태양광 에너지의 경우 그리드 패리티를 이미 달성한 상황이다. 그러나 무엇보다 중요한 것은 각국의 친환경 에너지 육성 정책이다. 친환경 에너지 산업은 어디까지나 정부의 주도하에 성장하는 산업이므로 해당 정책이 잘 유지되는지 예의 주시할 필요가 있다.

친환경 에너지별 헤게모니 다툼도 예의주시해야 한다. 2023년까지는 태양광, 풍력 등 재생에너지가 전체 에너지원의 상당수를 차지하는 '그린 시나리오'가 대세였으나, 2024년부터 불어닥친 AI 혁명과 전력망 부족 사태는 이 구도를 근본적으로 바꾸고 있다.

실제 2022년 러시아-우크라이나 전쟁 여파로 에너지 위기를 겪은 유럽은 이 문제를 가장 먼저 깨달았다. 과거 탈원전을 외치던 영국, 프랑스, 스웨덴, 핀란드 등은 신규 대형 원전 건설 계획을 발표하며 원자력 중심의 에너지 정책으로 명확히 'U-턴'했다. EU 녹색분류체계[Green Taxonomy]에서 원전을 친환경 에너지원으로 지정한 것도 이러한 흐름을 가속화하는 제도적 기반이 되었다. 결국 2025년 에너지 시장은 '간헐적 신재생에너지(태양광/풍력)'와 '무탄소 기저전원(원자력/CCUS 적용 가스발전)' 간의 주도권 경쟁이 그 어느 때보다 치열하게 전개되고 있다.

실적 및 투자 지표: 2025년 3분기 연환산 기준
시가총액: 2025년 12월 23일 기준

단위: 억 원

종목코드	종목명	매출액	영업이익	순이익	PER	시가총액
015760	한국전력	972,756	139,604	82,364	3.8	310,390
267260	HD현대일렉트릭	37,320	8,407	6,168	46.5	286,575
298040	효성중공업	57,971	6,187	4,359	39.1	170,359
010120	LS일렉트릭	48,010	4,166	2,660	52.6	139,800
006260	LS	299,406	10,882	2,242	26.3	59,057
009830	한화솔루션	142,190	2,319	−4,362	−11.1	48,474
001440	대한전선	34,608	1,070	445	95.0	42,324
036460	한국가스공사	367,139	28,039	8,723	4.3	37,848
103590	일진전기	19,012	1,293	859	30.4	26,132
010060	OCI홀딩스	34,234	−1,928	−1,879	−12.1	22,740
018670	SK가스	76,423	5,296	2,974	7.3	21,588
336260	두산퓨얼셀	5,806	−316	−364	−55.0	20,041
112610	씨에스윈드	28,214	2,852	1,990	9.2	18,366
000500	가온전선	24,443	801	494	28.2	13,946
100090	SK오션플랜트	9,539	485	245	50.9	12,483
071320	지역난방공사	40,364	5,175	3,277	3.5	11,579
229640	LS에코에너지	9,445	615	418	25.8	10,811
322000	HD현대에너지솔루션	4,514	331	307	22.2	6,810
033100	제룡전기	2,311	717	603	9.9	5,959
017940	E1	104,298	2,978	651	9.1	5,934

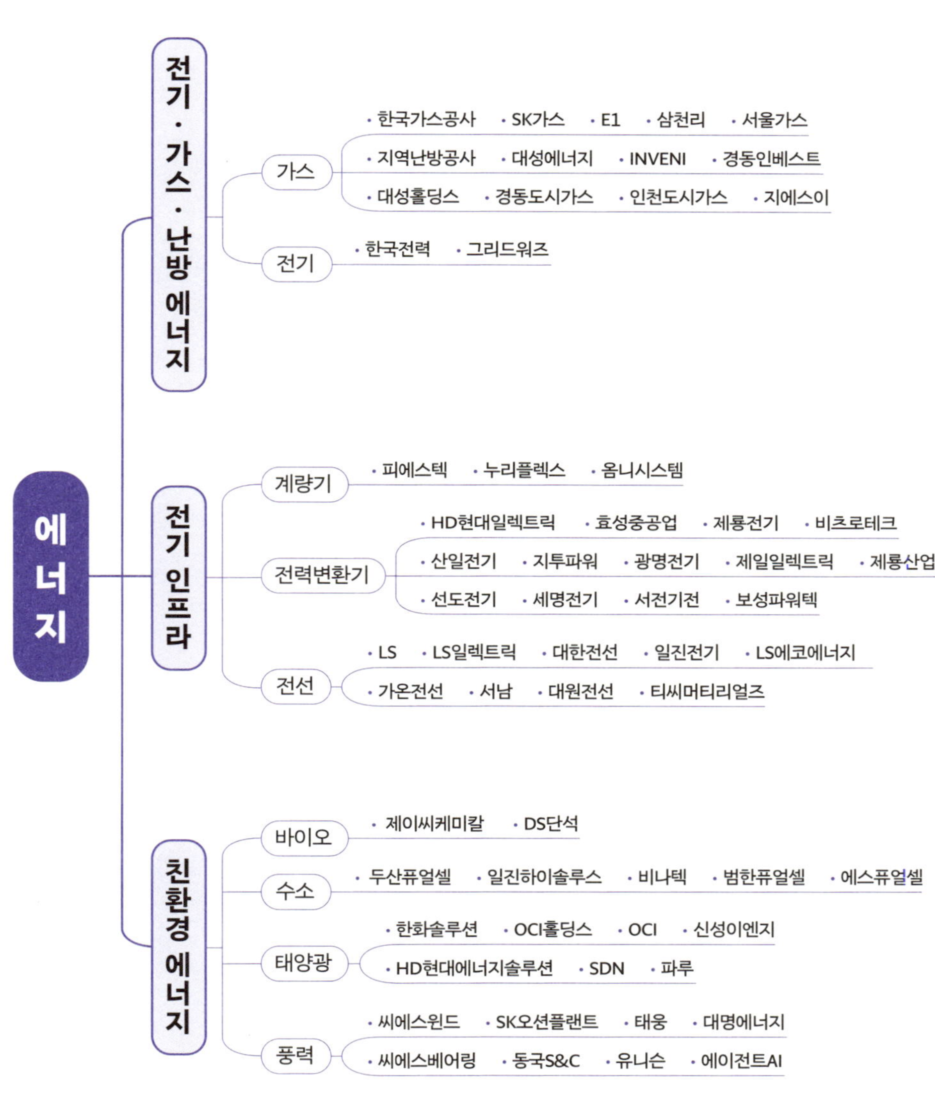

에너지

전기·가스·난방에너지
가스
· 한국가스공사   · SK가스   · E1   · 삼천리   · 서울가스
· 지역난방공사   · 대성에너지   · INVENI   · 경동인베스트
· 대성홀딩스   · 경동도시가스   · 인천도시가스   · 지에스이
전기
· 한국전력   · 그리드워즈

전기 인프라
계량기
· 피에스텍   · 누리플렉스   · 옴니시스템
전력변환기
· HD현대일렉트릭   · 효성중공업   · 제룡전기   · 비츠로테크
· 산일전기   · 지투파워   · 광명전기   · 제일일렉트릭   · 제룡산업
· 선도전기   · 세명전기   · 서전기전   · 보성파워텍
전선
· LS   · LS일렉트릭   · 대한전선   · 일진전기   · LS에코에너지
· 가온전선   · 서남   · 대원전선   · 티씨머티리얼즈

친환경에너지
바이오
· 제이씨케미칼   · DS단석
수소
· 두산퓨얼셀   · 일진하이솔루스   · 비나텍   · 범한퓨얼셀   · 에스퓨얼셀
태양광
· 한화솔루션   · OCI홀딩스   · OCI   · 신성이엔지
· HD현대에너지솔루션   · SDN   · 파루
풍력
· 씨에스윈드   · SK오션플랜트   · 태웅   · 대명에너지
· 씨에스베어링   · 동국S&C   · 유니슨   · 에이전트AI

금융

· TIGER 은행

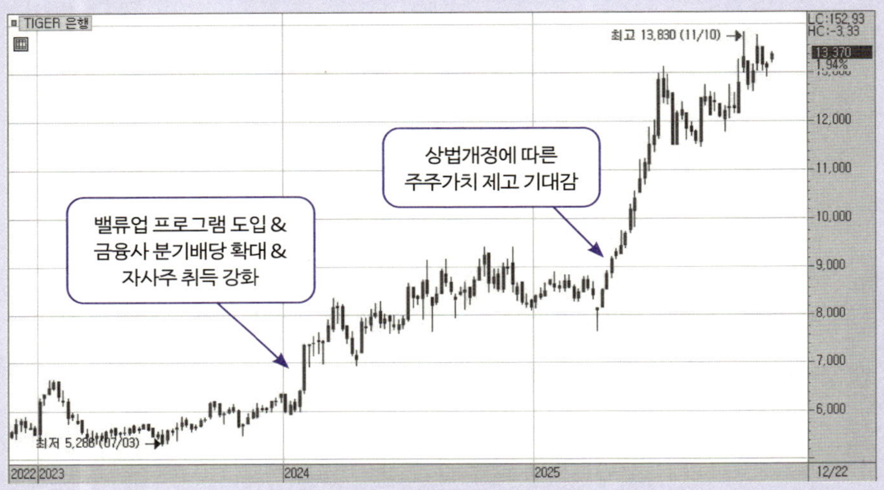

금융은 가계 및 산업 전반에 필요 자금을 공급해주는 경제의 혈류와 같은 역할을 한다. 다양한 투자 수단으로 가계 및 기업의 자산을 불려주는 방법도 제시하며, 예기치 않은 위험으로부터 재산과 생명을 보호하는 역할도 금융 회사 몫이다. 금융 산업에 속한 기업은 90곳으로 전체 시가총액에서 차지하는 비중은 8.8%다. 금융 산업은 크게 은행, 증권, 보험, 기타금융으로 구분했다.

금융 산업은 정부의 기업 밸류업 프로그램에 힘 입어 2024년부터 차별화된 상승세를 보였다. 2024년 2월 '코리아 디스카운트' 해소를 위해 금융위원회와 기획재정부는 기업들이 자율적으로 주주가치 제고 방안을 공시하도록 유도했다. 원래 금융 기업들은 증시에서 고배당주로 인식되어 왔으며 업종 특성상 정부 정책에 민감하게 반응하던 터라 금융지주사

를 중심으로 각종 주주환원 정책을 발표했다. KB금융과 신한지주는 2023년 하반기부터 분기배당을 도입했으며 뒤이어 하나금융지주, 우리금융지주가 2024년 분기배당을 선언했다. 매년 수천억 원의 자사주 소각도 약속했다. 이에 따라 2024년 엔캐리 트레이드 등 자산시장 변동성이 확대되는 상황 속에서도 금융사들의 주가는 견조하게 유지되었다. 이후 2025년 새 정부 출범 후 상법 개정이 본격화되면서 금융사들의 주가는 또다시 리레이팅되었다.

은행

1. 은행 산업의 개요와 특징

경제에서 은행은 신체에 혈액을 공급하는 심장과도 같은 존재다. 자본이 경제 전반에 효율적으로 공급되어야 각 부문이 원활하게 작동하는데, 그 역할을 맡는 주체가 바로 은행이다. 은행은 수익성을 추구하는 동시에 공공재적 성격도 지니고 있어, 정부의 감독과 규제를 받는다. 이 같은 특성은 은행이 경제 위기 시 국민경제의 안정을 지탱하는 주요 기둥으로 작동하게끔 한다.

은행 산업은 기본적으로 내수 중심 구조를 갖고 있어 국내 경제 상황에 민감하게 반응한다. 은행의 주요 수익원은 '예대마진', 즉 예금이자와 대출이자의 차이에서 발생하는 이익이다. 따라서 금리 변화에 매우 민감하게 반응한다. 2022~2023년 기준금리 인상기에는 대출금리가 상승하면서 은행의 이자이익이 크게 증가했지만, 2024년 하반기 이후 한국은행이 기준금리를 동결 및 인하 기조로 전환하면서 다시 조정 국면에 들어선 상황이다.

은행은 일반적으로 제1금융권과 제2금융권으로 나뉜다. 제1금융권은 '일반은행(시중은행, 지방은행, 외국계 은행 등)'과, '특수은행(산업은행, 수출입은행, 기업은행 등)'으로 구분된다. 제2금융권은 저축은행, 상호금융(새마을금고, 신협) 등이 속한다. 이들은 「은행법」의 적용을 받지 않는 '비은행예금취급기관'으로, 특정 지역의 서민 및 소규모 기업을 대상으로 여신업무를 진행하기 위해 설립되었지만, 수신업무도 취급하며 겉으로 보기에는 시중은행과 별반 다를 게 없다.

2023년 이후 가장 주목할 만한 변화는 디지털 전환과 빅테크 진입에 따른 경쟁 구도 변화다. 토스뱅크, 카카오뱅크 등 인터넷전문은행은 간편한 사용자 인터페이스와 낮은 비용구조를 무기로 기존 시중은행의 고객을 일부 흡수하고 있다. 이에 따라 전통 은행들도 마이데이터 서비스 고도화, AI 기반 신용평가 도입, 비대면 대출 확대 등 디지털 전환에 박차를 가하며 금융업 전반의 패러다임이 '플랫폼 중심'으로 재편되는 추세다.

또한 글로벌 기준금리 변화와 부동산 PF(프로젝트 파이낸싱) 부실 위험이 주요 리스크 요인으로 떠오르고 있다. 국내 건설·부동산 시장 위축이 장기화되면서, 지방은행 및 일부 저축은행의 부실 여신에 대한 우려도 커지고 있는 상황이다. 이에 따라 금융당국은 PF 대출에 대한 건전성 기준을 강화하고, 고위험 여신에 대한 분할상환 유도, 대손충당금 적립 확대를 추진하고 있다.

2. 은행 산업의 투자 포인트

국내 은행들의 수익 구조는 미국과 비교하면 큰 차이가 난다. 우리금융연구소 보고서에 따르면, 2024년 미국 4대 금융그룹인 JP모건체이스, 뱅크오브아메리카, 씨티그룹, 웰스파고의 2023년 이자이익과 비이자이익 규모는 미세한 차이를 보이나, 대체로 비이자이익 수익이 다소 높게 나타난다. 특히, 미국 시장의 광범위한 금융상품 거래와 투자은행 부문 성장에 기인한 결과로, 이들 금융그룹은 투자은행 및 자산관리 분야에서 강한 성과를 기록했다. 반면 국내 은행들은 금리라는 외부 변수에 크게 좌우되는 수익 구조를 지녔다. 이 같은 수익 구조는 국내 은행주 저평가 이유 중 하나로 꼽힌다. 다만 은퇴·자산관리 시장의 성장, 디지털 기술의 발전, 비대면 금융 서비스 확산에 따라 국내 은행 들 역시 이자이익 외 비이자이익 부문을 강화하고 있다. 특히 인터넷은행들의 등장으로 디지털 금융, 비용 측면에서 경쟁이 불가피한 상황이다.

1) 순이자마진

은행의 이자이익은 대출이자와 예금이자의 차이인 예대마진으로 결정된다. 다만 은행은 수신과 여신 외에도 유가증권투자에서 얻는 수익도 있으므로 은 행의 수익성을 평가하는 지표로 순이자마진을 사용한다. 순이자마진은 예금

국내 은행 평균 순이자마진

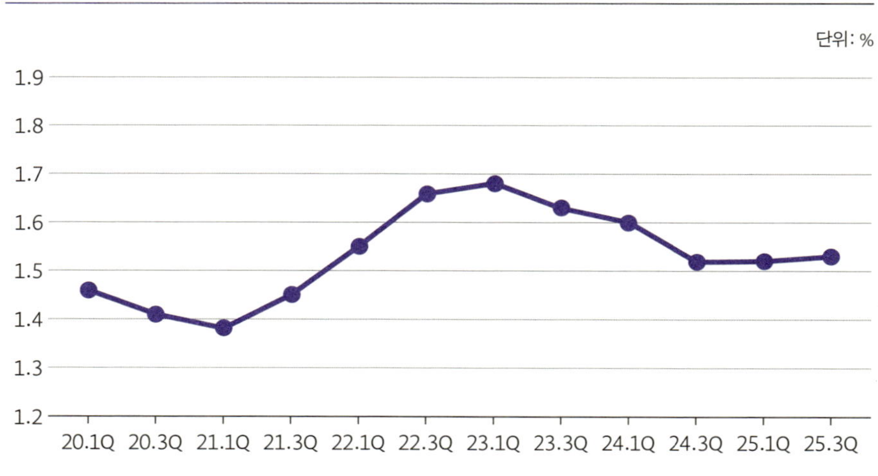

출처: 예금보호공사

과 대출의 금리 차이에서 발생한 수익은 물론, 채권 등 유가증권에서 발생한 이자 수익까지도 포함한 개념이다.

순이자마진은 금리 인상 시기에 확대된다. 대출금리는 시장금리를 반영해 먼저 상승하지만, 예금금리는 한국은행의 기준금리 인상에 맞추어 움직이기 때문이다. 대출금리는 금융채 같은 시장금리가 일 단위 또는 주 단위로 반영된다.

2) 비용

CIR ^{Cost Income Ratio}은 은행의 매출액에서 판관비가 차지하는 비율이다. CIR은 다른 은행과 비교해 비용이 얼마나 효율적으로 집행되고 있는지 판단하는 지표다. 은행의 판관비에서 가장 큰 비중을 차지하는 것은 인건비다. 카카오뱅크, 케이뱅크, 토스뱅크 등의 인터넷은행은 점포를 갖지 않으므로 시중은행, 지방은행들과 CIR 차이가 크다. CIR에서 경쟁력을 가져간다면 예금금리 우대혜택을 더 주는 등 영업 측면에서 운신의 폭을 넓힐 수 있다. 디지털뱅킹 시대가 다가오는 만큼 시중은행들의 오프라인 점포 축소, 인력구조조정 등의 움직임은 지속될 전망이다.

대손충당금은 고객에게 빌려준 대출금의 일부 또는 전부를 회수불가능하다고 판단해 손실로 처리한 비용을 말한다. 아직 확정된 손실은 아니지만 미리 장부에 반영하는 비용이다. 대손충당금은 은행의 신용평가 경쟁력을 엿볼 수 있는 지표이기도 하다. 미리 반영한 손실이기 때문에 나중에 대출금이 회수될 경우 대손충당금 환입이라는 수익이 발생하기도 한다. 일반적으로 대손충당금은 금리가 올라갈 때, 경기가 침체되었을 때 증가하는 경향이 있다.

3) 건전성

은행은 일반 기업과 달리 레버리지를 활용해 사업을 하는 것이 일반적이다.

따라서 은행의 건전성을 판단할 때 부채비율이 아닌 BIS 비율을 사용한다. BIS란 국제결제은행^{Bank of International Settlement}의 약자다. BIS 비율은 국제결제은행에서 권고하는 비율이란 뜻이다. 이 비율은 은행의 자기자본을 대출이나 지급보증과 같은 위험자산으로 나눈 백분율이다. 국제결제은행은 BIS 비율 8% 이상을 권장하고 있으며 우리나라 금융감독원은 10% 이상을 권고하고 있다. 2025년 9월 말 기준 국내 은행들의 BIS 비율의 평균은 15.9%다. 다만, 최근의 주주환원(배당, 자사주 매입) 확대 정책은 자본(분자)을 감소시켜 BIS 비율에 하방 압력으로 작용하므로, 은행들은 건전성 유지와 주주가치 제고 사이에서 균형점을 찾아야 하는 과제를 안고 있다.

은행의 건전성을 판단하는 지표로 부실채권비율을 보기도 한다. 쉽게 말해 대출 채권에서 회수할 가능성이 낮은 채권의 비율이다. 은행은 대출 채권별로 기대 회수 가능성을 고려해 건전성을 5단계로 분류한다. 5단계에는 '정상' '요주의' '고정' '회수의문' '추정손실'을 포함한다. 대출 채권의 단계별 건전성은 연체 기간에 따라 분류한다. 단계별로 대손충당금을 반영해야 하는데 정상은 0.5%, 요주의는 1%, 고정은 20%, 회수의문은 50%, 추정손실은 100%다. 부실채권비율은 고정이하 여신을 기준으로 책정되기 때문에 고정이하 여신비율이라고도 한다. '2025년 9월 말 기준 국내 은행들의 고정이하여신 비율의 평균은 0.57%다.

4) 스테이블 코인

2025년 은행 산업의 미래를 좌우할 가장 큰 변수 중 하나는 바로 '스테이블 코인'과 '자산 토큰화^{STO}'의 제도권 편입이다. 유럽의 MiCA, 미국의 규제 논의 등 국제 기준이 마련되고, 2024년 7월 국내에서도 「가상자산 이용자 보호법 등에 관한 법률」이 시행되면서, 이제 시장의 관심은 원화 기반 스테이블 코인의 법제화로 이동하고 있다. 한국은행은 통화 주권에 대한 우려 속에서 자체

CBDC(중앙은행 디지털화폐) 테스트를 지속하고 있으며, 금융 당국은 STO를 먼저 제도화하며 규제 틀을 마련 중이다.

이러한 격변기에 금융권의 움직임도 분주하다. 신한은행, KB국민은행, 하나은행 등 주요 시중은행들은 STO를 '미래 먹거리'로 규정하고, 부동산, 미술품, 선박 등 실물자산Real World Asset, RWA을 토큰화하는 플랫폼 구축에 막대한 투자를 집행하고 있다. 이는 단순한 실험이 아닌, 미래 은행의 헤게모니가 달린 '인프라 전쟁'이다. KB국민은행은 일찍이 블록체인 전문 기업들과 디지털자산 커스터디(수탁) 합작법인 '한국디지털에셋KODA'을 설립해 시장을 선점했으며, 신한은행은 2023년부터 자체 블록체인에서 원화 기반 스테이블 코인 발행 및 송금 PoC(개념검증)를 완료하며 기술적 준비를 마친 상태다. 하나금융경영연구소 등 주요 은행 산하 연구소들 역시 STO와 토큰화 예금이 은행의 차세대 먹거리가 될 것이라는 보고서를 연이어 발표하며 그룹 전체의 방향성을 설정하고 있다.

스테이블 코인 도입은 은행에 새로운 수수료 수익(발행, 청산)과 디지털 자산 시장의 주도권이라는 기회를 제공한다. 단순한 송금 수수료를 넘어, STO 플랫폼의 등록·발행 수수료, 토큰화된 자산의 커스터디 수수료, 그리고 자사 스테이블 코인이 기축통화처럼 사용될 경우 발생하는 막대한 네트워크 효과와 데이터 선점 효과를 누릴 수 있다.

하지만 동시에 이는 은행의 근간을 흔드는 심각한 위기 요인이기도 하다. 국제결제은행BIS과 한국은행이 수차례 경고했듯이, 만약 고객들이 은행 예금 대신 이자를 주지 않거나(혹은 이자를 주는) 스테이블 코인을 지갑에 보관하기 시작하면, 은행의 핵심 자금 조달원인 저원가성 예금이 이탈하는 '예금 이탈Disintermediation' 현상이 발생할 수 있다. 은행의 비즈니스 모델은 고객의 저비용성 예금(부채)을 받아 더 높은 금리의 대출(자산)로 운용해 예대마진을 얻는 것이다. 만약 수십조 원의 요구불예금이 은행의 대차대조표 밖인 '개인 디지털 지갑'으로 빠져나가 버리면, 은행은 대출에 필요한 자금을 잃게 되며 이는 예대마진 수익의 급감으로 직결된다. 이는 전통적인 비즈니스 모델 자체를 위협할 수 있어 은행권이 가장 경계하는 시나리오다.

1. 증권 산업의 개요와 특징

금융투자회사는 투자매매업자, 투자중개업자, 집합투자업자(자산운용사), 투자자문 및 일임업자, 신탁업자 등으로 구분된다. 이 중에서 증권사는 투자매매업자와 투자중개업자에 속한다. 투자매매는 증권사가 자기자본으로 주식이나 채권에 직접 투자하는 것이며, 투자중개는 고객의 주문을 중개하는 것으로 HTS Home Trading System 나 MTS Mobile Trading System 를 통해 이루어진다. 주식을 매매하려면 반드시 증권사를 통해 계좌를 개설해야 하며, 펀드 가입이나 채권 매입 역시 증권사를 통해 이루어진다. 즉, 일반적인 투자와 관련된 대부분의 업무는 증권사가 담당한다고 볼 수 있다.

집합투자업자는 투자자들로부터 자금을 모아 펀드를 조성해 투자하는 업자로 자산운용사가 이에 해당한다. 주식처럼 사고파는 ETF 역시 자산운용사에서 출시한 상품이다. 투자자문 및 일임업자는 고객의 계좌를 대신 운용하거나 투자 조언을 제공하며, 신탁업자는 고객이 맡긴 금전이나 자산을 보관·운용해 수익을 창출하는 역할을 한다. 국내 금융투자 시장에서는 증권사가 여전히 중심적인 역할을 수행하고 있으며, 대다수 자산운용사나 투자자문사는 증권사의 지분 관계 또는 계열사로 운영된다.

2. 증권 산업의 성장성

증권 산업의 성장은 증권사가 수행하는 주요 사업 부문들의 구조와 확장 가능성에 따라 결정된다. 증권사의 수익 구조는 크게 네 가지 축으로 나뉜다. 첫째는 브로커리지Brokerage 부문으로, 개인과 기관 투자자들의 주식·채권 매매를 중개하면서 발생하는 수수료 수익이다. 둘째는 자산관리Wealth Management, WM 부문으로, 고액자산가와 법인 고객을 대상으로 금융 포트폴리오 설계 및 관리 서비스를 제공하며, 수탁고 및 운용성과에 따라 발생하는 수수료 수익이다. 셋째는 투자은행Investment Banking, IB 부문으로, 기업공개IPO, 유상증자, 인수합병, 회사채 발행 등의 업무를 통해 발생하는 자문 수수료 및 인수 수익이다. 넷째는 자기자본 투자Principal Investment, PI 부문으로, 증권사가 보유한 자금을 직접 주식, 채권, 부동산 등에 투자해 차익을 추구하는 영역이다.

국내 증권 산업은 여전히 브로커리지 부문에 대한 의존도가 높은 편이다. 국내 개인 투자자 비중이 크고, 증시 거래대금이 여전히 많은 구조 때문이다. 그러나 브로커리지는 금리와 시장 변동성에 따라 수익이 크게 출렁이는 단기 수익 구조이기 때문에 장기 성장성은 제한적이라는 평가가 나온다. 반면, 미국의 JP 모건체이스나 골드만삭스 같은 글로벌 대형 금융기관은 IB 와 PI 부문에서 안정적이고 높은 수익을 창출하고 있어, 국내 증권사와 뚜렷한 차이를 보인다.

이러한 차이는 자기자본 규모의 격차에서도 비롯된다. 예를 들어 JP 모건체이스는 2025년 기준 약 3,600억 달러(약 520조 원)의 자기자본을 보유하고 있는 반면, 한국의 주요 증권사들은 2025년 자기자본 10조~15조 원 수준에 머물고 있다. 이에 따라 대형 IB 딜 소싱 및 리스크 대응 측면에서도 국내 증권사들은 한계를 갖고 있으며, 글로벌 시장에서는 여전히 후발 주자에 속한다.

글로벌 측면에서 국내 증권사의 해외 진출은 점차 성과를 내고 있다. 특히 베트남, 인도네시아 등 동남아 증시 진입은 자회사 IPO 주관, 로컬 기업 채권 인수 등으로 이어지고 있으며, 미국과 유럽 시장에서는 ETF 운용 및 부동산 펀드 설정 등의 투자은행 업무를 강화하고 있다. 미래에셋증권은 2024년 미국 리츠 시장에서 괄목할 만한 성과를 냈으며, 한국투자증권은 싱가포르, 베트남에서의 현지 법인 매출 확대를 통해 아시아 IB 중심지로의 입지를 다지고 있다.

이처럼 증권 산업은 금리, 부동산 경기, 규제 리스크 등 복합적인 환경 속에서 진화 중이다. 브로커리지에만 의존하는 수익 구조에서 탈피해, 자산관리 및 IB, 글로벌 투자, 디지털 자산까지 수익 포트폴리오를 다변화하고 있지만, 진정한 투자은행으로 도약하기 위해서는 자기자본 확충, 인력 및 리스크 관리 체계 강화, 디지털 금융 혁신 역량 제고가 요구된다.

3. 증권 산업의 투자 포인트

1) 주식 시장 동향

브로커리지 수익 비중이 높은 만큼 증권사들에겐 주식 시장 동향이 가장 중요하다. 증권사 수익에 직접적인 영향을 미치는 지표로는 증시 거래대금, 고객 예탁금, 신용잔고가 꼽힌다. 고객 예탁금은 증권거래 계좌에 있는 잔여 현금으로 주식 거래를 위한 대기 자금 성격을 지닌다. 다만 2025년 '수수료 무료' 경쟁이 심화되면서 브로커리지 자체의 이익 기여도는 낮아졌지만, 신용잔고는 주식 매수 시 증권사에서 빌려 매수한 레버리지 자금으로, 이 신용잔고에서 발생하는 이자 수익은 증권사의 가장 안정적인 핵심 현금 창출원^{Cash Cow}이다. 신용잔고가 커질수록 증권사의 수익 역시 증가하는 구조다. 한편 거래대금, 고객 예탁금, 신용잔고 등 주요 지표는 종합주가지수의 흐름과 밀접하게 움직이는 경향이 있으며, 이에 따라 증권사 주가 역시 대체로 종합주가지수와 높은 연동성을 보인다.

2) 금리 흐름

두 번째 핵심 변수는 금리 흐름이다. 증권사의 전체 자산 중 채권이 차지하는 비중이 상당하다. 자본시장연구원에 따르면 2024년 말 기준 증권사들의 채권 운용 규모는 290조 원에 육박했으며, 이는 자산총액의 40%가 넘는 수치다. 이에 따라 증권사의 실적은 금리 변동에 따른 채권 평가 손익에 극도로 민감하게 반응한다. 금리가 오르면 채권 가격이 하락해 막대한 평가 손실이 발생하고, 금리가 하락해야 평가 이익이 발생한다. 실제로 2023년부터 2024년까지 이어진 고금리 시기 동안, 증권사들은 보유 채권에서 막대한 평가 손실을 입으며 실적에 큰 타격을 받았다. 2025년 11월 기준 시장의 금리 인하 기대감이 커지는 것은 이러한 채권 평가손익이 이익으로 전환될 수 있다는 기대감을 높이는 요인이다.

3) 신사업: STO와 해외 주식거래 증가

이러한 전통적인 수익원 외에, 증권사들은 신사업에서 새로운 성장 동력을 찾고 있다. 가장 큰 화두는 단연 증권형 토큰^{STO}이다. 금융위원회가 '증권형 토큰 발행·유통 제도개선안'을 발표하고, 한국거래소^{KRX}가 '디지털 증권 상품'

시범시장을 운영하는 등 제도적 기반이 빠르게 마련되고 있다. 글로벌 컨설팅 기업 PwC에 따르면, 한국의 조각투자 토큰증권 시장 시가총액은 2024년 34조 원에서 2030년에는 약 367조 원으로 연평균 49%에 달하는 폭발적인 성장이 예상된다. 이는 부동산, 미술품, 음악 저작권 등 과거 유동화가 불가능했던 실물자산과 지식재산권[IP]을 토큰화해 유동화하는 조각투자 상품을 중심으로 시장이 본격 발전한다는 전망이다. 증권사들에는 STO의 '발행[IB]'과 '유통(플랫폼)'이라는 새로운 먹거리가 열리는 셈이다.

또 다른 핵심 수익원은 개인 투자자의 해외 주식 투자 열풍이다. 2025년 3분기 기준 해외 주식 보관금액(외화예수금 포함)은 100조 원을 넘어서며 사상 최고치를 경신했다. 특히 해외 주식 거래 수수료는 '무료 수수료'에 가까운 국내 주식과 달리 여전히 높은 수준을 유지하고 있어, 전체 브로커리지 수익의 40% 이상을 차지하는 알짜 수익원으로 자리 잡았다. 여기에 더해 2023년 외국환거래규정 개정으로 주요 증권사들이 일반 환전업에 진출하며, 환전 수수료와 트래블 카드 사업 등 외환 관련 서비스가 새로운 수익원으로 부각되고 있다.

보험

1. 보험 산업의 개요와 특징

보험은 예기치 않은 사고나 생명과 관련된 위험을 보장하기 위한 제도적 장치로, 사회적 안전망 역할을 한다. 보험 산업은 보장 대상에 따라 생명보험, 손해보험, 제3보험으로 구분된다.

생명보험은 사람의 생사에 따라 약정된 금액을 지급하는 보험이다. 가입목적에 따라 보장성 보험(종신보험, 건강보험, CI 보험 등)과 저축성 보험(연금보험, 저축보험 등)으로 구분한다. 저축성 보험은 일반 금융상품과 달리 짧게는 수년, 길게는 종신까지 계약 효력이 지속되는 특징을 보인다.

손해보험은 우연한 사건으로 발생하는 손해로 인한 위험을 보장하는 보험이다. 실손보험, 자동차보험, 화재보험 등이 대표적이다. 제3보험은 암, 뇌혈관질환, 치아, 유병자 특화 보험 등 보장범위가 특수화된 보험 영역으로 최근 시장에서 빠르게 성장하고 있다.

2025년 기준 국내 생명보험사는 24곳, 손해보험사는 31곳이며, 이 중 삼성생명, 한화생명, 교보생명이 생명보험 시장의 절반 가까운 점유율을 차지하고 있다. 손해보험 분야에서는 삼성화재, 현대해상, DB손해보험, 메리츠화재 등이 주요 기업으로 자리 잡고 있다. 보험 산업은 GDP, 금리, 물가, 인구 구조, 산업화 수준 등 다양한 변수에 영향을 받으며, 특히 최근에는 인구 고령화, 저출산, 저금리, 디지털 전환이 핵심 이슈로 부상하고 있다.

2. 보험 산업의 성장성

보험 산업은 대표적인 성숙기 산업으로, 전체 경제 성장률과 유사한 수준에서 성장하고 있다. 보험회사는 고객이 납입한 보험료를 장기 운용해 수익을 창출하는 구조이므로, 자산운용 수익률이 중요한 경영 지표다. 특히 보험사는 안정성을 중시해 채권 위주의 포트폴리오를 운영하는 경우가 많다.

2024년까지 지속된 고금리 환경은 채권 이자 수익 확대 측면에서 보험사 수익성에 긍정적인 영향을 미쳤다. 하지만 보험 계약 해지율 증가, 생보사의 저축성 보험 수요 둔화 등은 부정적 요인으로 작용했다.

이런 배경 속에서 보험 산업은 '보장 중심'에서 '관리 중심'으로 패러다임을 전환하고 있다. 질병을 보장하는 것에서 나아가, 건강을 미리 관리하고 보험금 지급을 예방하는 예방형 서비스 모델이 부각되고 있으며, 이는 헬스케어, 건강 앱, 웨어러블 기기 연동 보험 상품으로 현실화되고 있다. 대표적으로 삼성생명과 한화생명은 건강 관리 데이터를 연동해 보험료 할인 혜택을 제공하는 맞춤형 보험 모델을 확대하고 있으며, 보험 가입자와의 상호작용이 일회성에서 지속적 서비스 기반의 관계로 변화하고 있다.

카카오페이손해보험, 토스보험 등 디지털 전업 보험사가 시장에 진입하면서 가격경쟁, 편의성, 초간편 청약 시스템 등을 무기로 점유율을 확대하고 있으며, 기존 보험사도 디지털 전환에 속도를 내고 있다.

3. 보험 산업의 투자 포인트

1) 금리

보험상품 특성상 만기가 짧게는 몇 년에서 길게는 종신까지 이어진다. 그런데 대부분의 보험지급액은 가입 시 약정 이율로 계산된다. 따라서 금리가 지속적으로 하락하는 구간에서는 보험사들의 수익성이 감소한다. 극단적으로 1998년 외환위기 당시 금리가 10%가 넘던 시절에 가입한 보험상품의 경우 20년이 지나 금리가 크게 하락한 시점에서도 약정 이율로 지급해야 한다. 반대로 금리가 상승하는 구간에서는 보험사들의 수익성은 개선된다.

2) 손해율

손해율이란 보험료에서 가입자에게 지급한 보험금의 비율이다. 손해율이 낮아질수록 보험사의 수익성은 개선된다. 코로나19 팬데믹으로 사회적 거리두기가 지속되면서 바깥 활동이 줄어들자 보험사들의 손해율이 크게 낮아진 바 있다. 그러나 2024년부터 2025년까지 야외 활동이 완전히 정상화되고 고물가로 인해 자동차 수리비와 의료 수가가 지속적으로 상승하면서 손해보험사의 손해율은 점진적인 상승 압력을 받고 있다. 특히 손해보험사들의 손해율은 계절의 영향을 받는다. 여름철 집중호우 및 휴가철 차량 증가 등은 자동차 사고를 유발해 손해율을 상승시킨다.

2022년 8월 집중호우로 강남 일대가 침수되자 대규모 침수차량이 발생해 보험사들의 보험 부담금이 크게 늘어난 바 있다. 다만, 2025년 투자자들은

2023년 도입된 새 국제회계기준^{IFRS 17}에 주목해야 한다. 손해율이 여전히 중요한 변수이긴 하나, 기업의 이익은 '미래 이익의 상각'인 CSM(계약서비스마진)을 기반으로 인식된다. 따라서 손해율 관리뿐 아니라 CSM이 높은 신계약(특히 보장성 보험)을 얼마나 확보하는지가 보험사의 핵심 이익 체력을 결정하는 척도가 되었다.

3) 자본규제 변화

세 번째 핵심 변수는 2023년부터 전면 도입된 새 지급여력제도^{K-ICS}, 즉 킥스다. 과거 RBC 제도와 달리 K-ICS는 보험사의 자산과 부채(특히 보험 계약)를 모두 시가로 평가하므로, 금리 변동에 따른 자본 변동성이 커졌다. 이 K-ICS 체계 하에서 투자자들이 주목할 것은 '기본자본^{Tier 1}' 비율이다. 이는 보험회사가 자본 확충을 위해 고금리 신종자본증권이나 후순위채 발행에 과도하게 의존하는 것을 억제하고, 순도 높은 자본(순자산, 이익잉여금, 기타포괄손익누계액 등)을 늘리도록 유도하는 제도다. 2025년 현재 K-ICS 도입에 따른 경과조치가 순차적으로 종료될 예정이므로, 보험회사들은 고금리 후순위채 발행을 줄이고 자본의 질을 높여야 하는 압박을 받고 있다. 따라서 자기자본이 탄탄하고 Tier 1 비율이 높은 대형 보험사들이 재무 건전성과 주주환원(배당) 여력 측면에서 상대적으로 유리한 위치에 있을 것으로 전망된다.

기타금융

1. 기타금융 산업의 개요와 특징, 성장성

1) 창업투자사

창업투자사(이하 창투사)는 자금이 필요한 스타트업에 투자를 하고, 이 회사가 향후 상장하거나 인수합병을 통해 기업가치를 실현할 때 지분 매각 차익을 수익으로 실현하는 금융회사다. 일반적으로 벤처캐피털 Venture Capital, VC이라고 불린다. 회사의 주식을 투자한다는 차원에서 개인 투자자의 상장 기업 투자와 유사하지만, 창투사는 비상장 기업을 대상으로 수억~수백억 원 규모의 투자를 진행한다는 점에서 더 크고 장기적인 리스크를 감수한다.

창투사의 자금 운영 구조는 '벤처펀드' 또는 '조합' 기반이다. 이 조합은 보통 49인 이하로 구성되며, 투자자들 Limited Partner, LP로부터 자금을 모아 펀드를 운영·관리하며 투자 수익에 대해 출자비율에 따른 수익을 배분해 주고 수수료를 받는다. 기준 수익률을 웃도는 투자 수익에 대해선 별도의 성과보수를 받기도 한다. 또한 창투사는 자기자본을 활용해 직접 투자에 나서기도 한다.

한국벤처캐피탈협회에 따르면 2025년 기준 등록된 창투사는 252개로 2024년 대비 5곳 증가했다. 코로나19 팬데믹 직후 유례없는 유동성 공급과 디지털 전환 붐 속에 벤처 투자 시장은 전례 없는 활황을 맞았으나, 2022년부터 미국 연방준비제도 Fed를 포함한 글로벌 중앙은행들의 고강도 긴축정책으로 벤처투자 심리가 급랭하며 조정 국면에 있다. 더브이씨 THE VC 통계에 따르면 2025년 상반기 스타트업 및 중소기업 대상 투자 금액은 2조 2,403억 원으로 전년 대비 27% 감소했다. 이에 따라 투자자들은 수익성 중심의 선별 투자에 집중하는 경향이 강해지고 있으며, 후속투자보다 초기 단계(시드, 프리 A) 기업에 대한 투자 비중이 늘고 있다.

2) 신용평가와 채권추심

신용평가는 개인이나 기업의 채무 상환 능력과 신용 위험도를 평가하는 제도적 장치다. 평가 대상에 따라 기업신용평가와 개인신용평가로 구분되며, 자본조달의 핵심 절차로 기능한다.

기업신용평가는 신용평가사가 기업이나 공공기관이 발행한 채권에 AAA부터 D까지의 신용등급을 부여하는 것으로, 해당 발행 주체의 재무건전성과 상환능력을 정량·정성적 지표를 바탕으로 평가한다. 신용등급은 금리 수준과 투자자의 수요에 영향을 주기 때문에, 기관투자자 중심의 자금시장에서 매우 중요한 정보로 활용된다. 국내 기업신용평가사는 한국기업평가, 한국신용평가, NICE 신용평가, 서울신용평가 4곳이며, 한국기업평가, 한국신용평가, NICE 신용평가 3사가 전체 평가의 대부분을 수행하고 있다.

개인신용평가는 개인의 금융거래 정보, 카드 이용, 대출 이력, 연체 여부 등을 종합적으로 분석해 신용점수를 산정하고 이를 금융기관에 제공하는 서비스다. 국내 개인신용평가사는 NICE 평가정보, KCB, SCI 평가정보 3곳이며,

NICE가 시장 점유율 60% 이상으로 선두를 차지하고 있다.

신용평가는 기업이나 개인이 자금조달을 하기 위해 꼭 거쳐야 하는 과정이다. 자금조달 규모가 커지면 신용평가 수요 역시 덩달아 커진다는 의미다. 결과적으로 신용평가 시장은 꾸준히 확대되는 국내 유동성에 따라 성장한다고 볼 수 있다. 신용정보업은 금융당국의 인가가 필요한 사업으로 진입장벽이 매우 높다. 기업신용평가의 경우, 1985년 이후 단 한 번도 신규 진입이 없을 정도로 과점 체제가 고착화된 시장이다. 그러나 최근 금융당국은 신용정보산업의 개방성과 경쟁을 촉진하기 위해 제4의 평가기관 진입을 검토하고 있으며, AI 기반 민간 신용평가 서비스의 등록 요건 완화도 논의 중이다.

채권추심업은 미회수 채권을 위임받아 대신 회수하거나, 채권 자체를 인수해 회수하는 금융업이다. 독립된 채권추심 전문 상장사도 있으며, 일부는 신용평가업과 채권추심업을 함께 수행한다.

2024년 말부터 채권추심 과정의 소비자보호 기준이 강화되며, 공공기관 수준의 윤리적 기준이 민간기업에도 요구되고 있다. 동시에 AI를 활용한 신용평가 및 추심 자동화 기술도 도입되는 등 산업 구조 변화가 가속화되고 있다.

3) VAN과 PG, 그리고 간편결제

전자결제 산업은 '현금 없는 사회' 흐름과 함께 빠르게 성장했다. 2024년 한국은행 통계에 따르면 전자지급결제대행 서비스의 일평균 이용 금액은 1조 3,676억 원에 달했고 간편결제 앱 사용률은 62%(한국인 스마트폰 사용자 기준)를 기록했다. 비대면 소비와 온라인 커머스의 확산이 이 추세를 견인하고 있다.

비현금결제는 결제 방식에 따라 전통적인 카드 기반 결제, PG^Payment Gateway 기반 온라인 결제, 간편결제 등 핀테크 기반 결제로 나뉜다. 오프라인 매장에서 카드를 사용할 경우 가맹점과 카드사 사이에 VAN^Value Added Network 사가 개입한다. VAN사는 매장에 카드결제 단말기를 설치하고, 결제 정보를 카드사에 전달하며, 카드사로부터 받은 결제대금을 가맹점에 지급해 주는 역할을 한다.

온라인 쇼핑의 경우, 결제 구조가 더욱 복잡하다. VAN사와 더불어 PG사가 핵심 인프라로 작동한다. PG 사는 온라인 쇼핑몰이 직접 카드사와 계약을 맺기 어려운 점을 고려해, 가맹점 등록, 결제 승인, 정산, 보안 인증 등 일련의 결제 프로세스를 대행해 준다. KG 이니시스, NHN KCP, 토스페이먼츠 등이 대표적이다. PG사는 카드결제 외에도 휴대폰 결제, 계좌이체, 간편결제 연동 등을 지원하면서 디지털 커머스 생태계의 핵심 인프라로 자리매김하고 있다. 반면, 핀테크 기업의 간편결제(카카오페이, 네이버페이, 토스페이 등)는 이용자의 계좌, 카드 정보를 미리 등록해 선불 충전 또는 직불 등 다양한 방식의 결제를 제공하며, 자체 인증·정산 시스템을 강화해 결제 승인 과정의 상당 부분을 직접 시스템화하고 있다.

최근 대형 온라인 가맹점을 중심으로 카드사와 직접 결제 승인을 주고받는 '직승인' 방식이 확산되고 있으나, 현시점에서 완전한 PG·VAN 생략이 실제로 구현된 사례는 일부 대형 플랫폼과 특정 거래 환경에 국한되며, 중소형 가맹점이나 오프라인 결제에서는 여전히 신용카드 결제 시 VAN 또는 PG 인프라가 백엔드에서 연결되는 구간이 남아 있다.

2. 기타금융 산업의 투자 포인트

1) 창업투자사

창투사들은 투자한 회사가 M&A 되거나 IPO 후 지분 매각을 통해 수익을 낸다. 특히 상장에 따른 지분 매각이 가장 주된 수익이다. 따라서 창투사가 투자한 회사의 IPO 소식이 전해지면 실적 기대감에 주가가 오르는 경향이 있다. 큰 틀에서 보면 창투사 입장에서 IPO 시장이 활성화되는 것이 중요하다.

기업공개는 증시가 활황일 때 많아진다. 증시의 유동성이 풍부해져 IPO 기업에 높은 밸류에이션 부가가 가능하기 때문이다. 따라서 금리, 매크로 등 거시경제 환경이 창투사들의 영업환경에 큰 영향을 미친다고 볼 수 있다. 반대로 금리가 가파르게 올라가고 경기침체가 찾아오면 벤처 투자 시장도 얼어붙는다. 특히 창투사들이 투자하는 기업은 대부분 이익은 낮지만 성장성이 높은 성장주가 많다. 금리가 올라가고 유동성이 축소되는 국면에서는 성장주의 밸류에이션 매력이 줄어들기 때문에 창투사 역시 타격을 입을 수 있다.

2) 신용평가와 채권추심

신용평가사들은 대출 및 채권 발행 수요가 많아야 돈을 번다. 반대로 경기가 위축되고 신용경색이 발생하는 국면에서는 자금조달 시장이 위축되어 일감이 줄어든다. 채권추심기업은 채무불이행 건수가 많아질 때 돈을 번다. 신용평가사와 반대로 고금리에 불황이 찾아오는 경우 채권추심업은 호황을 이룬다고 볼 수 있다.

한편 2019년 개인의 신용정보를 받아 관리·분석·금융상품 추천할 수 있는 마이데이터가 법제화되었다. 신용평가사 입장에서는 자신들이 보유한 데이터를 바탕으로 비즈니스 확장에 나설 수 있는 기회다. 중금리 대출이라는 새로운 시장도 열렸다. 2020년 8월 신용정보법이 개정되면서 개인사업자 신용평가업이 신설되었다. 금융정보가 부족한 개인사업자들에게 대안정보를 활용한 신용평가를 제공해 중금리 대출이 가능하게 하는 것이 골자다. 이에 따라 인터넷전문 은행, 온라인 투자 연계금융사 등 다양한 핀테크 기업들이 개인사업자 신용평가업에 진출했다. 기존 신용평가사 입장에서는 핀테크 기업과의 협력과 경쟁 구도가 동시에 마련된 셈이다.

3) VAN과 PG, 그리고 간편결제

결제사업자는 결제 금액에서 일부 수수료를 수취하는 만큼 소비 경기에 직접적 영향을 받는다. 다만 전자상거래 확대로 온라인 결제 금액은 꾸준히 늘고 있어 관련 기업의 매출액은 꾸준히 성장하고 있다. 다만 정부가 영세사업자에 대한 카드 수수료율을 꾸준히 낮추면서 마진은 하향되는 추세다. 연 매출 규모가 약 10억~30억 원 정도 되는 가맹점의 2012년 말 카드 수수료율은 2.12%였지만 2021년 말에는 1.50%로 낮아졌다. 이에 따라 VAN 및 PG 산업 역시 마진 압박은 불가피한 상황이다. 이에 따라 국내외 거래처 확대 등으로 성장 전략을 꾀하고 있다.

통계청에 따르면 2025년 상반기 온라인쇼핑(총거래액)은 약 131조 원으로 전년 동기 대비 9.1% 증가했으며, 같은 기간 모바일쇼핑 총거래액은 101조 원으로 13.7% 성장했다. 총거래액 성장률은 경제성장률과 비교해선 여전히 높지만 예전에 비해선 확연히 둔화되는 상황이다. 여기에 네이버, 카카오 등 인터넷 플랫폼 기업이 금융회사를 설립하고 페이 서비스 확대에 나서면서 경쟁이 치열해지고 있다. 이에 결제업체들은 사업 다각화를 통해 성장을 꾀하고 있다. 대표적으로 NHN KCP는 기존 결제 인프라 중심 사업에서 벗어나 블록체인, 스테이블코인 등을 활용한 결제·정산 솔루션 쪽으로 진출을 검토 중에 있다.

금융 산업 투자 지표

실적 및 투자 지표: 2025년 3분기 연환산 기준
시가총액: 2025년 12월 23일 기준

단위: 억 원

종목코드	종목명	매출액	영업이익	순이익	PER	시가총액
105560	KB금융	852,132	77,926	58,058	8.27	479,879
055550	신한지주	873,536	65,811	48,670	7.67	373,346
032830	삼성생명	401,669	25,369	23,263	14.07	327,400
086790	하나금융지주	802,825	50,620	39,469	6.57	259,121
000810	삼성화재	255,803	25,208	19,906	11.49	228,675
316140	우리금융지주	465,833	36,400	32,220	6.44	207,377
024110	기업은행	321,766	35,388	27,029	6.25	169,054
006800	미래에셋증권	262,015	13,430	12,734	10.64	135,533
323410	카카오뱅크	30,746	6,192	4,596	22.68	104,227
005830	DB손해보험	237,811	21,095	15,947	5.73	91,332
071050	한국금융지주	245,506	21,195	17,775	5.04	89,552
039490	키움증권	151,772	13,229	10,130	7.94	80,440
005940	NH투자증권	118,687	11,694	8,582	8.84	75,901
016360	삼성증권	144,680	12,559	9,399	7.57	71,172
377300	카카오페이	9,067	−35	451	147	66,288

금융

기타금융

- **PG와 간편결제**
  - 카카오페이 · NHN · NHN KCP · KG이니시스
  - 다날 · 갤럭시아머니트리 · KG모빌리언스
  - 헥토파이낸셜
- **VAN**
  - 한국정보통신 · 나이스정보통신
- **신용평가와 채권추심**
  - NICE평가정보 · 한국기업평가 · 이크레더블
  - 고려신용정보 · 서울평가정보 · 나이스디앤비
- **창업투자**
  - 우리기술투자 · 아주IB투자 · 미래에셋벤처투자 · 에이티넘인베스트
  - 나우IB · 대성창투 · SBI인베스트먼트 · LB인베스트먼트
  - SV인베스트먼트 · 캡스톤파트너스 · HB인베스트먼트 · DSC인베스트먼트
  - 컴퍼니케이 · 스톤브릿지벤처스 · 린드먼아시아 · 큐캐피탈
  - TS인베스트먼트 · 글로본 · 스틱인베스트먼트 · 비비씨 · 솔본
- **카드·캐피털·대부업**
  - 삼성카드 · 한국캐피탈 · 리드코프 · 메이슨캐피탈

보험

- **생명보험**
  - 삼성생명 · 한화생명 · 미래에셋생명 · 동양생명
- **손해보험**
  - 삼성화재 · DB손해보험 · 현대해상 · 코리안리
  - 롯데손해보험 · 한화손해보험 · 흥국화재 · 서울보증보험 · 삼현
- **판매**
  - 인카금융서비스 · 에이플러스에셋

은행

- KB금융 · 신한지주 · 하나금융지주 · 카카오뱅크 · 우리금융지주 · 기업은행
- BNK금융지주 · JB금융지주 · iM금융지주 · 제주은행 · 푸른저축은행

증권

- 미래에셋증권 · 삼성증권 · NH투자증권 · 한국금융지주
- 키움증권 · 대신증권 · 한화투자증권 · 교보증권 · 신영증권 · 유안타증권
- 유진투자증권 · SK증권 · 현대차증권 · 다올투자증권 · 부국증권 · LS증권
- DB증권 · 유화증권 · 한양증권 · 상상인증권 · 코리아에셋투자증권

통신

· KT

SKT, KT, LG유플러스 등 통신 3사를 중심으로 국내 통신 시장은 독과점을 형성하고 있다. 통신 산업에 포함되어 있는 기업은 총 48곳으로 전체 시가총액에서 차지하는 비중은 1% 다. 통신 산업은 기지국 등 유무선 인프라를 보유하고 있어 가입자들을 대상으로 통신 서비스를 제공하는 통신사, 통신사에 기지국 부품, 안테나, 중계기 등 통신 부품과 통신 장비 및 솔루션을 제공하는 통신솔루션 섹터로 구분된다.

장기간 박스권을 유지했던 통신주 주가는 2025년 들어 본격적으로 올랐다. 구체적으로 통신 3사 중 KT, LG유플러스가 크게 올랐다. KT는 2024년 분기 배당을 도입하고 2028년까지 1조 원 규모의 보유 자사주를 소각한다고 밝히는 등 주주환원에 힘썼다. 이어 인력 감축, 자산 구조조정을 통해 수익성 개선 작업에 돌입했다. LG유플러스 역시 유사한 행보를

보였다. 구조조정으로 인한 실적이 개선된 가운데 800억 원 규모의 자사주 소각 발표, 반기 배당 확대에 힘입어 투자자들의 수요를 자극했다. 다만 통신3사는 2025년 모두 해킹 사건이 발생하는 오명을 안기도 했다. 잘 나가던 주가가 주춤해진 것도 이러한 이유 때문이다.

통신

1. 통신 산업의 개요와 특징

한때 집집마다 필수였던 유선전화는 무선통신 Radio Frequency, RF 기술의 발전과 함께 그 자리를 휴대전화에 내주었다. 특히 스마트폰이 보편화된 이후, 통신의 주된 기능은 음성 통화에서 데이터 기반 서비스로 완전히 전환되었다. 그러나 유선통신의 역할이 완전히 사라진 것은 아니다. 오늘날에도 각 가정과 기관에서 인터넷 회선은 기본 인프라로 자리 잡고 있으며, 이를 기반으로 IPTV, 화상회의, IoT 기기 연동 등 다양한 서비스가 제공되고 있다.

통신 산업은 회선의 유무에 따라 유선통신과 무선통신으로, 법적으로는 「전기통신사업법」에 따라 기간통신사업자, 별정통신사업자, 부가통신사업자로 구분된다. 기간통신사업자는 자체 통신망 인프라를 보유한 사업자로, SK텔레콤, KT, LG유플러스 등 이른바 통신 3사가 대표적이다. 별정통신사업자는 자체망 없이 기간통신망을 임대해 서비스를 제공하는 곳으로, 알뜰폰^{Mobile Virtual Network Operator, MVNO} 사업자가 여기에 속한다. 부가통신사업자는 인터넷 접속 중개, 콘텐츠 제공, 전자결제 및 클라우드 서비스 등 회선 이외의 부가가치를 제공하는 사업자로 분류된다.

주식 시장에서 통신사로 인식되는 곳은 무선통신 중에서도 기간통신사업자다. 2025년 통신 3사의 시장 점유율 구조는 여전히 견고하며, 신규 진입 장벽이 매우 높은 독과점 체제가 유지되고 있다. 2000년대 초반 신세기통신, 한솔텔레콤 등이 대형 통신사에 인수되면서 현재는 SK텔레콤, KT, LG유플러스만이 전국 단위의 유무선 네트워크를 독자 운영하고 있다. 다만, 알뜰폰 시장이 점진적으로 성장하면서 요금 경쟁과 서비스 다양성 확보 측면에서 제한적 역할을 하고 있다. 2024년 말 기준 알뜰폰 가입자 수는 1,500만 명을 돌파하며 전체 이동통신 시장의 약 20%를 차지하고 있다.

통신 산업은 본질적으로 필수재적 성격을 갖는 안정적 내수 산업이다. 데이터 사용량과 스마트폰 보급률이 성숙기에 접어든 지금, 통신 3사는 기존 통신 요금 수익 외에도 5G 특화망, 데이터센터, 클라우드, AI, 보안, 콘텐츠 등 다양한 부가사업으로 포트폴리오 다각화에 집중하고 있다. 예컨대 SK텔레콤은 2023년 AI 컴퍼니로의 전환을 선언한 데 이어 글로벌 통신사들과 AI 얼라이언스를 구축했으며, KT는 자사 IDC와 AI 컨택센터 사업을 2배 이상 확대하겠다고 밝혔다. LG유플러스는 B2C 시장 외에도 스마트팩토리, 교육, 헬스케어 분야의 5G 응용 확대를 추진하고 있다.

또한 6G 기술 선점을 위한 글로벌 경쟁도 시작되었다. 우리 정부는 2023년 '6G 연구개발 로드맵'을 발표하고, 2024년부터 2028년까지 약 4,400억 원 이상을 투입해 핵심 부품 기술과 위성통신 인프라 개발을 지원하고 있다. 한국은 6G 시대를 대비해 2028년 상용화를 목표로 기업과 학계, 정부가 협력 중이며, SK텔레콤, LG유플러스 등은 이미 위성통신 기술 및 초저지연 네트워크 연구를 시작한 상태다.

2. 통신 산업의 성장성

통신 산업은 오랜 기간 안정적인 수익을 창출해 온 산업이지만, 2025년 유선통신과 무선통신의 성장 양상은 확연히 엇갈리고 있다.

먼저 유선통신 시장은 구조적으로 쇠퇴 국면에 접어든 상황이다. 유선통신 서비스는 시내전화, 초고속인터넷, 인터넷전화로 구분되는데, 방송통신위원회에 따르면 2024년 기준 시내전화 가입 회선은 1,000만 건 이하로 줄었고, 인터넷전화 가입도 감소 추세다. 다만 초고속인터넷 가입은 2023년 말 기준 약 2,400만 회선을 넘어서며 안정적인 성장세를 이어가고 있다. 이는 대용량 영상 콘텐츠 수요, 재택근무와 원격교육의 확산, 클라우드 기반 서비스 증가와 관련 있다.

반면, 무선통신 시장은 여전히 완만한 성장세를 이어가고 있다. 휴대폰 가입 회선은 2024년 12월 기준 약 5,687만 건으로 직전 연말 대비 소폭 감소했지만, 사물인터넷 회선은 2,815만 건을 넘기며 고성장세를 보이고 있다. 특히 스마트미터, 차량용 통신, 산업용 IoT 등이 시장 확대를 이끌고 있다.

통신사는 기존 이동통신 사업 외에도 콘텐츠, 금융, 커머스 등으로 영역을 확장하고 있다. SK텔레콤은 AI와 데이터센터 기반의 구독 플랫폼을 강화하고 있으며, KT는 디지털 헬스케어와 B2B 클라우드 서비스에 집중하고 있다. LG유플러스는 유아 콘텐츠 및 스마트홈 중심의 수익 모델을 확대 중이다.

또한 글로벌 이동통신 시장이 6G 시대를 준비하면서, 우리나라 역시 '6G R&D 전략'을 수립해 2028년까지 핵심 기술을 개발하고, 2030년 상용화를 목표로 투자를 본격화하고 있다.

유선통신 서비스 가입 회선

단위: 만 건

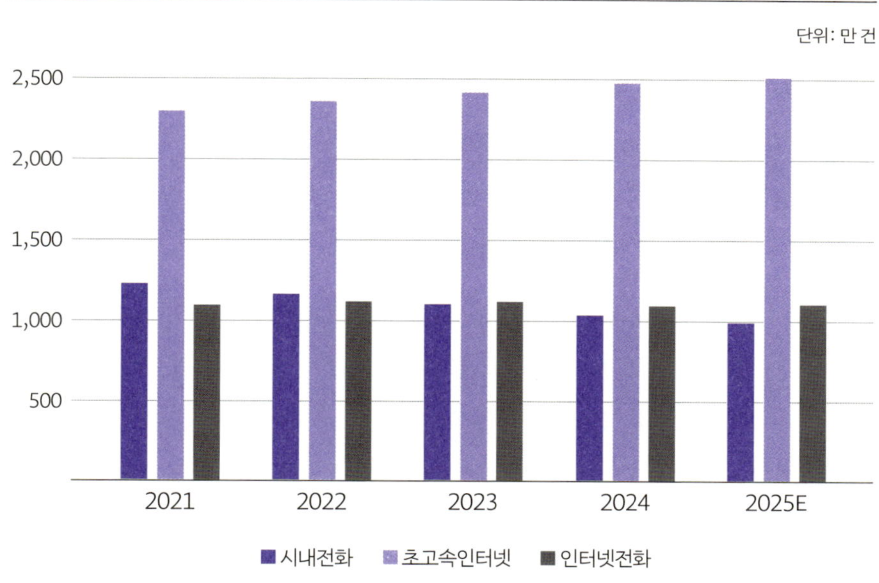

출처: 과학기술정보통신부

무선통신 서비스 가입 회선

단위: 만 건

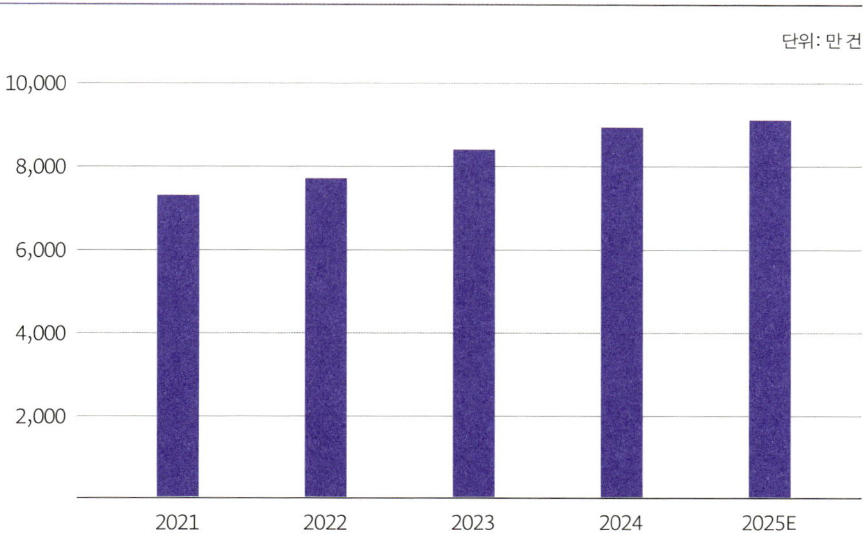

출처: 과학기술정보통신부

3. 통신 산업의 투자 포인트

1) 통신 세대에 따른 투자 사이클

통신 세대가 발전하면서 데이터 전송 속도는 획기적으로 빨라졌으며 이전 기술로는 시도할 수 없었던 새로운 서비스가 가능해졌다. 2010년 이전 3G 시대에는 음성, 전화, 영상통화 등이 휴대폰 기능의 전부였다. 그러나 2011년부터 4G 이동 통신인 LTE가 도입되었으며, 스마트폰 대중화와 맞물려 초고속 인터넷 기반의 고화질 게임, 고화질 동영상 등 수많은 서비스가 가능해졌다.

2019년부터 도입된 5G에서는 사물인터넷, 자율주행, 스마트팩토리 등의 서비스가 시도되고 있으며 더욱 발전할 것으로 기대된다. 6G 상용화시기는 2028년 이후로 전망되는데, 홀로그램 비대면 회의, 플라잉카 및 드론택시, 원격수술 등이 가능해질 전망이다.

새로운 통신 기술이 개발되고 도입되는 시기에 통신 3사의 인프라 투자는 대폭 늘어난다. 실제 5G 서비스 도입 전후로 통신 3 사들의 시설 투자 규모라고 볼 수 있는 자본적지출이 크게 증가했으며, 이 수혜는 통신 장비회사들이 누렸다.

다만 통신 기술의 발달에 따라 수혜를 입는 통신 장비 및 기술이 다르기 때문에 투자자는 이를 잘 파악해야 한다. 또한 국내와 해외의 투자 사이클이 다를 수 있기 때문에 해외 비중이 높은 회사들의 수혜 여부도 잘 살펴보아야 한다.

4G에서 5G로 전환되며 통신 요금이 상승한 것처럼, 통신 3사는 통신 기술이 발전할수록 신규 서비스 도입에 따라 가입자당 요금을 인상할 수 있다. 신규 통신 서비스 가입 초반에는 통신사들은 고객 유치를 위한 마케팅비용 및 대규모 인프라 투자로 실적이 부진하지만, 투자사이클이 끝나면 가입자당 매출이 올라가 수익성이 개선되는 효과가 발생한다.

통신 세대의 발전 과정

구분	4G	5G	6G
상용화 시기(국내)	2011	2019	2028~
최고 속도	1Gbps	20Gbps	1,000Gbps
다운로드	2분 40초	8초	0.16초
활동 분야	· 고화질 동영상 · 초고속인터넷	· 사물인터넷 · 자율주행 · 스마트팩토리	· 원격 수술 · 홀로그램 비대면 · 회의 · 플라잉카

출처: 언론보도 취합

통신 3사 자본적지출 규모

단위: 조 원

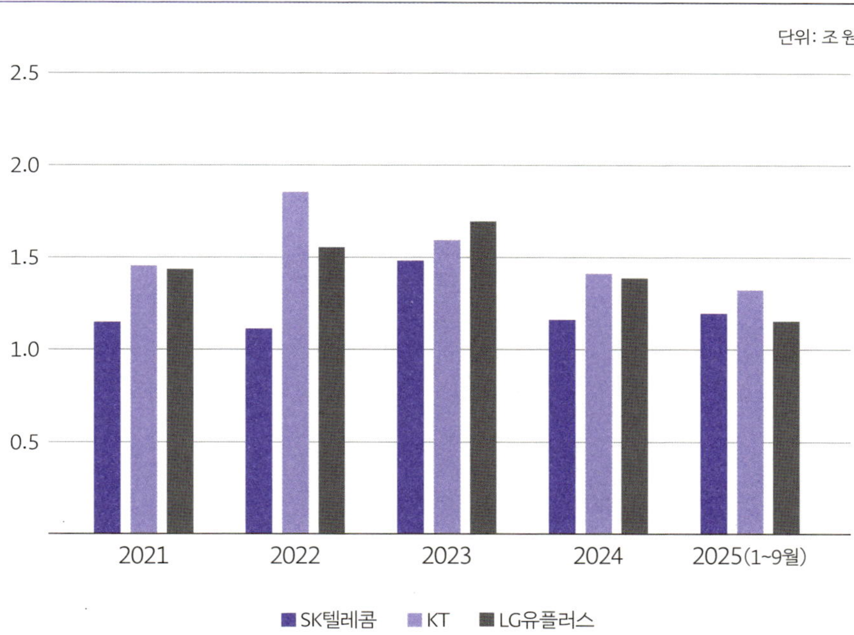

출처: 각 사

2) 캐시카우를 활용한 AI 사업 강화

통신사들은 안정적인 캐시카우를 활용해, 2025년 통신 3사는 AI를 차세대 핵심 성장 동력으로 삼고 있다. 이 투자는 두 가지 방향으로 집중된다. 첫째는 AI 연산에 필수적인 'AI 데이터센터' 확충이며, 둘째는 자사의 대형언어모델LLM을 기반으로 한 'AI 에이전트' 서비스 개발이다. 정부가 주도하는 '초거대 AI 파운데이션 모델' 개발 프로젝트K-LLM에도 통신 3사 모두 핵심 사업자로 참여하며 기술 내재화에 힘쓰고 있다.

이러한 AI 주도권 확보를 위해 통신 3사는 글로벌 빅테크 및 유망 스타트업과의 합종연횡을 가속화하고 있다. SK텔레콤은 일찍이 자사 AI 에이전트 'A.(에이닷)'을 고도화하며, 2024년 미국의 유력 AI 스타트업 '앤트로픽Anthropic'에 대규모 전략적 투자를 단행해 '글로벌 AI 얼라이언스'를 주도하고 있다. KT는 자체 개발한 LLM '믿음Mi:dm'을 기반으로, 국내 AI 스타트업 '업스테이지Upstage' 등과 협력하며 B2B 솔루션 및 AIDC 사업에 집중하고 있다. LG유플러스 역시 자체 AI인 '익시ixi'를 개발함과 동시에, 구글의 '제미나이Gemini'와 앤트로픽의 '클로드Claude' 등 글로벌 모델을 자사 서비스에 접목하는 '멀티 LLM' 전략을 통해 발 빠르게 움직이고 있다.

투자자 관점에서 이제 통신사는 단순한 배당주가 아닌, AI 인프라와 서비스를 제공하는 'AI 플랫폼 기업'으로서의 밸류에이션 재평가 가능성을 타진하고 있다.

통신 산업 투자 지표

실적 및 투자 지표: 2025년 3분기 연환산 기준
시가총액: 2025년 12월 23일 기준

단위: 억 원

종목코드	종목명	매출액	영업이익	순이익	PER	시가총액
030200	KT	279,748	15,866	9,637	13.9	134,076
017670	SK텔레콤	172,821	12,082	5,867	19.5	114,483
032640	LG유플러스	153,565	8,638	3,771	17.5	66,108
218410	RFHIC	1,557	219	158	56.6	8,945
032500	케이엠더블유	1,000	−270	−278	−22.2	6,189
050890	쏠리드	2,721	192	241	19.5	4,709
368770	파이버프로	409	97	91	36.5	3,318
010170	대한광통신	1,461	−301	−472	−6.3	2,970
037460	삼지전자	40,171	1,476	699	3.4	2,358

통신

알뜰폰
- 아이즈비전

통신사
- LG유플러스
- SK텔레콤
- KT

통신솔루션
- 네이블
- 세종텔레콤
- 수산아이앤티
- 엔텔스
- 텔코웨어

통신장비
- 로스웰
- RFHIC
- RF머트리얼즈
- 다보링크
- 다산네트웍스
- 대한광통신
- 라이콤
- 머큐리
- 빛과전자
- 삼지전자
- 센서뷰
- 쏠리드
- 알엔투테크놀로지
- 에이스테크
- 에치에프알
- 오늘이엔
- 오이솔루션
- 옵티시스
- 옵티코어
- 와이어블
- 우리넷
- 우리로
- 웨이브일렉트로
- 유비쿼스
- 유엔젤
- 이노와이어리스
- 자람테크놀로지
- 케이엠더블유
- 코스텍시스
- 코위버
- 파이버프로
- 파이오링크
- 한국첨단소재
- 한울소재과학

의료기기

의료기기는 질병 및 상해를 진단, 치료, 경감시킬 목적으로 사용되는 제품이다. 신체의 피부나, 뼈, 장기를 대체할 목적의 기기도 여기에 포함된다. 의료기기 산업에 속한 기업은 총 127곳으로 주식 시장에서 차지하는 비중은 1.1%다. 의료기기 산업은 치과·미용 의료기기, 인체조식이식재, 디지털 헬스케어, 체외 진단기기 섹터로 구분된다.

전 세계 뷰티 산업이 꾸준히 성장하는 가운데 한국의 미용 의료기기 산업도 호황을 맞았다. 피부 미용 시술을 받기 위해 한국을 방문하는 외국인도 크게 늘었으며, 미용 의료기기 수출도 급증했다. 이에 따라 미용 의료기기 기업을 중심으로 주가가 치솟았다. 먼저 파마리서치는 스킨부스터 '라쥬란'의 성장에 힘입어 중국, 일본, 동남아 등 아시아 시장을 석권했으며, 클래시스는 초음파 리프팅 장비인 '슈링크', 체형 관리 기기인 '볼뉴머' 등이 미국 시장

에서 큰 인기를 끌었다. 보툴리눔 톡신 기업인 휴젤도 미국 국제무역위원회 균주 소송에서 '위반 없음'을 판정 받고 자사 브랜드인 '레티보'가 미국 시장에 공식 출시되면서 주가가 올랐다. 한편 미용 관련 기업 외 진단기기, 수술도구, 의료용 영상장비 등을 만드는 기업들은 증시에서 상대적으로 소외되었다.

치과·미용 의료기기

1. 치과·미용 의료기기 산업의 개요

1) 미용 의료기기

미용 의료기기 산업은 제약 바이오 산업과 구분되는 독특한 특징을 가지며, 이것이 곧 높은 수익성의 원천이 된다. 첫째, 신약 개발과 달리 상대적으로 적은 연구개발비를 투입하고도 영업 레버리지 효과를 빠르게 발생시킬 수 있다. 둘째, 대부분의 시술이 비급여 항목에 해당하므로, 정부의 복잡한 보험 보장 협의 단계를 생략해 시장 진입 속도가 빠르다. 셋째, '프린터와 잉크' 모델과 같은 강력한 수익 구조를 갖추고 있다. 병원에 주 기기를 판매한 후에도 시술에 필요한 팁이나 카트리지 등 1회성 소모품 매출이 지속적으로 발생하는데, 이 소모품의 마진율은 70~90%에 달해 기업의 핵심 현금 창출원이 된다.

미용 의료기기 시장은 크게 보툴리눔톡신과 필러 등 주사제, 레이저·고주파^{RF}·초음파^{HIFU} 등 에너지를 활용하는 에너지 기반 기기^{EBD}, 그리고 리쥬란

	보툴리눔톡신&필러	에너지 기반 기기	스킨부스터
정의	· 톡신: 화학적으로 근육을 마비시킴 · 필러: 진피층에 투입되어 젤 형태로 부피를 형성	· 레이저, 초음파, 고주파 등 각종 에너지를 활용해 세포기능을 자극·촉진시켜 노화 억제	· 피부재생을 촉진하는 성분을 피부에 도포하거나 주입
효과	· 즉각적 효과 · 6개월 유지	· 1~2개월에 걸쳐 효과 극대화 · 6~12개월 유지	· 1주일~1개월 내 효과 발현 · 1~2개월 유지

힐러나 엑소좀과 같은 스킨부스터로 나눌 수 있다.

이 시장은 전 세계적으로 고성장하고 있다. 글로벌 시장조사기관 프리시던스 리서치Precedence Research에 따르면, 글로벌 미용 의료기기 시장 규모는 2022년 91억 5,000만 달러에서 2034년 233억 1,000만 달러로 연평균 9.7%의 고성장이 예상된다. 특히 한국의 에너지 기반 미용기 수출액은 팬데믹 이후 급증했다. 2025년 국내 기업들은 미국, 중국, 동남아, 유럽, 브라질 등으로 수출선을 성공적으로 다변화하며 글로벌 영토를 넓히고 있다.

유독 한국 기업들이 이 시장에서 두각을 나타내는 데는 명확한 이유가 있다. 첫째, 한국은 세계 피부미용 시장을 선도하는 '트렌드의 본진本陣' 역할을 한다. 국내에서 개발된 시술법과 장비가 해외로 확산되는 구조가 정착되었다. 둘째, 일본이나 미국산 장비에 비해 성능은 대등하면서도 가격 경쟁력이 매우 높다. 이는 핵심 부품의 국산화와 치열한 내수 경쟁이 이루어 낸 성과다. 마지막으로, 미국 등 서구권과 달리 모든 시술을 집도할 뿐 아니라 임상 데이터가 풍부해 신뢰도가 높으며, 전문적인 '공장형 클리닉' 시스템으로 가격 장벽이 낮다. 이러한 점들이 해외 시장 개척에 긍정적으로 작용하고 있다.

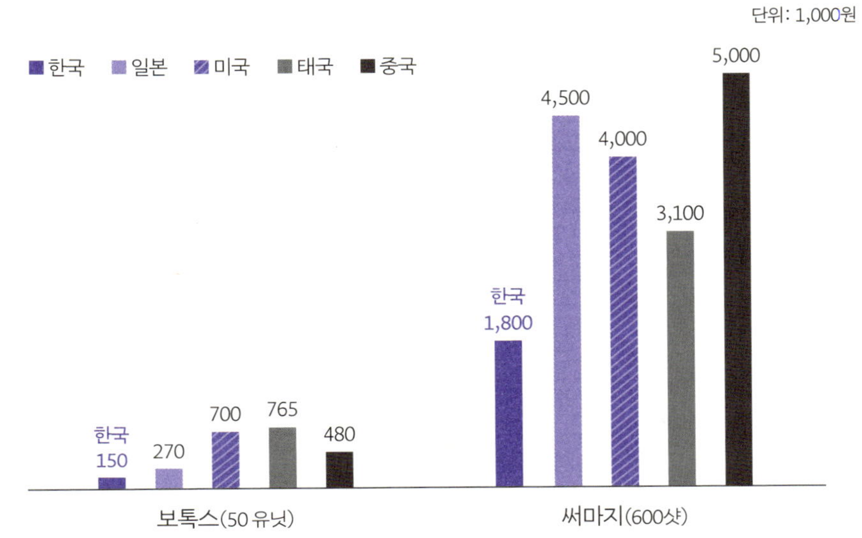

2) 치과 의료기기

아파트 단지가 빼곡히 들어선 신도시 상가에 가장 많이 들어서는 점포는 무엇일까? 지역마다 다르지만 대체로 학원과 병원이다. 특히 병원 중에서도 가장 많이 보이는 곳은 단연 치과다. 건강보험심사평가원 통계에 따르면 2024년 상반기 치과의원 수는 1만 9,161곳이다. 그만큼 수요가 많다는 뜻이다. 최근 치과 진료는 치료 목적뿐 아니라 예방, 미용의 목적으로도 확대되고 있다. 특히 국민의 소득수준이 높아지면서 교정, 미백 등의 수요가 저연령층을 중심으로 점차 늘어나고 있는 상황이다.

치과 의료기기 시장의 핵심 성장 동력은 단연 임플란트다. 시장조사기관 그랜드뷰리서치Grandview Research는 글로벌 임플란트 시장이 2027년까지 연평균 약 9%씩 성장할 것으로 전망했다. 국내 역시 2016년 임플란트 건강보험 적용 연령을 70세 이상에서 65세 이상으로 확대한 이후로 보험급여가 가능한 임플란트 수요가 급증하고, 자연스럽게 관련 기자재 및 치과 장비 산업도 동반 성장하고 있다.

투자자들은 임플란트 시장의 고유한 경쟁 구도를 이해해야 한다. 임플란트 시장은 프리미엄 시장과 중저가 시장으로 명확히 구분되며, 프리미엄 시장은 스위스의 스트라우만 Straumann 이 30% 이상의 압도적인 점유율로 선두를 차지하고 있다. 이와 함께 덴츠플라이 시로나 Dentsply Sirona, 짐머 바이오멧 Zimmer Biomet 등 소수의 글로벌 메이저 업체들이 프리미엄 시장을 주도하고 있다. 국내 기업 중에서는 오스템임플란트가 글로벌 3위권에 진입하는 성과를 거두었으나, 이를 제외한 대부분의 국내 업체들은 가격 경쟁력을 앞세워 중저가 및 신흥 시장 공략에 집중하고 있다.

임플란트 시장은 치과 의사들의 브랜드 충성도가 매우 높은 산업으로, 이러한 특성 때문에 기술력 확보와 시장 지배력 강화를 목적으로 한 인수합병이 활발하게 이루어지고 있다. 또한 미국 FDA, 유럽 MDR 등 의료기기 규제가 매우 까다롭기 때문에, 많은 한국 기업들이 우선 아시아권 중심으로 수출을 전개하며 입지를 다지는 전략을 사용하고 있다.

2. 치과·미용 의료기기 산업의 투자 포인트

1) 저속 노화 트렌드 수혜

글로벌 안티에이징 Anti-Aging 트렌드가 '저속 노화 Slowing Aging'라는 개념으로 발전하면서 피부 미용기기 산업은 빠르게 성장하고 있다. 투자자들이 주목할 가장 큰 변화는 '고객의 확장'이다. 과거 40대 이상 여성이 중심이었던 시장은 최근 피부 관리를 일찍 시작하려는 20대 여성과, 미용에 지갑을 여는 남성 Male Grooming까지 확대되었다. 치과 영역에서도 이러한 변화는 동일하게 나타나, 충치 치료와 같은 전통적 수요에서 투명 교정, 치아 미백 등 심미적·미용적 시술로 수요가 확장되고 있다.

시장의 두 번째 핵심 트렌드는 '짧은 다운타임'이다. 일상 복귀에 지장을 주는 수술적 방식 대신, 시술 시간이 짧고 회복이 빠른 비수술·저침습 방식(고주파, 초음파 등)이 시장의 주류가 되었다. 이러한 시술은 효과가 3~6개월 정도 지속되므로 주기적인 재시술이 필수적이다. 이는 기기 제조사 입장에서 '소모품(팁, 카트리지)' 매출이 꾸준히 발생하는 안정적인 현금 창출원을 의미하며, 이 산업의 높은 수익성을 담보하는 핵심 요인이다. 또한 최근에는 톡신과 필러, 혹은 고주파와 스킨부스터를 결합하는 '복합 시술'이 유행하며 시술 객단가가 상승하는 추세다.

마지막으로, 고령화라는 거대한 인구구조의 변화는 65세 이상 인구의 치

아 상실 증가로 이어져, 임플란트 및 보철 시장의 구조적인 성장을 견인하고
있다.

2) K-뷰티에서 K-메디컬로: 의료 관광 수요 증가

K-팝, K-드라마로 시작된 한류는 이제 'K-뷰티'를 넘어 'K-메디컬'로 진화하
고 있다. 이러한 트렌드는 2025년 킴 카다시안^{Kim Kardashian}이 한국을 방문해
강남의 피부과에서 시술받는 과정을 소셜미디어에 상세히 공개하며 전 세계
적으로 큰 화제가 되었다. 이는 한국의 미용 의료 기술력이 글로벌 톱티어 수
준임을 입증하는 상징적인 사례가 되었다.

실제로 한국보건산업진흥원의 '외국인 환자 유치 실적'에 따르면, 의료 관
광을 위한 방한 외국인은 2024년 70만 명을 돌파하며 팬데믹 이전 수준을 완

피부과와 성형외과 진료받은 외국인 수

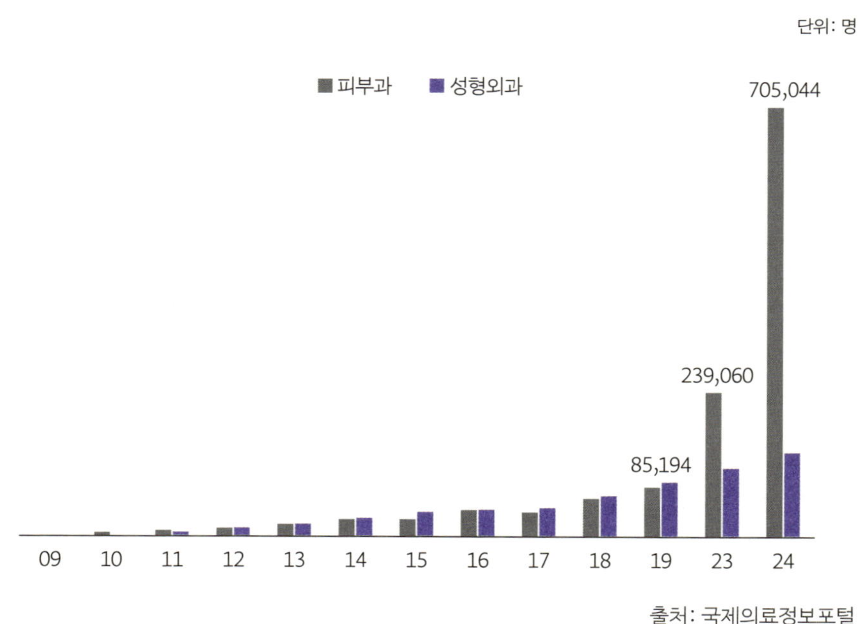

단위: %

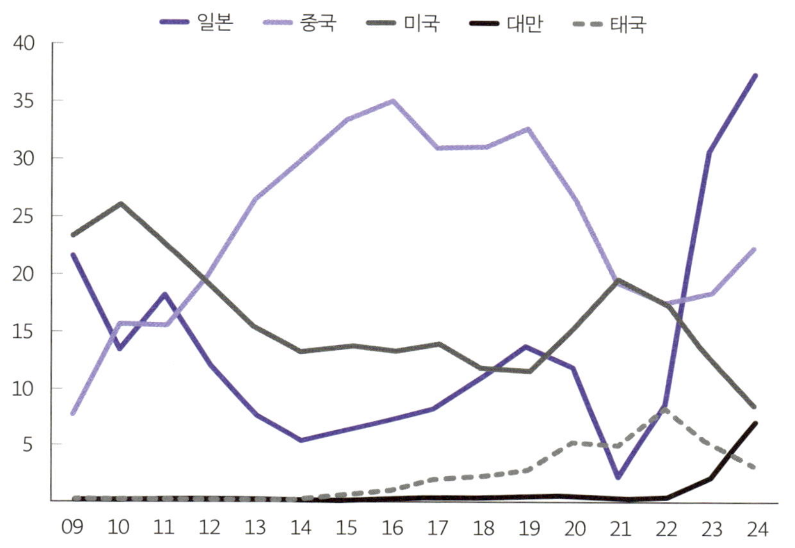

출처: 국제의료정보포털

전히 회복했다. 특히 이 중 피부과와 성형외과 진료를 목적으로 한 외국인이 급격히 증가하며 전체 성장을 이끌고 있다.

투자자 관점에서 주목할 점은 유입되는 외국인의 '국적별 구성비'와 '객단가'다. 2025년 일본인 관광객은 지리적 근접성과 K-뷰티 트렌드에 힘입어 가장 큰 방문객 규모를 보이고 있다. 다만 이들은 상대적으로 저렴하고 다운타임이 짧은 시술을 선호해 객단가는 낮은 편이다. 반면 2023년 이후 더딘 회복세를 보이던 중국인 관광객은, 한 번 방문할 때 고가의 복합 시술을 받는 경향이 있어 1인당 지출액이 가장 높다. 따라서 중국인 방문객 수의 회복 여부는 관련 기업의 수익성에 큰 영향을 미친다. 이와 더불어, 최근에는 태국, 베트남 등 동남아시아와 미국, 캐나다 등 북미 지역에서 한국의 선진 의료 기술을 경험하려는 환자가 빠르게 유입되며 시장 다변화를 이끌고 있다.

영상 진단기기·
디지털 헬스케어

1. 영상 진단기기·디지털 헬스케어 산업의 개요

1) 영상 진단기기

영상 진단기기는 체내 진단기기로 분류되며, 대표적으로 엑스레이, CT(컴퓨터단층촬영), MRI(자기공명영상), 초음파기기, 내시경 등이 있다. 병원 진료와 건강검진에서 가장 기본적으로 접하게 되는 기기들이며, 전체 진단기기 시장에서 약 37% 내외의 비중을 차지한다.

코로나19 팬데믹 당시 체외 진단기기(진단키트 등)의 수요는 폭증한 반면, 병원 방문 기피 현상으로 영상 진단기기의 수요는 일시적으로 둔화되었다. 그러나 백신 접종 확대와 함께 리오프닝 국면에 접어들면서 영상 진단기기 시장도 점차 회복세를 보였고, 2024년 이후에는 고령화, 만성질환 증가, 건강 검진 수요 확대에 따라 다시 성장세를 보이고 있다.

시장조사 기관 리서치네스터^{Research Nester}에 따르면 글로벌 영상 진단기기 시장은 2024년 기준 약 490억 달러 규모이며, 2034년까지 연평균 5%의 성장률을 보일 것으로 예측된다.

2) 디지털 헬스케어

디지털 헬스케어는 건강 데이터 수집, 진단, 치료, 관리 전반에 IT 기술이 접목된 산업을 뜻한다. 대표적으로 EMR(전자의무기록), PACS(영상정보시스템), 웨어러블 디바이스, 원격의료, AI 기반 질병 예측 등이 해당된다.

코로나19 팬데믹 이후 글로벌적으로 원격의료 및 모바일 헬스케어 수요가 기하급수적으로 늘었다. 미국은 원격진료에 기존 진료와 동등한 수가를 적용하고 있으며, 중국도 인터넷진료를 의료보험 대상으로 포함시키며 시장을 확대했다. 포춘비즈니스인사이트^{Fortunebusinessinsights}에 따르면 글로벌 원격의료 시장은 2025년 1,119억 9,000만 달러에서 2032년에는 3,348억 달러로 연평균 16.9% 성장할 것으로 관측된다.

반면, 국내는 여전히 비대면 진료 및 의료 데이터 활용에 대한 규제 이슈로 인해 산업화가 제한적이다. 그러나 2023년부터 시행된 비대면 진료 시범사업이 점차 확대되고 있으며, 2025년에는 이를 정식 의료법으로 안착시키기 위한 논의가 진행 중이다. 국내 기업들은 병원 EMR·PACS 데이터를 기반으로 헬스케어 분석 플랫폼을 제공하거나, AI 기반 예후 예측, 병원 내 데이터 통합관리 시스템을 중심으로 사업을 전개하고 있다.

2. 영상 진단기기·디지털 헬스케어 산업의 투자 포인트

영상 진단기기 및 디지털 헬스케어의 핵심 키워드는 단연 'AI'와 '디지털 전환'이다. 의료영상 데이터가 폭발적으로 증가함에 따라 병원 진료 과정의 자동화와 효율화가 필수 과제로 부상했고, AI 기술은 이 흐름의 중심에 서 있다.

미국 FDA의 AI 의료기기 허가 건수는 2015년 6건에서 2024년 235건으로 급증, 2025년 1~5월에도 이미 148건을 기록했다. 특히 영상의학 분야가 76.7%로 가장 큰 비중을 차지하며, 임상 적용과 상용화가 빠르게 확산되고 있다.

국내 기업들 역시 영상의학 분야에서 AI를 적극 활용하고 있다. 특히 흉부 엑스레이, 뇌 영상 분석, 치매 조기 진단 등 특정 질환에 특화된 분야를 중심으로 시장 확대를 시도하고 있다. 대표적으로 루닛^{Lunit}은 흉부 영상 AI 판독 솔루션을 개발해 멕시코, 인도네시아 등 신흥 의료 시장에 수출하고 있으며, 현지 병원과의 협업을 통해 실사용 데이터를 확보하고 있다.

영상 진단 소프트웨어 기업들은 PACS와 AI 진단 엔진을 결합한 통합 솔루션을 통해 병원의 영상 판독 프로세스를 혁신하고 있다. 단순 저장·전달에 그치던 영상 시스템이 AI를 통해 병변 검출, 위험도 분석, 진단 보조 기능까지 수행하면서, 병원 내 진료 흐름은 한층 정밀하고 효율적으로 변화하고 있다.

영상 외에도 환자의 심박수, 호흡수, 혈압, 체온, 산소포화도 같은 생체신호 데이터를 AI로 분석해 임상 예후를 예측하는 솔루션도 확장되고 있다. 뷰노^{VUNO}의 딥카스^{DeepCARS}가 대표적으로 국내 대형 병원(삼성서울병원, 서울대병원 등)에 2023년 미국 FDA 허가를 획득해 현재 미국 현지 병원 도입 및 매출 실현에 박차를 가하고 있다.

체외 진단기기

1. 체외 진단기기 산업의 개요와 특징, 성장성

의료 진단은 인체를 진단하는 방식에 따라 체내 진단과 체외 진단으로 나뉜다. 체내 진단은 내시경, MRI처럼 인체 내부를 직접 관찰하며 진단하는 방식이며, 체외 진단은 혈액, 소변, 조직 등 인체에서 채취한 검체를 분석해 질병을 진단하는 방식을 말한다. 체외 진단은 면역화학 진단, 자가혈당측정, 현장 진단, 분자 진단, 혈액 진단, 임상 미생물학 진단, 조직 진단, 지혈 진단 등 8개 분야로 세분화된다.

국내 체외 진단기기 상장사들은 유전체 분석, 감염병 진단, 암 진단 등 고부가가치 분자 진단기기와 현장에서 빠르게 진단할 수 있는 POCT^{Point of Care Testing} 기기 중심으로 사업을 전개하고 있다. 코로나19 팬데믹 당시 진단키트 수출로 글로벌 인지도를 높인 기업들이 이후 수요 감소와 가격 하락으로 재정비 국면에 들어선 상황이지만, 체외 진단 산업이 앞으로 지속 성장할 것으

구분	특징 및 진단가능 질병
면역 화학 진단	· 조직 내 항원·항체의 면역 반응을 이용해 각종 종양 마커, 감염성 질환, 갑상선 기능, 빈혈, 알레르기, 임신, 약물남용 등의 매우 다양한 질환 진단과 추적에 이용
자가혈당측정	· 당뇨환자가 혈당 자가 진단에 활용
현장 진단	· 환자 옆에서 즉각 검사가 가능하도록 함으로써 치료 효과를 높이는 데 이용 · 혈액가스 검사, 심근경색 검사, 혈액응고 검사 등에 이용
분자 진단	· 인체나 바이러스 등의 유전자 정보를 담고 있는 핵산[DNA, RNA]을 검사하는 것 · 인간 면역결핍 바이러스[HIV], 인유두종 바이러스[HPV] 등을 검사하거나 암유전자, 유전질환 검사 등에 이용

출처 : 퀀타매트릭스

로 예측되는 이유는 고령화로 인한 만성질환 증가, 조기 진단에 대한 사회적 관심, 개인 맞춤형 정밀의료 확대, 헬스케어 디지털화 등에 있다. 특히 병원 중심의 진단에서 탈피해 가정, 약국 등 1차 진료 현장에서도 신속 진단이 가능한 기술 개발이 활발하다. 이에 따라 AI 기반 영상 분석과 연동된 체외 진단 솔루션, 웨어러블 기기와 연계 가능한 모바일 기반 진단기기 등의 연구도 이어지고 있다.

시장조사기관 마켓앤마켓에 따르면 2024년 글로벌 체외 진단 시장은 약 1,010억~1,150억 달러 규모로 성장했으며, 연평균 성장률은 6.1~7.6% 내외로 예상된다. 특히 감염성 질환, 만성질환 조기 진단, 자가검사 키트 수요 증가가 시장 확대를 견인하고 있다. 고령화와 함께 암, 당뇨, 심혈관 질환의 조기 진단이 강조되며 장기적으로 성장세가 유지될 전망이다.

다만 국내 기업의 글로벌 경쟁력은 아직 제한적이다. 체외 진단 시장은 스위스의 로슈[Roche], 미국의 애보트[Abbott], 다나허[Danaher], 써모피셔[Thermo Fisher], 독일의 지멘스 헬시니어스 Siemens Healthineers 등 글로벌 메이저 기업들이 전체 시장의 60~70%를 점유하고 있어 진입장벽이 높다. 국내 주요 기업으로는 씨젠, 에스디바이오센서, 랩지노믹스, 바디텍메드 등이 있으며, 최근에는 AI 기술과 결합한 정밀진단 영역으로 확장을 꾀하고 있다.

한편, 2024년 이후 체외 진단기기의 규제 환경도 강화되고 있다. 미국 FDA와 유럽 CE 인증 요건이 점점 더 까다로워지면서 기술력뿐 아니라 인증과 글로벌 유통 역량이 기업 성장을 좌우하게 되었다. 이러한 배경 속에서 국내 기업들도 유럽 현지법인 설립, 미국 CLIA 인증 랩 운영 등 해외 직접 진출 전략을 강화하는 추세다.

2. 체외 진단기기 기업의 투자 포인트

2020년 체외 진단기기 기업들은 코로나19 진단키트 생산으로 극적인 성장을 이루었다. 이에 따라 에스디바이오센서, 씨젠 등 시가총액이 조 단위인 기업들이 등장했다. 그러나 2023년 본격적인 엔데믹이 찾아오면서 체외 진단기기 업체들의 실적과 주가는 곤두박질쳤다. 2023년 국내 주요 진단기업 매출은 2021년 대비 67% 줄었고 주가 역시 평균 70% 하락했다. 이에 따라 대부분의 업체들이 적자를 기록했고 흑자를 유지하고 있는 대형 업체들 증시에서 저평가를 받고 있다.

그럼에도 인구 고령화, 만성질환 증가, 감염성 질환이 확산되면서 진단 수요는 구조적으로 확대될 것으로 기대된다. 특히 건강에 대한 관심 고조로 치료 중심에서 예방 및 진단 중심으로 의료 트렌드가 변화하고 있어 진단기기 수요는 증가할 것으로 기대된다.

국내 체외 진단기기 기업들은 적극적으로 넥스트 코로나 전략을 펴고 있

단위: 10억 달러

질환 분야	2024	2027	2030	CAGR (2024-2030)
감염병	32.5	40.8	48.2	6.8%
당뇨병	13.7	16.2	19.9	6.4%
종양학(암)	10.8	13.9	17.5	8.3%
심장학	8.2	9.8	11.8	6.2%
약물검사	7.4	8.7	10.3	5.7%
에이즈/HIV	2.8	3.2	3.8	5.1%
신장학	2.1	2.6	3.2	7.2%

출처: 마켓앤마켓

다. 코로나19 펜데믹 동안 확보한 현금을 바탕으로 M&A, 신제품 개발, 해외 시장 진출을 모색하고 있다. 특히 지노믹트리처럼 대장암 진단키트('얼리텍-C')를 개발, 건강보험 등재를 적극 추진 중이며 미국 시장 진출을 앞두고 있는 기업들을 주목해야 한다.

또한 투자자는 진단기기 시장 중에서도 시장 규모가 크고 성장성이 높은 분야에 주목할 필요가 있다. 마켓앤마켓에 따르면 글로벌 체외 진단 시장의 질환별 시장에서 시장 규모가 가장 큰 분야는 감염병이다. 감염병 진단기기 시장은 2024년 325억 달러에서 2030년 약 482억 달러로 연평균 성장률이 6.8%에 달할 것으로 관측된다. 시장 규모는 감염병에 비해 작지만 성장률이 가장 높은 분야는 암을 다루는 종양학이다. 종양학 진단기기 시장은 2020년 108억 달러에서 연평균 8.3% 성장해 2030년 175억 달러에 달할 것으로 전망된다.

인체조직이식재

1. 인체조직이식재 산업의 개요와 특징, 성장성

인체조직이식재는 손상된 조직이나 기관을 대체하거나 복원하는 데 사용하는 생체재료로, 척추 임플란트, 인공관절, 피부, 뼈이식재 등이 포함된다. 이는 외상, 암, 노화 등으로 손상된 신체 부위를 재건하거나 기능을 회복시키기 위한 중요한 의료 기술이다. 3D 바이오프린팅, 생체적합성 고분자, 인공조직 설계 등 기술의 발달로 연구가 활발히 이루어지고 있으며, 재생의료 산업의 주요 분야로 자리 잡고 있다.

글로벌 시장조사기관 글로벌데이타에 따르면, 세계 조직이식재 시장 규모는 2024년 약 85억 달러로 추산되며, 연평균 성장률 6.1%로 증가해 2030년에는 약 121억 달러에 이를 것으로 전망된다. 이러한 성장의 배경에는 글로벌 고령화에 따른 퇴행성 질환(관절염, 척추질환) 환자 및 만성질환자의 증가, 스포츠 외상 및 사고로 인한 재건 수술 건수 확대, 그리고 조직공학 기술 발전

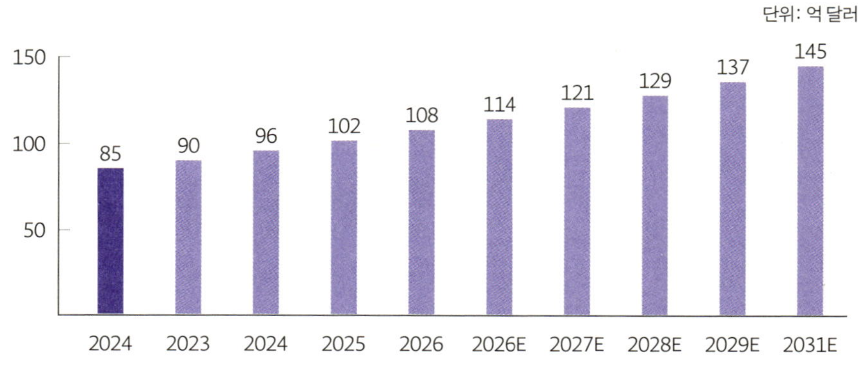

에 따른 새로운 치료 옵션의 등장이 자리하고 있다. 국내에서는 국내외 인증을 확보한 의료용 생체이식재 제조사가 증가하면서 수출 기반을 다지는 중이다. 특히 한국, 일본, 미국은 고령화 속도가 빠르고 정형외과·치과 시술 수요가 높아 시장 확대 여력이 크다.

글로벌 시장에서는 라이프넷헬스^{LifeNet Health}, RTI Surgical, MTF 바이오로직스^{MTF Biologics} 등 인체 유래 조직(동종진피)을 가공하는 대형 조직은행^{Tissue Bank} 기반의 기업들이 전통적인 강자로 군림하고 있다. 이와 더불어 유방 재건 시장에서는 GC 에스테틱스^{GC Aesthetics}, 이스태블리시먼트 랩스^{Establishment Labs} 등이 경쟁하고 있다. 국내 시장은 피부이식재(무세포 동종진피) 분야에서 엘앤씨바이오가 1위를 차지하고 있으며, 한스바이오메드, 씨지바이오 등이 그 뒤를 잇고 있다. 또한 3D 바이오프린팅 분야에서는 티앤알바이오팹 등이 차세대 기술을 선도하고 있다.

2. 인체조직이식재 기업의 투자 포인트

최근에는 3D 바이오프린팅 기술과 생체적합성 소재의 발전으로 정밀한 맞춤형 조직이식재의 생산이 가능해지고 있다. 예를 들어, 개인의 CT 데이터를 기반으로 맞춤형 뼈이식재나 두개골 보형물을 설계·제작할 수 있으며, 실제 환자 맞춤형 치료로 이어지고 있다. 이러한 기술 발전은 기존 대체재보다 조직의 생착률을 높이고, 부작용을 줄이는 데 기여하고 있다.

또한 정부의 바이오헬스 산업 육성 전략에 따라 조직이식재 관련 품목은 첨단재생의료 및 첨단바이오의약품 범주로 지정되어 임상 및 인허가 절차가 점진적으로 개선되고 있다. 인체 유래 조직을 대체하는 합성 재료 및 생분해성 고분자 기술 개발도 활발히 이루어지고 있어, 향후 뼈·연골 등 고정형 이식재뿐 아니라 연조직 및 혈관재건용 이식재까지 그 활용 영역이 더욱 넓어질 것으로 기대된다.

한편 상장된 인체조직이식재 중 대다수가 척추용 임플란트 시장에 주력하고 있다. 또한 내수 시장의 한계로 수출에 주력하고 있다. 대체로 동남아, 중국, 일본 등 아시아 지역에 수출하고 있지만 한스바이오메드 같은 일부 기업은 북미 시장에도 수출하고 있다. 투자 관점에선 수출 비중이 높고 특히 까다로운 FDA 인증 규제를 통과한 기업을 주목할 필요가 있다.

투자 관점에서는 바이오잉크 개발을 통해 다양한 지적재산권을 보유한 기업에 주목하는 것이 좋다. 또한, 여타 다른 의료기기 기업과 마찬가지로 해외 시장을 개척하거나 개척할 가능성이 있는 기업에 주목할 필요가 있다. 생명공학정책연구센터에 따르면 2024년 재생의료 시장 규모는 북아메리카, 유럽, 아시아-태평양 순으로 클 것으로 전망되지만, 연평균 성장률은 아시아-태평양 시장이 가장 높을 것으로 보인다.

실적 및 투자 지표: 2025년 3분기 연환산 기준
시가총액: 2025년 12월 23일 기준

단위: 억 원

종목코드	종목명	매출액	영업이익	순이익	PER	시가총액
214450	파마리서치	4,960	1,962	1,512	27.3	41,351
214370	케어젠	779	336	284	127.3	36,204
214150	클래시스	3,178	1,552	1,180	30.0	35,439
145020	휴젤	4,042	1,895	1,423	19.9	28,299
290650	엘앤씨바이오	800	1	780	20.2	15,781
096530	씨젠	4,589	214	-6	-2,007.4	12,821
328130	루닛	767	-818	-882	-14.3	12,595
137310	에스디바이오센서	6,961	-672	1,132	9.8	11,128
376900	로킷헬스케어	203	-21	-73	-128.1	9,397
086900	메디톡스	2,418	216	228	38.9	8,882
228760	지노믹트리	38	-123	-88	-80.2	7,034
389650	넥스트바이오메디컬	149	-14	-1	-5,809.1	6,842
336570	원텍	1,473	532	429	15.3	6,586
475960	토모큐브	72	-87	-79	-82.0	6,501
347700	스피어	-1	-131	-37	-165.1	6,063
127120	제이에스링크	161	-128	-124	-44.1	5,468
394800	쓰리빌리언	98	-70	-60	-91.6	5,466
145720	덴티움	3,560	648	421	12.0	5,058
200670	휴메딕스	1,615	414	553	8.4	4,644
138610	나이벡	330	56	31	144.5	4,499

의료기기

기타 의료기기
로봇 · 네오펙트 · 큐렉소
· 넥스트바이오메디컬 · 리메드 · 마이크로디지탈 · 세운메디칼
· 시너지이노베이션 · 씨유메디칼 · 아이빔테크놀로지 · 엠아이텍
· 제이브이엠 · 파인메딕스 · 피제이전자
안과 · 인터로조 · 휴비츠
창상피복재 · 원바이오젠 · 티앤엘
환자감시장치 · 메디아나 · 멕아이씨에스

디지털 헬스케어
AI진단 · 딥노이드 · 루닛 · 씨어스테크놀로지
· 제이엘케이 · 코어라인소프트
의료영상소프트웨어 · 토모큐브
의료정보시스템 · SCL사이언스 · 뷰노 · 비트컴퓨터 · 스피어
· 유비케어 · 이지케어텍 · 케어랩스

미용
보톡스와 필러 · 메디톡스 · 바이오플러스 · 서울리거 · 제테마
· 케어젠 · 한국비엔씨 · 휴메딕스 · 휴젤
스킨부스터 · 동방메디컬 · 바이오비쥬 · 파마리서치
에너지 기반기기 · 라메디텍 · 레이저옵텍 · 비올 · 아스테라시스
· 원텍 · 클래시스 · 한국비티비

영상진단기기 · 디알젬 · 디알텍 · 레이언스 · 뷰웍스 · 제노레이

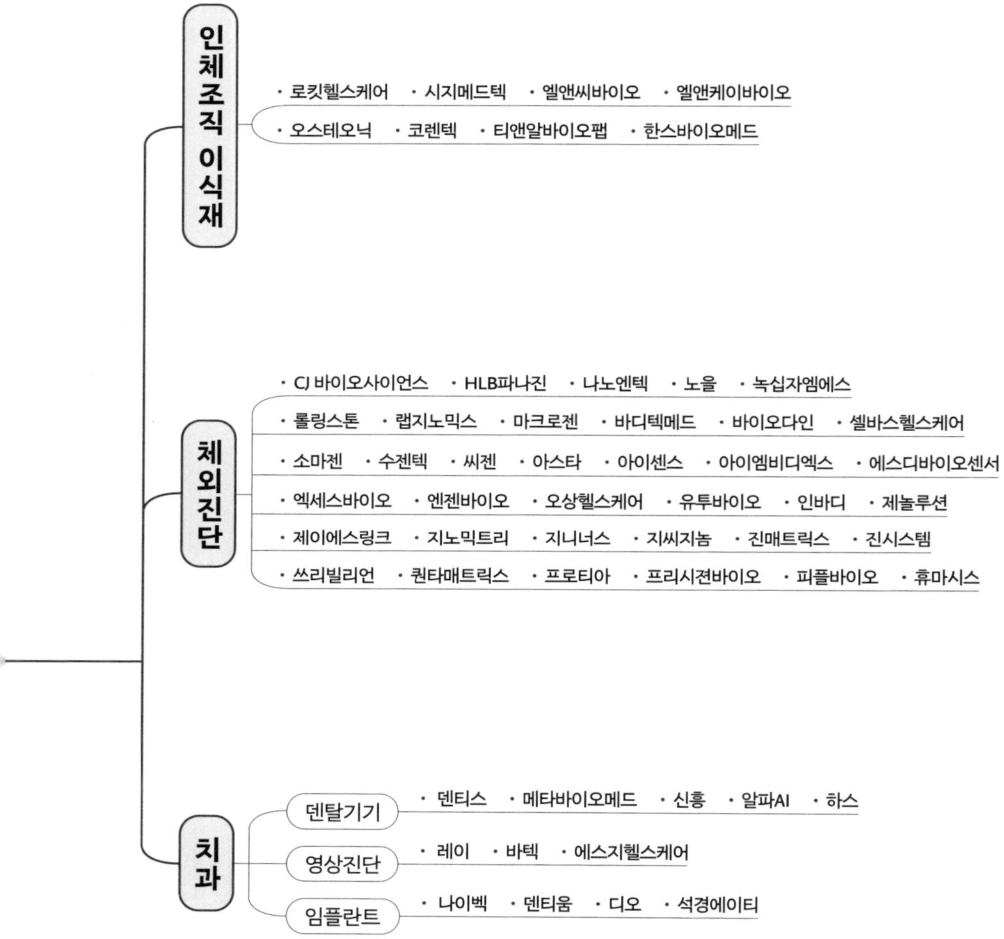

인체조직 이식재
- · 로킷헬스케어 · 시지메드텍 · 엘앤씨바이오 · 엘앤케이바이오
- · 오스테오닉 · 코렌텍 · 티앤알바이오팹 · 한스바이오메드

체외진단
- · CJ바이오사이언스 · HLB파나진 · 나노엔텍 · 노을 · 녹십자엠에스
- · 롤링스톤 · 랩지노믹스 · 마크로젠 · 바디텍메드 · 바이오다인 · 셀바스헬스케어
- · 소마젠 · 수젠텍 · 씨젠 · 아스타 · 아이센스 · 아이엠비디엑스 · 에스디바이오센서
- · 엑세스바이오 · 엔젠바이오 · 오상헬스케어 · 유투바이오 · 인바디 · 제놀루션
- · 제이에스링크 · 지노믹트리 · 지니너스 · 지씨지놈 · 진매트릭스 · 진시스템
- · 쓰리빌리언 · 퀀타매트릭스 · 프로티아 · 프리시젼바이오 · 피플바이오 · 휴마시스

치과
- **덴탈기기**: · 덴티스 · 메타바이오메드 · 신흥 · 알파AI · 하스
- **영상진단**: · 레이 · 바텍 · 에스지헬스케어
- **임플란트**: · 나이벡 · 덴티움 · 디오 · 석경에이티

제약과 바이오

· TIGER 헬스케어

제약과 바이오 산업은 신약을 개발하거나 기자재 및 생산 인프라를 제공하는 기업, 동물용 의약품을 만들거나 건강 기능식품을 제조하는 기업을 포함한다. 제약과 바이오 산업에 속한 기업은 총 215곳으로 주식 시장에서 차지하는 비중은 7.7%다. 의약품 산업은 구체적으로 화학합성, 바이오, 의약품 인프라, 건강기능식품, 동물의약품 섹터로 구분된다.

코로나19 팬데믹 이후 오랜 기간 부진했던 제약과 바이오 업종은 2023년 말부터 본격적으로 상승했다. 축포는 알테오젠 등 바이오테크 기업들이 먼저 터뜨렸다. 2023년 12월 리가켐바이오는 글로벌 빅파마 얀센과 17억 달러 규모의 항체약물접합체 치료제 후보물질 기술수출 계약을 맺으며 주가가 크게 상승했다. 뒤를 이어 2024년 2월 알테오젠은 하이브로자임 플랫폼 기술을 기반으로 미국의 머크^{MSD}와 계약을 맺고 면역항암제 키트루다에 대

한 독점 사용권을 확보했다. 이후 알테오젠은 다이이찌산쿄 및 아스트라제네카와 최대 13억 5,000만 달러의 기술수출 계약을 맺게도 했다.

같은 해 8월 폐암 치료 신약인 렉라자가 우리나라 항암 신약 최초로 미국 식품의약국^{FDA}으로 허가를 받으며 유한양행 주가도 재평가를 받았다. CDMO 기업인 삼성바이오로직스도 잇따라 수조 원대 CMO 계약을 체결하며 제약과 바이오 업종 상승에 불을 지폈다. 그간 제약과 바이오는 대표적인 셀온^{Sell-on} 업종이었다. 소문에 사서 이벤트에 파는 것이 마치 공식화된 대상이었다. 임상 시험 통과 및 기술수출 등 긍정적인 이벤트가 발생해도 실제 판매까지 이어지는 케이스가 없었기 때문이다. 그런데 실제 블록버스터 가능성이 있는 치료제를 만드는 기업들이 등장하고 실제 판매 허가까지 이어지면서 제약과 바이오 업종에 재평가 기대감이 일고 있다.

의약품

1. 의약품 산업의 특징

의약품은 제조 방식에 따라 크게 화학합성의약품과 바이오의약품으로 구분된다. 화학합성의약품은 여러 화학물질을 조합해 인공적으로 제조한 약물로, 우리가 일상적으로 복용하는 대부분의 약이 이 범주에 속한다. 반면, 바이오의약품은 살아 있는 미생물이나 동식물 세포를 이용해 생산되는 치료제로, 항체의약품이나 세포치료제 등이 대표적이다.

　의약품 산업은 본질적으로 '고위험, 고비용, 장기 개발'이라는 특성을 갖는다. 신약 하나를 상업화하기 위해서는 전임상부터 시작해 임상 1상, 2상, 3상 및 최종 허가까지 평균 10~15년의 시간과 수조 원(약 10억 달러 이상)의 천문학적인 R&D 비용이 소요된다. 더욱이 임상 단계에서 대부분의 후보 물질이 탈락하기 때문에 위험 부담이 매우 큰 산업으로, 신약 개발의 최종 성공 확률은 5% 미만으로 알려져 있다.

또한, 의약품은 정부의 엄격한 통제와 규제를 받는 대표적인 산업이다. 인체에 직접적인 영향을 미치므로 개발부터 생산, 판매 전 과정이 정부의 통제를 받는다. 식품의약품안전처(식약처), 미국 FDA, 유럽 EMA 등 각국 규제 기관으로부터 약물의 '안전성'과 '유효성'을 철저히 검증받아야만 시판이 가능하다. 이처럼 진입장벽이 높은 만큼 신약 개발을 촉진하기 위한 강력한 특허 보호 제도가 존재하지만, 동시에 국가 보건 재정의 효율성을 위해 약가^{藥價} 규제도 매우 강력하게 적용된다.

마지막으로, 의약품 산업은 대표적인 '경기방어적' 성격을 띤다. 의약품은 환자의 생명과 건강에 직결되므로, 경제 불황기에도 수요가 높게 유지되는 경향이 있다.

의약품 기업을 분석한 리포트나 사업보고서를 보면 다양한 종류의 의약품이 등장하는 것을 알 수 있다. 가뜩이나 난해한 용어가 사용되는 분야인데, 의약품을 분류하는 기준까지 복잡하다.

2. 의약품의 구분

1) 완제품 여부

완제의약품은 소비자가 복용할 수 있는 완성된 형태의 의약품이며, 원료의약품은 완제의약품을 만들기 위한 핵심 원재료에 해당한다. 완제의약품은 주로 내수 시장에서 판매되며, 원료의약품은 해외 수출 비중이 높은 편이다. 즉, 완제의약품 기업과 원료의약품 기업의 사업 환경은 다르다고 볼 수 있다. 한국제약바이오협회에 따르면 원료의약품 생산실적은 완제의약품 생산실적의 약 10~12% 수준이지만, 2024년에는 소폭 증가해 13.4% 비중을 차지했다.

2024~2025년 들어 중국 중심의 공급망에 대한 리스크가 커지면서 미국

과 유럽 시장에서는 '탈중국화' 기조가 확산되고 있고, 이에 따라 한국의 원료
의약품 제조업체들이 미국 FDA 및 유럽 EMA 인증을 기반으로 글로벌 시장
진출에 속도를 내고 있다. 특히 에스티팜, 대봉엘에스, 엔지켐생명과학 등은
CDMO(위탁생산) 수요 증가와 함께 수출 실적이 증가하고 있다.

2) 처방전 유무

전문의약품[ETC]은 의사의 처방이 있어야만 구매할 수 있는 약품으로, 항생제
나 고혈압약 등이 여기에 포함된다. 일반의약품[OTC]은 해열진통제, 소화제처
럼 처방전 없이 약국이나 편의점에서도 구매 가능한 약품을 뜻한다. 2024년
기준 국내에서 생산되는 완제의약품 중 약 85% 이상이 전문의약품에 해당할
만큼, 전문의약품 중심의 매출 구조를 보인다.

규제 기준에 따라 전문의약품과 일반의약품으로 구분되는 한편, 제조 방식
에 따라 합성의약품과 바이오의약품으로도 구분된다. 화학적 합성 공정을 통
해 만들어진 의약품을 합성의약품, 세포·미생물·유전자 등 생물학적 시스템
을 이용해 생산하는 의약품을 바이오의약품이라 한다.

3) 신약과 복제약

의약품은 개발 단계와 특허 상태에 따라 오리지널(신약)과 제네릭(복제약)으
로 구분된다. 오리지널은 막대한 연구개발 비용과 시간이 소요되며, 통상
10~15년의 개발 기간과 수천억 원 이상의 투자가 필요하다. 이에 따라 성공
한 오리지널은 특허 기간 동안 높은 수익을 창출할 수 있는 '블록버스터'로 작
용한다.

반면 제네릭은 오리지널의 특허가 만료된 이후 타 의약품 기업에서 동일한
성분과 효능으로 제조하는 복제약으로, 개발 비용이 낮고 시장 진입이 비교
적 쉬운 편이다. 한국의 의약품 산업은 전통적으로 제네릭 중심 구조였으며

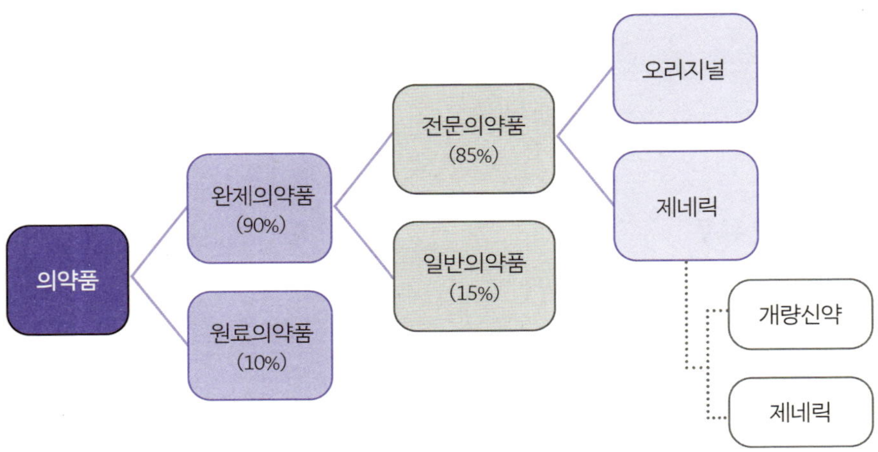

* 괄호 안은 시장 비중

지금도 역시 그러하나, 최근 개량신약 개발과 기술 수출에 적극 나서며 글로벌 경쟁력을 키우는 기업들이 늘고 있다. 2024~2025년 들어 다수의 국내 의약품 기업은 제네릭 기반 수익을 안정적으로 유지하는 한편, 자체 신약 파이프라인을 구축하거나 바이오벤처와 협업을 통해 기술이전(라이선스 아웃) 방식의 글로벌 진출 전략을 확대하고 있다. 정부 또한 국가 신약개발사업단을 중심으로 연구비 지원과 글로벌 임상 진입을 촉진하고 있다.

이러한 '오리지널 대對 복제약'의 구분은 바이오의약품 시장에서도 유사하게 적용되지만, 용어와 개발 난이도에서 근본적인 차이가 존재한다. 바이오의약품은 신약이나 복제약이나에 따라 바이오신약Biologic New Drug, 바이오시밀러Biosimilar, 그리고 바이오베터Bio-better로 나뉜다. 이들은 개발 방식과 허가 요건, 시장 전략 측면에서 명확히 구분된다.

우선 바이오신약은 새로운 기전이나 성분을 기반으로 개발된 의약품으로, 최초 허가 후 독점적인 시장 지위를 일정 기간 확보할 수 있다. 그러나 분자 구조가 크고 복잡한 바이오의약품의 특성상, 신약 개발에는 막대한 시간과 자금이 소요된다. 임상시험의 성공률이 낮고, 개발 리스크도 큰 만큼, 상업화에 성공한 기업은 막대한 수익을 기대할 수 있다. 최근에는 암, 희귀질환, 자가면역질환 등 난치성 질환을 중심으로 바이오신약 개발이 집중되고 있으며, mRNA 기반 백신과 면역세포치료제 등 플랫폼 기반의 신약들도 다수 등장하고 있다.

바이오시밀러는 바이오신약의 특허가 만료된 이후, 동일한 치료 효과를 가진 바이오 복제약으로 개발되는 제품이다. 화학합성의약품에서의 제네릭과 유사한 개념이지만, 분자 크기와 구조의 복잡성으로 인해 단순한 복제가 불가능하다는 점이 가장 큰 차이다. 제네릭은 생물학적동등성 시험만으로 허가를 받을 수 있지만, 바이오시밀러는 오리지널 의약품과의 약동학[PK], 약력학[PD] 비교와 더불어 임상 1상과 3상을 거쳐야 하는 만큼 개발 난이도가 훨씬 높다.

바이오의약품 비교

특징	바이오신약	바이오시밀러	바이오베터
유사성	오리지널 의약품과 동일	유사하지만 오리지널 의약품과 동일하지 않음	오리지널 의약품보다 우수
개발 비용	약 20억~30억 달러	약 1억~3억 달러	약 2억~5억 달러
약물 개발 기간	약 10~12년	약 5~7년	약 5~7년
규제	지금까지 미국 시장에서 이오시밀러의 상호교환 가능한 지정이 부족해 보호됨	국가별 별도의 승인 절차 필요	오리지널 의약품보다 우수하므로 별도의 호환성 지정 필요 없음
의약품 가격	일반적으로 특허 독점 기간 동안 높은 가격으로 책정	오리지널 의약품 가격의 약 50~80%	안전성 및 효능이 우수해 바이오시밀러 대비 약 20~30% 높음

하지만 약가는 기존 바이오신약보다 훨씬 낮기 때문에, 보건 재정 효율화와 치료 접근성 향상이라는 측면에서 세계 각국 정부가 적극적으로 도입을 장려하고 있다. 특히 2025년에는 블록버스터급 바이오신약의 특허 만료가 줄줄이 이어지고 있어 바이오시밀러 시장의 성장성이 더욱 커지고 있다. 셀트리온과 삼성바이오에피스 등 한국 기업들이 글로벌 시장에서 두각을 나타내는 이유도 여기에 있다.

마지막으로 바이오베터는 기존 바이오의약품의 치료 효과를 유지하면서도 효능, 안전성, 투약 편의성 등을 개선한 개량형 바이오의약품이다. 투약 횟수를 줄이거나 부작용을 줄이는 등 환자의 삶의 질을 개선하는 데 중점을 둔다. 다만 바이오베터 역시 단순한 제형 변경에 그치지 않고, 분자 수준에서의 구조적 개선이 필요한 경우가 많아 사실상 신약에 준하는 개발 기간과 임상시험이 요구된다. 따라서 기술적으로 높은 난도를 요하지만, 오리지널 제품과 차별화된 경쟁력을 확보할 수 있다는 점에서 많은 기업들이 전략적 파이프라인으로 삼고 있다.

4) 바이오의약품의 세부 분류

바이오의약품은 기술 진화 단계에 따라 1세대, 2세대, 3세대로 구분된다. 1세대 바이오의약품은 미생물에서 배양해 생산된 인슐린, 성장호르몬, 백신 등을 말한다. 유전자재조합 기술을 활용해 여러 생물의 DNA 조각을 결합한 뒤, 이를 박테리아나 효모 등 대량 배양이 가능한 미생물에 주입하고, 배양을 통해 의약품을 생산하는 방식이다. 즉, 살아 있는 세포를 공장처럼 활용해 약을 생산하는 개념이다.

1세대 바이오의약품은 상대적으로 분자 구조가 단순해 개발과 생산이 용이하다는 장점이 있다. 또한 비교적 오래전부터 사용되어 온 의약품이기 때문에 안전성과 효과가 검증된 경우가 많아 바이오시밀러 개발도 활발히 이루어지고 있다. 실제로 삼성바이오에피스, 셀트리온 등 국내 기업들이 바이오시밀러 제품을 통해 글로벌 시장에 진출하면서 존재감을 높이고 있다.

2세대 바이오의약품의 핵심은 '항체'다. 항체는 외부에서 체내로 침입한 바이러스, 세균, 암세포 등의 항원에 반응해 면역계가 생성하는 단백질로, 우리 몸의 자연 방어체계 중 하나다. 항체의약품은 이러한 항체를 인위적으로 생산해 질병 치료에 활용하는 의약품으로, 주로 동물세포(특히 포유류 세포)를 배양해 만들어진다.

초기에는 쥐의 세포에서 유래한 항체가 사용되었지만, 인체와의 면역학적 차이로 인해 알레르기 반응 등 부작용이 발생하면서 점차 인간 항체를 모사하거나, 쥐 항체를 인간화 humanization 한 기술이 도입되었다. 지금은 완전 인간항체 기반의 치료제도 다수 상용화되며 부작용을 최소화하고 있다.

항체의약품은 분자 구조가 복잡하고 생산에 필요한 세포주 개발, 정제, 품질 관리 공정이 매우 까다롭기 때문에 개발 비용이 상당히 높다. 하지만 항암, 자가면역질환, 안과질환 등 다양한 분야에서 기존 화학의약품보다 더 정밀하고 강력한 치료 효과를 발휘하면서 그 가치가 점차 부각되고 있다. 대표적인 항체의약품으로는 오랫동안 글로벌 매출 1위를 지켰던 애브비 AbbVie 의 류마티스 관절염 치료제 '휴미라 Humira'가 있으며, 국내에서는 셀트리온이 개발한 바이오시밀러 '램시마 Remsima'가 대표 사례다.

2025년 항체의약품은 면역관문저해제 Immune Checkpoint Inhibitor 이중항체 Bispecific Antibody 항체-약물 접합체 Antibody-Drug Conjugate, ADC 등으로 기술 고도화가 이루어지고 있다. 면역관문저해제는 암세포가 T 세포의 면역 기능을 회피하지 못하도록 돕는 기전으로, 면역 항암제 분야에서 핵심 플랫폼으로 자리잡았다. 이중항체는 두 개의 항원을 동시에 표적할 수 있어 복합 질환 치료에 유리하다.

특히 미국, 유럽, 중국 등에서는 항체의약품 파이프라인 확장과 기술 수출이 활발하며, 한국 역시 셀트리온, 유한양행, 한미약품, 에이프로젠 등 주요 기업들이 항체 치료제의 글로벌 경쟁력을 강화하고 있다. 향후 항체의약품은 암 치료뿐 아니라 희귀질환, 중증 만성질환 영역에서도 치료 패러다임을 혁신하는 바이오 신약의 중심축으로 성장할 것으로 기대된다.

3세대 바이오의약품은 질병의 근본 원인을 직접 교정하거나, 특정 세포만을 표적으로 삼는 정밀 치료 기술로, 바이오의약품 중에서도 가장 진보된 영역에 해당한다. 세포치료제는 환자나 공여자로부터 세포를 채취한 뒤, 이를 체외에서 배양 및 조작해 다시 체내에 주입함으로써 질환을 치료하는 의약품이다. 특히 면역세포를 활용한 치료제가 주목받고 있는데, 그중 CAR-T 치료제는 환자의 T 세포를 추출한 후 암세포의 항원을 인식하도록 유전자를 조작해 체내에 다시 투입함으로써, 종양을 표적 파괴하는 방식이다. 2025년 기준 미국과 유럽을 중심으로 CAR-T 치료제는 백혈병, 림프종 등 혈액암에서 놀라운 치료 성과를 보이고 있다. 한편, 바이러스나 암세포를 발견하자마자 공격하는 NK(자연살해)세포 치료제도 활발히 개발되고 있으며, 최근에는 CAR-T와 NK 세포의 장점을 결합한 CAR-NK 치료제가 차세대 면역세포 치료제로 주목받고 있다.

유전자치료제는 유전자의 결함이나 이상으로 발생한 질병을 근본적으로 교정하고자 하는 치료법이다. 체내에 유전자를 직접 전달하는 체내 유전자치료 in vivo 방식과, 환자의 세포를 체외로 꺼내 유전자를 도입한 뒤 다시 주입하는 체외 유전자치료 ex vivo 방식으로 나뉜다. 예컨대, CAR-T 치료제는 체외에서 유전자를 도입한 후 체내로 투여되는 방식이므로, 세포치료제이자 유전자치료제의 성격을 동시에 지닌다. 2024년 말 기준, 미국 FDA는 30개 이상의 유전자치료제를 승인했으며, 희귀질환부터 유전질환, 암까지 적용 범위가 빠르게 확대되고 있다.

또 다른 3세대 바이오의약품으로는 항체약물결합체 ADC가 있다. 이는 특정 암세포에만 반응하는 항체에 세포 독성을 지닌 약물을 결합한 형태로, 정상 세포에는 영향을 주지 않으면서도 암세포만을 정확히 타격하는 장점을 지닌다. ADC는 기존 항체의약품의 한계를 보완한 '업그레이드 버전'으로 평가받으며, 글로벌 제약사들이 가장 활발히 투자하고 있는 차세대 항암제 중 하나다. 미국 화이자의 '엔허투Enhertu'를 비롯해 최근 국내 제약사들도 ADC 기술 플랫폼을 개발하며 글로벌 경쟁에 본격적으로 뛰어들고 있다.

1~3세대 바이오신약을 만드는 기업 외에도 증시에서는 다양한 바이오 관

1세대~3세대 바이오의약품 비교 정리표

구분	개요	주요 특징	대표 사례
1세대 (1980년대 ~)	· 인체에 원래 존재하는 단백질을 유전자 재조합 기술을 이용해 대량 생산해 투여하는 방식	· 인체·동물에서 추출하던 단백질을 안전하게 대체 · 주사제 위주, 면역원성 문제 일부 존재 · 구조 단순, 바이오시밀러 개발 용이	· 인슐린 · 성장호르몬 · EPO(에리스로포이에틴) · 인터페론
2세대 (1990년대 후반~)	· 질병의 특정 표적(항원, 수용체 등)에 선택적으로 작용하도록 설계된 의약품. 특히 항체를 활용해 효능과 표적 특이성을 높임	· 특정 표적 분자 선택적 작용→효능·안전성 향상 · 암·자가면역질환 치료제 다수 · Fc 변형항체, 퓨전단백질	· 허셉틴(유방암) · 레미케이드 · 아바스틴 · 키트루다(면역관문억제제)
3세대 (2010년대 ~)	· 세포, 유전자, 조직 등을 활용해 질병의 원인을 근본적으로 교정하거나 손상된 기능을 회복시키는 혁신 치료제	· 환자 맞춤형·정밀의학 지향 · 질환 원인 교정, 조직·장기 재생 · 제조공정 복잡, 비용·규제 부담 큼 · 혁신성 높으나 소수 환자 대상	· CAR-T 세포치료제(킴리아, 예스카타) · 유전자치료제(졸겐스마, SMA 치료) · mRNA 백신(화이자·모더나 COVID-19 백신) · 줄기세포 치료제

런 기업이 있다. 먼저 마이크로바이옴 치료제를 만드는 기업이다. 우리 몸속의 장내 미생물을 마이크로바이옴이라고 부른다. 사람의 장내에 존재하는 미생물의 수는 약 100조 개로 사람의 세포 수보다 2배가량 많다. 숫자만 많은 점에만 의미가 있지 않다. 사람 유전자의 99%가 장내 미생물에서 결정된다고 한다. 이러한 특성을 활용해 자연적인 치유 효과를 내는 것을 마이크로바이옴 치료제라고 한다. 마이크로바이옴 치료제는 미생물 기반 의약품이므로 국내 기준으로는 어떤 바이오의약품으로 분류할지 애매한 부분이 있다. 미국은 마이크로바이옴을 '살아 있는 바이오치료 제품^{Live Biotherapeutic Products, LBP}'라고 정의하고 있다.

여러 바이오의약품에 적용해 성능이나 투여 방식을 개선하는 플랫폼 기술을 지닌 기업도 있다. 정맥주사 형태로 투여되는 치료제를 피하주사 방식으로 전환하는 알테오젠^{Alteogen}의 히알루로니다제 플랫폼 기술이 대표적이다. 이밖에 바이오신약 개발 기업에 연구용 펩타이드 소재 등 바이오 소재를 주력으로 납품하는 기업도 존재한다.

2. 의약품 산업의 투자 포인트

1) 치료제의 시장 규모

헬스케어 데이터 전문 기업 아이큐비아^{IQVIA}에 따르면 2025년 치료제 시장 규모가 가장 큰 것은 여전히 종양, 즉 암질환이다. 2028년 항암제 시장 규모는 약 3,800억 달러로 연평균 성장률이 9~12%가량에 달할 것으로 관측된다. 같은 기간 면역계 질환 치료제 시장 규모 역시 약 2,500억 달러로 항암제 다음가는 규모의 시장을 형성할 것으로 전망된다. 이밖에 당뇨병 및 비만 치료제(약 2,000억 달러), 신경계 질환 치료제(약 1,430억 달러) 순으로 치료제 시장 규모가 클 것으로 예상된다. 따라서 투자 관점에서는 시장 규모가 큰 치료제를 개발하는 기업에 주목하는 것이 좋다.

2023년 하반기부터 2025년까지 의약품 산업을 관통한 핵심 테마는 '비만 치료제의 폭발적인 성장'이었다. GLP-1 ^{Glucagon-like peptide-1} 계열의 신약을 개발한 노보 노디스크 ^{Novo Nordisk}와 일라이 릴리 ^{Eli Lilly and Company} 두 기업은 2024년까지 글로벌 제약사 시가총액 1, 2위를 다투며, '비만 치료'가 의약품 산업의 판도를 바꾸는 '빅뱅'이 되었음을 증명했다. 골드만삭스, 모건스탠리 등 주요 IB들은 2030년까지 글로벌 비만 치료제 시장이 1,000억 달러(약 130조 원)에서 1,300억 달러에 육박할 것으로 전망했다. 이는 단일 질환 치료제 시장으로는 항암제 다음가는 거대 시장이 됨을 의미한다.

이러한 열풍은 테슬라의 CEO 일론 머스크가 다이어트의 비결로 '위고비(노보 노디스크의 GLP-1 계열 비만 치료제)'를 꼽으면서 대중적 수요에 불을 지폈다. 특히 2024년과 2025년에 걸쳐, 이 비만 치료제가 심장 질환, 수면 무호흡증, 신장 질환 등에도 긍정적인 효과가 있다는 대규모 임상 데이터(SELECT 등)가 연이어 발표되면서, 국내 보험사들의 보장 확대와 미국 메디케어 적용 가능성이 가시화되면서 시장이 폭발적으로 확대되고 있다.

투자자 관점에서 이 'GLP-1 쇼크'의 여파는 제약업계를 넘어 다른 산업으로까지 번지고 있다. 첫째, 의료기기 산업에 직접적인 타격을 가했다. 비만대사수술 ^{Bariatric surgery} 건수가 급감했으며, '위고비'가 수면 무호흡증에도 효과를 보이자 관련 치료기기 기업들의 주가가 급락하는 현상이 발생했다. 둘째, 음식료 산업에도 장기적인 위협이 되고 있다. 월마트 ^{Walmart} 등 대형 유통사들은 2024년부터 GLP-1 복용 환자들의 식료품 구매(특히 고칼로리 스낵, 탄산음료)가 감소하고 있음을 공식적으로 언급했으며, 이는 가공식품 및 음료 산업의 장기 성장 전망을 재평가하게 만들고 있다.

이에 따라 국내에서도 한미약품, 유한양행, 펩트론 등 이들 약물의 뒤를 이을 차세대(경구용, 장기지속형) GLP-1 치료제를 개발 중인 몇몇 기업에 시장의 관심이 집중되었다. 이처럼 특정 치료제 승인 소식, 질환에 대한 정부의 특정 의료비 지원책 및 제도가 발표되면 관련 기업 주가도 함께 부각될 수 있다.

2) 임상시험 단계

바이오신약을 개발하기 위해서는 사람에게 안전한지, 치료 효과는 있는지 등을 밝혀내기 위한 임상시험 단계를 거쳐야 한다. 하나의 신약이 개발되기 위해서는 신약 후보 물질 발굴부터 전임상시험, 임상시험(1~3 단계), 미국 식품의약청의 승인까지의 절차가 필요하다. 개발 기간은 평균적으로 10년 내외다. 전임상시험은 신약 후보 물질을 사람에 적용하기 앞서 쥐나 원숭이 등 동물에 적용하는 시험이다.

어느 정도의 치료 효과와 안전성이 검증되면 사람을 대상으로 진행하는 임

임상시험 단계별 성공률

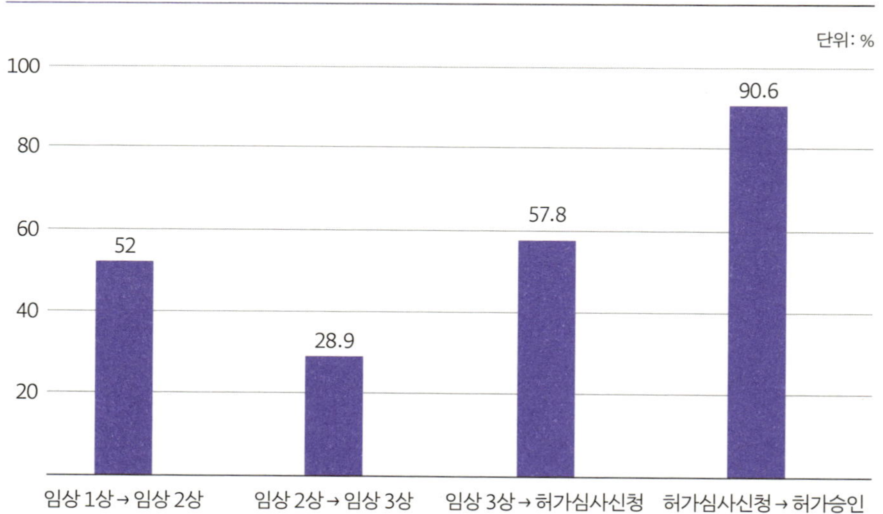

출처 : 바이오매드트래커, 파마프리미아

상시험이 진행된다. 개발 중인 신약 후보 물질이 과연 어느 정도 진척되었는지에 따라 바이오 기업의 가치가 달라진다.

임상시험은 1상, 2상, 3상으로 나누어진다. 임상 1상에서는 일반적으로 신약 후보 물질의 안전성을 테스트한다. 20~100명의 건강한 지원자를 대상으로 시험을 진행하며 성공률은 약 52%다. 치료 효과가 아닌 안전성만 확인하므로 임상 성공률이 높은 편이다. 본격적인 치료 효과 확인은 임상 2상에서 이루어진다. 환자 100~500명을 대상으로 실제 치료 효과가 있는지 입증하는 시험이므로 매우 중요한 단계다. 임상 2상 시험 성공률은 28.9%로 개발 단계 중 가장 낮다. 임상 3상은 대상 환자의 수를 1,000~5,000명까지 늘려 최종적으로 안전성과 치료 효과를 입증하는 단계다. 임상 2상이 성공적으로 마무리되었다면 3상 역시 통과될 가능성이 높다.

임상 3상의 성공률은 57.8%다. 임상 3상이 끝나면 신약 개발사는 미국 식품의약청에 허가심사신청서를 제출하는데, 허가가 승인될 확률은 90% 이상이다.

따라서 임상 2 상을 통과하면 바이오신약 기업으로서의 가치가 높아진다. 주가 역시 긍정적으로 반응할 가능성이 매우 높다. 투자 관점에서는 기술력이 있는 바이오 기업 중에서 임상 2상을 진행 중인 기업에 주목하는 것이 좋다.

바이오신약 기업들은 자체적으로 임상시험을 진행하다가 국내·외 대형 제약사에 기술이전을 진행하기도 한다. 기술이전 계약은 주로 전임상 단계 및 임상 2상 단계에서 실시된다.

한편 시기별로 신약 개발 기업에 중요한 이벤트가 있다. 미국과 유럽에서 열리는 헬스케어 콘퍼런스와 주요 질병 학회다. 매년 1월에 열리는 JP 모건 헬스케어 콘퍼런스는 미국에서 개최되는 의약품 산업계의 최대 행사다. 전 세계 헬스케어 기업들과 유수의 기관투자자들이 모여 연구 성과 발표를 하고, 기술이전 계약, 투자 유치 등이 이루어진다. 이밖에 4월에 열리는 미국암

개최 시기(매년)	콘퍼런스 및 학회
1월	JP모건 헬스케어 콘퍼런스
4월	미국암학회 American Association for Cancer Research, AACR
6월	미국임상종양학회 American Society of Clinical Oncology, ASCO
9월	유럽종양학회 European Society for Medical Oncology, ESMO
10월	미국류마티스학회 American College of Rheumatology, ACR
11월	면역항암학회 Society for Immunotherapy of Cancer, SITC

* 개최 시기는 연도별로 달라질 수 있음

학회, 6월에 개최되는 미국임상종양학회 등 다양한 학회가 있다(정확한 개최 시기는 매년 달라질 수 있다). 해당 콘퍼런스나 학회에 참여하는 기업은 가시적인 연구 성과를 발표할 가능성이 있으니 투자 관점에서 주목할 필요가 있다.

3) AI 신약 개발

2025년 의약품 산업의 R&D 패러다임을 근본적으로 바꾸는 기술이 있다면, 그것은 단연 'AI 신약 개발'이다. 전통적인 신약 개발은 수조 원의 비용과 10년 이상의 기간이 소요된다. AI는 이러한 대규모 투자와 개발 기간을 획기적으로 절감할 대안으로 주목받는다. 이에 따라 글로벌 AI 신약개발 시장의 성장성 또한 가파르다. 한국보건산업진흥원에 따르면, 이 시장은 2023년 9억 달러 규모에서 2028년 50억 달러까지 연평균 40%에 달하는 고성장이 전망된다. 실제 글로벌 빅파마 Big Pharma와 AI 기술 기업 간의 신약 공동개발 건수도 2020년 17건에서 2023년 67건으로 빠르게 증가했다.

 AI가 가져오는 혁신은 R&D 효율성 및 생산성 극대화에 있다. AI는 수백

AI 도입 시 신약 개발 비교 표

구분	전통적인 방식 (추정치)	AI 도입 시 (추정치)	절감 효과
총 소요 비용	3조 원	6,000억 원	약 80% 절감
총 소요 기간	12년	7년	약 42% 절감
선도물질 최적화 단계까지 기간	산업 평균 28개월	리커전 파마 약 9개월	약 68% 단축

만 개의 논문과 데이터를 학습해 신약 후보 물질 발굴에 드는 시간을 획기적으로 단축시킨다. 일례로, 과거에는 특발성 폐섬유증과 같이 미충족 수요(현재 치료법으로는 환자의 의료적 필요를 충분히 해결하지 못하는 상태)가 큰 질환의 치료제 개발 시 전임상 단계에 도달하는 데 수년이 소요됐으나, 최근에는 AI 플랫폼을 활용해 이 기간을 7~8개월로 단축하는 성과가 나타나고 있다.

또한 AI 신약 개발은 개인맞춤형 정밀의료 시대를 견인하는 핵심 기술이기도 하다. AI 도입으로 유전체 데이터 생성량이 급증하고 분석 비용이 급감하면서, 개인의 유전체 정보를 통해 환자의 취약 질병이나 약물별 효능을 사전에 분석하고, 발병된 질병의 예후까지 예측하는 것이 가능해지고 있다.

이러한 시장의 성장 잠재력으로 인해 기존 빅파마뿐 아니라 빅테크 Big Tech 기업들까지 활발하게 이 시장에 진입하고 있다. 알파벳(구글)은 AI 신약개발 전문기업 아이소모픽랩스 Isomorphic Labs를 설립해 2024년 일라이 릴리 Eli Lilly 등과 대규모 계약을 체결했으며, 엔비디아 Nvidia는 '바이오니모 BioNeMo'라는 생성형 AI 플랫폼을 출시하고 리커전 파마 Recursion Pharma 등 주요 AI 신약개발 기업에 직접 투자하며 생태계를 주도하고 있다.

4) 주요 의약품 기업 파이프라인

의약품 기업 투자의 성패는 파이프라인(신약 후보 물질)에 달려 있다 해도 과언이 아니다. 신약 개발 단계가 진전되거나, 특정 임상에서 긍정적인 데이터가 발표되면 기업의 가치는 천정부지로 치솟지만, 임상이 중단되거나 허가가 거절되면 주가는 급락하기 때문이다.

　일반적으로 기업 가치에 가장 큰 영향을 미치는 구간은 약물의 유효성을 처음 탐색하는 '임상 2상' 진입 및 완료 단계다. 주요 의약품 기업들의 핵심 파이프라인 중 2026년까지 개발 및 판매 계획이 나와 있는 사례들을 표로 정리해 보았다. 투자자들은 기업이 연초에 밝힌 이러한 개발 계획이 실제 일정대로 차질 없이 이행되는지 지켜볼 필요가 있다.

의약품 기업별 임상 계획

기업	코드	적응증	현재 단계	2025 H2	2026 계획	임상 범위
한미약품	efinopegdutide (HM15211)	MASH·비만	임상2(임상3 병행)	한국 P3 완료 목표(3Q)	한국 허가/출시 타깃(연말)	국내 중심(해외 확대 병행)
디앤디파마텍	DD01	MASH	임상2	P2 환자등록 완료·중간 데이터	P2 톱라인(연중)	글로벌(미국, 한국)
대웅제약	bersiporocin	특발성 폐섬유증	임상2	글로벌 P2 지속	P2 톱라인(연중)	한·미 글로벌
대웅제약	fexuprazan (Fexuclue)	GERD	시판·확장	해외 임상·허가 확대	추가 적응증/지역 확대	글로벌
알테오젠	ALT-L9	망막질환	허가심사	한국 허가 심사	출시 가시화	국내 우선
알테오젠	ALT-B4(Hybrozyme)	SC 제형 변환 효소	라이선스-아웃	AZ와 다수 종양 파이프라인 SC 변환 임상 설계	파트너 주도 임상 개시	글로벌(파트너 주도)
셀비온	Lu-177-DGUL	mCRPC	임상2	P2 톱라인 공개	한국 조건부 허가 신청	국내(글로벌 콤보 탐색)

에이비엘 바이오	ABL503 (=givastomig)	고형암	임상1/2	P1/2 지속, P1 완료 시점 조정	P1/2 완료→ 확장/콤보	한·미
	ABL301 (SAR446159)	파킨슨	임상1 완료		다음 단계 임 상(파트너 Sanofi 주도) 개시	미국 중심 글로벌
녹십자	GC4006A	COVID-19 mRNA 백신	IND 제출	한국 IND 제출 (승인 대기)	한국 P1 시작 (초)	국내
유한양행	lazertinib (+amivantamab)	EGFR 변이 NSCLC	시판/ 확장	MARIPOSA OS 아시아 코호트 발 표→ 지역 확장	후속 라인·병 용 확장	글로벌
펩트론	PT320	파킨슨	임상2(국 내 재설계)	국내 P2 지속·글로벌 준비	글로벌 P2(계 획)	국내→글로 벌
코오롱티 슈진	TG-C (Invossa)	슬관절 골관 절염	임상3 추적	美 P3 추적관찰 계속	7월경 2년 추 적 종료→ 허 가준비	미국
SK바이 오팜	carisbamate (YKP509)	난치성 간질 증후군	임상3	글로벌 P3 계속 (모집)	P3 주평가완 료 예정('27 2월)→ '26 내 중간 점검	글로벌

의약품 인프라

1. 의약품 인프라 산업의 개요와 특징, 성장성

의약품 인프라 산업은 제약·바이오 기업이 의약품을 연구개발하고 상용화하는 과정에서 필요한 생산, 개발, 시험을 전문적으로 대행해 주는 외주 서비스 산업이다. 크게 위탁생산[CMO], 위탁개발[CDO], 임상시험수탁[CRO]으로 구분되며, 최근에는 이들 서비스를 통합 제공하는 CDMO[Contract Development and Manufacturing Organization]라는 개념이 보편화되고 있다.

CMO는 생산 시설이 부족하거나 자체 생산보다는 연구개발에 집중하려는 기업을 위해 전문적으로 의약품을 생산해 주는 역할을 한다. CDO는 최적의 공정을 설계하고 제형 개발, 세포주 배양 등 초기 개발 단계의 기술 서비스를 지원한다. CRO는 임상시험에 특화된 전문 기관으로, 신약의 임상 설계부터 데이터 수집, 분석, 허가 신청에 이르는 모든 과정을 수행한다.

즉, CMO는 '생산'을, CDO는 '공정 개발'을, CRO 는 '연구와 임상시험'을

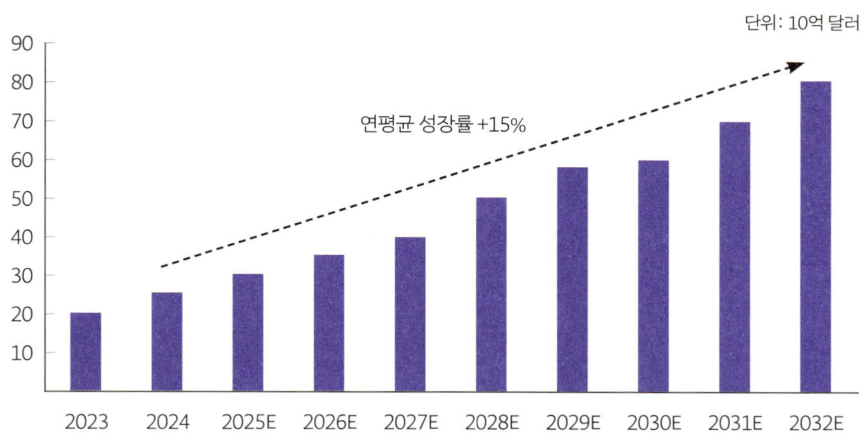

출처: 프로스트앤설리번

담당하며, 이 세 기능이 통합된 CDMO는 신약 개발 전 주기에 걸친 원스톱 서비스를 제공하는 구조다. 이러한 인프라 산업은 신약 출시 기간을 단축하고 비용을 절감할 수 있어, 글로벌 의약품 기업과 바이오 기업의 수요가 지속적으로 증가하는 추세다.

글로벌 컨설팅사 프로스트앤드설리번에 따르면 글로벌 바이오 CDMO 시장은 2023년 219억 달러 규모에서 2030년까지 600억 달러 규모로 확대될 것으로 예상되며, 연평균 성장률 15%로 성장할 것으로 전망한다. 특히 바이오의약품 중심의 개발 트렌드로 인해 기존 합성의약품 중심의 CDMO 기업들도 바이오 생산시설로 빠르게 전환 중이다.

2025년 기준 삼성바이오로직스는 총 78만 4,000리터의 생산 능력을 확보하며 글로벌 1위 CDMO 지위를 유지하고 있고, 송도 제5공장은 2025년 4월 본격 가동을 시작해 안정적인 기술이전을 진행 중이다. 또한 제6공장과 제8공장까지 추가 건설이 계획되어 있으며, 2032년에는 총 생산 능력이

132만 4,000리터까지 확대될 전망이다. SK 바이오사이언스는 백신 및 감염병 대응 중심의 CMO 사업을 확장 중이며, 한미사이언스 등도 다양한 형태로 CDMO 영역에 진입하고 있다.

국내에서도 한국콜마, 에스티팜, 차바이오텍 등 중견 기업들이 세포치료제 및 면역항암제 중심의 CDO·CRO 역량을 강화 중이다. 특히 AI 기반 신약 설계(디지털 CRO), 고효율 공정 플랫폼 기술 등 고부가가치 서비스 수요도 점차 증가하고 있다.

한편, 바이오 시약·기자재 시장도 고성장 중이며, 국내 대표 기업으로는 바이오니아, 마크로젠, 진시스템 등이 있다.

2. 의약품 인프라 산업의 투자 포인트

1) 최첨단 바이오의약품 생산력

신약 개발 기업들처럼 CMO, CDO, CRO 기업들도 자체적으로 신약을 개발하기도 하지만, 계약을 맺고 위탁 생산 및 개발, 연구를 진행한다는 점에서 미래 신약 가치가 전부인 신약 개발 기업과는 다르다. 따라서 이들 기업은 주기적으로 글로벌 빅파마들과 공급 계약을 맺는지, 이에 따른 공장 증설 계획이 발표되는지가 중요하다. 중장기적으로는 단순 위탁생산인 CMO 보다는 공정 개발을 주도하고 임상 서비스까지 진행해 주는 CDMO 사업자로 확장하는 것이 부가가치가 높다. 또한, 3세대 바이오의약품이라고 불리는 세포치료제·유전자치료제 생산 역량을 갖추고 있는지도 중요한 평가 요소다.

2) 바이오시밀러 시장 확대

CDMO 산업의 폭발적인 성장을 견인하는 또 다른 축은 바로 바이오시밀러 시장의 확대다. 오리지널 바이오의약품의 특허가 만료되면, 그와 동등한 효능을 가진 바이오시밀러 제품이 대거 시장에 출시된다. SNE리서치 등 주요 기관에 따르면 2029년까지 '키트루다' '옵디보' 등 블록버스터급 바이오의약품 약 50여 종의 특허 만료가 예상되어 바이오시밀러 시장이 크게 확대될 전망이다.

맥서마이즈마켓리서치^{Maximize Market Research}에 따르면 글로벌 바이오시밀러 시장은 2024년 말 기준 290억 달러에서 2032년까지 연평균 17% 성장할 것으로 전망된다. 투자자들이 주목할 점은 바이오시밀러를 개발하고 대량 생산하는 것은 화학 합성의약품(제네릭)보다 훨씬 복잡하고 고도의 기술력과 대규모 생산 시설을 필요로 한다는 것이다. 바이오시밀러 개발사들은 자체적으로 모든 개발 과정(세포주 개발, 공정 개발 등)을 수행하기 어렵기 때문에, 삼성바이오로직스나 론자^{Lonza}와 같은 대형 CDMO의 개발 서비스를 활용하는 것이 필수가 되고 있다.

3) 미국 의약품 관련 정책

2025년 11월 기준 의약품 인프라 산업을 관통하는 가장 거대한 변수는 미국의 정책 변화다. 2025년 초 출범한 트럼프 2기 행정부는 '미국 우선주의^{America First}'에 입각한 강력한 보호무역주의를 의약품 공급망에 적용하기 시작했다.

트럼프 행정부는 의약품 수입 관세를 점진적으로 상향하겠다는 계획을 밝혔으며, 궁극적으로 일부 품목에 대해 약 18개월 내에 150%, 장기적으로 최대 250%에 달하는 초고율 관세를 부과하는 방안까지 거론하며 미국 내 글로벌 공급망 재편을 가속화할 것으로 전망된다. 이에 따라 미국 내 생산 거점(공장)을 확보한 기업이 절대적으로 유리해졌으며, 2025년 9월 셀트리온이 일라이 릴리의 미국 공장을 약 4,600억 원에 인수한 것도 이러한 '미국 본토화^{Reshoring}' 전략의 일환으로 풀이된다.

이와 동시에 '생물보안법^{Biosecure Act}' 재추진 이슈도 핵심 변수다. 2024년 말 상원을 통과하지 못했던 생물보안법이 2025년 들어 재추진되었으며, 미 상원이 2026년 회계연도 국방수권법^{NDAA} 개정안에 '생물보안법' 조항을 포함해 통과시켰다. 2025년 기준 하원 최종 의결과 대통령 서명을 거쳐 정식 법률로 발효될 예정이다. 이 법안은 중국의 유전자 분석 및 CDMO 기업(우시 앱텍, 우시 바이오로직스 등)과의 거래를 제한하는 것을 목적으로 하며, 법안 통과 시 중국 기업의 영향력이 대폭 감소하고 미국의 핵심 동맹국인 한국의 바이오 및 CDMO 기업들이 중장기적 반사이익을 얻을 것으로 강력히 전망된다.

건강기능식품

1. 건강기능식품 산업의 개요와 특징, 성장성

건강기능식품은 인체에 유익한 기능을 가진 성분을 원료로 제조·가공된 식품으로, 질병의 치료보다는 건강 유지와 증진을 주목적으로 한다. 인구 고령화와 만성질환 증가, 건강에 대한 국민적 관심이 높아지면서 웰니스 wellness 소비 트렌드를 이끄는 대표 산업 중 하나로 성장하고 있다. 특히 최근에는 단순한 영양 보충을 넘어 이너뷰티, 장 건강, 스트레스 관리, 면역력 강화 등 세분화된 효능을 중심으로 다양한 제품군이 등장하고 있으며, 기존 중장년층 중심의 소비에서 20~30대, 남성층까지 확장되며 시장 범위가 넓어지고 있다.

건강기능식품협회에 따르면, 2023년 약 6조 1,400억 원 규모로 정점을 찍었던 국내 건강기능식품 시장은 2024년 약 6조 440억 원으로 추정되며, 사상 처음으로 전년 대비 1.6% 역성장한 것으로 나타났다. 이는 팬데믹 특수가 종료되고, 고금리·고물가로 인한 소비심리 위축, 그리고 무엇보다 시장 포화와 경쟁 심화가 맞물린 결과다. 다만 NAS미디어 등 광고업계에서는 2025년 건강기능식품 시장 규모가 타겟 마케팅 강화에 힘입어 소폭의 성장세로 전환할 것으로 추정하고 있다.

이러한 성장 정체에도 불구하고, 홍삼, 프로바이오틱스, 비타민·미네랄 복합제는 전체 시장의 60% 이상을 차지하고 있으며, 최근에는 루테인, 콜라겐, 마그네슘, 수면 유도 기능성 원료(예: 락티움) 등으로 수요가 다변화되고 있다.

또한 국내 건강기능식품 시장은 제조보다 유통 중심 구조다. 2023년 기준 전체 관련 기업 약 10만 개 중 제조사는 600여 곳, 유통 기업이 99% 이상을 차지하며, 그중 다수는 중소형 판매 기업이다. 건강기능식품 산업은 진입장벽이 낮고 브랜드 충성도보다 기능성·원료·가격 경쟁력이 강조되는 시장 특성이 있다. 이로 인해 중견 제조사가 선점한 품목 외에 수많은 틈새시장형 제품이 치열한 출혈 경쟁을 벌이고 있는 것이 2025년 시장의 현주소다.

2. 건강기능식품 기업의 투자 포인트

1) 생산 능력

투자 관점에서는 제조 시설을 보유한 기업에 주목할 필요가 있다. 건강기능식품 판매업은 진입장벽이 낮아 수많은 기업이 난립하는 상황이라 경쟁이 치열하다. 이에 반해 실제 제조를 하는 기업은 소수에 불과하다. 이 중에서 연간 매출 규모가 1,000억 원 이상인 기업에 주목하는 것이 좋다.

2) 지적재산권과 제조 기술력

다양한 지적재산권 보유 여부는 건강 기능식품 기업의 기술력을 엿볼 수 있는 부분이다. 건강 기능식품의 원료는 고시형 원료와 개별인정형 원료로 구분할 수 있다. 전자는 효능이나 안전성이 검증되어 누구든지 사용할 수 있는 원료다. 고시형 원료로 제조된 건강 기능식품은 전체 시장의 대부분을 차지하고 있다.

반면 후자는 「건강 기능식품 기능성 원료 및 기준·규격 인정에 관한 규정」에 따라 기업이 자체 연구를 통해 기능성과 안전성을 입증하고 식약처로부터 개별적으로 인정받은 원료로, 개발한 기업이 6년간 독점 판매권을 확보하게 된다. 이러한 특성을 고려했을 때 자체적으로 개발한 개별인정형 원료가 많은 기업은 연구개발 역량이 좋다고 볼 수 있다.

2025년 11월 현재, 시장이 성숙기에 접어들고 경쟁이 심화되면서, 이 '개별인정형 원료' 확보 경쟁은 기업의 생존과 직결되고 있다. 소비자들은 과거처럼 단순한 장 건강, 면역력, 피로회복 등 일상 관리용 제품을 섭취하는 것을 넘어, 수면, 체지방 감소, 모발 건강 등 훨씬 세분화된 건강 관리 니즈Needs를 충족시키기 위해 혁신적인 신규 원료를 찾고 있다.

이에 따라 건강기능식품 업체들은 신규 원료 발굴 및 개별인정형 원료 승인에 사활을 걸고 있다. 최근 사례로 코스맥스바이오COSMAX BIO는 체지방 감소 관련 '수국잎열수추출물(리세린지)'을 승인받아 '다이어트와 피부 건강' 복합 효과로 글로벌 시장을 공략하고 있다. 리스큐어바이오사이언스는 국내 최초로 모발 건강 프로바이오틱스 소재 '모바이옴' 승인을 받아 글로벌 시장 출시를 앞두고 있다.

한편, 건강 기능식품 기업 중에서 프로바이오틱스, 마이크로바이옴 등의 미생물을 활용해 바이오신약 개발에 나서는 사례도 있다. 신약 개발이 성공적으로 진척될 경우 단순 건기식 기업이 아닌 바이오신약 기업으로 재평가를 받을 수 있으므로 어떤 파이프라인을 보유하고 있는지 살펴볼 필요가 있다.

3) 해외 진출

내수 시장을 탈피해 수출을 확대하는 기업도 눈여겨볼 만하다. 건강 기능식
품 내수 시장은 기술력, 브랜드 파워보단 판매, 마케팅 경쟁으로 치닫고 있다.
과거 건강 기능식품 상장사들의 PER은 20~30배 수준을 유지했으나, 최근
20배 미만으로 낮아졌는데 바로 이런 이유 때문이라고 볼 수 있다. 이런 상황
에서 해외 시장을 성공적으로 개척한 기업이 나타난다면 주가 차별화가 나타
날 수 있다.

동물의약품

1. 동물의약품 산업의 개요와 특징

동물의약품은 소, 돼지, 닭 등 가축을 포함한 동물의 질병 예방, 치료, 건강 관리를 목적으로 사용되는 의약품을 의미한다. 제품 유형으로는 사료 첨가제, 백신, 항생제, 구충제, 호르몬제 등이 있으며, 제형은 주사제, 분말제, 액상제, 정제 등으로 다양하다. 그런데 최근에는 축산 가축을 넘어 반려동물을 위한 의약품 수요도 함께 늘어나면서, 동물의약품 산업의 외연이 빠르게 확장되고 있다.

 전통적으로 동물의약품 산업은 축산업과 밀접한 관계를 맺고 있으며, 산업 수요의 상당 부분이 가축 질병 예방 및 치료 목적에서 발생한다. 2024년 말 기준 국내 사육 중인 주요 가축 수는 소 약 420만 마리, 돼지 약 1,110만 마리, 닭 약 1억 7,400만 마리 수준으로 집계되었다. 최근 5년간 돼지 사육두수는 감소세를 보인 반면, 소와 닭은 완만한 증가세를 유지하고 있다. ASF(아프리카돼지열병), 고병원성 AI(조류독감) 등 주요 가축 전염병의 확산이 동물 백신 수요를 견인하고 있으며, 가축의 생산성 향상을 위한 기능성 의약품 수요도 꾸준히 증가하고 있다.

한국동물약품협회에 따르면 국내 동물의약품 시장은 2023년 기준 약 1조 5,300억 원 규모로, 최근 5년간 연평균 7% 내외의 성장률을 기록하고 있다. 주요 수요는 여전히 축산업이 차지하고 있지만, 반려동물 관련 제품 비중이 빠르게 증가하고 있는 점이 특징이다. 특히 반려견·반려묘를 위한 항생제, 백신, 영양제, 피부·눈·치아 관리 제품 수요가 늘고 있다.

기업 수 기준으로는 2024년 기준 약 900여 개 동물의약품 관련 업체가 존재하며, 이 중 약 470여 개가 제조사, 나머지는 수입 및 유통 업체다. 동물의약품은 현재 중소기업 고유업종으로 분류되어 있어, 대기업의 시장 참여는 백신, 고난이도 원료 개발 등 일부 제한된 영역에 국한된다.

유통 구조는 여전히 사료회사 공급망, 약국·동물병원 판매망으로 이원화되어 있으며, 축산업 기반의 B2B 수요는 사료회사 또는 약사 운영 전문판매점이, 반려동물 중심의 B2C 수요는 수의사 중심 동물병원이 대체적으로 주도하는 상황이다. 특히 수의사 네트워크를 기반으로 해 만들어진 프리미엄 유통 채널은 고수익 구조를 유지하며 시장에서 점점 중요해지고 있다.

또한 최근 글로벌 수출 확대를 위한 GMP 인증, 선진국 수출 규격 대응, 백신 제조 플랫폼 개발 등이 주요 전략 과제로 떠오르고 있다. 국내에서는 제일바이오, 우진비앤지, 이글벳, 중앙백신 등 상장사가 활발히 제품 개발과 해외 시장 개척을 추진 중이다.

2. 동물의약품 기업의 투자 포인트

동물의약품 시장의 양적 성장은 둔화된 반면, 질적 성장은 진행 중이다. 과거 '돼지 목살 항생제' 논란이 일어났던 적이 있다. 돼지의 목에 항생제 주사를 놓기 때문에 돼지의 목살에 항생제가 축적된다는 논란이었다. 유언비어로 밝혀졌지만, 항생제를 맞은 돼지에 대한 부정적 인식이 소비자들에게 자리 잡힌 계기가 되었다. 이후 항생제의 대체재 역할을 할 수 있는 백신 위주의 생물학적제제 수요가 늘고 있다. 또한 구제역, 아프리카돼지열병, 조류독감 등 주기적으로 발생하는 전염병도 예방차원의 동물의약품 시장 확대를 촉진하고 있다.

2024년 말 KB금융지주가 발간한 「2025 한국 반려동물 보고서」에 따르면, 반려동물 보유 가구 비율은 26.7%에 달하고 반려인 수는 약 1,546만 명으로 추산된다. 우리나라 인구 4명 중 1명은 반려동물과 함께 사는 셈이다. 한국농촌경제연구원 또한 국내 반려동물 연관 시장 규모가 2020년 약 3조 원에서 2027년에는 6조 원 규모로 성장할 것으로 전망했다. 실제 국내 동물의약품 내수에서 반려동물 시장만 따로 떼어 놓고 보면 성장률이 매우 가파르다. 전체 동물의약품 내수 시장은 2013년 약 5,459억 원에서 2021년 약 9,229억 원으로 약 70% 성장한 데 반해 같은 기간 반려동물 의약품 시장은 약 513억 원에서 약 1,538억 원으로 3배 성장했다. 한국제약바이오협회에 따르면 2023년 전 세계 동물용의약품 시장 규모는 약 62조 원으로 추정되는데 이 중 반려동물 의약품 시장이 절반가량을 차지한다. 2021년 기준 국내 동물의약품에서 반려동물 의약품 시장이 차지하는 비중이 9.3%인 것을 감안하면 아직 성장 초입 단계로 볼 수 있다. 동물의약품 기업들이 성장하는 반려동물 동물의약품 시장에 성공적으로 진출한다면 주가 차별화가 나타날 가능성이 있다.

단위: 억 원

구분	2020년	2024년
동물의약품(내수)	8,500~12,370	14,000~14,500
반려동물의약품	2,350~2,400	5,000~6,000
반려동물 비중	19~20%	35~40%

출처: 한국제약바이오협회

한편 전염병이 발생하면 동물의약품 기업의 주가가 급등하는 경향이 있다. 동물의약품 치료제 및 백신 수요가 늘어날 것이라는 기대감 때문이다. 다만 현재로서는 발병 가능성을 염두에 두고 백신을 미리 접종하는 상황이며, 막상 전염병에 걸렸다면 이렇다 할 치료제도 없는 상황이다. 따라서 전염병이 유행한다고 동물의약품 기업들의 실적이 좋아지는 것은 아니다. 그럼에도 주가에 영향을 주는 이벤트이니 투자자 입장에서는 알아둘 필요가 있다.

제약과 바이오 산업 투자 지표

실적 및 투자 지표: 2025년 3분기 연환산 기준
시가총액: 2025년 12월 23일 기준

단위: 억 원

종목코드	종목명	매출액	영업이익	순이익	PER	시가총액
207940	삼성바이오로직스	55,048	20,168	15,959	49.8	795,279
068270	셀트리온	38,960	8,897	7,378	57.1	421,042
196170	알테오젠	2,022	1,103	1,259	187.2	235,693
298380	에이비엘바이오	884	-298	-286	-359.1	102,864
326030	SK바이오팜	6,754	1,983	3,205	31.5	100,867
000100	유한양행	21,367	665	681	136.3	92,843
141080	리가켐바이오	1,593	-471	-251	-248.3	62,384
028300	HLB	807	-1,006	-2,201	-27.9	61,378
128940	한미약품	14,662	2,050	1,165	48.2	56,176
087010	펩트론	62	-191	-142	-388.6	55,146
000250	삼천당제약	2,207	25	-114	-459.7	52,427
302440	SK바이오사이언스	6,240	-1,227	-59	-674.8	39,812
347850	디앤디파마텍	84	-304	-348	-111.2	38,659
068760	셀트리온제약	5,176	528	361	74.2	26,777
237690	에스티팜	3,183	514	369	69.9	25,794
226950	올릭스	102	-291	-433	-58.8	25,439
009420	한올바이오파마	1,541	38	23	968.9	22,385
069620	대웅제약	15,416	1,921	932	22.2	20,670
475830	오름테라퓨틱	0	-414	-369	-54.8	20,213
006280	녹십자	19,344	544	563	33.2	18,710

제약과 바이오

건강기능식품
· 인산가　· 바이오니아　· 내츄럴엔도텍　· 네오크레마　· 노바렉스　· 뉴트리　· 서흥
· 쎌바이오텍　· 알피바이오　· 에이치엘사이언스　· 에이치피오　· 코스맥스비티아이
· 코스맥스엔비티　· 콜마비앤에이치　· 프롬바이오　· 셀로맥스사이언스

바이오

항체의약품
· 앱토크롬　· CG인바이츠　· 에이비엘바이오　· 에이프로젠바이오로직스
· 에이프릴바이오　· 이수앱지스　· 지아이이노베이션　· 한올바이오파마
· 와이바이오로직스　· 이뮨온시아

마이크로바이옴
· HLB제넥스　· 고바이오랩　· 지놈앤컴퍼니　· 에이치이엠파마

펩타이드
· HLB테라퓨틱스　· 바이오에프디엔씨　· 선바이오　· 펩트론　· 디앤디파마텍

세포치료제
· 강스템바이오텍　· 메디포스트　· 바이오솔루션　· 바이젠셀　· 박셀바이오
· 안트로젠　· 에스바이오메딕스　· 유틸렉스　· 지씨셀　· 차바이오텍
· 코오롱티슈진　· 큐로셀　· 테고사이언스　· 파미셀　· 오가노이드사이언스

사이토카인
· 네오이뮨텍

백신
· 녹십자　· 모아라이프플러스　· 셀리드　· 아이진　· 유바이오로직스
· 차백신연구소　· 큐라티스

ADC
· 리가켐바이오　· 인투셀

기타 바이오의약품
· 메드팩토　· 인트론바이오　· 파로스아이바이오　· 셀비온

바이오시밀러
· 삼천당제약　· 셀트리온　· 셀트리온제약　· 팬젠　· 프레스티지바이오파마

플랫폼
· 샤페론　· 알테오젠　· 압타머사이언스　· 인벤티지랩　· 제넥신

바이오소재
· 아미코젠

RNA
· 올릭스　· 진원생명과학

유전자치료제
· 코오롱생명과학　· 툴젠　· 헬릭스미스

단백질 분해
· 오름테라퓨틱

동물의약품

- 바이오노트 · 씨티씨바이오 · 애드바이오텍 · 옵티팜
- 이글벳 · 중앙백신 · 진바이오텍 · 코미팜

의약품 인프라

CRO
- HLB바이오스텝 · 드림씨아이에스 · 디티앤씨알오 · 바이오톡스텍 · 씨엔알리서치
- 얼라인드 · 오리엔트바이오 · 우정바이오 · 코아스템켐온 · 현대ADM

CDMO
- SK바이오사이언스 · 바이넥스 · 삼성바이오로직스
- 프레스티지바이오로직스 · 이엔셀

기자재
- 대한과학 · 서린바이오 · 일신바이오 · 큐리옥스바이오시스템즈

신약개발 플랫폼
- 신테카바이오 · 싸이토젠 · 온코크로스

화학합성

전문의약품
- HLB · 오스코텍 · CMG제약 · HK이노엔 · HLB생명과학 · HLB제약
- JW생명과학 · JW신약 · JW중외제약 · 경동제약 · 고려제약
- 국제약품 · 녹십자웰빙 · 대웅제약 · 대원제약 · 대한뉴팜
- 대한약품 · 대화제약 · 더블유에스아이 · 동구바이오제약
- 동아에스티 · 명문제약 · 보령 · 보로노이 · 부광약품 · 비보존 제약
- 비씨월드제약 · 삼성제약 · 삼아제약 · 삼일제약 · 삼진제약
- 서울제약 · 신라젠 · 신신제약 · 신일제약 · 신풍제약 · 안국약품
- 알리코제약 · 압타바이오 · SK바이오팜 · 에이비온 · 영진약품
- 옵투스제약 · 위더스제약 · 유나이티드제약 · 유유제약
- 유한양행 · 이연제약 · 일양약품 · 제일약품 · 종근당 · 지엘팜텍
- 진양제약 · 큐라클 · 큐리언트 · 테라젠이텍스 · 텔콘RF제약
- 티움바이오 · 팜젠사이언스 · 퓨쳐켐 · 하나제약 · 한국파마
- 한독 · 한미약품 · 현대약품 · 환인제약 · 휴온스 · 동국생명과학
- 듀켐바이오 · 온코닉테라퓨틱스 · 티디에스팜

일반의약품
- 경남제약 · 광동제약 · 동국제약 · 동화약품 · 일동제약 · 조아제약

원료의약품
- 경보제약 · 국전약품 · 그린생명과학 · 아미노로직스 · 에스티팜
- 엔지켐생명과학 · 종근당바이오 · 폴라리스AI파마 · 하이텍팜
- 화일약품 · 엠에프씨

의약품유통
- 메타케어 · 일성아이에스 · 블루엠텍

음식료

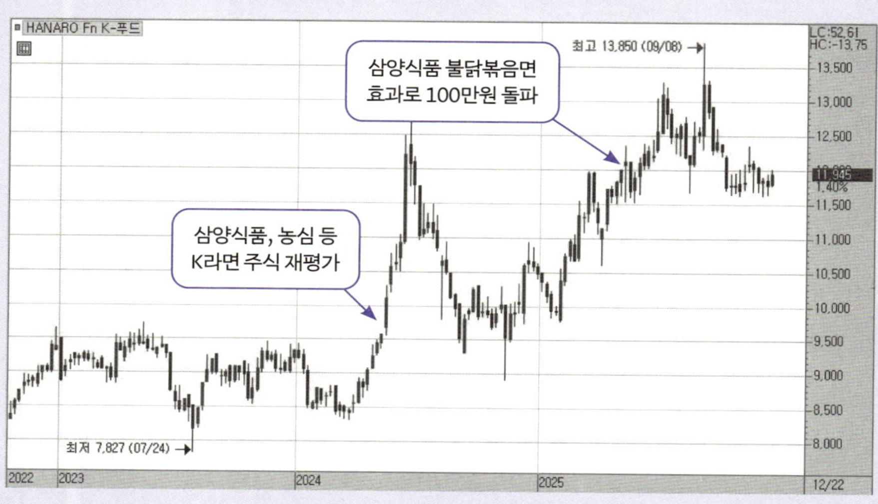

음식료 산업에 속한 기업은 총 100곳으로 시가총액 비중은 1.7% 수준이다. 이 책에서는 음식료 산업을 일반식품업, 농업, 축산업, 수산업, 주류, 담배 총 6가지로 분류했다.

　2022년부터 본격화된 인플레이션에 밀, 대두 등 주요 곡물가격이 치솟으면서 식품 기업들의 원가부담이 크게 늘었다. 다만 2023년 들어 고공행진을 거듭했던 원재료 가격이 안정화되며 식품 기업들의 수익성도 차차 개선되었다. 박스권에서 거듭했던 식품 업종에 활력을 불어넣은 종목은 삼양식품이다. 삼양식품은 K콘텐츠의 흥행과 틱톡, 유튜브 등 SNS 바이럴에 힘입어 주력 제품인 불닭볶음면 수출이 크게 늘었다. 삼양식품은 3년간 무려 10배나 넘게 오르며 식품계의 유일한 텐배거 종목으로 자리매김했다. 농심 역시 북미 지역을 중심으로 라면 수출이 늘면서 투자자들의 관심을 받았다. 반면 여전히 내수 시장에서 벗어나

지 못한 기업들은 제자리걸음을 하고 있다. K-콘텐츠를 통해 전 세계에서 김밥, 떡볶이, 만두 등이 인기를 끌고 있지만 실제 의미 있는 실적으로 연결시키는 기업은 라면을 제외하곤 드문 상황이다.

음식료

1. 음식료 산업의 개요와 특징

우리가 살아가는 데 가장 중요한 것은 의식주 중 '식食', 즉 먹는 것이다. 음식료 산업은 인간의 생존과 가장 직접적으로 연관된 기초 산업이다. 6·25 전쟁 이후 폐허가 된 나라에서 국민의 먹고사는 문제를 해결하기 위해 가장 시급하게 육성된 것도 바로 이 산업이다. 정부는 '삼백三白 산업(제당·제분·면방직)'을 제도적으로 지원했고, 삼성그룹의 모태인 제일제당은 바로 이 토양 위에서 탄생했다.

음식료 산업은 이처럼 대한민국 제조업의 뿌리 역할을 했지만, 2025년 현재 대한민국의 식량 안보 성적표는 낙제점에 가깝다. 농림축산식품부의 최신 통계에 따르면, 2023년 기준 국내 식량 자급률은 49.0%를 기록했으나, 축산물 생산에 필수적인 사료용 곡물까지 포함한 '곡물 자급률'은 22.2%에 불과하다. 이는 OECD 국가 중 최하위권 수준이다.

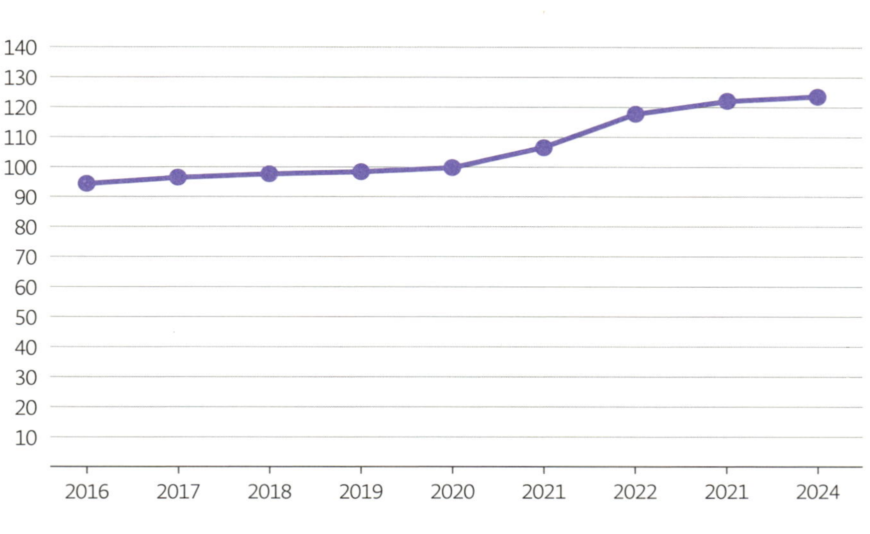

출처: 통계청

세부적으로 살펴보면 상황은 생각보다 더욱 심각하다. 주식인 쌀을 제외하면 밀(0.7%), 옥수수(0.8%), 콩(7.7%) 등 핵심 곡물의 자급률은 한 자릿수에 머물러 있어, 사실상 해외 수입에 90% 이상을 의존하는 '절대적 수입국'이다. 우리가 문화를 누리고 건강한 식탁을 즐기는 겉모습과 달리, 그 이면의 원부자재 자급률은 매우 초라한 실정이다. 이는 과거 우루과이라운드 협정과 WTO 체제 출범 이후 가격 경쟁력을 앞세운 해외 농산물이 대거 유입된 구조적 결과다.

따라서 국내 음식료 기업의 수익성은 국제 곡물 가격(시카고 선물거래소 시세 등)과 원/달러 환율이라는 두 가지 외부 변수에 운명이 좌우되는 태생적 리스크를 안고 있다. 원재료를 달러로 사 와야 하므로 환율 상승은 곧 원가 부담으로 직결된다.

투자자가 특히 주목해야 할 점은 2024년부터 더욱 빈번해진 '기후 위기^{Climate Crisis}'가 곡물 가격의 변동성을 구조적으로 높이고 있다는 것이다. 엘니뇨와 라니냐 등 이상 기후 현상은 주요 곡물 수출국인 미국, 브라질, 아르헨티나의 작황을 수시로 위협하며 '애그플레이션^{Agflation}(농산물 가격 급등으로 인한 물가 상승)'을 유발한다. 여기에 러시아-우크라이나 전쟁 장기화와 같은 지정학적 불안까지 겹치며 식량 보호무역주의가 각국에서 서서히 고개를 들고 있다.

결국 음식료 산업 투자의 핵심은 이러한 외부 충격을 가격 인상으로 전가할 수 있는 '브랜드 파워'를 갖추었는지, 그리고 불안한 내수 식량 시장을 넘어 해외에서 K-푸드의 저변을 넓히며 '수출 데이터'를 만들어내고 있는지에 달려 있다.

저출산·고령화로 인한 인구 구조 변화는 내수 중심의 음식료 산업에 장기적인 위협이다. 이에 국내 기업들은 내수 시장의 한계를 돌파하기 위한 생존 전략을 다각도로 모색하고 있다. 과거에는 가격 인상과 신제품 출시가 주된 대응이었으나, 이제는 'K-푸드' 열풍을 발판 삼아 해외에서 새로운 성장 동력을 찾는 것이 핵심 과제가 되었다. 실제로 라면, 냉동식품, 소스류 등에서 유의미한 수출 성과를 내는 기업들은 내수 기업과 차별화된 실적과 가치를 인정받고 있다.

전통적으로 음식료 산업은 소수 기업이 시장을 주도하는 과점적 구조로 경쟁 강도가 비교적 낮게 평가되었다. 그러나 최근 유통 대기업들이 자체 브랜드^{PB} 상품을 앞세워 HMR(가정간편식)과 밀키트 시장에 진출하고 있으며, 온라인 플랫폼을 통한 D2C^{Direct to Consumer} 판매가 확대되면서 산업의 경계가 빠르게 허물어지고 있다.

2. 음식료 산업의 세부 분류

음식료 산업은 담배를 제외하고 일반식품업, 농업, 축산업, 수산업, 주류업 총 5가지로 구분한다. 일반식품업은 식용류, 마가린, 과자, 아이스크림, 라면 등 가공식품을 만드는 상장 기업으로 정의한다.

1) 일반식품

마트에 가면 매대를 꽉 채운 가공식품들이 즐비해 있다. 이 책에서는 이러한 가공식품을 만드는 기업을 일반식품 기업으로 정의했다. 식용유, 마가린부터 과자, 아이스크림, 음료, 라면까지 상장된 음식료 기업은 제각각 다양한 제품을 만든다. 밸류 체인상으로는 1차 가공 기업과 2차 가공 기업으로 다시 구분할 수 있다.

1차 가공 기업은 해외에서 밀, 원당, 옥수수 등을 수입해서 밀가루, 설탕, 전분 등 가공식품의 원부재료를 만드는 기업이다. 1차 가공 기업은 소비자에게 직접 제품을 판매하기도 하지만 2차 가공 기업에 납품하기도 한다.

1차 가공 기업은 2025년에도 여전히 높은 변동성을 보이는 국제 곡물가와 환율에 수익성이 연동되는 구조적 한계를 보인다. 반면, 최종 제품을 만드는 2차 가공 기업의 가치는 새로운 시장을 창출하는 능력에서 갈린다. 2025년 약 7조 원 규모로 성장한 HMR 시장과 연평균 8%대의 고성장을 구가하는 건강기능식품 시장이 바로 그 무대다. 투자자는 CJ제일제당, 풀무원 등 '규모의 경제'를 실현한 선두 주자와 특정 카테고리(소스, 냉동 HMR 등)에서 독보적 브랜드 파워를 가진 강소기업을 구분해 접근해야 한다.

2) 농업

농업은 비료와 농약을 만드는 기업과, 종자를 만드는 기업으로 구분된다. 국내 비료의 절반은 농협경제지주를 통해 입찰 방식으로 농가에 공급된다. 농협은 매년 농가의 비료 수요를 파악한 뒤 경쟁 입찰을 실시해 비료 업체별 공급 물량을 결정한다. 비료 가격 역시 경쟁 입찰로 결정했으나, 2022년 전후로 원재료 가격의 변동을 반영해 결정하는 방식으로 개선되었다. 이는 암모니아, 요소, 염화칼륨 등 비료의 원재료를 대부분 수입에 의존하고 있어 원재료 가격 급등에 유연하게 대응하기 위함이다.

가격 반영 주기도 연 단위에서 분기 단위로 조정되었다. 농가 부담을 고려해 농협은 비료 업체와의 협의를 통해 비료 판매가격을 조정하고 있으며, 비료 기업들은 분기마다 농협과 공급 조건을 재조정하고 주요 내용을 공시하고 있다. 한편 원예용 비료는 농협을 통하지 않고 자체 판매를 통해 매출을 창출한다.

비료 기업이 앞으로 주목해야 할 변수는 정부 정책이다. 정부의 2030 탄소 감축 목표에 따라 저탄소·완효성 비료의 개발과 보급은 새로운 성장 기회가 될 수 있는 반면, 이에 대응하지 못할 경우 리스크로 작용할 가능성도 있다.

종자 기업은 종자를 육성하고 신품종을 개발·보급하는 기업이다. 내수 중심의 비료 산업과 달리 기술력이 있으면 얼마든지 해외 진출이 가능한 분야다. 상장사 중에서는 농우바이오, 아시아종묘가 대표적인 종자 기업이다. 특히 농우바이오의 경우 미국, 중국, 터키 등 다양한 지역에 해외 법인을 두고 있다. 기후변화에 따른 식량 안보 문제가 커지면서 앞으로 기술력 있는 종자 기업이 부각될 가능성이 높은 상황이다.

3) 축산업

기존의 축산업은 사료를 농가에 공급하거나 닭이나 돼지 등을 도축 및 유통,

이를 통해 가공식품을 만드는 기업으로 나뉘었다. 그러나 현재 축산업과 관련한 상장 기업들은 대부분 계열화가 완성된 상태다. 계열화란 사료 공급부터 사육, 도축 및 유통, 가공까지 전체 밸류 체인을 한 기업이 도맡는 것을 뜻한다. 사육은 계열화된 기업이 농가와 계약을 맺고 가축의 새끼와 사료를 공급하고, 농가는 위탁 사육을 하는 형태로 진행된다.

계열화는 수입개방에 대비해 영세한 농가들로 구성된 우리나라가 축산업 경쟁력을 강화하기 위해 생겨난 비즈니스 모델이다. 2009년 「축산법」과 「농지법」이 개정되며 계열화 기업이 등장할 수 있는 발판을 마련했고 이후 M&A를 통해 대부분의 기업들이 사육부터 가공까지 계열화를 이룬 상황이다. 축산업 역시 내수 기반의 산업으로, 기르는 닭, 돼지 가격이나 원재료인 사료 가격에 따라 실적이 결정되는 구조다.

하림, 마니커 등 소수 기업의 수직 계열화가 완성된 성숙 산업이다. 이 모델은 사료 원가 관리와 안정적 공급에는 유리하지만, 조류인플루엔자(AI)나 아프리카돼지열병ASF 등 가축 전염병 발생 시 그룹 전체의 실적이 흔들리는 치명적 리스크를 안고 있다. 2025년 현재, 투자자들은 단순히 육류 가격이나 사료 가격 동향을 넘어, '동물복지 인증' 여부를 중요한 판단 기준으로 삼고 있다. 동물복지 인증은 이제 프리미엄 제품의 가격 책정과 브랜드 이미지에 직접적인 영향을 미치는 필수 투자로 인식된다.

4) 수산업

수산업의 비즈니스 모델은 크게 원양어업과 수산물 유통 및 가공으로 구분된다. 원양어업은 연안이나 근해에서 잘 잡히지 않는 어종을 먼바다에 나가서 잡아오는 것을 말한다. 주력 어종은 참치다. 과거 동원산업, 사조산업은 원양어업에 주력했지만, M&A 같은 몸집 불리기를 통해 수산물 유통 및 가공 사업에 진출하며 축산업과 마찬가지로 계열화를 이루고 있다. 원양어업의 불안정성을 극복하기 위한 계열화가 정착된 가운데, 이제 성장의 무게 중심은 '기술 기반 양식'으로 이동하고 있다. 어획량의 불확실성을 극복하기 위해 AI 기반의 '스마트 양식 Smart Aquaculture' 기술 도입이 가속화되고 있으며 육상 연어 양식 등 새로운 시도가 기업 가치를 결정짓고 있다. 대표적으로 GS건설 자회사인 에코아쿠아팜 주체의 부산 스마트양식 클러스터가 있다.

5) 음료와 주류

음료와 주류 섹터에 속한 기업 대부분은 주류를 만드는 기업이다. 대표 음료 제조 기업인 롯데칠성 역시 맥주와 소주 브랜드를 각각 보유하고 있다. 국내 주류 시장은 크게 소주와 맥주 시장으로 구분되는데, 2019년부터 소주 시장이 맥주 시장을 추월했다.

2025년 현재, 대한민국 주류 시장을 설명하는 키워드는 더 이상 '소주와 맥주'가 아니다. 시장을 관통하는 핵심 동력은 '제로 슈거'로의 전환과 'RTD Ready-to-Drink 하이볼'을 필두로 한 신규 주종의 급성장이다. 과거 하이트진로가 60% 이상의 압도적인 점유율로 시장을 지배하던 소주 시장의 고착화된 구도는, 2022년 말 롯데칠성이 출시한 제로 슈거 소주 '새로'의 돌풍으로 인해 격변을 맞았다. '헬시플레저 Healthy Pleasure' 트렌드에 완벽히 부합한 이 제품은 출시 2년 만에 소주 시장의 판도를 바꿨다. 2025년 현재, 하이트진로는 여전히 50%대의 점유율로 1위를 지키고 있으나, 롯데칠성은 20% 수준까지 점유율을 끌어올리며 견고한 양강 구도를 형성했다.

맥주 시장은 여전히 비상장사인 오비맥주와 하이트진로의 양강 체제가 유지되고 있다. 하지만 위스키·증류주 기반의 하이볼 등 RTD 주류가 새로운 '캐시카우'로 급부상하면서, 전통적인 맥주와 소주의 입지는 과거보다 위축된 모습이다.

음료와 주류 섹터에서 대부분은 주정 기업이다. 주정의 90%는 소주의 원료로 사용된다. 주정 기업은 대한주정판매를 통해 소주 제조 기업에 주정을 납품한다. 대한주정판매는 주정의 구입과 판매를 위한 목적으로 1972년 설립된 법인으로, 국내 주정 회사들이 지분을 나누어 갖고 있다. 특이한 점은 주정 기업들이 보유한 대한주정판매 지분 비율대로 공급 비중이 결정된다는 점이다. 지분율 1위인 창해에탄올, 진로발효 순으로 공급 비중이 높다.

3. 음식료 기업의 투자 포인트

1) 원재료와 제품 가격의 스프레드

식품의 주요 원재료인 곡물은 대부분 수입에 의존하고 있다. 따라서 국제 곡물 가격, 원달러환율이 실적에 미치는 영향이 크다. 곡물 가격과 환율이 오르면 수입 가격이 올라 음식료 기업 실적에 부정적이다.

다만 1차 가공 기업과 2차 가공 기업에 미치는 영향은 각각 다르다. 밀가루나 설탕 등을 만드는 1차 가공 기업은 곡물가 상승분을 제품 가격에 반영시키기 때문에 오히려 곡물 가격이 오르는 구간에서 수익성이 좋아진다. 사료 기업이나 원양어업 기업 역시 곡물가나 어가가 오르면 실적에 긍정적이다. 단, 음식료 기업 대부분이 2차 가공 기업이거나 수입부터 유통, 가공까지 담당하는 계열화 기업이 많기 때문에 원자재 가격이 오르면 좋아지는 기업은 한정적이다.

원자재 가격의 상승은 단기적으로 음식료 기업에 부정적이지만, 장기적으로는 호재다. 제품 가격을 인상시킬 수 있는 빌미를 마련하기 때문이다. 2021년 말부터 국제 곡물 시세가 급등했으며, 에너지를 포함한 수많은 품목의 가격이 상승했다. 41년 만에 약 8%가 넘는 인플레이션이 발생하면서 음식료 기업들은 여러 차례 가격 인상 계획을 밝혔다. 필자가 그간 살아오면서 배

단위: US센트/부셀

출처: 인베스팅닷컴

운 진리 중 하나가 한번 오른 식품 가격은 절대 내려오지 않는다는 것이다. 어렸을 때 50원, 100원 하던 아이스크림 가격이 지금은 1,000원이 훌쩍 넘는 것만 보아도 알 수 있다. 추후 곡물가 등 원자재 가격이 하락하면 제품 가격과 원재료 가격의 스프레드(차이)가 벌어지면서 음식료 기업의 실적은 개선될 수 있다.

축산업에 속한 기업들 실적은 주기적으로 발생하는 가축 전염병에도 민감하다. 겨울철에 주로 발생하는 조류 독감, 구제역은 가축 사육두수에 크게 영향을 미칠 수 있다.

2) 신제품 흥행 여부

2022년, 단종 16년 만에 재출시된 포켓몬빵은 '품절 대란'을 일으키며 사회적 현상이 되었다. 이른 새벽부터 편의점 앞에 줄을 서는 '오픈런'이 일상이 되었고, 제조사인 SPC삼립은 그해 2분기에 역대 최대 실적을 갈아치웠다. 매출액은 약 8,149억 원으로 전년 동기 대비 14% 늘었고, 영업이익은 약 235억 원으로 무려 61.5%나 급증했다. 그러나 포켓몬빵 열풍의 이면에는 코로나19 팬데믹이라는 특수성이 자리하고 있었다. 사회적 거리 두기로 여가 활동이 제한된 상황에서, MZ세대의 향수를 자극하고 수집 욕구를 해소하는 '포켓몬 띠부씰'이 대체 놀이 수단으로 떠올랐기 때문이다. 냉정하게 말해 이는 제품 본연의 맛보다는 '재미'에 기인한 소비였다. 결국 예상대로 출시 1년이 지나자 거품은 빠르게 꺼졌고, 열풍은 유행처럼 사라졌다.

이처럼 음식료 산업에서 특정 신제품이 폭발적인 인기를 끄는 경우는 주기적으로 발생하지만, 그것이 기업의 장기적인 펀더멘털(기초체력)을 바꾸는 사례는 드물다. 2011년 시장을 강타했던 '하얀국물 라면' 열풍이나, 2015년 주류 시장을 뒤흔들었던 '과일소주' 열풍이 대표적이다. 당시 관련 기업들의 주가는 단기간에 2배 이상 급등했지만, 소비자의 입맛은 결국 익숙한 빨간 라면과 일반 소주로 회귀했다. 이들 제품은 채 1년을 버티지 못하고 지금은 추억 속의 아이템이 되었다. 투자자 입장에서 이러한 '단기 유행'에 편승하는 것은 고점에 물릴 위험이 매우 큰 도박과 같다.

그러나 이 견고한 '단기 유행의 법칙'을 보란 듯이 깨트리고, 10년 넘게 성장하며 하나의 '장르'가 된 예외적인 사례가 있다. 바로 삼양식품의 '불닭볶음면'이다. 2012년 출시 당시만 해도 "너무 매워서 사람이 먹을 수 없다"는 혹평을 받았던 이 라면은, 유튜브를 중심으로 시작된 '불닭 챌린지'를 통해 전 세계적인 놀이 문화로 자리 잡았다.

중요한 것은 이것이 일시적인 유행에 그치지 않고, 한국의 매운맛을 대표하는 글로벌 브랜드로 정착했다는 점이다. 2024년과 2025년에 걸쳐 삼양식품의 주가가 사상 최고가를 경신하며 폭등한 이유는 명확하다. 내수 시장

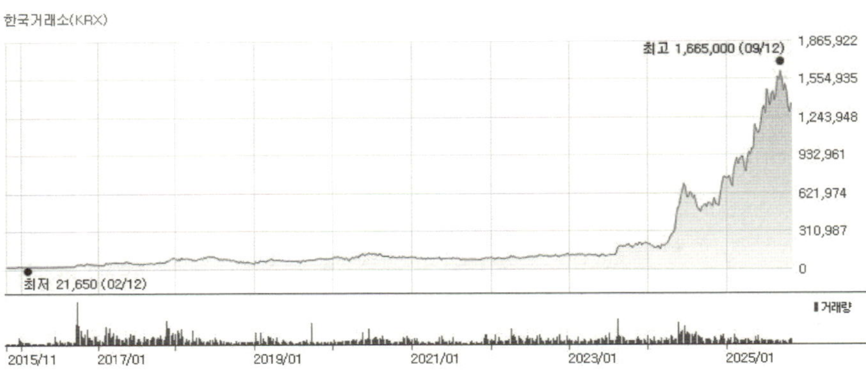

출처: 네이버증권

에서의 '반짝인기'가 아니라, 미국과 유럽 등 주류 시장에서 월마트, 코스트코^{Costco} 등 메인스트림 유통 채널에 입점하며 수출 실적이 폭발적으로 증가했기 때문이다. 불닭볶음면은 단순한 신제품을 넘어, 기업의 체질을 내수 기업에서 수출 기업으로 완전히 탈바꿈시킨 '메가 트렌드'의 표본이다.

따라서 투자자는 신제품 출시 소식에 흥분하기보다, 그 인기가 지속 가능한 성격인지 냉철히 구분해야 한다. 단순히 호기심을 자극하는 마케팅의 산물인지, 아니면 불닭볶음면처럼 소비자의 식습관을 바꾸고 글로벌 확장성을 가진 '게임 체인저'인지 판단하는 것이 음식료 기업 투자의 핵심이다.

3) 수출 확대

국내 음식료 기업 대부분은 내수 시장 비중이 훨씬 크다. 이러한 이유로 수요가 꾸준히 발생하는 안정적인 산업이라는 평가 대신 성장성은 그만큼 제한되어 있다고 평가받는다. 반대로 이러한 고정 관념을 깨고 수출에 성공한 기업들은 높은 밸류에이션을 받을 수 있다. 2012년 오리온은 중국, 러시아, 동남아 시장 개척에 성공하면서 주가가 불과 2년 만에 4배가량 상승(인적 분할 전 오리온홀딩스 기준)했다. PER도 40배가 넘었으며, PBR 역시 6배를 웃돌았다. 당시 음식료 기업들의 가치보다 2~3배 이상을 부여한 것이다.

삼양식품의 라면 수출 확대도 좋은 성공 사례다. 전 세계적인 먹방 열풍에 한국 매운맛의 대명사인 불닭볶음면이 주요 인플루언서들의 먹방 아이템으로 자리 잡으면서 해외에서 인기를 끌기 시작했다. 삼양식품의 라면 부문 수출액은 2016년 916억 원에서 2024년 1조 3,064억 원까지 증가. 수출이 늘어나기 전까지 2만 원 내외에 불과했던 삼양식품 주가는 2025년 9월 한때 166만 5,000원까지 치솟았다. BTS, 블랙핑크 등 K팝 아이돌의 영향력 확대 및 케이팝 데몬 헌터스 등 K콘텐츠의 흥행으로 이들을 통해 직간접적으로 노출되는 K푸드에 대한 관심도 덩달아 커져가는 상황이다. 이 같은 분위기에 편승해 현지화 전략을 쓰는 기업들을 주목할 필요가 있다.

영화 〈기생충〉이 흥행을 거두면서 덩달아 관심을 받은 '짜빠구리'를 기점으로 농심 역시 라면 수출을 확대하고 있다. CJ제일제당은 '비비고' 브랜드와 현지 인수 기업인 슈완스를 통해 미국 시장을 공략하고 있다. 제2의 오리온, 삼양식품이 누가 될 수 있을지 투자자는 관심을 가져야 할 것이다. 라면, 분유 등 주요 수출 품목은 무역협회에서 월별 수출 실적을 꾸준히 발표하고 있으니, 투자자는 꼭 참고할 필요가 있다.

한편 미국 현지에 생산시설을 갖추고 있는 업체를 주목할 필요가 있다. 한미 관세 협상 타결로 가공식품의 대미 관세율은 15%로 책정했다. 따라서 미국 소비자들의 가격 부담이 불가피하다. CJ제일제당·농심·풀무원 등은 이미 현지 생산 거점을 보유하고 있어 관세 영향을 사실상 받지 않는 구조로 평가된다.

업체	공장 지역	투자 금액	완공/가동 시기	투자 목표 및 세부 내용
삼양 식품	밀양	1,590억원	2025년 5월 가동	라면 연 CAPA 19.3억개 → 26.2억개 (2026)
	밀양 (제2공장)	1,643억원	2025년 6월 준공	라면 연 CAPA +6.8억개 (6개 라인의 수출 전용 공장)
	중국	2,014억원	2027년 1월 완 공	라면 연 CAPA +8.2억개
농심	녹산	1,918억원	2026년 하반기 완공	라면 연 CAPA +5억개, 유럽 수출용 제품 생산 목표
CJ제일 제당	미국	7,000억원	2027년	만두 및 에그롤 생산라인
	헝가리	1,000억원	2026년	비비고 브랜드 현지 생산라인
	일본 지바현	1,000억원	2025년 9월 가동	비비고 만두 현지 생산라인
풀무원	미국	1,000억원	2025년 하반기	두부 신규라인 증설, 연 CAPA +20%
오리온	베트남 하노이	1,300억원	2026년 완공, 2027년 가동	쌀 스낵 라인 증설, 연 CAPA +20%
	러시아 트베리	2,400억원	2027년 완공 목표	파이, 비스킷, 스낵, 젤리 등 16개 생 산라인 증설, 연 CAPA +2배
	진천	2,228억원	2027년 완공 목표	물류센터, 창고 투자, 미국향 수출 대응
롯데 웰푸드	인도 푸네	700억 원	2025년 1분기 가동	빙과 연 CAPA +2.5배
	인도 하리아나	330억원	2025년 하반기 가동	초코파이 자동화 라인 및 빼빼로 1개 라인 구축
	인도 마나	80억원	2025년 내 증설 예정	빙과 신규라인 5개 증설

출처: 유안타증권

음식료 산업 투자 지표

실적 및 투자 지표: 2025년 3분기 연환산 기준
시가총액: 2025년 12월 23일 기준

단위: 억 원

종목코드	종목명	매출액	영업이익	순이익	PER	시가총액
033780	KT&G	64,223	13,132	11,435	15.0	171,420
003230	삼양식품	21,930	4,726	3,699	25.8	95,443
271560	오리온	32,697	5,504	5,299	7.9	41,869
097950	CJ제일제당	293,753	14,179	596	53.2	31,689
026960	동서	5,274	483	1,437	20.2	28,963
004370	농심	34,870	1,710	1,640	16.1	26,429
140410	메지온	77	−157	−219	−113.1	24,747
006040	동원산업	94,848	5,387	3,015	6.3	18,962
007310	오뚜기	36,705	1,816	1,011	15.4	15,550
000080	하이트진로	25,559	2,029	870	15.3	13,304
005300	롯데칠성	40,001	1,884	696	18.1	12,629
280360	롯데웰푸드	41,667	1,004	650	16.9	10,989
001680	대상	43,965	1,823	833	8.9	7,449
005180	빙그레	14,883	998	804	9.1	7,348
145990	삼양사	26,041	1,128	1,094	4.7	5,167
017810	풀무원	33,387	949	270	18.3	4,952
005610	SPC삼립	34,041	628	323	14.3	4,617
001390	KG케미칼	89,385	3,515	771	5.0	3,846
003960	사조대림	34,786	888	547	6.3	3,464
025860	남해화학	15,997	531	357	9.4	3,363

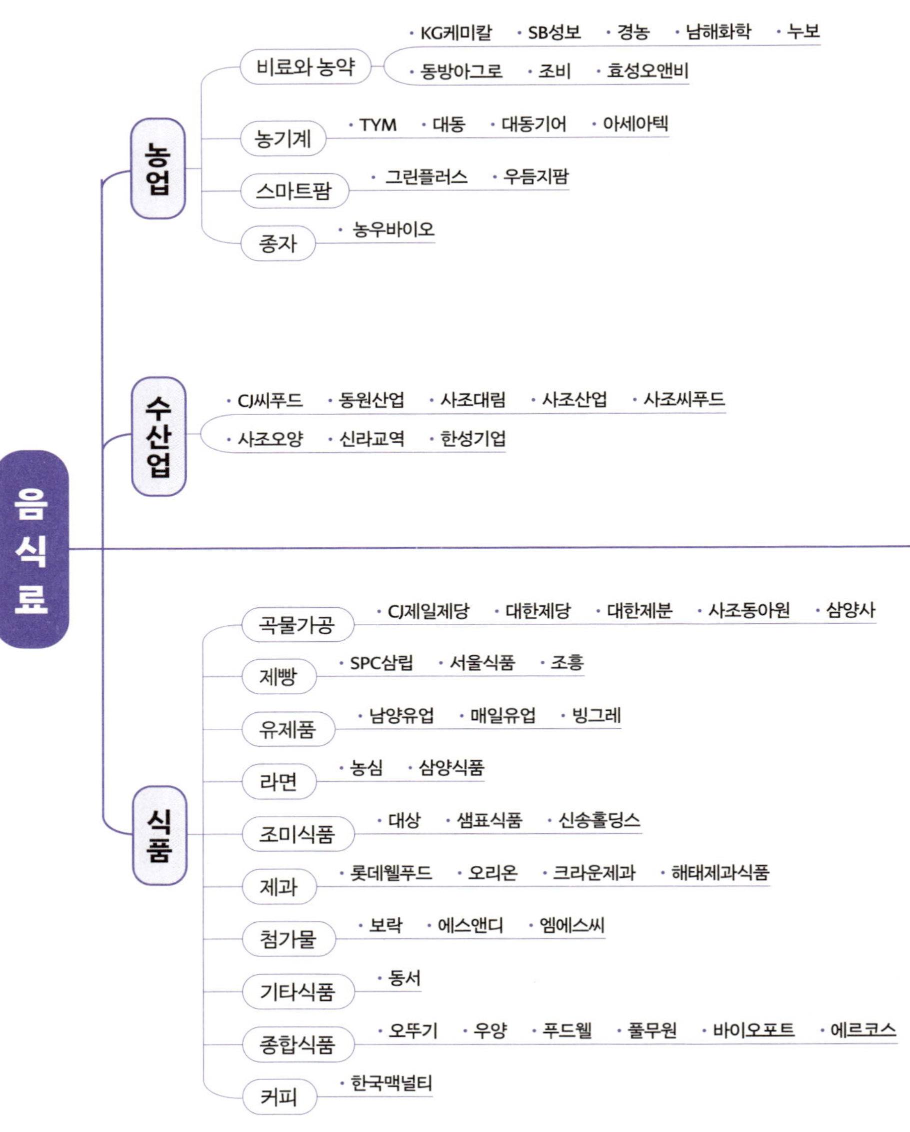
음식료

농업

비료와 농약
· KG케미칼 · SB성보 · 경농 · 남해화학 · 누보
· 동방아그로 · 조비 · 효성오앤비

농기계
· TYM · 대동 · 대동기어 · 아세아텍

스마트팜
· 그린플러스 · 우듬지팜

종자
· 농우바이오

수산업
· CJ씨푸드 · 동원산업 · 사조대림 · 사조산업 · 사조씨푸드
· 사조오양 · 신라교역 · 한성기업

식품

곡물가공
· CJ제일제당 · 대한제당 · 대한제분 · 사조동아원 · 삼양사

제빵
· SPC삼립 · 서울식품 · 조흥

유제품
· 남양유업 · 매일유업 · 빙그레

라면
· 농심 · 삼양식품

조미식품
· 대상 · 샘표식품 · 신송홀딩스

제과
· 롯데웰푸드 · 오리온 · 크라운제과 · 해태제과식품

첨가물
· 보락 · 에스앤디 · 엠에스씨

기타식품
· 동서

종합식품
· 오뚜기 · 우양 · 푸드웰 · 풀무원 · 바이오포트 · 에르코스

커피
· 한국맥널티

담배
· KT&G

음료와 주류
주정 · MH에탄올 · 진로발효 · 창해에탄올 · 풍국주정 · 한국알콜
주류 · 국순당 · 무학 · 보해양조 · 하이트진로
용기 · 금비 · 삼화왕관
음료 · 네이처셀 · 롯데칠성 · 흥국에프엔비

축산업
사료 · 고려산업 · 대주산업 · 메지온 · 미래생명자원 · 우성
· 케이씨피드 · 한일사료
닭 · 동우팜투테이블 · 마니커 · 마니커에프앤지 · 체리부로 · 하림
돼지 · 우리손에프앤지 · 윙입푸드
계열화 · 선진 · 이지바이오 · 팜스코 · 팜스토리
오리 · 정다운
유통 · 미트박스

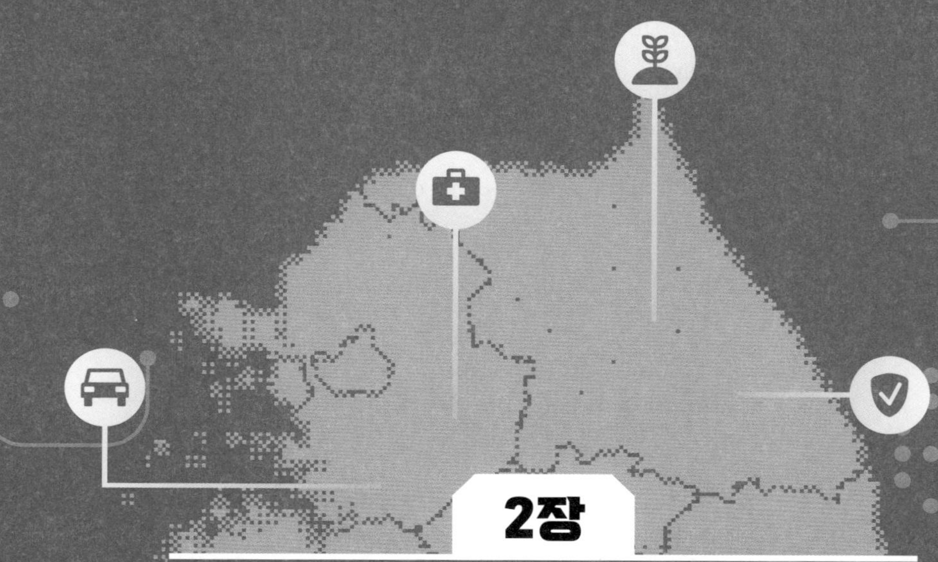
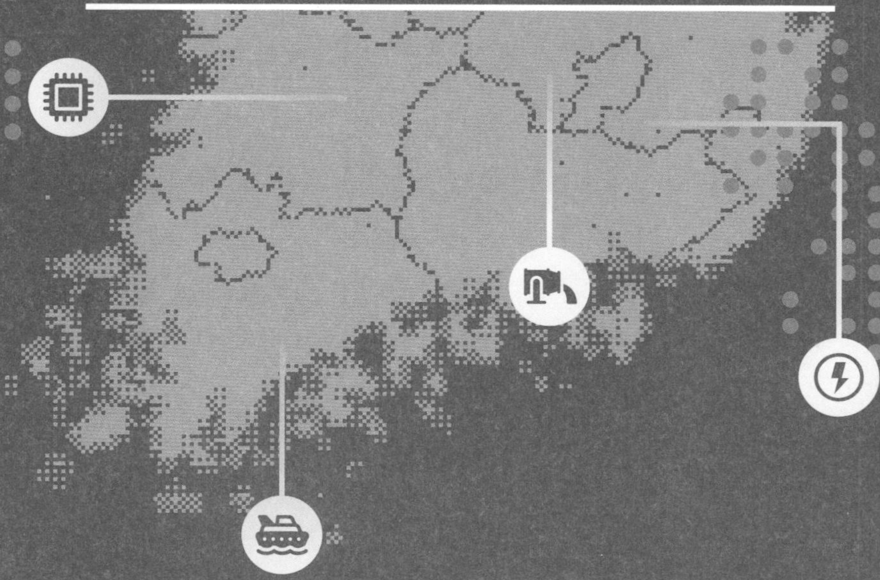

기초 소재와 산업재

정유와 화학

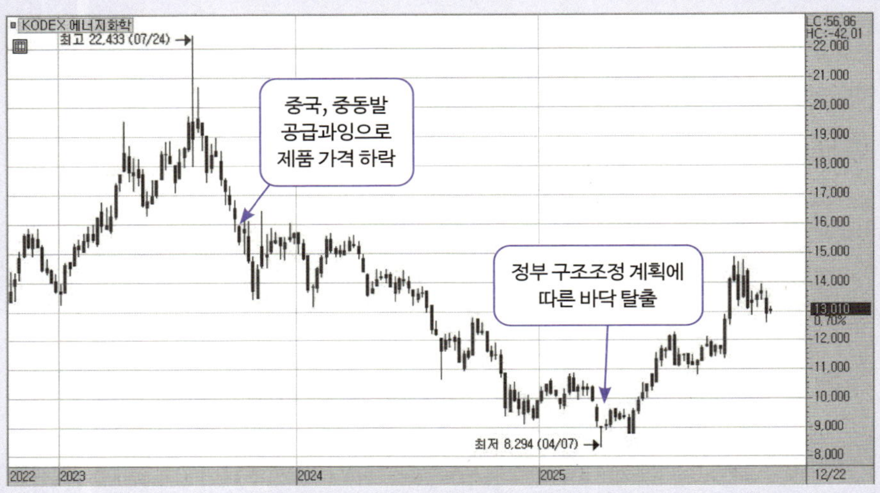

우리 몸의 70%는 수분으로 이루어져 있다. 그렇다면 우리가 걸치고 있는 것의 대부분은 무엇으로 이루어져 있을까? 바로 석유화학 제품이다. 스마트폰, 의류, 신발, 가방, 지갑 심지어 신용카드까지 우리가 사용하는 품목에 석유화학 제품이 아닌 게 거의 없을 정도다. 정유와 화학 산업에 속한 기업은 총 78곳으로 주식 시장에서 차지하는 비중은 2.3%다. 정유와 화학 산업은 크게 정유와 화학 섹터로 구분된다. 땅속이나 해저에서 시추한 원유를 정제하고 분별하는 영역을 정유, 이를 통해 나온 나프타를 통해 다양한 파생 제품을 만드는 영역을 화학으로 볼 수 있다.

화학 업종은 지난 3년간 중국발 공급과잉으로 몸살을 앓았다. 2020년 초반부터 중국은 석유화학 자급률 확대 정책을 추진, 2024년까지 에틸렌 신규 설비를 1,000만 톤 이상 증설

했다. 이는 한국의 전체 설비와 맞먹는 규모다. 엎친 데 덮친 격으로 사우디, 카타르 등 중동 지역에서도 저가 에탄, 가스 기반의 NCC 설비를 늘리며 본격적인 글로벌 공급 과잉 시대가 도래했다. 이에 따라 에틸렌, 프로필렌 등 대표 석유화학 제품 가격이 곤두박질치며 관련 기업들의 수익성도 크게 하락했다. 결국 롯데케미칼, 대한유화 등 국내 대표 NCC 업체들의 가동률도 60~70%대로 급락했다. 화학 업종이 증시에서 장기간 소외된 이유다. 이에 정부는 석유화학 업종 구조조정 로드맵을 발표했고 일부 기업들 간 합종연횡이 현실화되는 분위기다.

정유와 화학

1. 정유와 화학 산업의 개요와 특징

정유와 화학 산업은 에너지와 소재 공급을 책임지는 국가 기간산업이자, 전방위 산업군에 원재료를 공급하는 핵심 산업이다. 석유화학 제품은 플라스틱, 섬유, 고무, 접착제 등 우리 일상에 필수적인 재료이자 '산업의 쌀'로 불릴 만큼 기초소재로서의 위상을 지닌다.

한국석유화학협회에 따르면 2024년 한국의 에틸렌^{Ethylene} 생산능력은 약 1,295만 톤으로 세계 5위 수준이다. 이는 2020년대 초반까지만 해도 미국과 1, 2위를 다투던 것과 비교하면 큰 변화다. 세계 1위는 막대한 내수 시장과 정부 지원을 바탕으로 공급을 폭발적으로 확대한 중국이 차지했으며, 2위는 셰일가스를 기반으로 한 미국, 3위는 사우디아라비아다. 한국은 비록 산유국이 아니지만, 1970년대부터 정부 주도의 산업화 전략을 통해 여수·울산·대산 등 석유화학 클러스터를 구축하고 글로벌 탑티어 생산 국가로 성장했다.

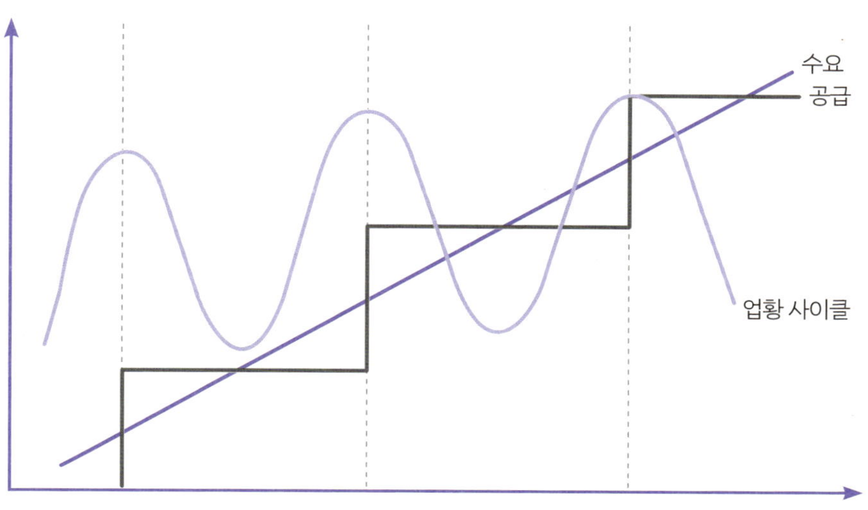

출처: 대신증권

산업 측면에서 보면 정유업은 원유를 정제해 휘발유, 경유, 등유 등 연료를 생산하는 분야, 석유 화학은 정유 공정에서 나오는 나프타^{Naphtha} 등을 원료로 합성수지, 합섬원료, 합성고무 등 기초유분과 정밀화학 제품을 생산하는 분야다. 특히 석유화학 산업은 전형적인 장치 산업이자 경기 민감 산업(시클리컬)이다. 필수적인 제품을 다루는 산업임에도 불구하고 실적 변동성이 큰 이유는 산업의 구조적 특성 때문이다. 대규모 장치산업인 이 분야는 수요 증가 시 공급 부족 현상이 발생하며 기업들이 일제히 증설에 나선다. 하지만 시설 투자에는 막대한 비용(5조 원 이상)과 시간이 들기 때문에 증설이 완료될 즈음에는 경기 하락으로 인해 수요가 줄고, 결국 공급 과잉이 나타난다. 이로 인해 제품 가격은 하락하고, 기업 수익성은 급격히 저하된다.

정리하면 정유와 화학 산업은 다음과 같은 사이클을 반복한다. '경기 확장 → 수요 증가 → 제품 가격 상승 및 업황 호조 → 기업들의 증설 → 경기 둔화

→수요 감소 →공급 과잉 →가격 하락 및 업황 악화'. 따라서 화학 산업에 투자할 경우에는 업황이 침체될 때 진입하고, 호황이 정점에 이르렀을 때 이익 실현을 하는 전략이 요구된다.

2025년 현재, 한국 정유·화학 산업은 수익성 회복과 미래 친환경 전환이라는 두 축을 동시에 추진하고 있다. 정유사는 석유제품 수요 감소에 대비해 항공유, 윤활유, 석유화학 제품 등 고수익 비중을 높이고 있으며, 일부 기업은 수소·암모니아 연료, 바이오 납사, 폐플라스틱 열분해유 등으로 친환경 포트폴리오를 확장 중이다. 석유화학 기업은 기초유분 중심의 범용제품에서 벗어나 정밀화학, 특수소재, 배터리 소재 등 고부가 제품으로 이동하고 있다.

대표적인 변화의 예로, LG화학은 배터리 소재(양극재), 생분해성 플라스틱^{PLA}, 탄소포집^{CCUS} 등의 신규 사업에 대규모 투자를 진행 중이며, 롯데케미칼은 2030년까지 그린 사업 매출 비중 50% 달성을 목표로 수소·전기차 소재·ESS 등으로 다각화를 추진 중이다. 한화솔루션, SK 지오센트릭 등도 리사이클링, 수소경제, 화학 폐기물 저감 등의 테마에 맞추어 사업 재편을 가속화하고 있다.

2. 정유와 화학 산업의 밸류 체인

정유 공정은 크게 세 단계로 구성된다. 끓는점을 기준으로 원유를 분리하는 '분별 증류', 품질을 향상시키는 '정제', 그리고 각종 유분을 섞고 첨가제를 넣는 '배합' 과정이 그것이다. 이 과정을 통해 끓는점이 낮은 순서대로 LPG, 휘발유, 나프타(또는 납사), 항공유, 등유, 경유, 중유, 아스팔트 순으로 분리된다.

LPG, 휘발유, 경유 등은 각종 산업현장이나 운송 수단의 주요 원료로 사용된다. 나프타는 석유화학 산업의 핵심 원료로, 이를 분해하는 설비인

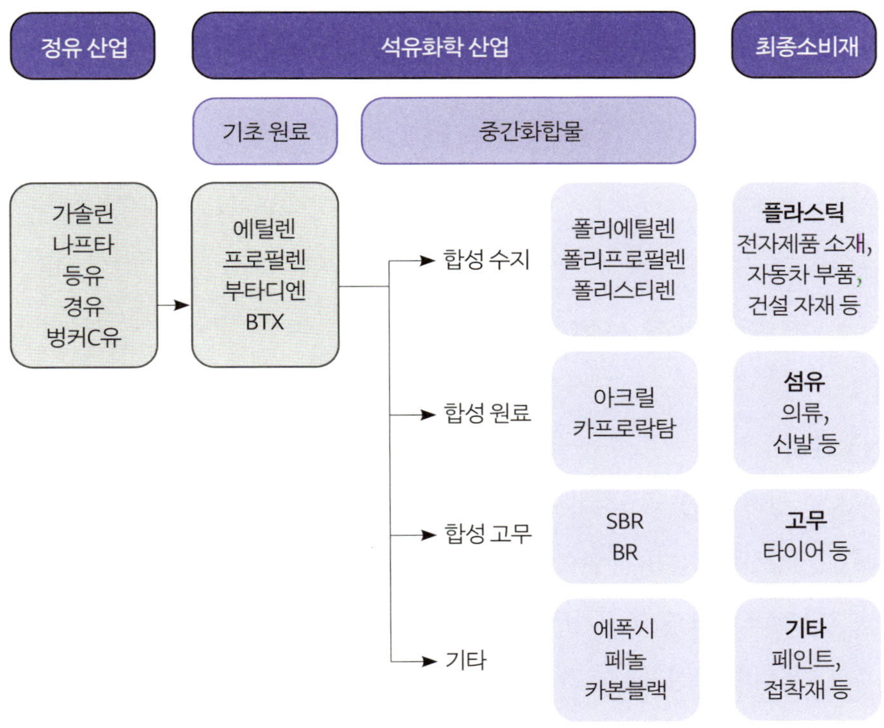

NCC^{Naphtha Cracking Center}를 통해 기초유분을 생산한다. NCC에서 생산되는 기초유분은 에틸렌, 프로필렌, C4유분(부타디엔 원료), RPG(벤젠·톨루 엔·자일렌 원료) 등이다. 2024년 기준 생산 비중은 에틸렌 31%, 프로필렌 16%, C4유분 10%, RPG 14%, 기타 제품(LPG, 수소 등) 29%다.

에틸렌과 프로필렌은 생산량이 가장 많은 기초유분으로, 이를 통해 합성수지(폴리에틸렌, 폴리프로필렌 등), 합섬원료(아크릴, 카프로락탐 등), 합성고무(SBR, BR 등) 등이 제조된다. C4유분에서 추출되는 부타디엔은 주로 타이어용 고무 소재로 쓰이며, RPG에서 생산되는 BTX(벤젠, 톨루엔, 자일렌)는 페인트, 플라스틱 등 다양한 중간 및 최종 제품의 원료로 활용된다.

정유에서 시작된 화학 산업 밸류 체인은 원유 → 나프타 → 기초유분 → 중간 원료 → 최종제품(수지, 고무, 섬유 등)으로 이어지며, 밸류 체인상 어느 단계에 있는 기업이냐에 따라 수익성 및 시장 리스크가 달라진다. 원재료 가격과 제품 가격 간의 스프레드가 수익을 결정짓는 핵심 요소로 작용하기 때문에 기업의 포지션과 가격 흐름에 대한 철저한 분석이 필요하다.

3. 정유와 화학 산업의 투자 포인트

1) 가격

정유와 화학 산업은 성숙기에 진입한 지 오래이며, 글로벌 경제 흐름과 유사하게 성장한다. 따라서 수요와 공급의 불일치에서 발생하는 가격 변동이 무엇보다 중요한 투자 포인트다. 먼저 정유 기업과 화학 기업을 구분해서 볼 필요가 있다. 정유 기업은 국제 유가가 오르는 구간에서 수익성이 개선된다. 정유 기업은 원유를 들여와 정제 과정을 거친 후 생성된 제품을 판매하는데, 시세는 국제 유가와 연동된다. 통상 원재료를 매입해 정체 후 되팔기까지 2개월가량의 시간이 소요된다. 이 기간에 유가가 배럴당 50달러에서 100달러까지 올랐다고 가정하면, 정유 기업 입장에서는 50달러에 매입한 원유가 100달러까지 올랐으니 가만히 앉아서 돈을 벌게 된 것이다. 이를 래깅^{Lagging} 효과라고 한다.

물론 국제 유가의 방향성만 정유사 수익에 영향을 주는 것은 아니다. 정유 기업은 원유를 정제하는 대가로 석유에 정제마진을 붙여 판매한다. 정제마진은 석유 제품 수요가 많고 적음에 따라 결정되니 결국 업황을 반영한다고 볼 수 있다. 통상 정제마진과 국제 유가의 방향은 같이 움직일 때가 많다.

화학 기업은 정유 기업과 다소 반대의 모습을 보인다. 국제 유가가 오르면 원재료인 나프타 가격도 오를 수 있기 때문이다. 물론 기초유분, 중간 제품 등도 함께 오르면 상관없지만, 그렇지 않다면 제품 가격과 원재료 가격의 스프레드가 축소되어 이익이 감소한다. 가장 이상적인 시나리오는 국제 유가가 하락한 상황에서 경기 회복으로 석유화학 제품 수요가 늘어나 가격이 상승하는 상황이다.

화학 밸류 체인은 기초유분-중간 제품-합성수지 등으로 이어지기 때문에 기업마다 상이한 업황을 보인다. 최종 수요처에 따라 에틸렌 업황은 좋지만, 프로필렌 업황은 부진할 수도 있다. 따라서 투자자는 자신이 투자하는 기업이 어느 밸류 체인에 속해 있는지, 원재료는 무엇이고 제품은 무엇인지 확인해야 한다.

2) 경쟁사들의 증설

앞서 정유와 화학 산업은 경기 사이클을 두고 수요와 공급의 불일치가 주기적으로 발생한다고 했다. 전 세계적으로 화학 제품 수요는 글로벌 GDP 성장률과 유사하게 증가하므로, 결국 주요 플레이어들의 공급, 즉 글로벌 화학 기업들의 '증설'이 화학 산업 시황을 결정짓는 가장 중요한 변수다. 2025년 11월 기준 한국 화학 산업은 2022년 이후 장기간 이어진 역사적인 침체 사이클을 겪고 있으며, 이는 공급 과잉 장기화가 가장 큰 문제로 지목된다.

이 공급 과잉의 근본적인 원인은 글로벌 전체 화학 제품 수요의 절반 이상을 차지하는 중국의 무분별한 증설 사이클에 있다. 중국은 자급률을 높이기 위해 2022년부터 대규모 증설을 단행했으며, 이 물량이 2025년을 넘어 2027년까지도 지속적으로 시장에 풀릴 것으로 전망된다. 중국발 공급 쇼크에 대응해 유럽과 아시아의 화학업체들은 이미 설비 폐쇄 등 자체 감산에 돌입한 상황이다.

이에 따라 한국의 화학 산업은 이 다운사이클 장기화와 공급 과잉 문제 해소를 위해, 과거와 같은 '버티기'가 아닌 생산 설비 축소라는 직접적인 '구조조정'을 추진하고 있다. 2025년 11월 업계와 정부 주도하에 '사업 재편 자율협약'이 진행 중이며, 이는 국내 NCC(나프타 분해 설비) 설비 중 약 270만 톤에서 최대 370만 톤 규모의 설비 감축을 포함한다. 이 구조조정은 크게 '수평 통합'(동일 공정 기업 간 통합으로 설비 합리화)과 '수직 통합'(정유-화학 간 밸류 체인 통합) 방식으로 논의된다. 특히 원료를 수입에 의존하는 국내 현실상 원가 개선 효과가 더 큰 수직 통합이 강력한 대안으로 거론된다.

이처럼 정유 기업이나 화학 기업들은 사이클에 따라 실적의 등락이 발생하고 기업의 주가 역시 궤를 같이하므로, 투자 관점에서는 장기 투자보다는 사이클 하단에서 매수하고 상단에서 매도하는 전략이 유효하다. 만약 현재 진행 중인 감축 계획이 성공적으로 이행된다면, 2027년경 한국 석유화학 산업의 에틸렌 가동률은 86~93% 수준으로 회복되어 수익성 회복이 가능할 것이라는 게 시장의 전망이다.

3) 사업 포트폴리오 다변화

2025년 11월 기준 석유화학 산업이 겪는 불황은 단순한 경기 순환을 넘어선 '구조적 위기'다. 투자자들이 주목해야 할 점은 중국의 위협이 과거와 질적으로 달라졌다는 것이다. 중국은 저가 범용 제품의 물량 공세를 넘어, 스페셜티 화학 제품으로 포트폴리오를 빠르게 전환하는 기조를 보이고 있다. 이에 따라 한국 업체들은 중국의 진입에 대한 시간적 격차를 벌리기 위해, 기존 석유화학 밸류 체인 내에서도 기술적 우위가 확실한 더 높은 수준의 고부가 특수 제품 비중을 높여야 하는 과제에 직면했다.

동시에, 전기차 침투율 증가는 필연적으로 석유 수요 감소와 나프타^{Naphtha} 공급 과잉의 위협을 초래한다. 이러한 '탈^脫석유' 시대의 생존을 위해, 국내 화학 기업들은 원료의 근본적인 전환을 모색하고 있다.

이러한 전략적 이동은 크게 두 가지 방향으로 나타난다. 첫째는 기존 석유화학 기반에서 벗어나 고부가가치 소재 기업으로 변신하는 것이다. LG화학이 범용 석유화학 부문의 비중을 줄이고 고부가가치 소재인 2차전지 소재(양극재)를 그룹의 핵심으로 삼은 것이 대표적이다. SK케미칼 역시 바이오 폴리올이나 화학적 재활용 PET⌐-PET 등 친환경 스페셜티 포트폴리오를 확대하며 체질 개선에 나서고 있다.

둘째는 아예 원료 자체를 '비非석유계'에서 찾는 전략이다. 롯데정밀화학은 고마진 사업인 식·의약용 셀룰로스 설비를 연 1.2만 톤에서 1.8만 톤으로 증설하며 비석유계 포트폴리오를 강화하고 있다. 유니드 역시 석유가 아닌 염화칼륨을 원재료로 수산화칼륨 및 탄산칼륨 등 무기화학 제품을 생산해, 석유 수요 변화와 원가 변동성으로부터 비교적 자유로운 사업 구조를 확보했다.

정유와 화학 산업 투자 지표

실적 및 투자 지표: 2025년 3분기 연환산 기준
시가총액: 2025년 12월 23일 기준

단위: 억 원

종목코드	종목명	매출액	영업이익	순이익	PER	시가총액
051910	LG화학	472,328	−3,162	−14,779	−16.5	243,544
096770	SK이노베이션	803,921	−4,274	−21,070	−8.5	179,365
010950	S-Oil	343,715	861	−1,799	−52.8	95,020
078930	GS	251,401	27,648	5,696	9.0	51,475
011780	금호석유화학	71,325	2,802	3,509	9.3	32,644
011170	롯데케미칼	191,007	−7,228	−17,817	−1.8	31,739
120110	코오롱인더	49,690	1,349	966	13.2	12,714
004000	롯데정밀화학	17,422	672	604	20.2	12,178
285130	SK케미칼	22,590	100	851	14.3	12,161
298020	효성티앤씨	78,293	2,492	643	16.1	10,343
006650	대한유화	32,104	191	544	17.7	9,620
003240	태광산업	19,038	−687	1,602	5.4	8,651
298050	HS효성첨단소재	33,021	1,719	−67	−129.0	8,606
069260	TKG휴켐스	11,631	692	691	11.6	8,033
268280	미원에스씨	5,324	686	597	12.2	7,280
002960	한국쉘석유	3,428	519	407	14.9	6,078
005420	코스모화학	6,800	−157	−633	−9.4	5,969
161000	애경케미칼	14,629	−69	108	45.4	4,914
014830	유니드	12,679	928	705	6.6	4,676
128820	대성산업	15,160	187	−88	−50.1	4,438

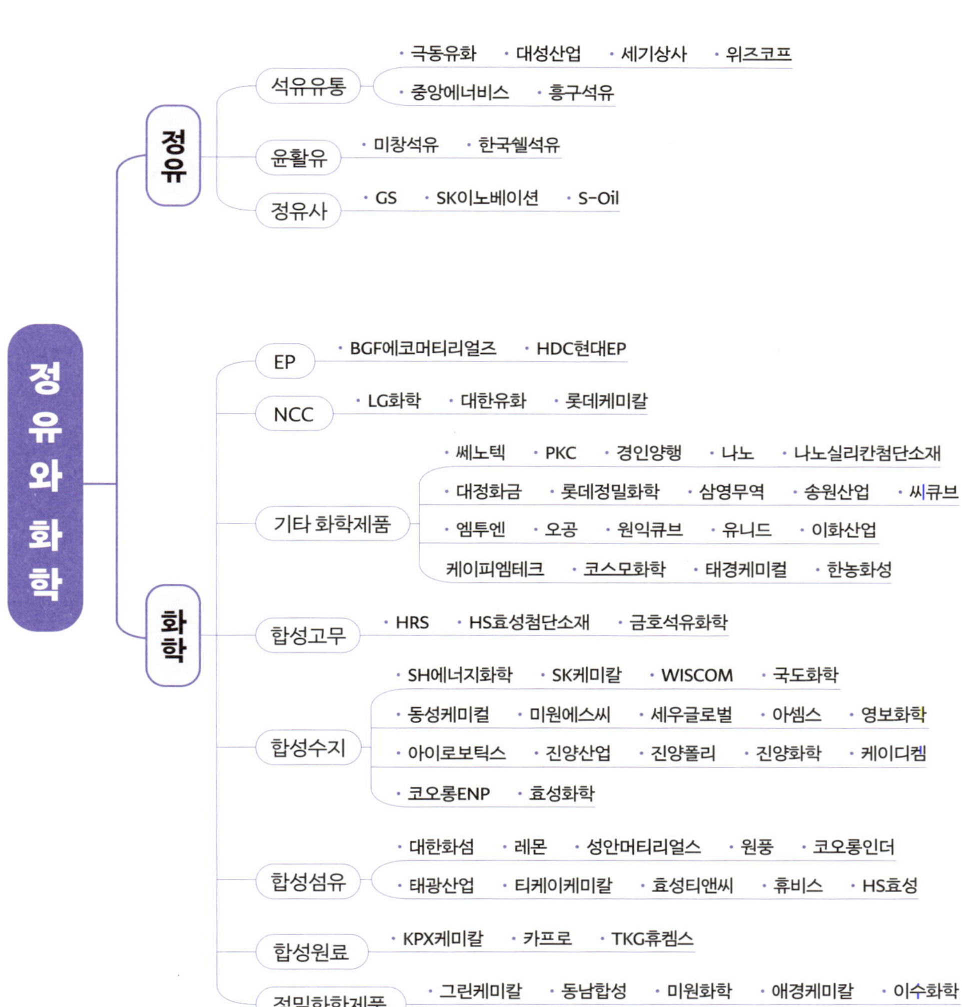

정유와 화학

정유
석유유통 · 극동유화 · 대성산업 · 세기상사 · 위즈코프 · 중앙에너비스 · 흥구석유
윤활유 · 미창석유 · 한국쉘석유
정유사 · GS · SK이노베이션 · S-Oil

화학
EP · BGF에코머티리얼즈 · HDC현대EP
NCC · LG화학 · 대한유화 · 롯데케미칼
기타 화학제품 · 쎄노텍 · PKC · 경인양행 · 나노 · 나노실리칸첨단소재 · 대정화금 · 롯데정밀화학 · 삼영무역 · 송원산업 · 씨큐브 · 엠투엔 · 오공 · 원익큐브 · 유니드 · 이화산업 · 케이피엠테크 · 코스모화학 · 태경케미컬 · 한농화성
합성고무 · HRS · HS효성첨단소재 · 금호석유화학
합성수지 · SH에너지화학 · SK케미칼 · WISCOM · 국도화학 · 동성케미컬 · 미원에스씨 · 세우글로벌 · 아셈스 · 영보화학 · 아이로보틱스 · 진양산업 · 진양폴리 · 진양화학 · 케이디켐 · 코오롱ENP · 효성화학
합성섬유 · 대한화섬 · 레몬 · 성안머티리얼스 · 원풍 · 코오롱인더 · 태광산업 · 티케이케미칼 · 효성티앤씨 · 휴비스 · HS효성
합성원료 · KPX케미칼 · 카프로 · TKG휴켐스
정밀화학제품 · 그린케미칼 · 동남합성 · 미원화학 · 애경케미칼 · 이수화학

철강과 광물

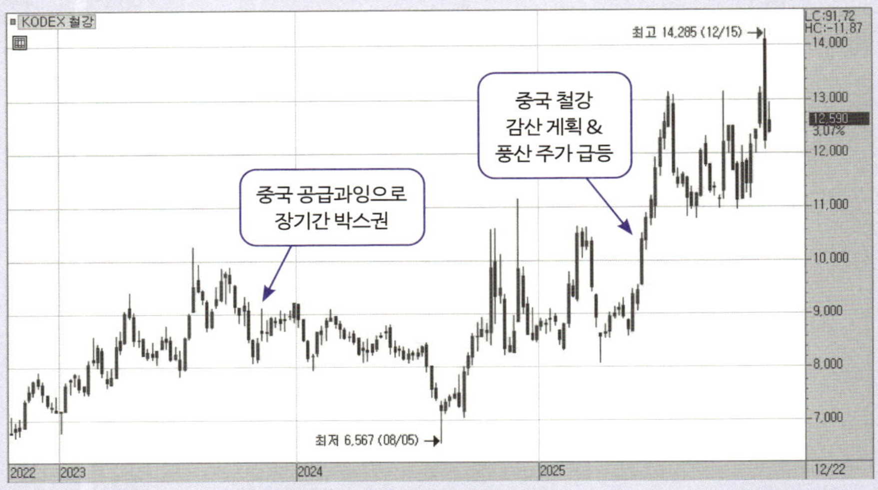

금속은 단단하고 광택이 있으며 열과 전기가 잘 통하는 물질이다. 금속은 일반적으로 철과 철이 아닌 금속(비철금속)으로 구분한다. 철은 전자기기, 조선, 건설, 가전, 기계, 전선 등 우리 생활에서 안 쓰이는 곳이 없다. 철 외에도 중요한 금속이 있다. 구리, 알루미늄, 아연 등이 대표적이다. 철만큼은 아니지만 다양한 산업에서 핵심 소재로 두루 사용되고 있다. 최근에는 전기차 시장이 급격히 성장하면서 투자 관점에서는 철보다는 리튬, 니켈 등 비철금속이 더 중요해지고 있다. 철강과 광물 산업에 속한 기업은 총 94곳으로 주식 시장에서 차지하는 비중은 2.3%다.

철강 산업은 코로나 이후 리오프닝에 따른 건설 경기 활성화 기대감이 있었지만 중국의 부동산 침체의 직격탄을 맞았다. 이 가운데 중국발 공급과잉이 지속되며 철광석 가격

은 지속적으로 하락했다. 국내 여건도 녹록지 않았는데, 철강 수요에 중요한 부분을 차지하는 건설 경기 부진으로 철근과 형강 수요가 위축되었다. 다만 비철금속 중 구리는 상반되는 흐름을 보였는데, 2024년 5월 한때 구리 가격이 톤당 1만 달러를 돌파하며 견조한 상승세를 보였다. 구리 제품 생산 기업인 풍산은 방산 특수까지 더해 주가가 급등하기도 했다. 2025년 들어 장기간 침체 상태에 놓여있던 철강업계에 단비 같은 소식이 전해졌다. 그간 공급과잉의 주범이었던 중국이 정부 주도로 철강업계의 구조조정 및 감산을 추진한다고 밝혔기 때문이다. 이 가운데 국내 조선업이 호황을 맞으며 후판 가격이 인상되는 등의 호재도 발생했다.

철강

1. 철강 산업의 개요

철강 산업은 막대한 자본이 투입되는 대표적인 장치 산업이다. 특히 철광석을 녹여 쇳물을 만드는 고로^{高爐} 기반의 제강 공정은 설비 투입과 운용의 연속성이 요구되는 구조다. 예컨대 국내 대표 제강사인 POSCO홀딩스의 연간 설비 투자^{CAPEX}는 연결 기준 수조 원에 이른다. 이는 산업 진입장벽을 높이는 요소로 작용하며, 사실상 소수의 대형 기업만이 철강 산업을 주도하는 배경이다.

고로는 한 번 가동을 시작하면 15~20년간 멈추지 않고 연속 운전해야 한다. 설비를 중단하면 내부 쇳물이 굳어 고로 자체가 사용할 수 없게 되며, 재가동까지는 최소 3~6개월이 소요된다. 즉 철강사는 수요가 줄어드는 시기에도 가동을 멈출 수 없어, 결과적으로 수요-공급 불균형에 따른 가격 변동성이 매우 큰 산업으로 분류된다.

전 세계 철강 산업은 성숙기에 접어들며 세계 경제 성장률과 유사한 흐름을 보이고 있다. 세계철강협회^{World Steel Association}에 따르면, 글로벌 조강 생산량은 2021년 약 19억 6,000만 톤으로 정점을 찍은 이후 하락세로 전환해, 2024년에는 약 18억 8,000만 톤 수준을 기록했다. 이는 세계 최대 철강 생산 및 소비국인 중국의 건설 경기 침체가 장기화되면서 철강 수요가 크게 위축되었기 때문이다.

2024년 말 기준 국가별 조강 생산량 점유율은 중국이 54.1%로 압도적인 1위이며, 그 뒤를 이어 인도(7.5%)가 일본(4.5%)을 제치고 2위로 부상했다. 다음으로 미국(4.4%), 러시아(3.9%), 우리나라(3.4%) 순이다. 이러한 공급 과잉과 수요 침체에 대응하기 위해, 2025년 중국 정부는 "무질서한 저가 경쟁 통제, 낙후 설비 퇴출"을 강조하며 감산 정책을 추진하고 있다. 특히 2026년부터 시작되는 '15차 5개년 계획'에 맞추어, 단순 감산이 아닌 '설비 치환 정책(선^先

글로벌 조강 생산량 추이

출처: Statista

감축·후後증설)'을 강화하며 장기적인 영구 감산을 유도하고 있어, 글로벌 공급 망의 구조적 변화가 시작되고 있다.

2. 철강 산업의 밸류 체인

철강 제품을 만드는 과정은 원재료에 따라 철광석을 녹여 철강 제품을 만드는 일관제철과 고철을 재활용하는 전기로제강으로 나뉜다. 일관제철은 철광석을 녹이기 위해 고로를 사용한다. 고로는 1,500℃의 쇳물을 다루는 용광로로 고온의 대형 압력용기라고 볼 수 있다. 높이가 약 100m에 달하는 고로 속에 철광석, 코크스Cokes, 석회석을 함께 넣고 열을 가하면 코크스가 연소하면서 나오는 일산화탄소에 의해 철광석이 녹아 쇳물이 되는데 이를 용선이라고 한다.

이처럼 철광석을 녹여 용선을 만드는 과정을 제선 공정이라고 한다. 용선은 순도가 높지 않아 생석회, 합금철 등을 투입해 불순물을 제거해 주어야 한다. 용강 공정으로 불순물을 제거해 순도가 높아진 쇳물을 주형에 부어 냉각, 응고시켜 반제품을 만든다. 이를 연속주조기 공정이라고 하며 슬래브Slab, 빌릿Billet, 블룸Bloom 등 다양한 반제품이 탄생한다.

빌릿은 기다란 막대기 형태의 반제품이다. 빌릿을 선재압연기를 통해 압연하여 얇고 길게 만들면 선재(코일 형태의 철선 또는 강선)가 된다. 선재는 2차 가공을 거쳐 못, 나사, 철사 등의 제품이 된다.

슬래브는 넓적한 판 모양의 반제품이다. 후판압연기를 거치면 선박의 주요 원재료인 후판이 되며, 연간압연기를 거치면 화장지 형태로 돌돌 말아져 있는 열연코일이 된다. 열연코일은 1,000℃ 이상의 열을 가해 슬래브를 압연한 제품이다. 자동차, 건설, 조선, 산업기계의 소재로 사용된다. 열연코일을 다시

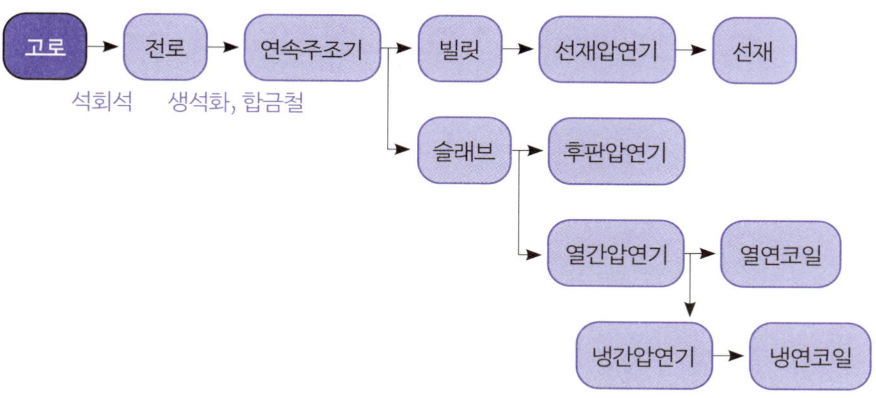

철강 제조 공정(전기로)

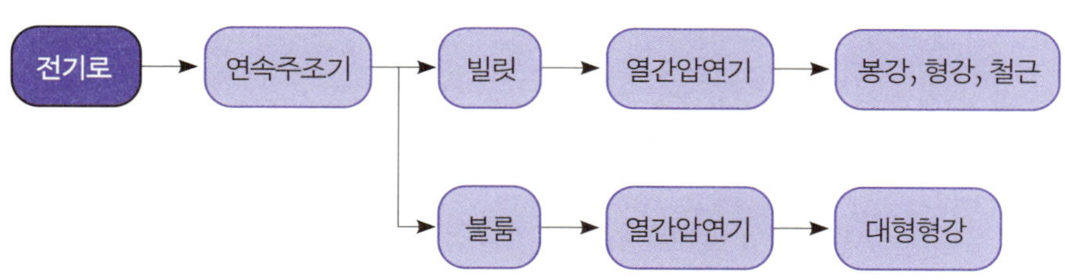

30℃의 저온에서 압연하면 냉연코일이 된다. 냉연코일은 열연코일보다 고급 제품으로 자동차, 가전 등에 사용된다.

전기로제강 공정은 말 그대로 고로가 아닌 전기로를 사용하며, 투입되는 원재료도 철광석이 아닌 고철이다. 고철을 전기로에 넣고 열을 가하면 고철이 녹는다. 철광석이 아니므로 불순물을 제거해 주는 공정은 따로 필요 없다. 이후 과정은 고로와 비슷하다. 연속주조기 공정을 통해 빌릿과 블룸을 생산한다. 블룸은 빌릿처럼 막대기 모양의 반제품이다. 차이가 있다면 크기다. 블룸은 중대형 형강의 소재로 쓰인다. 형강은 특정 단면 형태(ㄱ, ㄷ, I, H, T)로 만

들어진 철강 제품으로 주로 철골 구조용으로 사용된다. 전기로제강 공정을 통해 생산된 빌릿은 열간압연기를 통해 봉강, 형강, 철근 등으로 재탄생한다. 고로와 전기로 모두 비슷한 반제품을 생산하지만 최종 제품이 사용되는 전방 산업에서 차이가 있다. 고로 공정을 통해 생산된 열연코일은 주로 자동차, 가전 등의 산업에서 고품질 철강 제품으로 쓰인다. 반면 전기로제강 공정을 통해 생산된 빌릿과 블룸은 건설, 조선, 산업기계 등에 사용된다.

3. 철강 기업의 투자 포인트

1) 제품 가격과 원재료 가격의 스프레드

철강 기업의 수익성은 제품 가격과 원재료 가격의 스프레드에 의해 결정된다. 제강 기업의 핵심 원재료는 철광석과 고철, 고로를 가열할 때 사용하는 석탄이다. 과거 글로벌 경기가 회복되는 국면에서 철강 제품 수요가 많아지면, 제강 기업들은 원재료 가격 상승분을 시차를 두고 제품 가격에 반영해 수익성을 유지해 왔다.

그러나 글로벌 금융위기 이후 세계 경제 성장률이 둔화되고, 2021년 정점 이후 중국 건설 경기가 침체 국면에 들어서면서 철강 수요가 전반적으로 위축되었다. 글로벌 철강 수요의 약 절반을 차지하던 중국 시장이 약화되자, 철강 기업들은 증가한 생산 비용을 판매 가격에 충분히 반영하지 못하는 상황에 직면했다.

그 결과 산업의 기본적인 가격 전가 메커니즘이 약화되었고, 이는 2022년부터 2025년까지 철강 기업들의 실적 정체와 주가 부진이 장기화되는 구조적 요인으로 작용하고 있다.

2) 중국의 구조적 감산

전 세계적으로 철강 제품 수요는 글로벌 GDP 성장률과 유사하게 증가하므로, 결국 주요 플레이어들의 공급, 특히 중국의 공급 정책이 철강 산업 시황을 결정짓는 가장 중요한 변수다. 2025년 기준 투자자들은 중국이 '구조적 감산'에 성공할 수 있을지에 주목하고 있다.

감산의 첫 번째 배경은 수요의 붕괴다. 세계 최대 철강 생산 및 소비국인 중국의 부동산 경기는 2021년 9월 헝다 Evergrande 의 달러채 이자 지급 불능 선언을 시작으로 비구이위안 Country Garden 등 주요 민영 부동산사의 연쇄 위기에 직면하며 장기 침체에 빠졌다. 가장 큰 철강 수요를 차지하는 건설, 부동산 경기가 위축되자 철강 수요가 크게 무너진 것이다.

두 번째 배경은 중국 정부의 산업 정책 대전환이다. 중국 정부는 '15차 5개년 계획'에 맞추어 설비 치환 정책을 강화하고 있다. 이는 중국 철강 및 비철금속 산업이 국가 전력 사용량의 16.6%를 차지하며, 첨단 산업인 IT 산업(2.3%)에 비해 지나치게 비대한 에너지 비효율 구조를 개선하려는 의도다. 즉, 중국 정부가 반도체, AI 등 첨단 산업 육성을 위해 철강/비철 산업의 구조조정을 통해 전력을 확보해 IT 산업에 배분할 필요성이 제기된 것이다.

이에 따라 대규모의 구조조정이 예상되며, 수요 감소로 인한 과잉 설비 증가로 감축 목표는 더 높아질 수 있다. 이 구조조정의 성공 여부가 향후 글로벌 철강 시황의 반등을 결정할 유일한 열쇠다.

3) 보호무역주의 강화

중국의 경기 침체로 인해 팔리지 않은 저가 철강재가 해외로 밀려 나오자, 전 세계적으로 중국산 저가 철강재에 대한 무역규제가 심화되고 있다. 이는 중국의 수출을 억제해 내부적인 구조조정을 압박하는 핵심 요인으로 작용한다.

국내에서도 2024년과 2025년에 걸쳐 중국산 후판에 대한 잠정 덤핑방지

관세 부과에 이어, 중국·일본산 열연강판에 대해서도 높은 수준의 잠정 덤핑방지 관세율이 부과되었다. 이는 과도한 저가 수입재의 유입을 차단해 국내 시장의 가격 안정화와 국내 철강사의 수익성 개선에 일부 기여할 것으로 기대된다.

4) 신사업 및 고부가가치 제품으로 수익성 추구

이처럼 전통적인 철강 산업이 구조적 한계에 부딪히자, 국내 주요 기업들은 생존을 위해 신사업 및 고부가가치 제품으로의 전환에 사활을 걸고 있다.

현대제철은 미국 조지아주 등 남동부 지역에 전기로 공장 건설을 검토하며 현대차그룹과의 시너지를 꾀하고, 북미 공급망 안정화와 인플레이션 감축법 및 관세 장벽을 회피하는 전략을 추진하고 있다. 또한 고수익 자동차 강판 시장에서의 입지를 강화하며 저탄소 생산체제로의 전환을 꾀하고 있다.

가장 극적인 변신을 시도하는 곳은 POSCO홀딩스다. 기존 철강 사업에서는 자동차강판, 에너지강재 등 고수익 고부가 판재 중심의 포트폴리오를 강화하는 한편, 그룹의 미래를 리튬/니켈 원료 확보부터 양/음극재 생산까지 이어지는 '2차전지 소재' 수직계열화에서 찾고 있다. 이는 철강 기업에서 '친환경 미래 소재 기업'으로의 정체성 변화를 의미하며, 장기적인 성장 동력을 확보하려는 전략이다. 또한 현대제철과 마찬가지로 미국 전기로 투자를 독자적으로 검토하고 있으며 인도 JSW스틸^{JSW Steel}과의 합작을 진행하는 등 북미 및 인도 시장 중심으로 해외 투자를 확대하며 리스크를 분산하고 있다.

특수강관 분야의 강자인 세아제강은 LNG 프로젝트, 해상풍력 하부구조물용 강관, 그리고 수소·CCUS(탄소 포집·활용·저장)용 강관 등 고강도/고내식성 고부가 강관 제품 포트폴리오를 통해 중장기 구조적 성장 모멘텀을 확보하고 있다.

비철금속

1. 비철금속 산업의 개요

비철금속은 말 그대로 철을 제외한 모든 금속을 뜻한다. 철만큼은 아니어도 구리, 아연, 알루미늄, 납은 다양한 산업에 두루 쓰이는데, 이를 4대 비철금속이라 한다. 구리는 인류가 가장 먼저 사용한 금속으로, 청동기 시대를 이끈 장본인이다. 얇게 펴지는 성질이 뛰어나고 강도도 적당해 전선, 파이프, 건축재 등 거의 모든 분야에 사용된다. 이러한 이유로 구리 가격을 경기의 바로미터로 사용하기도 한다. 아연은 철의 부식을 막는 용도로 사용된다. 자동차, 가전제품에 사용되는 아연도금강판이 대표적이다. 알루미늄 역시 잘 부식되지 않는다. 또한 가공이 쉽고 가벼우며 강도도 높다. 이 같은 특성 때문에 알루미늄 새시, 음식료의 내외장재로 사용되기도 한다. 납은 청백색의 푸르스름한 물질이다. 과거 페인트 성분으로 쓰였지만 인체에 유해하다고 알려지면서 현재는 자동차의 축전지로 사용된다.

이름	설명	주요 사용처
구리^{Cu}	· 열 전도율이 높음 · 얇게 잘 늘어나는 성질인 연성이 뛰어남 · 다른 금속을 첨가해 합금으로 사용됨(청동, 황동) · 경기회복을 가장 먼저 반영함	전선, 파이프, 건축재 및 내장재, 소전(동전)의 재료 건설(30%), 장비(31%), 인프라(15%)
아연^{Zn}	· 아연도금을 통해 철의 부식을 방지하는 역할 · 아연도금강판은 자동차, 가전 등에 사용됨	아연도금강판(50%), 놋쇠&청동(17%), 기타 도금(17%) 등
알루미늄^{Al}	· 가볍고 강하며 독성이 없음 · 잘 부식되지 않고 가공이 쉬움 · 전기가 잘 통하고 열 전도도가 큼 · 저온에 강하며 빛과 열을 잘 반사함	음식료 및 담배 내외장재, 알루미늄 새시
납^{Pb} (연)	· 부식에 강하고 전기전도도가 낮음 · 전 세계 납 생산량의 70%는 자동차용 축전지로 사용됨	자동차용 축전지(배터리, 80%), 탄약, 방사선 차폐 시설
니켈^{Ni}	· 철보다 공기 및 습기에 덜 민감해 잘 산화되지 않으며 알칼리에도 잘 침식되지 않음	전기통신재료, 열교환기, 충전용 배터리 등

출처: 각 언론사 취합

4대 비철금속 외에 최근 중요성이 부각되는 금속이 있다. 바로 니켈이다. 니켈은 스테인리스 스틸의 원료로 많이 사용되는 금속이다. 전기차 시대가 도래하면서 최근에는 2차전지의 양극재 소재로 니켈이 많이 쓰이고 있다. 이처럼 최근 사용성이 부각되는 니켈, 주석을 합쳐 6대 비철금속이라 부르기도 한다.

비철금속 산업은 철과 마찬가지로 대규모 설비 투자가 요구되는 장치 산업이다. 비철금속은 자동차, 전기전자, 건설 등 다양한 산업의 기초 소재로 사용되며 글로벌 경기와 산업 수요에 민감하게 반응한다. 또한 런던금속거래소^{London Metal Exchange, LME} 같은 국제 거래소에서 규격화 상품으로 거래되어 투기 수요에도 노출되어 있다. 비철금속의 제품 가격은 국제 거래소 시세를 따르며, 따라서 비철금속 기업의 주가 역시 국제 거래소 금속 가격 등락에 직접적인 영향을 받는다.

비즈니스 리서치 컴퍼니^{Business Research Company} 등에 따르면, 전 세계 비철금속 시장(Processed Non-Ferrous Metals 기준)은 2024년 약 1조 5,239억 달러 규모로 추정되며, 2025년에는 약 1조 5,628억 달러로 성장할 것으로 예상된다. 나아가 2029년에는 1조 8,136억 달러로 연평균 3.8%의 안정적인 성장이 전망된다. 이러한 성장의 배경에는 전기차 보급 확산에 따른 구리, 니켈, 알루미늄 등 배터리 및 경량화 소재 수요 증가, 그리고 AI 데이터센터 및 전력망 인프라 확충, 전 세계 도시화율 상승에 따른 기반 수요가 자리하고 있다.

한국무역협회의 데이터에 따르면, 우리나라의 국가별 비철금속 수출 현황은 중국이 전체의 약 25%를 차지하며 여전히 1위 수출국이다. 뒤를 이어 미국이 인플레이션 감축법 수혜와 전력망 투자 확대로 인해 약 15%까지 비중이 상승하며 2위를 공고히 하고 있다. 인도와 베트남이 그 뒤를 잇고 있다. 중간재 생산이 중심인 국내 기업들은 칠레(구리), 중국, 호주에서 알루미늄, 니켈, 희토류 등 다양한 광물을 수입한다.

비철금속 산업은 대표적인 '시황 민감형 산업'이다. 비철금속은 런던금속거래소에서 규격화된 상품으로 거래되며, 시세 변동이 관련 기업의 주가와 실적에 직접적인 영향을 미친다. 투자자들은 이 가격 변동성이 '수요'와 '공급' 중 어느 쪽에서 기인하는지 명확히 구분해야 한다. 실제로 2024년 한 해 동안 '수요' 측면에서 전기차 수요 둔화(캐즘)와 '공급' 측면에서 인도네시아의 니켈 과잉 생산 우려 등으로 구리·니켈 가격이 조정을 받았다. 그러나 2025년 들어서는 미국 금리 인하 기조와 AI 데이터센터발^發 구리 수요 급증, 중국의 추가 인프라 투자 확대 기대감 등이 복합적으로 작용하며 다시 반등세를 보이고 있다.

2. 비철금속 산업의 밸류 체인

비철금속 산업은 철강 산업과 마찬가지로 자연 상태의 광물을 매입해 제련·정련 과정을 거쳐 순도가 높은 비철금속을 생산 및 가공한 후 전방 시장으로 이어지는 밸류 체인을 갖고 있다. 국내 기준으로 구리는 LS의 자회사 LS MnM(비상장)이 호주, 칠레 등 광산 기업들로부터 구리정광을 수입한 후 제련 과정을 거쳐 순도가 높은 구리 제품인 전기동을 생산한다. 이를 풍산 같은 1차 가공 기업이 매입해 압연, 압출, 단조 등의 가공을 거친 후 신동 제품을 만들어 다양한 전방 산업에 공급하는 구조다.

아연은 영풍그룹에서 생산한다. 고려아연(시장 점유율 50% 내외)과 관계사인 영풍(30% 내외)이 국내 아연 시장의 80%가량을 점유하고 있다. 영풍그룹은 아연정광을 매입한 후 제련·정련부터 1차 가공까지 도맡아 수직계열화를 이루고 있다. 또한 직접 아연도금강판 등 가공품을 생산해 전방 시장에 공급하고 있다. 납 역시 아연과 비슷한 밸류 체인을 형성하고 있다.

알루미늄은 국내 제련 기업이 없어, 미국의 알코아[Alcoa] 등에서 전량 수입하고 있다. 알코아가 알루미늄 잉곳을 만들면 국내 1차 가공 기업들이 이를 수입해 알루미늄판, 호일, 압연 제품 등을 만든다. 1차 가공 기업은 알루미늄 새시, 포장재, 콘덴서 등을 만드는 2차 가공 기업에 납품한다.

비철금속 밸류 체인

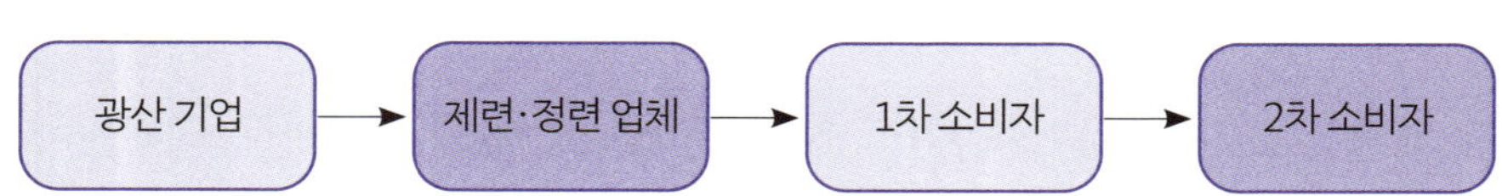

3. 비철금속 산업의 투자 포인트

1) 비철금속의 가격

일반적으로 비철금속 기업들의 실적은 비철금속 가격이 오를 때 개선된다. 국제 거래소에서 거래되는 비철금속 가격에 따라 제품 가격이 변하기 때문이다.

실제 비철금속 제련 기업의 수익 구조는 이보다 더 복잡하다. 비철금속 제련 기업의 수익성을 결정짓는 요인은 외부 요인과 내부 요인으로 나눌 수 있다. 먼저 외부 요인으로 TC·RC와 정광 가격이 있다. 정광 가격은 제련 기업이 수입하는 광물의 가격이다. TC는 Treatment Charge, RC는 Refining Charge의 약자로 제련, 정련 수수료다. 정광 가격은 런던금속거래소에서 거래되는 비철금속 시세에 연동된다. TC·RC는 비철금속의 수급 상황, 기업들의 경쟁 강도에 영향을 받지만 이 역시 런던금속거래소 시세와 무관하지 않다. 두 요인 모두 런던금속거래소의 비철금속 시세에 영향을 받는 것이다. 비철금속 가격이 상승하는 국면에서는 과거에 저가로 확보한 원재료가 투입되면서, 판매 가격 상승 효과와 맞물려 수익성이 개선된다.

내부 요인은 프리메탈과 부산물이 대표적이다. 프리메탈은 제련 기업의 기술력에 따른 '초과 회수 이익'을 의미한다. 제련소는 광산주로부터 정광을 매입할 때, 정광에 포함된 금속 전량(100%)에 대해 값을 지불하지 않는다. 제련 과정에서 일정 부분 금속이 손실되기 때문에, 통상적으로 금속 함유량의 일정 비율에 대해서만 대금을 지불하는 것이 업계의 관행이다.

이때 제련 기업이 고도화된 공정 기술을 발휘해, 대금을 지불한 85%보다 더 많은 양의 금속을 추출해 낸다면 어떨까? 이 경우 차익에 해당하는 10% 이상의 금속은 사실상 원재료비 없이 공짜로 얻게 되는 셈인데, 이를 바로 '프리메탈'이라고 부른다. 즉, 제련 기업의 금속 회수율이 높을수록 프리메탈이 늘어나 이익이 극대화되는 구조다.

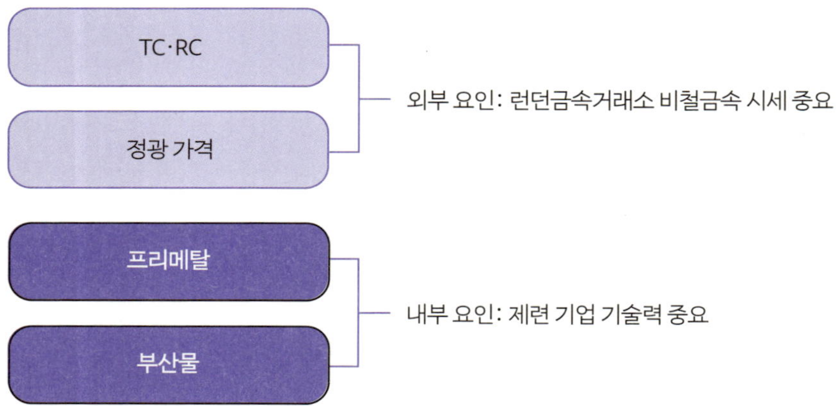

　부산물 역시 수익성에 크게 기여한다. 아연정광이라고 해서 아연만 들어있는 것이 아니다. 광석에는 납, 금, 은, 동, 인듐 등 다양한 유가금속이 섞여 있다. 제련 기업은 주력 금속을 추출하는 과정에서 이러한 부산물도 함께 회수한다. 부산물은 별도의 원재료비가 거의 들지 않기 때문에 이를 얼마나 잘 뽑아내느냐가 영업이익률을 결정짓는 핵심 경쟁력이 된다.

2) AI 전력 인프라 투자 사이클

비철금속 산업, 그중에서도 '구리' 시장은 2025년 현재 거대한 슈퍼 사이클의 진입로에 서 있다. 과거 구리는 단순히 경기 선행 지표인 '닥터 코퍼[Dr. Copper]'로 불리며 건설 경기와 궤를 같이했으나, 지금은 그 위상이 'AI와 에너지 전환의 필수재'로 완전히 달라졌다. 이러한 구조적 변화의 첫 번째 트리거는 공급망의 재편이다. 철강 산업과 마찬가지로 중국의 구조적 감산 정책과 미국·유럽의 강력한 보호무역주의가 맞물리며, 안정적인 공급이 가능한 '비[非]중국' 비철금속 생산 밸류 체인의 전략적 가치가 급격히 상승했다.

　그러나 더 강력한 트리거는 수요 폭발, 즉 'AI 전력 인프라' 투자 사이클이다. 가장 거대한 수요의 진원지는 미국이다. 미국 에너지부에 따르면 현재 미국 송전선의 70% 이상이 25년 이상의 노후화된 설비로, 교체 수요가 임계점에 도달했다. 여기에 챗GPT 이후 촉발된 생성형 AI 혁명은 기름을 부었다. 일반적인 구글 검색보다 10배 이상의 전력을 소모하는 생성형 AI를 구동하기 위해, 마이크로소프트, 아마존 등 빅테크 기업들은 기가와트급 하이퍼스케일 데이터센터를 경쟁적으로 건설하고 있다. 골드만삭스는 AI 데이터센터 전력 수요가 2030년까지 160% 폭증할 것으로 전망했는데, 이 데이터센터와 전력망을 물리적으로 연결하는 유일한 혈관이 바로 구리다. 송전 케이블, 변압기 권선, 배전반 부스바Busbar 등 전기가 흐르는 모든 길목에 구리가 필수적으로 사용되기 때문이다.

이에 따라 글로벌 구리 수요는 2035년까지 현재의 2배 수준인 5,000만 톤에 육박할 것이라는 전망이 나오며, 만성적인 공급 부족이 예고되고 있다. 투자자 관점에서 이는 단순한 원자재 가격 상승을 넘어, 구리를 가공해 고부가가치 제품을 만드는 기업들에 구조적인 실적 성장의 기회가 열렸음을 의미한다. 국내에서는 풍산이 이 사이클의 핵심 수혜주로 주목받는다. 풍산은 구리를 가공해 판, 대, 봉 등을 만드는 신동伸銅 사업에서 글로벌 경쟁력을 갖추고 있다. 특히 AI 데이터센터용 배전반에 들어가는 고순도 구리 부품과 전기차용 부품 수요가 늘어나면서, 기존의 방산(탄약) 부문과 함께 '산업용 구리' 부문이 강력한 성장 엔진으로 재평가받고 있다.

3) 희소금속 시장의 구조적 성장

2025년 비철금속 산업의 또 다른 핵심 성장축은 '희소금속Rare Metals'이다. 현재 희소금속은 전기차, 2차전지, 태양광·풍력, 반도체, 데이터센터, 방산·원전·의료 등 미래 신산업을 지탱하는, 말 그대로 없으면 안 되는 핵심 자원으로 자리 잡았다.

투자자들이 직시해야 할 리스크이자 기회는 이 핵심 자원의 공급망이 극도로 편중되어 있다는 점이다. 주요 광물의 채굴·정련이 중국, 콩고민주공화국, 칠레 등 일부 국가에 지나치게 집중되어 있다. 특히 미국과 무역전쟁 중인 중국은 막강한 생산 능력을 바탕으로 희소금속 '무기화' 전략을 노골적으로 펼치고 있다. '국가안보'를 이유로 텅스텐, 텔루륨, 비스무트, 인듐, 몰리브덴 등 20여 개 핵심 품목에 대해 전면 수출허가제를 시행하며 공급을 통제하고 있다.

그렇다고 당장 새로운 공급망을 찾기도 어려운 상황이다. ESG 규제 강화 등으로 인해 신규 광산 개발에 걸리는 리드타임이 평균 17년 이상으로 길어지고 있어, 폭증하는 수요 증가 속도를 공급이 따라가지 못하고 있다. 향후 희소금속 수요는 재생에너지, 데이터센터, AI/반도체, 국방 등 안보와 직결된 분야를 중심으로 더욱 늘어날 것이다. 이러한 구조적 수급 불균형은 희소금속 관련 밸류 체인을 확보한 기업들에 강력한 경제적 해자를 제공한다.

국내 기업 중에서는 고려아연이 이 분야에서 독보적인 위치를 점하고 있다. 고려아연은 아연·납·동 제련 공정 과정에서 나오는 부산물을 모아 희소금속(인듐, 안티모니, 비스무트, 텔루륨 등)으로 회수하는 세계 최고 수준의 기술력을 보유하고 있다. 특히 2025년 8월에는 미국 주요 방산 기업 및 정부 기관과 게르마늄 공급·구매 및 핵심 광물 공급망 협력을 위한 양해각서^{MOU}를 체결하며, 단순한 제련 기업을 넘어 글로벌 안보 파트너로서의 위상을 입증했다.

세아홀딩스 역시 몰리브덴 중심의 신소재 및 합금 사업으로 전략적 확장을 준비 중이다. 자회사 세아M&S가 몰리브덴 옥사이드^{MoO_3}, 페로몰리브덴^{FeMo} 등 제품을 생산하고 있으며, 2024년에는 베트남에 연 2만 톤 규모의 몰리브덴 공장을 착공했다. 2027년 예상 매출 목표는 약 4,625억 원, 영업이익은 148억 원에 달한다.

철강과 광물 산업 투자 지표

실적 및 투자 지표: 2025년 3분기 연환산 기준
시가총액: 2025년 12월 23일 기준

단위: 억 원

종목코드	종목명	매출액	영업이익	순이익	PER	시가총액
010130	고려아연	152,307	9,236	3,170	82.6	261,714
005490	POSCO홀딩스	700,585	19,098	4,546	54.3	246,846
047050	포스코인터내셔널	324,882	10,443	4,023	22.4	90,072
004020	현대제철	228,561	1,302	-224	-183.9	41,168
103140	풍산	48,521	2,398	1,786	16.5	29,454
001120	LX인터내셔널	166,139	3,309	1,154	11.0	12,713
000670	영풍	25,585	-2,588	-1,985	-5.4	10,758
417200	LS머트리얼즈	1,502	7	6	1,465.3	9,106
009520	포스코엠텍	3,543	-13	-36	-189.8	6,792
002240	고려제강	17,910	460	522	10.6	5,535
016380	KG스틸	32,373	1,926	1,483	3.7	5,500
295310	에이치브이이엠	554	-38	-60	-90.8	5,481
084010	대한제강	12,677	11	289	16.4	4,732
460860	동국제강	32,100	466	-53	-81.5	4,291
002710	TCC스틸	5,962	-42	76	52.3	3,982
001940	KISCO홀딩스	8,420	-499	-30	-121.6	3,707
104700	한국철강	5,044	-251	-31	-117.6	3,652
006110	삼아알미늄	2,648	-142	-162	-22.5	3,641
306200	세아제강	16,720	1,654	931	3.7	3,440
011760	현대코퍼레이션	75,117	1,387	758	4.0	3,003

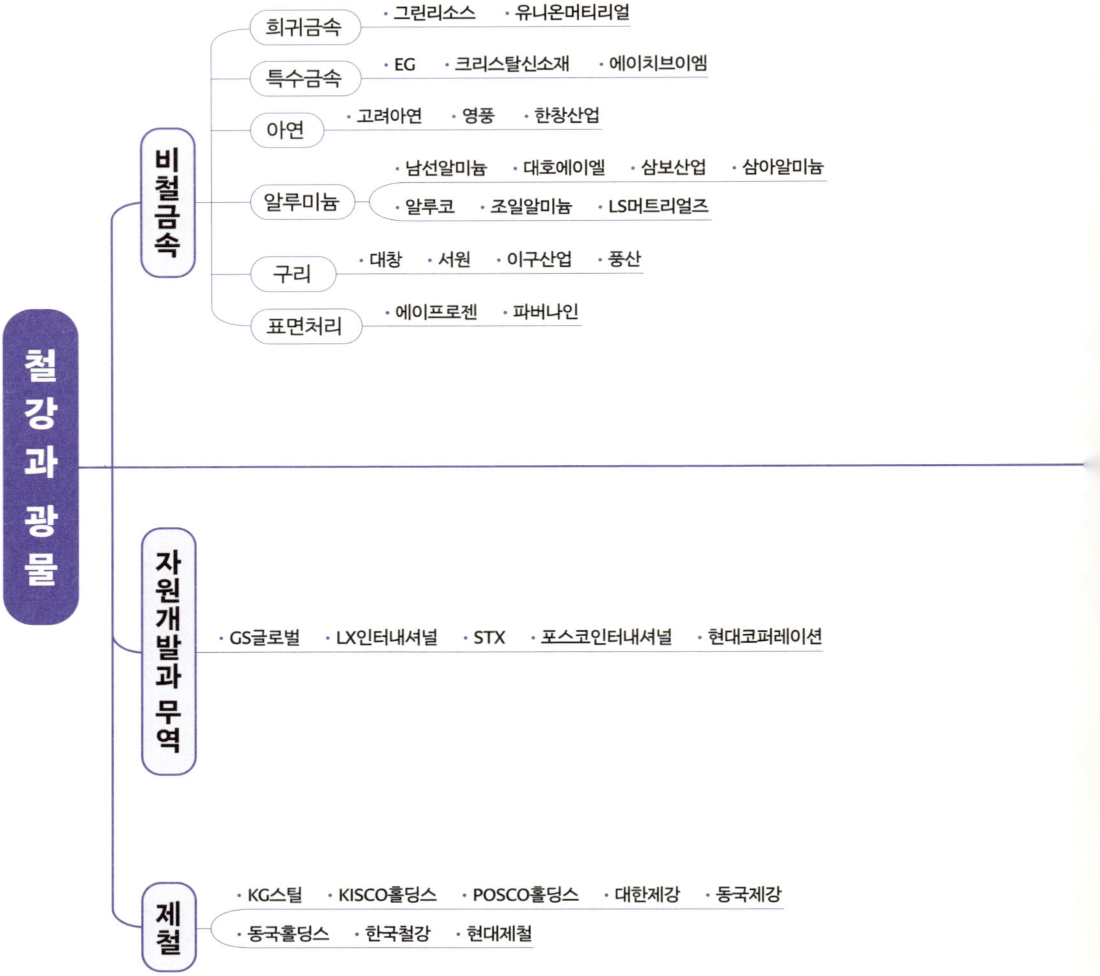

철강과 광물

- **비철금속**
  - 희귀금속: · 그린리소스 · 유니온머티리얼
  - 특수금속: · EG · 크리스탈신소재 · 에이치브이엠
  - 아연: · 고려아연 · 영풍 · 한창산업
  - 알루미늄: · 남선알미늄 · 대호에이엘 · 삼보산업 · 삼아알미늄 · 알루코 · 조일알미늄 · LS머트리얼즈
  - 구리: · 대창 · 서원 · 이구산업 · 풍산
  - 표면처리: · 에이프로젠 · 파버나인
- **자원개발과 무역**
  - · GS글로벌 · LX인터내셔널 · STX · 포스코인터내셔널 · 현대코퍼레이션
- **제철**
  - · KG스틸 · KISCO홀딩스 · POSCO홀딩스 · 대한제강 · 동국제강 · 동국홀딩스 · 한국철강 · 현대제철

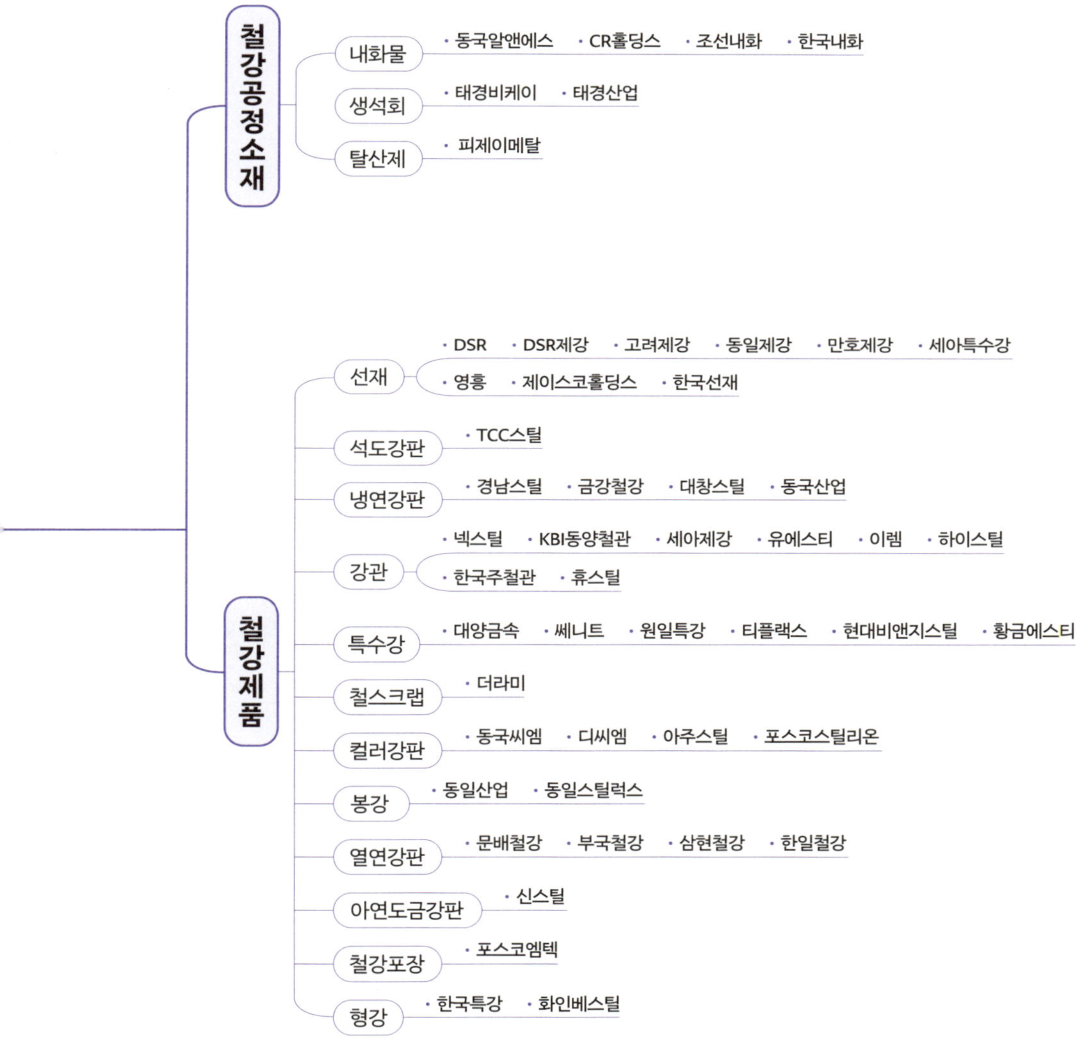

철강공정소재

- **내화물**: ·동국알앤에스　·CR홀딩스　·조선내화　·한국내화
- **생석회**: ·태경비케이　·태경산업
- **탈산제**: ·피제이메탈

철강제품

- **선재**: ·DSR　·DSR제강　·고려제강　·동일제강　·만호제강　·세아특수강　·영흥　·제이스코홀딩스　·한국선재
- **석도강판**: ·TCC스틸
- **냉연강판**: ·경남스틸　·금강철강　·대창스틸　·동국산업
- **강관**: ·넥스틸　·KBI동양철관　·세아제강　·유에스티　·이렘　·하이스틸　·한국주철관　·휴스틸
- **특수강**: ·대양금속　·쩨니트　·원일특강　·티플랙스　·현대비앤지스틸　·황금에스티
- **철스크랩**: ·더라미
- **컬러강판**: ·동국씨엠　·디씨엠　·아주스틸　·포스코스틸리온
- **봉강**: ·동일산업　·동일스틸럭스
- **열연강판**: ·문배철강　·부국철강　·삼현철강　·한일철강
- **아연도금강판**: ·신스틸
- **철강포장**: ·포스코엠텍
- **형강**: ·한국특강　·화인베스틸

조선과 운송

글로벌 경제 관점에서는 무역의 70%가 바다를 통해 이루어진다. 배를 만드는 조선 산업, 배를 운영하는 해운 산업 역시 바다에 기반을 두고 있다. 화물 운송을 담당하는 물류 기업들도 항만하역, 보관 업무를 겸하기 때문에 해운업과 연관이 있다. 이러한 연관성에 기인해 조선과 해운, 물류 산업을 한데 묶어 조선과 운송으로 정의했다. 조선과 운송 산업에 속한 기업은 총 56곳으로 주식 시장에서 차지하는 비중은 4.8%다.

조선주는 지정학 시대 최고의 성장주로 지난 3년간 폭발적으로 올랐다. 2023년엔 LNG 운반선 수주가 크게 늘었다. 먼저 러시아-우크라이나 전쟁이 발발하면서 유럽 에너지 공급망이 구조적인 전환점을 맞았다. 그간 유럽은 수송관을 통해 러시아에서 천연가스를 수입했다. 그러나 러시아가 우크라이나를 침공하자 유럽은 LNG 운반선을 미국으로 바꿨다. 이

에 따라 LNG 운반선 수요가 늘면서 한국 조선사들이 수주 호황을 맞았다. 친환경 에너지로 천연가스가 각광받은 것도 LNG 운반선 수요를 자극했다. 2024년엔 미국과 중국의 패권 싸움의 수혜가 더해졌다. 이미 조선산업이 쇠퇴한 미국은 중국에 대항해 해군력을 강화할 목적으로 한국을 조선업의 파트너로 지정했다.

2024년 한화그룹은 미국의 필리조선소를 인수해 한미 조선 협력의 신호탄을 쏘았으며, 뒤이어 한화오션은 미국 해군 군수지원함 월리 쉬라호의 유지·정비·보수 MRO 계약을 체결했다. 2025년 8월엔 HD현대중공업도 미국 해군의 군수지원함에 대한 MRO 사업을 따냈다. 한국은 미국과의 상호관세 협상에서 미국의 조선업 재건 프로젝트 정책을 제안, 총 1,500억 달러 규모의 협력을 제안해 조선주의 성장은 지속될 것으로 보인다.

해운

1. 해운 산업의 개요와 특징

해운은 선박을 이용해 사람이나 화물을 운송하는 산업으로, 전 세계 물동량의 약 80% 이상을 담당할 만큼 글로벌 공급망에서 핵심적인 역할을 수행한다. 그만큼 해운 산업은 세계 경기 흐름에 민감하게 반응하며, 물동량의 증감에 따라 운임과 실적이 크게 출렁이는 시클리컬 산업의 대표 사례로 꼽힌다.

선박 1척을 제작하는 데 2~3년이 걸리기 때문에, 실제 수요 증가에 대한 공급 대응은 시차를 가질 수밖에 없다. 이로 인해 경기 반등 시 운임이 급등하고, 해운사는 높은 레버리지 효과로 대규모 이익을 실현하게 된다. 화물 적재량을 늘려도 운항 거리는 변함이 없기 때문이다.

2020년대 초반에는 코로나19 팬데믹으로 인한 공급망 붕괴와 이후 경기 회복에 따른 급격한 수요 증가로 해운 운임이 사상 최고치를 경신했으며, 이에 따라 HMM을 비롯한 글로벌 해운사들이 사상 최대의 영업이익을 기록

순위	선사명	선복량(TEU)	시장 점유율
1	MSC	6,732,771	20.7%
2	Maersk(머스크)	4,579,904	14.1%
3	CMA CGM Group	4,011,897	12.3%
4	COSCO Group	3,425,492	10.5%
5	Hapag-Lloyd	2,423,979	7.4%
6	ONE Ocean Network Express	2,101,136	6.5%
7	Evergreen Line	1,842,936	5.7%
8	HMM Co Ltd	931,009	2.9%
9	Zim	761,715	2.3%
10	Yang Ming	724,815	2.2%

출처 : 알파라이너(2025년 7월 기준)

했다. 하지만 2023년을 전후로 수요 둔화와 신규 선박 인도 증가가 겹치면서 공급 과잉 우려가 커졌고, 운임은 급격히 하락했다.

선사별로 보면, 스위스의 MSC Mediterranean Shipping Company는 2022년부터 세계 1위 자리를 유지하고 있으며, 2025년 기준 선복량 670만 TEU 이상으로 점유율을 확대 중이다. 그 뒤를 덴마크 머스크(약 450만 TEU), 프랑스 CMA CGM(약 400만 TEU)이 잇고 있다. 국내 대표 해운사인 HMM은 약 93만 TEU 수준의 선복량으로 세계 8위를 유지하고 있으며, 2024년 말부터 민영화가 본격 추진되며 산업 내 입지 변화가 주목되고 있다.

시장 구조 측면에서는 2017년 한진해운 파산 이후 본격화된 구조조정으로 글로벌 상위 해운사들의 시장 점유율이 계속 증가해 왔다. 2023년 기준 상위 10대 해운사의 시장 점유율은 약 85% 이상에 달하며, 이는 해운 산업의 초대형화·독과점화가 빠르게 진행 중임을 보여준다.

또한 국제해사기구의 환경 규제 강화도 해운 산업에 큰 영향을 미치고 있다. 2023년부터 본격 도입된 탄소 집약도 지표와 에너지효율지수 규제로 인해 노후 선박 교체와 친환경 선박 도입 수요가 늘고 있으며, 메탄올·암모니아 추진선 도입과 LNG 연료 전환 등 친환경 연료 전환이 산업 내 주요 이슈로 부상했다.

2. 해운 산업 투자 시 꼭 알아야 하는 선박의 분류 기준

1) 용도에 따른 선박의 분류

선박은 실어 나르는 물건에 따라 종류가 나뉜다. 크게 컨테이너선, 탱커선, 벌크선, 오프쇼어로 구분된다.

컨테이너선은 화물을 담은 컨테이너를 실어 나르는 역할을 하는 선박이다. 네모반듯한 컨테이너에 싣는 화물은 TV, 가전, 생활용품 등 일반적으로 사용하는 공산품이 많다. 컨테이너 하나를 택배 차량이 크게 확대된 형태라고 생각하면 이해가 쉽다. 주로 완제품을 취급하는 만큼 미국, 유럽 등 선진국 소비 경기에 수요가 직접적으로 좌우되는 경향이 있다. 2024년 홍해 사태와 파나마 운하 가뭄 등으로 공급망 병목 현상이 발생했을 때, 운임이 급등하며 가장 큰 변동성을 보였던 선종이기도 하다.

탱커선은 주로 액체 연료를 실어 나르는 선박이다. 유조선, 석유제품운반선(PC선), 화학제품운반선, 셔틀탱커 등이 있다. LNG선도 넓게 보면 탱커선의 일종이다. LNG는 상온에서는 기체 상태이므로 영하 163℃ 이하로 냉각

시켜 액체로 만들어야 한다. 이러한 극저온 상태를 유지하는 화물창 기술은 진입장벽이 매우 높기 때문에, LNG선은 일반 탱커선에 비해 부가가치가 월등히 높다. 특히 2025년 현재, AI 데이터센터 전력 수요 급증에 따른 LNG 수요 확대와 탈탄소 규제로 인해 친환경 연료 추진 선박으로의 교체 수요가 맞물리며 한국 조선사들의 핵심 수주 선종으로 자리 잡았다.

벌크선은 철광석, 석탄, 곡물 등을 포장하지 않고 그대로 적재해 운반하는 선박으로 건화물선이라 부르기도 한다. 건화물은 파손되거나 변질될 우려가 적어 운송 과정이 비교적 단순하다. 건화물은 철강 생산이나 식량 수급 등 기초 산업 및 인프라 투자와 밀접한 관련이 있기 때문에, 원자재 수요가 많은 중국 등 신흥국 경기를 판단하는 선행 지표로 활용된다. 대표적인 지표인 발틱운임지수[BDI]가 오르면 통상적으로 원자재 물동량이 늘어나고 신흥국 경기가 좋아진다고 해석한다.

마지막으로 오프쇼어[Offshore]는 해양유전, 해양플랜트에 사용되는 선박 및 설비를 총칭한다. 바다에서 유전이나 가스를 개발하기 위해 육지의 플랜트를 바다로 옮겨놓은 형태다. 에너지 개발 수요와 밀접한 관련이 있기 때문에 국제 유가가 오르면 오프쇼어 발주가 늘어난다. 최근에는 전통적인 원유 시추 설비뿐 아니라, 해상풍력발전기 설치선과 같은 친환경 에너지 관련 특수선박 시장이 오프쇼어 분야의 새로운 성장 동력으로 부상하고 있다.

2) 소유 여부에 따른 선박의 분류

컨테이너 1만 5,000개를 넘게 실을 수 있는 초대형 컨테이너선 1척 가격은 약 2,000억 원에 달한다. 고부가가치 초대형 LNG선 가격은 무려 3,000억 원이 넘는다. 아무리 글로벌 상위 선사라도 이처럼 초고가의 선박을 서슴없이 구매하기는 힘들다. 따라서 은행에서 대출을 통해 선박을 구매하거나 아예 다른 선사가 운용하는 배를 빌리기도 한다. 해운사가 자가로 보유한 선박을 사선, 빌린 선박은 용선이라고 한다.

해운 산업이 경기에 상당히 민감하므로 해운사들은 용선을 적절히 활용하는 것이 중요하다. 경기 회복으로 갑자기 주문이 물밀듯이 들어오면 현재 보유한 선단으로 감당이 안 될 수 있다. 이 경우 선박을 빌려 대규모 선단을 꾸려 영업력 제고에 나설 수 있다.

반대로 업황이 급격히 꺾이는 시점에서는 과도한 용선은 해운사들에 독이 될 수 있다. 선박을 빌리는 이자 비용보다 운임이 더 낮아지면 역마진이 발생할 수 있기 때문이다. 정리하면 용선 비중이 높다는 것은 그만큼 레버리지 효과가 크다는 의미다. 호황일 때는 돈을 긁어모을 수 있지만 불황이 찾아오면 자칫 경영상의 위험에 빠질 수 있다.

한편 대주주의 경영스타일에 따라 해운사별로 용선, 사선 비중이 다르기도 한데 상장사 HMM과 KSS 해운이 대표적이다. 해운사 영업 비용에서 가장 큰 비중을 차지하는 것은 연료비 같은 운항 비용이다. 전체 영업 비용에서 40% 내외를 차지한다.

운항비(또는 화물비)를 제외하고 HMM은 용선료가 많다. 반면 KSS 해운은 상대적으로 감가상각비 비중이 크다. 감가상각비는 KSS 해운이 보유한 선박에서 나오는 회계상 비용이다. HMM은 과거 용선 비중이 높았으나 최근 보유 선박 비중을 늘려 비용 효율화를 꾀하고 있으며, KSS해운은 장기 운송 계약에 맞춰 선박을 직접 보유하는 비중이 높아 안정적인 수익 구조를 갖추고 있다.

3) 운항 규칙성에 따른 선박의 분류

마지막으로 운항 규칙성에 따라 선박을 분류하기도 한다. 우리가 출퇴근하는 버스나 지하철처럼 정기적으로 운항하는 선박을 정기선이라고 하며, 대체로 일감이 있을 때만 운항하는 선박을 부정기선이라고 한다. 일반적으로 정기선은 컨테이너선을 뜻하며, 부정기선은 벌크선, 탱커선인 경우가 많다.

3. 해운 기업의 투자 포인트

1) 운임 지수

해운사 실적에 가장 큰 영향을 미치는 지표는 뱃삯, 즉 운임이다. 다만 투자자가 유의해야 할 점은 모든 배의 운임이 같이 움직이지 않는다는 것이다. 선종별로 업황이 뚜렷하게 갈리는 '디커플링(탈동조화)' 현상이 심화되고 있다.

컨테이너선의 경우 상하이 컨테이너선 운임지수인 SCFI와 중국 컨테이너선 운임지수 CCFI가 중요하다. SCFI는 상하이거래소 ^{SSE}에서 집계하는 주요 항로의 스팟 ^{Spot} 운임 지수이며, CCFI는 중국 교통부가 주관하는 지수다. 2025년 9월 기준, 컨테이너선 운임은 하락세가 지속되고 있다. 가장 큰 원인은 공급 과잉과 수요 불확실성이다. 2024년과 2025년에 걸쳐 팬데믹 시절 발주했던 대규모 신조 컨테이너선들이 잇달아 인도되면서 선복량 공급이 크게 늘어난 반면, 수요 측면에서는 미국의 상호관세 $^{Reciprocal\ Tariff}$ 정책 등 보호무역주의 강화로 물동량 둔화 우려가 커졌기 때문이다.

반면 벌크선의 경우 발틱운임지수가 중요하다. 석탄, 철광석, 시멘트 등 원자재를 실어 나르는 벌크선 운임은 상승세를 타고 있다. 이는 중국 정부의 대규모 인프라 투자와 제조업 경기 부양책이 철광석 등 원자재 수요를 자극했기 때문이다. 여기에 지정학적 리스크도 한몫했다. 중동 전쟁 리스크가 지속되면서 수에즈 운하를 통과하는 화물량이 여전히 2019~2023년 평균의 30% 수준에 머물고 있어, 우회 항로 이용에 따른 톤마일 $^{Ton\text{-}mile}$(수송 거리) 증가가 운임을 밀어 올리고 있다.

탱커선 운임지수는 유조선 운임지수인 WS $^{World\ Scale}$를 참조한다. 탱커 운임 역시 강세다. 중동 지역 및 홍해, 호르무즈 해협의 분쟁 격화로 대부분의 선박들이 희망봉으로 우회하면서 운항 일수가 길어졌기 때문이다. 또한 탱커선은 벌크선이나 컨테이너선 대비 신규 발주 잔량이 역사적으로 낮은 수준이라, 신규 공급 압력이 제한적이라는 점도 운임 방어에 긍정적이다.

따라서 HMM은 컨테이너선 지표를, 팬오션이나 대한해운은 벌크선 지표를, 흥아해운 등은 탱커선 지표를 참고하는 등 투자하는 기업의 주력 선종에 맞추어 각기 다른 운임지수와 시장 상황을 대입해 분석해야 한다.

중국 컨테이너 운임지수 추이

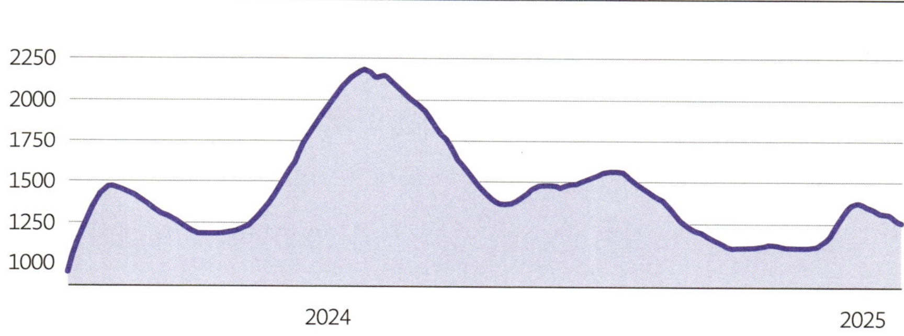

출처: en.sse.net.cn

상하이 컨테이너 운임지수 추이

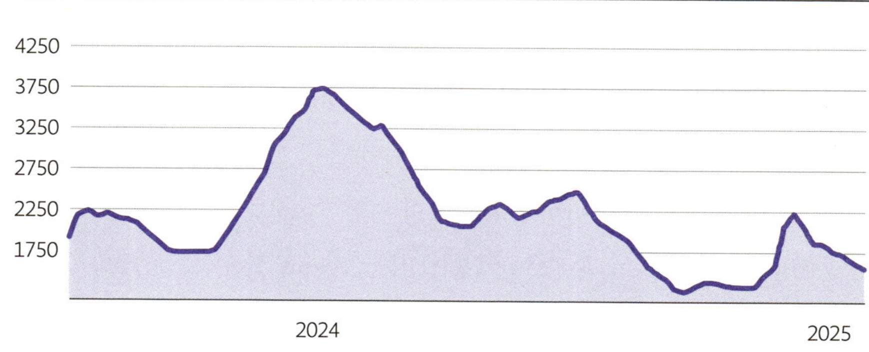

출처: en.sse.net.cn

2) 장기계약 비중

운임이 치솟는다 하더라도 모든 해운 기업에 득이 되는 것은 아니다. 장기공급 계약 여부에 따라 실적이 운임에 민감하거나 그렇지 않은 기업으로 나뉘기 때문이다. 해운 산업에서 장기공급계약이란 일정 기간 이상 정해진 운임으로 화물을 꾸준히 운송하는 것을 말한다. 업황에 상관없이 꾸준한 수익을 창출할 수 있어 안정적인 실적을 만드는 데 도움이 되지만, 업황이 턴어라운드하는 시점에는 상대적으로 수혜 강도가 덜하다.

HMM의 경우 장기공급계약 비중이 약 30~40% 수준이지만, 계약 기간이 보통 1년이다. 이에 따라 코로나19 팬데믹 이후 물동량이 폭발적으로 증가하는 데 따른 수혜를 다른 해운사보다 톡톡히 누렸다. 주가 역시 천정부지로 치솟으며 '흠슬라(HMM과 테슬라의 합성어)'라는 명칭도 얻었다. 반면 대한해운, 팬오션 등 상대적으로 장기공급계약 비중이 높고, 갱신 기간도 긴 기업들은 상대적으로 소외되었다.

3) 탈탄소 트렌드

해운업계의 또 다른 핵심 투자 포인트는 '탈탄소'다. 이는 단순한 캠페인이 아니라 기업의 생존을 좌우하는 강력한 규제 장벽이다. 국제해사기구와 유럽연합을 중심으로 전례 없는 수준의 환경 규제가 시행되고 있다.

IMO는 2050년까지 온실가스 배출량 '넷제로' 목표를 제시하며 규제의 강도를 높였다. 특히 주목할 것은 2028년부터 도입될 예정인 '온실가스 집약도[GFI]' 규제와 탄소세다. 5,000톤 이상 선박에 대해 연료별 탄소 배출량을 측정하고, 목표치를 채우지 못한 선박에 대해서는 사실상의 벌금인 탄소세를 부과하게 된다.

EU는 한발 더 나아가 해운 분야에 '탄소배출권 거래제[EU ETS]'를 이미 도입했다. 해운사들이 유럽 역내를 운항하며 배출한 탄소량에 대해 비용을 지불하도록 의무화한 것이다. 이 제도는 2023년부터 2025년 사이에 점진적으로 적용 비율을 높인 후, 2026년부터는 배출량의 100%에 대해 비용을 부과한다.

이러한 탈탄소화 정책으로 인해 2030년까지 해상 운송 비용은 구조적으로 크게 증가할 전망이다. 기존 벙커C유 등 고유황 연료를 사용하는 노후 선박은 막대한 탄소 비용 부담으로 인해 퇴출 압력을 받게 된다. 이에 따라 해운사들은 생존을 위해 LNG 추진선이나 메탄올, 암모니아 등을 사용하는 하이브리드 추진선을 발주하며 선대 포트폴리오를 급격히 교체하고 있다. 투자자 입장에서는 이러한 친환경 선박 교체에 선제적으로 대응해 비용 경쟁력을 확보한 상위 선사와, 대응이 늦어 도태될 하위 선사 간의 격차가 벌어지는 점을 주목해야 한다.

조선

1. 조선 산업의 개요와 특징

해운이 선박을 운영하는 산업이라면, 조선은 선박을 설계하고 제작하는 산업이다. 우리나라는 조선과 오랜 역사를 함께 해왔으며, 임진왜란 당시 철갑선 '거북선'을 만들어 해전에서 큰 활약을 펼친 바 있다.

현대그룹 창업주인 고故 정주영 회장이 1971년 유럽의 수주를 따내기 위해 당시 거북선이 새겨진 500원짜리 지폐 1장을 꺼내 보인 일화는 조선업계 그리고 대중들에게도 유명하다. 이후 우리나라는 일본을 제치고 전 세계 조선 시장에서 줄곧 1위를 차지했다. 2015년 이후 수주량 기준으로 한국과 중국이 엎치락뒤치락하고 있지만, 고부가가치 선박 분야에서는 한국이 확고한 우위를 유지하고 있다. 특히 액화천연가스 운반선, 초대형 원유 운반선[VLCC], 초대형 컨테이너선 등 고난이도 선박은 여전히 한국 조선소들의 주력 분야다.

조선 산업은 특성상 막대한 자본과 인력이 투입되는 노동집약적 산업이다.

선박은 실내 공장에서 조립하는 것이 아니라, 야외 도크^{Dock}에서 대형 블록을 용접하고 연결해 가며 만들어야 하며, 작업 기간도 평균 1년 이상 소요된다. 이러한 특성 때문에 인건비와 숙련 노동자 확보가 조선업 경쟁력의 중요한 요소로 작용한다.

2021년 이후 글로벌 선박 발주가 급증하면서 한국 조선업은 수주 랠리를 이어갔지만, 동시에 심각한 인력난에 직면했다. 특히 용접공, 도장공 등 현장 기능 인력이 절대적으로 부족해 외국인 숙련 기능인력 도입 확대와 고용 유연성 확보가 주요 과제로 떠오르고 있다. 정부도 이에 대응해 조선업 특별고용지원 업종 지정, 외국인 숙련기능인력 비자 완화 등 정책적 지원을 확대하고 있다.

중국은 낮은 인건비를 무기로 저부가 선박 중심의 조선 시장 점유율을 빠르게 확대하고 있으며, 정부 주도의 적극적인 조선업 육성책을 바탕으로 기술 격차를 빠르게 좁혀가고 있다. 이에 대응해 한국 조선업은 고난도 LNG 운반선 기술 확보, 디지털 조선소 전환, 친환경 선박 설계 역량 강화 등을 통해 기술 초격차를 유지하고자 노력 중이다.

산업 사이클 측면에서도 조선업은 해운업과 밀접한 연관을 갖는다. 일반적으로 해운 업황이 개선되면 운임 상승 → 선박 수요 증가 → 선박 발주 증가의 흐름이 이어지고, 조선업은 이에 후행하는 산업으로 움직인다. 하지만 조선업의 가장 큰 구조적 리스크는 선박 제작과 인도 사이의 긴 시차(2~3년)다. 이로 인해 막상 선박을 인도하는 시점에는 해운 업황이 꺾이며 공급 과잉과 선가 하락의 역풍을 맞을 수 있다.

2. 조선 산업의 성장성

조선 산업은 최근 ESG 규제 강화, 노후 선박 교체 주기 도래, 친환경 연료 수요 확대 등으로 인해 거대한 구조적 전환기를 맞고 있다. 그러나 2025년 상반기, 시장은 전년의 호황과는 사뭇 다른 '숨 고르기' 양상을 보였다. 클락슨리서치에 따르면 2025년 상반기 전 세계 신조선 수주량은 약 1,984만 CGT(표준화물선환산톤수)로, 전년 동기 대비 약 25% 감소했다. 이는 글로벌 경기 둔화 우려와 선가 상승에 따른 선주들의 관망세가 겹치면서 조선업계 전반에 일시적인 '수주 절벽' 현상이 나타났기 때문이다.

국가별 현황을 살펴보면, 중국과 한국 중심의 '양극 체제'가 더욱 굳어지는 가운데 질적인 차이가 명확해졌다. 중국은 약 1,018만 CGT를 수주하며 전 세계 수주의 과반인 약 52%를 점유해 외형상 1위 자리를 지켰다. 반면 한국은 약 492만 CGT를 수주하며 2위를 기록했다. 일본은 125만 CGT를 수주하며 기술 중심의 존재감을 유지하는 데 그쳤다.

이러한 상황에서 한국 조선업이 빛나는 이유는 명확하다. 바로 '압도적인 질적 경쟁력'과 '든든한 수주 잔고'다. 수치상 전체 수주량은 중국이 많지만, 선박의 부가가치를 보여주는 지표에서는 한국이 앞선다. 2025년 8월 기준, 한국이 확보한 수주 물량의 선박당 평균 CGT는 약 7만 CGT로, 중국보다 3배 이상 높은 수준을 기록했다. 이는 한국 조선사들이 LNG 운반선, 대형 컨테이너선 등 고용량·고사양 선박 위주로 수주하고 있음을 증명한다. 특히 LNG 운반선 분야에서 한국은 삼성중공업, HD현대중공업, 한화오션 등 '빅 3'의 기술력을 앞세워 사실상 시장을 독점하고 있다.

더욱 고무적인 것은 미래의 매출인 수주 잔고다. 2025년 8월 말 기준 한국 조선업의 수주 잔고는 4,040만 CGT로 2011년 이후 약 14년 만에 최고 수준을 회복했다. 이는 약 4년 치의 일감을 이미 확보해 두었다는 의미로, 2010년 이후 가장 긴 호황 국면을 맞이하고 있다. 즉, 2025년 상반기의 수주 감소는 일감이 없어 겪는 위기가 아니라, 이미 도크를 꽉 채운 한국 조선사들이 수익성이 높은 프로젝트만 골라 담는 '선별 수주' 전략을 취한 결과로 해석해야 한다.

결론적으로 2025년 조선 시장은 전체 파이가 줄어든 상황에서 각국이 점유율을 방어하는 싸움이 되었다. 투자자들은 당장의 수주량 등락보다는, 한국 조선사들이 확보한 4년 치의 일감이 향후 실적에 어떻게 반영될지, 그리고 친환경 선박 시장에서의 기술 격차를 얼마나 유지할지에 주목해야 한다.

3. 조선 산업의 투자 포인트

1) 신조선가, 중고선가 추이

해운 업황의 바로미터가 운임이라면, 조선 산업은 신조선가다. 신조선가는 선박 건조 가격을 말하며, 이를 바탕으로 만든 지수를 신조선가 지수라고 한다. 자동차로 비유하자면 신차 가격인 셈이다. 조선업계에서 가장 대표적인 신조선가지수는 영국의 조선·해운 시황 분석기관 클락슨리서치^{Clarkson Research}에서 발표하는 지수다.

클락슨 신조선가 지수는 1998년 전 세계 선박 건조 가격 평균을 100으로 기준을 잡고 이를 지수화한 것으로 높을수록 선박 가격이 많이 올랐다는 의미다. 2025년 8월 기준 클락슨의 신조선가 지수는 190포인트 대를 기록했다. 이는 2021년 이후 꾸준히 상승한 수치로, 역대 최대치였던 2008년 조선업 슈퍼사이클 당시의 191.5포인트에 거의 근접한 수치다. 이러한 상승세는 단순히 수요 증가 때문만은 아니다. 고금리와 인플레이션 상황에서 원자재 가격과 인건비 등 선박 건조 비용이 늘어난 측면도 있지만, 무엇보다 친환경

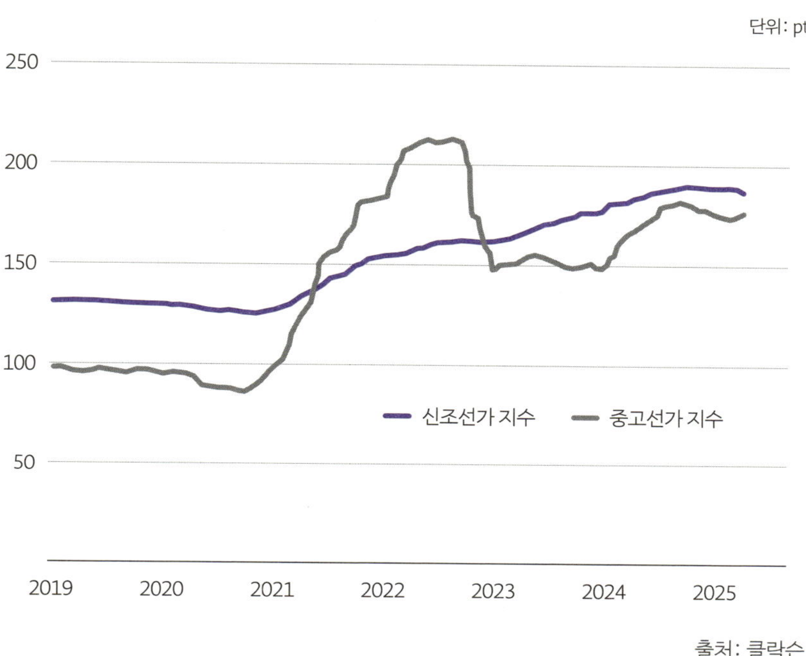

규제로 인한 노후 선박 교체 발주가 구조적으로 늘어나면서 조선사들의 가격 협상력이 극대화된 결과다.

신조선가가 있다면 중고선가도 있다. 말 그대로 중고 선박의 거래 가격이다. 일반적으로 신조선가가 중고선가보다 높은 것은 당연하다. 그러나 조선 산업의 호황기에는 신조선가와 중고선가의 차이가 줄어든다. 특히 선박의 수급이 타이트한 경우, 당장 배를 빌려 수익을 낼 수 있는 중고선가가 2~3년 뒤에나 인도받을 수 있는 신조선가보다 일시적으로 높게 거래되는 경우도 있다. 이는 2021년 하반기부터 반도체 수급 부족 이슈로 신차 출고가 지연되자 자동차 업계에서도 일부 중고차들이 신차 가격보다 비싸게 거래되는 경우가 발생한 것과 비슷한 이치다.

2) LNG선 등 고부가가치 선박

2006년부터 글로벌 선박 수주 1위 타이틀은 전반적으로 중국이 가져가고 있다. 종종 우리나라가 1위에 오르기도 하지만 엄청난 규모의 자국 시장을 토대로 한 중국의 양적 수주 규모를 넘기는 것은 쉽지 않다. 그러나 고부가가치 선박 분야에선 이야기가 다르다. 따라서 국내 조선사들은 단순히 수주 규모보단 LNG 등 고부가가치 선박 수주의 질을 따지는 것이 중요하다.

LNG 운반선^{LNGC} 시장의 성장은 지정학적 에너지 안보 이슈와 직결된다. 2022년 2월 러시아가 우크라이나를 침공하면서 유럽의 에너지 지형이 완전히 바뀌었다. 유럽은 러시아산 천연가스 의존도를 낮추기 위해 가스 공급망을 다변화하고 있다. 이에 따라 천연가스 공급 루트가 러시아와 연결된 육로에서 미국, 카타르 등 대양을 건너오는 해로로 변경되면서 LNG 운반선 발주가 구조적으로 늘어날 수밖에 없는 환경이 조성되었다.

여기에 아시아 국가들의 움직임도 더해졌다. 한국, 일본, 대만, 인도 등은 에너지 안보 차원에서 중동(카타르) 의존도를 낮추기 위해 미국산 LNG 수입을 확대하고 알래스카 LNG 프로젝트 참여를 모색하는 등 공급선을 다변화하고 있다. 또한 미국의 LNG 프로젝트에 대한 최종 투자 결정 재개와 수출 정책 완화로 미국발 LNG 물동량 확대가 가시화되면서, 이를 실어 나를 선박 수요는 더욱 커질 전망이다.

이러한 거대한 흐름 속에서 수혜를 독식하는 것은 한국 조선사들이다. 클락슨리서치에 따르면 2025년 8월 기준 전 세계 LNG 운반선 수주 잔고는 한국의 '빅3'가 사실상 점령하고 있다. 한화오션(21.9%), 삼성중공업(19.4%), HD현대중공업(17.7%), HD현대삼호(11.1%)를 합치면 한국 기업의 점유율은 전체 물량의 70%를 넘어선다. 미국 현지 조선소는 설비, 기술, 인력, 비용 문제로 대형 LNG 운반선을 독자적으로 건조하기 어려운 단계이며, 중국 역시 기술 격차가 여전하다. 따라서 향후 발주될 차세대 친환경 LNG 운반선 시장에

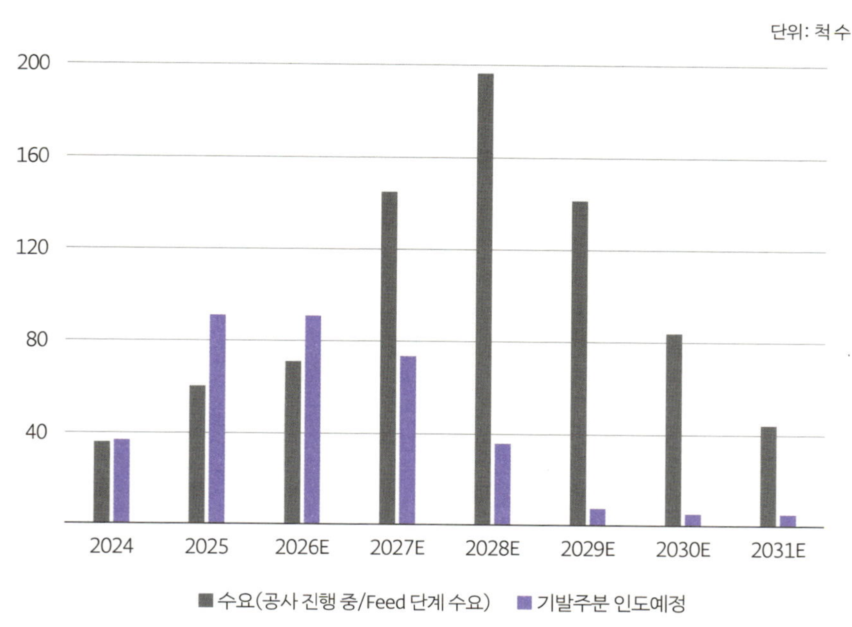

서도 한국의 독점 구도는 당분간 고착화될 공산이 크다.

3) 글로벌 군함 시장 성장

2025년 현재, 조선 산업의 또 다른 성장 축은 상선이 아닌 '군함'에서 나오고 있다. 러시아-우크라이나 전쟁의 장기화, 남중국해의 긴장 고조, 그리고 대만 해협을 둘러싼 미·중 간의 리스크 등으로 인해 전 세계적으로 해군력 증강 수요가 구조적으로 확대되고 있기 때문이다. 투자 관점에서 군함 시장은 상선 시장과 다른 매력을 가진다. 군함은 건조 후 30~40년을 쓰기 때문에 교체 및 신조 수요가 꾸준하고, 경기 변동에 따라 발주가 급변하는 상선 대비 사이클 변동성이 낮아 조선사의 실적 안전판 역할을 한다.

가장 거대한 기회는 미국 시장에서 열리고 있다. 미국은 세계 최강의 해군력을 보유하고 있지만, 자국 내 조선 인프라 붕괴와 숙련된 인력 부족으로 인해 미 해군 함정의 유지·보수·정비MRO 사업에 심각한 차질을 빚고 있다. 미국의 군함 MRO 비용 지출 규모는 연간 약 20조 원에 달하며, 이는 국내 조선사들에 새로운 먹거리이자 안정적인 캐시카우가 될 수 있다.

미국은 연간 약 8,000억 달러 이상의 국방비 중 160~200억 달러를 신형 군함 및 잠수함 건조에 투입한다. 증권가 분석에 따르면, HII Huntington Ingalls Industries나 GD General Dynamics 등 미국 조선사의 생산 능력 한계와 한국 조선소의 압도적인 건조 경쟁력을 고려했을 때, 장기적으로 한국 조선소가 미국 군함 발주액의 약 16%를 점유할 수 있을 것으로 전망된다.

이러한 흐름에 발맞추어 대한민국 정부는 미국과의 조선·해양 산업 협력을 강화하며, 미국 조선업을 부활시키기 위한 파트너십의 일환으로 'MASGA Make American Shipbuilding Great Again' 프로젝트를 제시하고 있다. 기업 차원의 움직임은 더욱 기민하다. 한화오션은 필리조선소 인수를 통해, HD현대중공업은 미 해군과의 MRO 협약을 통해 미국 조선 시장 진출을 위한 장기적인 성장 로드맵을 구체화하고 있다.

이러한 특수는 미국에만 국한되지 않는다. 영국, 프랑스, 독일 등 유럽 국가들과 일본, 호주, 인도 등 아시아 국가들도 해군 전력 강화에 적극적으로 나서고 있어 글로벌 군함 발주는 지속적으로 늘어날 전망이다. 한국형 차세대 구축함, 장보고-III 잠수함, 한국형 항모 등 국책 프로젝트를 성공적으로 수행한 레퍼런스는 국내 방산·조선사가 동반 성장할 수 있는 강력한 무기가 되고 있다.

4) 환경 규제 강화에 따른 노후 선박 퇴출

조선 산업의 '슈퍼사이클'을 확신하게 만드는 가장 강력한 근거는 바로 '환경 규제'다. 국제해사기구와 유럽연합을 중심으로 한 전례 없는 수준의 강력한 환경 규제가 도입되면서 해운업계는 생존을 위한 강제적인 변화에 직면했다.

주목할 점은 규제의 '타임라인'과 '강제성'이다. EU는 해운 분야에 이미 '탄소배출권 거래제'를 도입해, 해운회사들이 탄소배출량에 대해 비용을 지불하도록 의무화했다. 이 제도는 2023년부터 2025년 사이에 점진적으로 적용된 후, 2026년부터는 배출량의 100%에 대해 비용을 부과한다. 또한 IMO는 2028년부터 5,000톤 이상 선박에 대해 '온실가스 집약도'를 측정하고, 목표치를 채우지 못한 선박에 탄소세를 부과하는 방안을 도입할 예정이다.

결국 환경 규제 기준을 충족시키지 못하는 기존의 노후 선박들은 시장에서 퇴출될 수밖에 없다. 선사들은 탄소세를 내며 적자를 보느니, 메탄올, 암모니아, 수소 등 차세대 연료 추진선(친환경 선박)으로 선대를 교체하는 것이 경제적으로 이득인 상황이 되었다.

문제는 교체해야 할 배가 너무 많다는 것이다. 클락슨리서치 등 주요 기관의 데이터에 따르면, 벌크선의 경우 15년 이상 고령 선박이 전체 선복량의 무려 65%를 차지하며, 컨테이너선도 34%에 달한다. 이들 선박은 새로운 엔진을 달거나 개조하는 것으로는 강화된 규제 기준을 충족하기 어렵기 때문에, 향후 폐선 또는 친환경 선박으로의 교체 수요가 구조적으로, 그리고 대규모로 발생할 가능성이 높다.

이 거대한 교체 사이클의 수혜는 기술력을 갖춘 자에게 집중된다. 중국의 저가 조선소들은 아직 암모니아 추진선이나 액화수소 운반선 같은 고난도 기술을 완벽히 확보하지 못했다. 반면 한국 조선업은 LNG선 등 고부가 친환경 선박 분야에서 압도적인 기술 경쟁력을 보유하고 있어, 노후 선박 교체 사이클의 최대 수혜자가 될 것으로 예상된다.

조선과 운송 산업 투자 지표

실적 및 투자 지표: 2025년 3분기 연환산 기준
시가총액: 2025년 12월 23일 기준

단위: 억 원

종목코드	종목명	매출액	영업이익	순이익	PER	시가총액
329180	HD현대중공업	163,931	17,447	12,925	43.4	561,543
042660	한화오션	127,137	10,891	12,130	31.8	386,081
010140	삼성중공업	105,125	7,402	3,516	63.1	221,760
011200	HMM	113,388	21,440	24,122	8.0	193,364
086280	현대글로비스	293,823	20,245	13,896	9.6	133,650
443060	HD현대마린솔루션	19,299	3,255	2,645	33.3	88,045
082740	한화엔진	13,295	1,009	1,107	34.1	37,718
071970	HD현대마린엔진	3,800	572	1,032	31.9	32,938
000120	CJ대한통운	122,679	5,028	2,515	8.5	21,375
028670	팬오션	56,320	4,713	2,199	9.5	20,982
097230	HJ중공업	18,499	186	-166	-123.9	20,632
017960	한국카본	8,711	1,100	662	26.9	17,831
077970	STX엔진	7,626	725	610	25.7	15,698
075580	세진중공업	3,983	618	394	26.7	10,523
033500	동성화인텍	7,521	730	613	13.7	8,397
460930	현대힘스	2,376	269	202	33.1	6,676
005880	대한해운	13,854	2,182	1,448	4.0	5,780
000650	천일고속	450	-56	-34	-150.4	5,145
101930	인화정공	1,074	153	100	44.5	4,427
003280	흥아해운	1,832	157	275	13.9	3,808

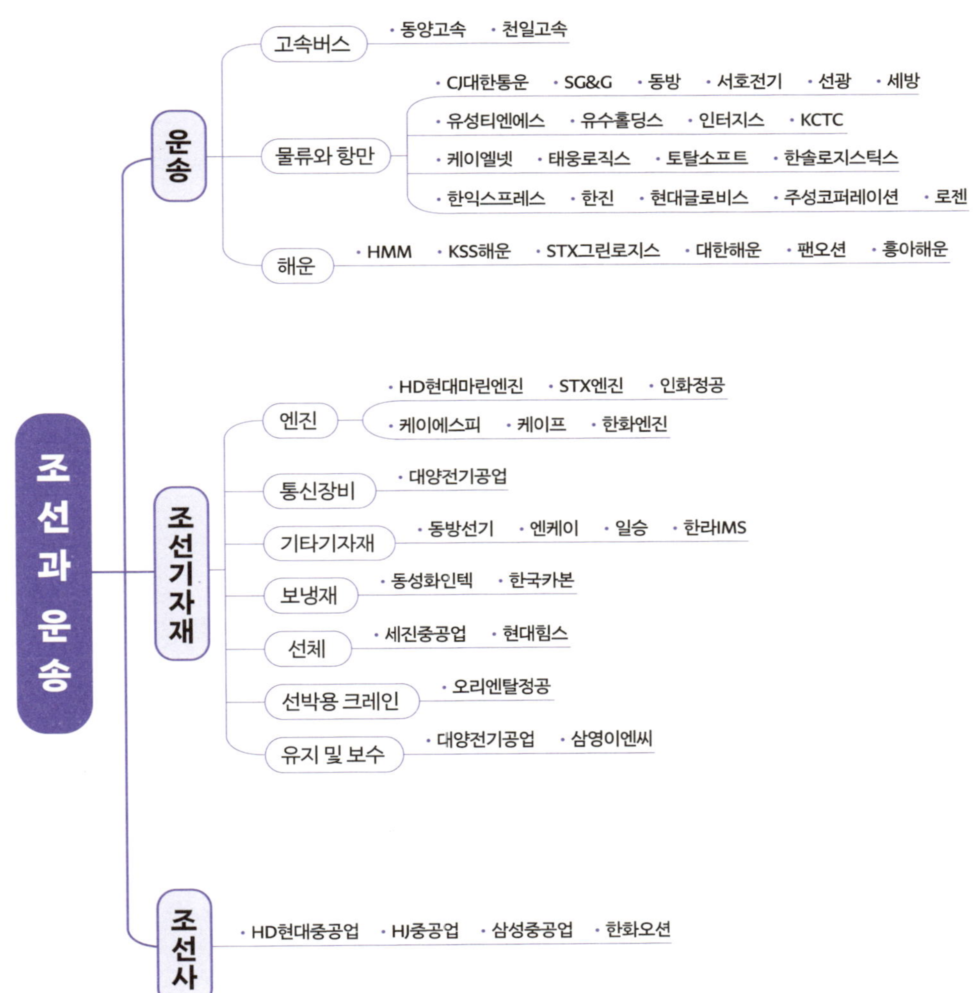

조선과 운송

운송
고속버스 · 동양고속 · 천일고속
물류와 항만 · CJ대한통운 · SG&G · 동방 · 서호전기 · 선광 · 세방
· 유성티엔에스 · 유수홀딩스 · 인터지스 · KCTC
· 케이엘넷 · 태웅로직스 · 토탈소프트 · 한솔로지스틱스
· 한익스프레스 · 한진 · 현대글로비스 · 주성코퍼레이션 · 로젠
해운 · HMM · KSS해운 · STX그린로지스 · 대한해운 · 팬오션 · 흥아해운

조선기자재
엔진 · HD현대마린엔진 · STX엔진 · 인화정공
· 케이에스피 · 케이프 · 한화엔진
통신장비 · 대양전기공업
기타기자재 · 동방선기 · 엔케이 · 일승 · 한라IMS
보냉재 · 동성화인텍 · 한국카본
선체 · 세진중공업 · 현대힘스
선박용 크레인 · 오리엔탈정공
유지 및 보수 · 대양전기공업 · 삼영이엔씨

조선사
· HD현대중공업 · HJ중공업 · 삼성중공업 · 한화오션

건설과 플랜트

건설은 건물이나 시설 등을 새로 짓는 것을 말한다. 플랜트는 발전 및 담수, 석유화학, 해양 설비, 환경 설비 등 각종 산업 시설을 의미한다. 플랜트는 건설을 통해 지어진 건물의 한 형태라고 볼 수 있다. 그럼에도 건설 산업이라 통칭하지 않고 굳이 '건설과 플랜트' 산업으로 부르는 이유는 주 수요처와 전방 시장이 다르기 때문이다. 건설과 플랜트 산업에 속한 기업은 총 166곳으로 주식 시장에서 차지하는 비중은 4.1%다.

2023년 건설업계는 해외 수주 기대감이 주가 반영되었다. 당시 MENA(중동, 북아프리카) 지역을 중심으로 발주가 본격화될 것이란 기대감이 일었다. 또한 알제리 PDH/PP, 요르단 정유, UAE 해일&가샤UAE Hail & Ghasha 프로젝트가 핵심 수주 대상으로 꼽혔다. 다만 하반기로 갈수록 고금리에 높은 공사비로 국내 건설 경기가 얼어붙었으며 프로젝트 파이낸싱PF

구조조정 이슈가 겹치며 투자심리가 악화되었다. 반전의 카드는 미국에서 나왔다. 2025년 5월 트럼프 행정부는 원자력 산업 활성화 계획을 발표했다. 2050년까지 미국의 원자력 발전 용량을 100GW에서 400GW로 4배 확장하는 것이 골자다. 이에 따라 두산에너빌리티, 현대건설 등 원자력 발전소 시공능력이 있는 기업들이 증시에서 크게 부각되며 건설 및 플랜트 업종 지수를 밀어 올렸다.

건설

1. 건설 산업의 개요

서울 도심의 스카이라인을 바꾸는 고층 빌딩부터 지방 소도시의 재개발 현장까지, 건설 산업은 우리 삶의 물리적 기반을 만드는 핵심 산업이다. 대한건설협회와 국토교통부 통계에 따르면, 2024년 말 기준 국내 등록된 종합건설사 수는 약 1만 9,000여 곳에 달한다. 삼성물산, 현대건설, GS건설, DL이앤씨, 대우건설 등 소위 '빅5'로 불리는 대형 건설사들이 산업을 주도하지만, 시장 점유율이 압도적이지는 않다. 건설업은 지역성과 공공성이 강해, 해당 지역의 기반을 닦은 중견·중소 건설사들이 허리 역할을 단단히 하고 있기 때문이다. 다만 2024년부터 이어진 고금리와 부동산 프로젝트파이낸싱[PF] 위기로인해 기초 체력이 약한 지방 중소 건설사들의 폐업이 속출하며, 시장은 대형사 위주로 재편되는 '옥석 가리기'가 진행 중이다.

건설 산업은 발주 주체에 따라 공공 건설과 민간 건설로 구분된다. 공공 건설은 정부와 지자체, 공공기관이 발주하는 도로, 항만 등 관급 공사가 중심이며, 민간 건설은 시행사(디벨로퍼)나 민간 기업이 발주하는 주택(아파트) 및 상업 시설 개발이 핵심이다. 일반적으로 민간 건설이 수익성 면에서 훨씬 유리하지만, 경기에 따라 변동성이 크다는 단점이 있다. 반면 공공 건설은 마진은 박하지만 경기 침체기에도 비교적 안정적인 수주 물량(일감)을 제공한다. 따라서 현명한 건설사들은 이 두 분야의 비중을 조절하며 포트폴리오의 안정성을 꾀하는 전략을 취한다.

공사의 종류는 크게 건축과 토목으로 나뉜다. 건축은 다시 주거용(아파트, 빌라, 주택 등)과 비주거용(백화점, 오피스, 물류센터, 데이터센터, 병원 등)으로 구분된다. 최근 투자자들이 주목하는 곳은 비주거용 건축이다. 주택 시장이 침체된 반면, AI 산업 성장에 따른 데이터센터나 반도체 공장 등 첨단 산업 시설의 건설 수요는 폭발적으로 늘고 있기 때문이다. 토목은 도로, 철도, 교량, 터널, 항만, 상하수도 등 사회간접자본 시설로, 주로 공공 예산에 의해 수요가 발생한다. 정부는 경기 방어를 위해 2024년에 이어 2025년에도 SOC 예산을 조기 집행하는 등 토목 투자를 지속하고 있어, 이는 건설사들의 실적 하방을 지지하는 역할을 한다.

건설 사업의 수익 모델은 크게 도급 공사와 자체 분양(자체 사업)으로 나뉜다. 도급 공사는 시행사가 설계, 인허가, 자금 조달 등을 책임지고, 건설사(시공사)는 단순히 공사만 수행하고 공사비를 받는 구조다. 리스크가 낮지만 이익률도 낮다. 반면 자체 분양은 건설사가 땅을 사고 기획해 시공까지 모두 수행하는 구조다. 분양에 성공하면 막대한 개발 이익을 독식할 수 있어 '하이 리스크, 하이 리턴'의 전형이다. 하지만 최근 태영건설 사태 등 건설업계를 강타한 유동성 위기는 대부분 이 자체 사업이나 무리한 책임준공 확약에서 비롯되었다. 이에 따라 2025년 현재 건설사들은 자체 사업 비중을 줄이고, 리스크가 낮은 단순 도급 위주로 사업 구조를 보수적으로 재편하고 있다.

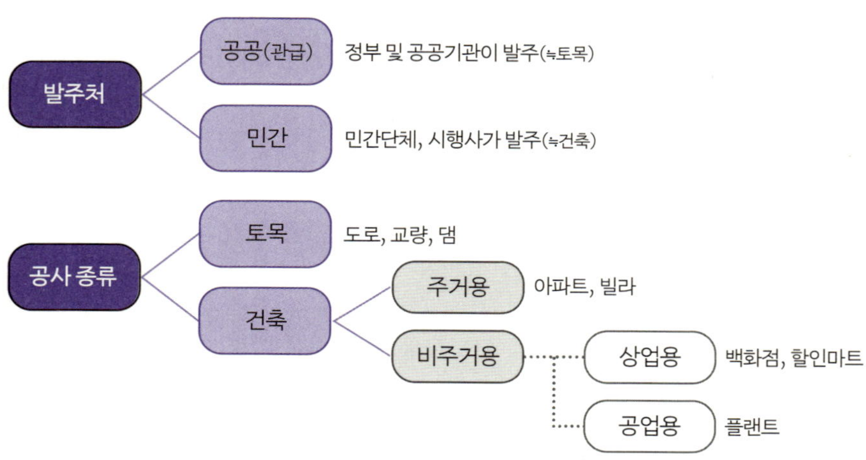

건설의 사업 형태

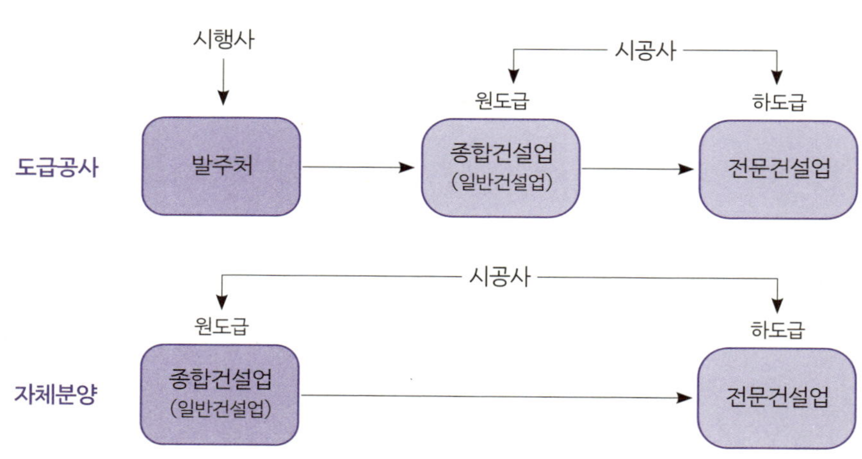

한편 시공 과정은 원도급(종합건설업자)과 하도급(전문건설업자)으로 나뉜다. 원도급사가 전체 공사를 총괄 지휘하면, 실제 현장에서는 하도급사가 전기·기계·철근·콘크리트 등 각 전문 분야의 시공을 분담한다. 시행사가 의도한 대로 공사가 잘 진행되고 있는지 관리·감독하는 주체는 감리 회사이며,

이들은 종종 건축 설계까지 맡기도 한다. 최근에는 중대재해처벌법 시행과 ESG 경영 강화 기조에 따라, 감리 회사의 역할이 단순 시공 감독을 넘어 현장 안전 관리, 친환경 자재 공급망 점검, 공정 간 탄소 배출량 관리까지 확대되고 있다.

2. 건설사와 건설자재 기업이 돈을 버는 방법

건설사는 어떻게 돈을 벌까? 당연히 아파트나 빌라 등을 지어 분양(매각)해 돈을 번다. 그런데 매출을 인식하는 시점은 구체적으로 언제일까? 계약 시점일까, 공사를 완공한 시점일까? 만일 계약 시점이나 공사를 완공한 시점에 매출액을 인식한다면 실적이 매우 들쑥날쑥할 것이다. 1년에 진행하는 공사 건수도 적을뿐더러 공사 기간도 길기 때문이다. 이처럼 수주 산업에 종사하는 기업은 매출액을 진행률 관점에서 인식한다. 쉽게 말해 1,000억 원 규모의 공사가 30% 진행되었다면 300억 원을 매출액으로 인식하는 것이다.

건설은 공정별로 기초 및 골조공사 → 마감공사 → 설비공사 순으로 진행되며, 각각의 단계마다 건설자재 공급 기업들은 매출을 실현한다. 최근 건설 원자재 가격은 2022~2023년 고점 대비 다소 안정세를 보이고 있으나, 일부 품목은 고환율 및 공급망 병목으로 여전히 가격 압박이 크다.

기초공사는 터파기, 파일 설치 등 구조 안정성을 확보하는 작업이며, 골조공사는 철근 콘크리트를 이용한 구조체를 세우는 핵심 단계다. 이후 진행되는 마감공사는 타일, 유리창, 바닥재, 주방 가구 등 고부가가치 자재가 집중되는 구간으로, 인테리어 관련 기업들의 수익원이 되는 영역이다. 여기에 전기, 소방, 급배수 등 기계설비 공사가 병행된다.

2025년 현재 건설사와 자재기업의 수익성은 원자재 변동성과 분양시장 침체, 정부의 주택 공급정책 변화 등 다양한 외부 변수에 크게 좌우되고 있다.

3. 건설 산업의 투자 포인트

건축물을 짓기 위해서는 인허가가 선행되어야 한다. 시행사가 국가 또는 지자체로부터 착공에 대한 인허가를 받으면, 구체적인 건축 및 시공을 위해 시공사와 계약을 맺는다. 이때 시공사(건설사) 입장에서는 수주가 발생한다. 이후 주택의 경우 분양을 진행하고 비로소 착공에 들어간다. 정리하면 '인허가-건설수주-분양 및 착공'의 순서대로 진행되며, 통상 인허가 후 2~3년 정도가 지나면 실제 착공에 들어간다. 따라서 건축허가와 건설수주는 건설업의 향후 일감을 보여주는 '선행지표'이며, 분양 및 착공은 현재의 업황을 보여주는 '동행지표'다.

투자자는 이 사이클에 따른 실적 인식 시차를 이해해야 한다. 건설사는 공사 진행률에 따라 매출액을 인식한다. 통상 공사의 전반기보다는 하반기에 공정률이 높아지면서 매출액이 집중적으로 증가하는 경향이 있다. 건설자재 역시 투입되는 시점에 따라 실적이 발생한다. 따라서 착공 초기에는 기초 및 골조공사 기업(시멘트, 레미콘, 파일)들의 실적이 먼저 좋아지고, 공사가 진행됨에 따라 후반부에는 마감공사, 기계공사, 인테리어 기업들의 실적이 뒤따라 증가한다. 주택 분양 건수와 시차를 둔 건자재 투입 사이클을 파악하고 있다면, 시기별로 적절한 투자처를 선별하는 데 큰 도움이 된다.

부동산 경기 흐름은 건설 업황을 좌우하는 가장 큰 변수다. 주택 가격이 하락하고 미분양이 발생하면 건설사 입장에서는 신규 수주에 소극적이 될 수밖에 없다. 특히 미분양이 발생하면 시행사로부터 약속된 공사 대금을 제때 받지 못하게 되고, 자금 사정이 넉넉하지 못한 중소형 건설사는 흑자 도산의 위기에 몰릴 수 있다. 더 큰 문제는 이 파장이 금융권으로 전이된다는 점이다. 건설 프로젝트의 사업성을 담보로 대출을 해준 금융기관들의 프로젝트파이 낸싱 부실채권 문제가 확산되면, 건설업을 넘어 경제 전반의 위기로 번질 수 있다. 실제로 2024년부터 이어진 PF 위기는 2025년까지도 건설업계 구조조 정의 핵심 트리거로 작용하고 있다.

이러한 시장 침체를 타개하기 위해 이재명 정부는 2025년 '9·7 주택공급 확대방안'을 전격 발표했다. 향후 5년간 수도권에 135만 세대의 공공주택 공 급을 확대하겠다는 것이 골자다. 핵심은 공공택지에서 LH(한국토지주택공사) 가 직접 사업 시행을 주도하고, 건설사 등 민간사업자는 단순 시공을 맡는 '도 급형'으로 참여하는 방식이다.

그러나 시장의 반응은 기대와 우려가 공존한다. 이번 대책에서 공공기관^{LH} 이 직접 시행하는 물량이 대폭 늘어나면서 자금 조달 부담이 가중되었기 때 문이다. 이미 LH는 막대한 부채가 누적된 상태라 수십조 원에 달하는 사업비 를 원활하게 조달할 수 있을지에 대한 의문이 제기된다. 또한 민간 건설사의 역할이 단순 '도급 참여' 중심으로 한정되면, 자체 사업 대비 수익성이 현저히 낮아지므로 대형·중견 건설사들의 적극적인 참여 유인이 부족하다는 지적도 나온다.

플랜트 설비와 관리

1. 플랜트 설비와 관리 산업의 개요

건설사들의 국내 주력 시장은 주택이다. 그러나 해외 시장으로 눈을 돌리면 상황은 완전히 다르다. 해외에서는 발전 및 담수, 석유화학, 해양 설비 등 '플랜트' 수주에 집중하고 있다. 플랜트는 자재·기계·배관·계장설비 등 복잡한 장치와 공정을 통합해 특정 생산 기능을 수행하도록 만든 거대한 설비 단지로, 정유 공장, LNG 액화·기화 설비, 발전소 등이 대표적이다. 이러한 플랜트의 설계Engineering, 조달Procurement, 시공Construction부터 유지관리까지 전 과정을 통합 수행하는 것이 바로 '플랜트 EPC' 산업의 핵심이다.

플랜트 산업의 수주는 전통적으로 국제 유가와 높은 상관관계를 갖는다. 주요 발주처인 산유국의 재정 상황이 유가에 연동되기 때문이다. 2022~2023년 중 유가가 WTI 기준 배럴당 70~90달러 선을 유지하면서, 수주 환경도 비교적 안정적으로 유지되었다. 삼성엔지니어링(현 삼성E&A), 현대엔지니어링, 현대건설, 대우건설 등이 국내 플랜트 수주를 주도하고 있으며, 최근에는 단순 EPC를 넘어 O&M(운영 및 유지보수)으로 사업 영역을 확장하며 수익 모델을 다변화하고 있다.

주목할 점은 2025년 대한민국 플랜트 산업의 수주 지형도가 급격히 바뀌고 있다는 것이다. 해외건설협회에 따르면 2025년 8월 말 누적 기준 해외건설 수주액은 전년 동기 대비 무려 107% 급증하며 폭발적인 성장세를 보였다. 그런데 그 성장의 중심은 전통적인 텃밭이었던 중동이 아닌 '유럽'이었다. 체코 원전 수주를 필두로 산업설비, 발전, 원전 공종을 중심으로 유럽발 수주가 급증하며 전체 실적을 견인했다. 이는 국내 건설사들이 중동 의존도에서 벗어나 시장 다변화에 성공하고 있음을 보여주는 고무적인 신호다.

반면, '기회의 땅'으로 여겨졌던 중동 수주는 예상보다 부진했다. 2025년 중동 GCC 국가들의 화공 프로젝트 발주 예산은 전년 대비 170% 증가한 694억 달러로 책정되며 장밋빛 전망을 예고했으나, 실제 상반기 발주액은 58억 5,000만 달러에 그쳐 전년 대비 67%나 역성장했다. 이는 중동 발주처들의 의사결정이 지연되는 현상이 최근 몇 년간 구조적인 패턴으로 굳어지고 있기 때문이다. 네옴시티 등 초대형 프로젝트의 재원 조달 문제와 사업성 재검토가 맞물리며 발주 시기가 계속 뒤로 밀리고 있는 것이다.

이러한 시장 변화 속에서, 플랜트 산업은 전통적인 석유화학 중심에서 탈탄소 시대에 발맞춘 친환경 중심 산업으로 체질 개선을 서두르고 있다. 그린 암모니아, 그린 수소, 탄소포집 설비, LNG 벙커링 플랜트, 해상풍력 변전소 설비 등 새로운 영역에서의 프로젝트가 빠르게 증가하고 있다. 현대건설은 사우디 네옴시티 수소 기반 플랜트에, 삼성E&A는 UAE 블루암모니아 설비 EPC 사업에 참여하며 이 같은 친환경 전환 흐름을 주도하고 있다.

2. 플랜트 설비와 관리 산업의 투자 포인트

플랜트 수주 실적이 늘어나기 위해서는 전통적으로 국제 유가 동향이 중요하다. 유가가 상승하면 산유국 재정이 넉넉해져 플랜트 발주를 늘리기 때문이다. 국내 대형건설사들의 플랜트 수주가 늘면 산업용 계측기, 배열회수보일러, 탈황 설비 등 핵심 기자재를 납품하는 기업들의 낙수 효과도 커진다.

다만 유가가 올라도 국내 건설 기업들의 해외 플랜트 수주 전략은 예전과 다르다. 과거 공격적인 저가 수주의 부작용으로 대규모 손실을 본 학습 효과 때문이다. 국내 대형건설사들은 2010~2012년경 외형 확장을 위해 출혈 경쟁도 불사했으나, 이는 독이 되어 돌아왔다. 플랜트 사업은 진행률로 매출을 인식하는데, 예상보다 공사가 지연되거나 기술적 난제에 부딪혀 원가가 상승하면 저가로 수주한 프로젝트는 즉시 적자로 전환된다. 이러한 혹독한 시련을 겪은 후, 현재 국내 건설사들은 철저히 '수익성 중심'의 선별 수주 전략을 고수하고 있다.

구조적으로 전통적인 석유화학 플랜트 발주가 감소하는 추세도 무시할 수 없다. 전 세계적인 탄소중립 기조에 따라 화석연료 기반 시설에 대한 투자가 줄어들고 있기 때문이다. 이에 건설사들은 수소, 풍력, 태양광, 수처리 등 '친환경 플랜트'에서 새로운 돌파구를 찾고 있다. 그리고 2025년 가장 확실한 성장 동력으로 부상한 것은 바로 '원자력 발전'이다.

실제로 2025년 상반기 해외건설 수주액 급증의 중심에는 중동이 아닌 유럽, 그중에서도 '체코 두코바니 신규 원전 사업'이 있었다. 한국수력원자력을 필두로 한 '팀 코리아'가 수주한 이 사업은 약 24조 원(187억 달러) 규모로, 상반기 전체 수주 실적을 견인했다. 체코 원전 프로젝트는 역대 해외 건설 프로젝트 중 UAE 바라카 원전에 이어 두 번째로 큰 규모이자, 한국 건설기업의 시공 능력과 기술력이 원전의 본고장인 유럽에서도 통한다는 것을 입증한 쾌거다. 투자자 관점에서 이는 한국 건설사들이 유럽 시장에서 강력한 '트랙 레코드'를 확보했음을 의미하며, 지정학적 리스크가 상존하는 중동 의존도를 낮추고 북미, 유럽, 중앙아시아 등으로 수주 포트폴리오를 다변화하는 결정적인 계기가 되었다.

한편, '우크라이나 재건 사업'은 여전히 잠재력이 큰 시장이지만, 기대감의 조정이 필요한 시점이다. 신한투자증권 등에 따르면 장기화된 전쟁으로 우크라이나의 인프라 직접 피해 규모는 약 1,347억 달러에 달하며, 향후 10년간 복구 비용은 약 4,800억 달러로 추산된다. 2023년부터 한국 정부 및 기업은 우크라이나와 다양한 형태의 재건 참여 MOU를 맺으며 발 빠르게 움직였다. 그러나 2025년 11월 현재까지 전쟁이 완전히 종식되지 않고 장기화 국면에 접어들면서, 실질적인 본계약 체결과 착공은 지연되고 있다. 따라서 투자자들은 막연한 기대감보다는 구체적인 종전 협상 진전이나 국제기구 등의 자금 지원 확정 뉴스를 확인하며 접근해야 한다.

건설과 플랜트 산업 투자 지표

실적 및 투자 지표: 2025년 3분기 연환산 기준
시가총액: 2025년 12월 23일 기준

단위: 억 원

종목코드	종목명	매출액	영업이익	순이익	PER	시가총액
034020	두산에너빌리티	167,871	7,856	-1,020	-490.1	499,638
028260	삼성물산	399,026	31,050	21,294	19.2	408,794
000720	현대건설	302,496	-12,417	-2,665	-29.2	77,949
028050	삼성E&A	88,501	8,105	5,491	8.9	48,804
002380	KCC	65,849	4,594	11,792	3.1	37,057
052690	한전기술	5,059	359	1,039	33.7	35,048
051600	한전KPS	15,669	1,617	1,403	17.0	23,850
083650	비에이치아이	6,564	588	606	28.3	17,174
006360	GS건설	128,534	4,211	207	82.1	16,988
375500	DL이앤씨	81,454	4,181	2,822	5.8	16,271
060370	LS마린솔루션	2,293	105	110	145.3	15,933
047040	대우건설	89,876	4,113	-277	-56.7	15,731
300720	한일시멘트	15,061	1,507	780	18.3	14,275
294870	HDC현대산업개발	42,470	2,490	1,919	7.2	13,841
012630	HDC	69,265	6,094	2,517	4.3	10,801
006730	서부T&D	2,252	613	682	12.2	8,342
100840	SNT에너지	5,000	736	645	12.5	8,086
010780	아이에스동서	12,046	1,044	-1,892	-4.0	7,637
475150	SK이터닉스	2,907	370	300	24.3	7,291
014620	성광벤드	2,446	372	339	21.2	7,197

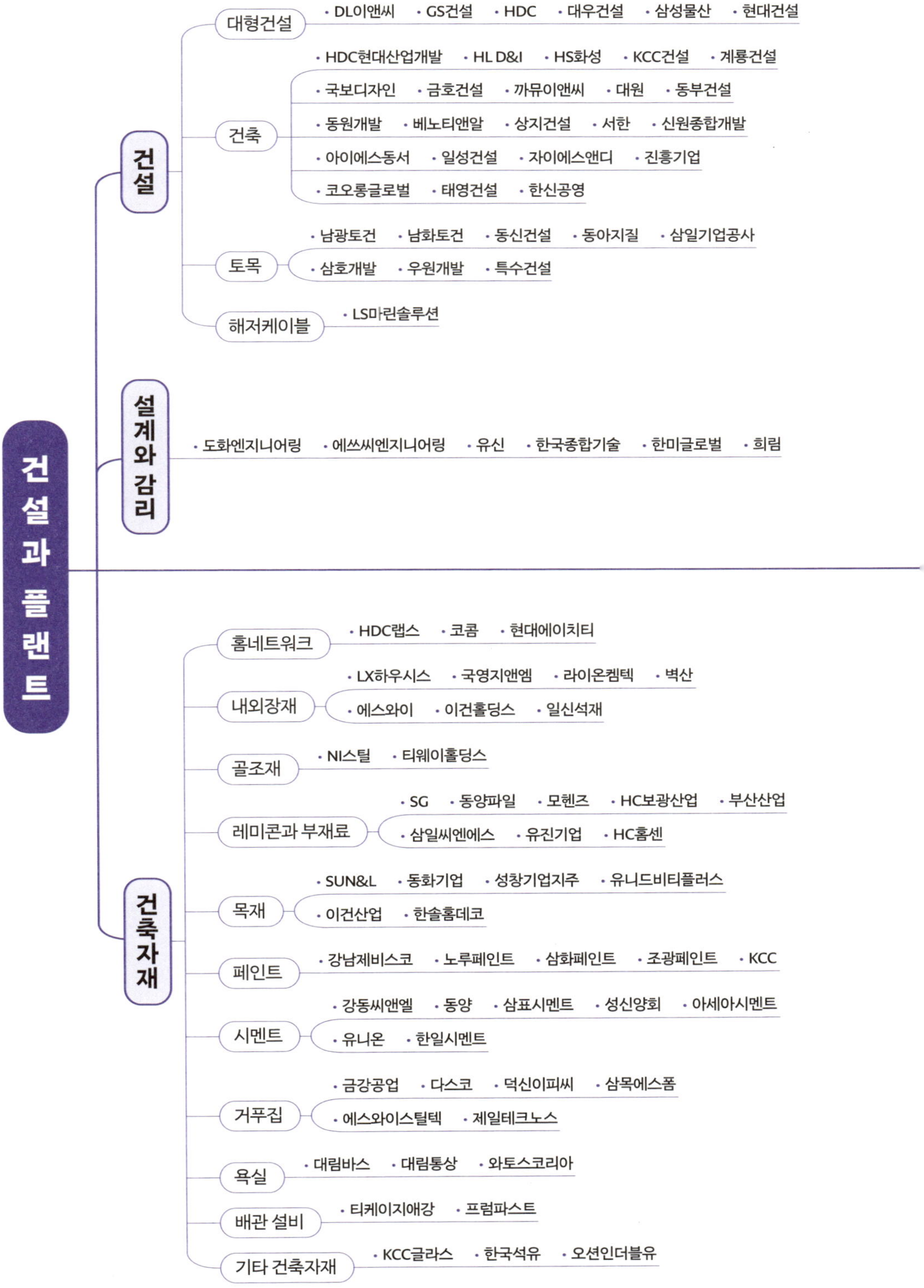

건설과 플랜트

건설

대형건설
- DL이앤씨 · GS건설 · HDC · 대우건설 · 삼성물산 · 현대건설

건축
- HDC현대산업개발 · HL D&I · HS화성 · KCC건설 · 계룡건설
- 국보디자인 · 금호건설 · 까뮤이앤씨 · 대원 · 동부건설
- 동원개발 · 베노티앤알 · 상지건설 · 서한 · 신원종합개발
- 아이에스동서 · 일성건설 · 자이에스앤디 · 진흥기업
- 코오롱글로벌 · 태영건설 · 한신공영

토목
- 남광토건 · 남화토건 · 동신건설 · 동아지질 · 삼일기업공사
- 삼호개발 · 우원개발 · 특수건설

해저케이블
- LS마린솔루션

설계와 감리
- 도화엔지니어링 · 에쓰씨엔지니어링 · 유신 · 한국종합기술 · 한미글로벌 · 희림

건축자재

홈네트워크
- HDC랩스 · 코콤 · 현대에이치티

내외장재
- LX하우시스 · 국영지앤엠 · 라이온켐텍 · 벽산
- 에스와이 · 이건홀딩스 · 일신석재

골조재
- NI스틸 · 티웨이홀딩스

레미콘과 부재료
- SG · 동양파일 · 모헨즈 · HC보광산업 · 부산산업
- 삼일씨엔에스 · 유진기업 · HC홈센

목재
- SUN&L · 동화기업 · 성창기업지주 · 유니드비티플러스
- 이건산업 · 한솔홈데코

페인트
- 강남제비스코 · 노루페인트 · 삼화페인트 · 조광페인트 · KCC

시멘트
- 강동씨앤엘 · 동양 · 삼표시멘트 · 성신양회 · 아세아시멘트
- 유니온 · 한일시멘트

거푸집
- 금강공업 · 다스코 · 덕신이피씨 · 삼목에스폼
- 에스와이스틸텍 · 제일테크노스

욕실
- 대림바스 · 대림통상 · 와토스코리아

배관 설비
- 티케이지애강 · 프럼파스트

기타 건축자재
- KCC글라스 · 한국석유 · 오션인더블유

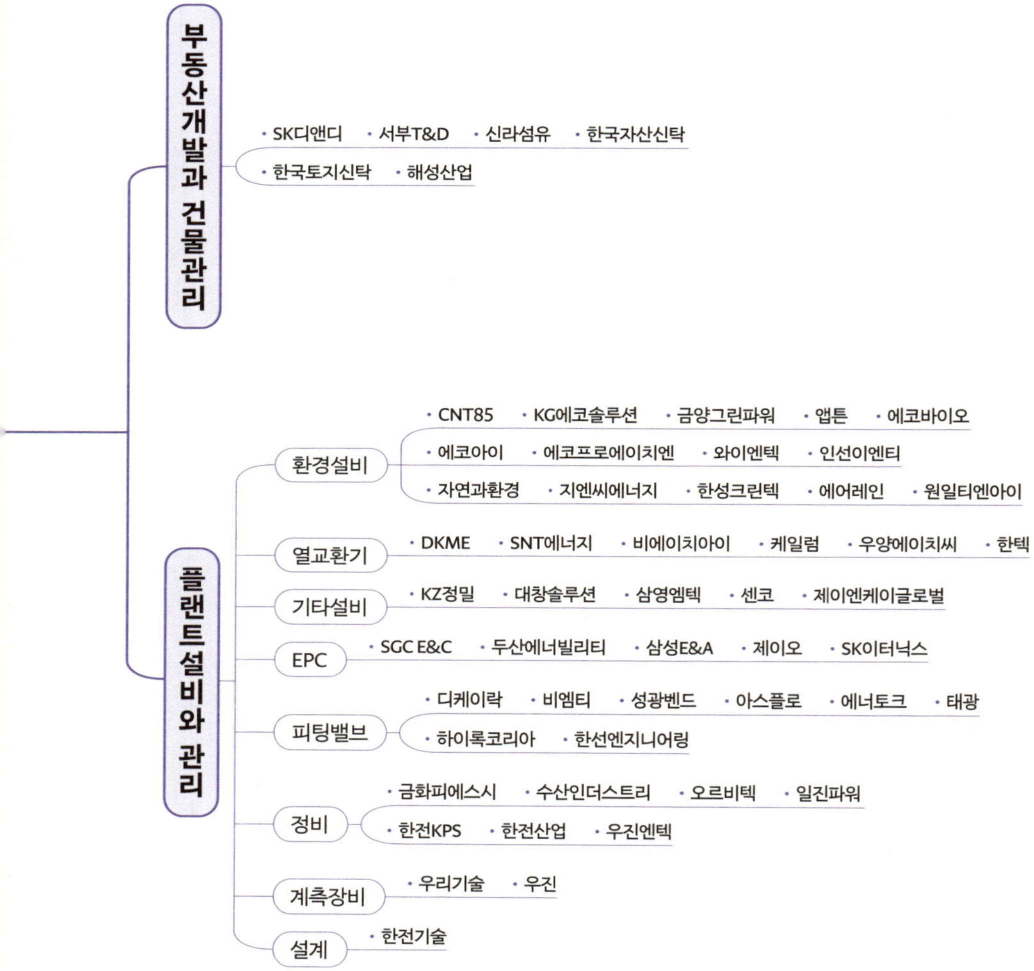

부동산개발과 건물관리

· SK디앤디   · 서부T&D   · 신라섬유   · 한국자산신탁
· 한국토지신탁   · 해성산업

플랜트설비와 관리

환경설비
· CNT85   · KG에코솔루션   · 금양그린파워   · 앱튼   · 에코바이오
· 에코아이   · 에코프로에이치엔   · 와이엔텍   · 인선이엔티
· 자연과환경   · 지엔씨에너지   · 한성크린텍   · 에어레인   · 원일티엔아이

열교환기
· DKME   · SNT에너지   · 비에이치아이   · 케일럼   · 우양에이치씨   · 한텍

기타설비
· KZ정밀   · 대창솔루션   · 삼영엠텍   · 센코   · 제이엔케이글로벌

EPC
· SGC E&C   · 두산에너빌리티   · 삼성E&A   · 제이오   · SK이터닉스

피팅밸브
· 디케이락   · 비엠티   · 성광벤드   · 아스플로   · 에너토크   · 태광
· 하이록코리아   · 한선엔지니어링

정비
· 금화피에스시   · 수산인더스트리   · 오르비텍   · 일진파워
· 한전KPS   · 한전산업   · 우진엔텍

계측장비
· 우리기술   · 우진

설계
· 한전기술

기계

· PLUS K방산, KODEX 로봇액티브

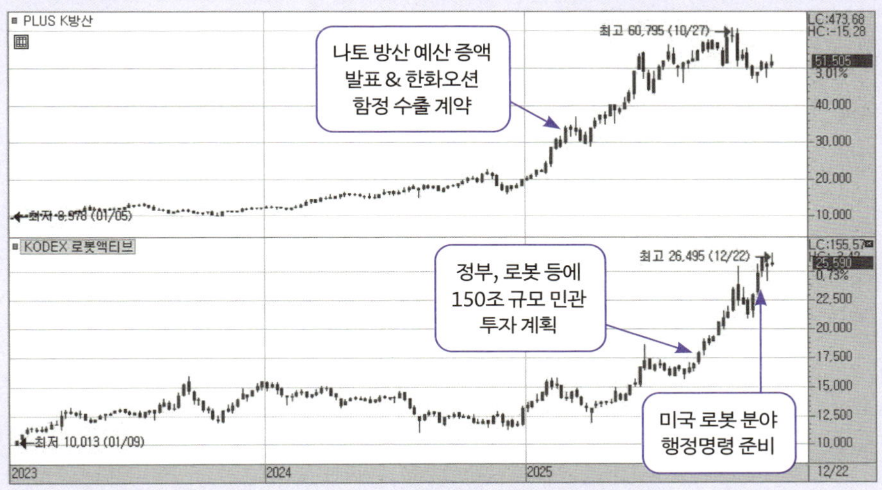

기계는 사람이 힘을 가하지 않더라도 에너지를 공급하면 정해진 일을 수행하는 장치로 여러 부품이 조합된 것을 말한다. 기계는 지렛대, 도르래, 축바퀴처럼 단순한 것부터 자동차, 항공기, 로켓 등 복잡한 것도 포함된다. 사실 타 산업으로 분류되는 반도체 장비, 디스플레이 장비 역시 기계의 일종이다. 다만 이 책에서는 전방 산업, 비즈니스 모델, 주가 흐름의 동질성 등을 고려해 기계 산업을 건설기계, 공작기계, 항공우주와 방위 산업, 로봇, 일반 기계로 분류했다. 기계 산업에 속한 기업은 총 118곳으로 주식 시장에서 차지하는 비중은 4%다.

기계 산업 중에서 최근 3년간 뚜렷한 성과를 보인 섹터는 단연 방산이다. 방산 업종에 속한 기업들은 지난 3년간 폭발적으로 상승했다. 특히 2023년부터 2025년까지 매년 꾸준

한 상승을 기록했다. 러시아-우크라이나 전쟁을 시작으로 이스라엘-이란 중심의 중동전쟁까지 발발하면서 글로벌 무기 수요를 자극했다. K방산 기업들의 수출처가 유럽, 중동, 동남아로 다변화되면서 한화에어로스페이스, 한국항공우주, LIG넥스원, 현대로템 방산 빅4의 수주잔고가 100조 원을 돌파하는 쾌거를 기록하기도 했다. 특히 세계 곳곳에서 전쟁이 지속되고 있으며 북대서양조약기구[NATO] 회원국들의 2035년까지 국방비를 GDP의 5%까지 증액하기로 합의하면서 방산주에 대한 투자 수요를 자극할 것으로 기대된다.

로봇 역시 기계 산업 내에서 눈부신 성장을 이루었다. AI에 대한 투자가 진행되며 로봇에 대한 관심도 커졌다. 엔비디아 등 빅테크들 사이에서 'AI의 최종 종착역은 결국 로봇'이란 컨센서스가 형성되며 글로벌 로봇 산업에 돈이 몰리기 시작했다. 국내에서도 로봇 열풍이 불었는데, 2025년 1월 삼성전자가 레인보우로보틱스 지분에 대한 콜옵션을 행사하며 최대 주주로 올라선 사건이 대표적이었다. 여기에 정부가 AI 및 로봇 등 첨단 전략산업에 150조 원 규모의 민관 투자 계획을 발표한 것도 로봇 관련주 투자 심리에 불을 지폈다. 2025년 12월엔 미국이 로봇 분야에 대해서 행정명령을 검토 중이라는 소식이 전해지며 다시 한번 관련주에 대한 관심이 모아졌다.

건설·일반·공작기계

1. 건설·일반·공작기계 산업의 개요와 특징, 성장성

1) 건설기계

건설기계는 불도저, 굴삭기, 로더, 지게차, 기중기 등 건설 현장에서 사용되는 중장비를 의미한다. 이들은 사회간접자본, 즉 도로, 철도, 항만, 공항 등 인프라 구축 과정에서 필수적으로 투입되며, 글로벌 인프라 투자 규모와 밀접한 연관성을 가진다.

글로벌 건설기계 시장은 코로나19 팬데믹 이후 재정지출 확대와 경기부양책으로 회복세에 접어들었다. 마켓앤마켓에 따르면 글로벌 건설기계 시장은 2023년 약 1,558억 달러에서 연평균 3.7% 성장해 2030년까지 약 2,011억 달러에 이를 전망이다. 주요 시장은 아시아태평양 지역이 40% 이상을 차지하며, 북미·유럽이 뒤를 잇는다.

2024년 기준 글로벌 1위는 여전히 미국의 캐터필러 ^{Caterpillar}(약 16.5%)이며,

일본의 코마츠^{Komatsu}, 중국의 XCMG, 사니^{Sany}, 한국의 두산밥캣 등이 그 뒤를 잇고 있다. 두산밥캣은 북미 시장에서 견고한 점유율을 유지하고 있으며, HD현대건설기계와 HD현대인프라코어는 통합 브랜드 전략을 추진 중이다.

국내 기업들은 매출의 70~85%를 해외에서 벌어들이고 있다. 북미, 유럽, 인도, 동남아 시장을 중심으로 신흥국 수요 대응에 적극적이다. 특히 소형 건설기계와 전기 굴착기 등 친환경 모델 개발이 활발하게 진행 중이다. HD현대는 2024년 CES에서 스마트 건설 솔루션을 공개하며 디지털 전환 역량을 과시했다.

2) 일반기계

공작기계, 건설기계 등 특정 영역에만 쓰이는 기계도 있지만 사실 대부분의 기계는 산업 전반에 두루 사용된다. 이처럼 쓰임새가 특정 영역에 국한되지 않는 다양한 기계를 이 책에서는 일반기계로 분류했다. 주로 공장 자동화기기(FA 설비), 컨베이어 시스템, 전자제품 외장재를 생산하는 금형, 철도차량(전동차), 유압기기 및 각종 산업용 부품 등이 포함된다.

이들 일반기계는 공장 자동화, 물류 자동화, 친환경 에너지 전환과 맞물려 수요가 꾸준히 확대되고 있다. 특히 스마트 물류, 전기차, 풍력·태양광 관련 기계 수요가 늘고 있으며, 제조업 디지털 전환에 따라 센서·로봇·제어장비 수요도 함께 증가하는 추세다.

이러한 흐름 속에서 일반기계 산업은 특정 제품군의 트렌드보다도 '최종 수요처가 어디인지', '적용 분야가 어디인지'를 분석하는 것이 투자나 시장 분석에서 핵심이다. 같은 자동화 설비라도 적용처가 2차전지 공장인지, 제약 공장인지에 따라 성장성과 수익성이 달라질 수 있기 때문이다.

3) 공작기계

공작기계는 '기계를 만드는 기계'로 불릴 만큼 제조 산업의 핵심 기반이 되는 설비다. 금속이나 합금 소재를 정밀하게 절삭·절단·연마해 각종 기계 부품을 만들어내며, 자동차·항공우주·의료기기·반도체·방위산업·건설장비 등 거의 모든 산업에 활용된다. 대표적인 공작기계로는 선반Lathe, 밀링Milling Machine, 라우터Router, 그라인더Grinder 등이 있으며, 최근에는 이들 기계가 복합적으로 통합된 멀티태스킹(복합가공) 공작기계와 5축 가공기계의 수요가 증가하고 있다.

글로벌마켓인사이트에 따르면 2024년 글로벌 공작기계 생산 규모는 약 806억 달러로 추산되며, 이는 전년 대비 약 5.5% 감소한 수치다. 국가별로는 중국이 여전히 세계 최대 생산국 지위를 유지했으며, 독일과 일본이 그 뒤를 이어 1~3위를 차지했다.

다만, 글로벌 제조업 경기 둔화의 영향으로 상위권 국가들의 생산량은 전반적으로 감소세를 보였다. 한국은 약 40억 달러 후반대를 기록하며 미국, 이탈리아에 이어 세계 6위 수준을 유지하고 있다.

공작기계는 고정밀·고속화·스마트화가 중요한 트렌드로 부상하고 있으며, 특히 밀링기계는 연평균 약 7% 이상의 성장률을 기록하며 시장의 주도 품목으로 자리 잡고 있다. 또한 AI와 사물인터넷을 기반으로 한 스마트팩토리 구축 수요가 증가하면서 디지털 공작기계 수요가 급증하고 있다.

한국은 고속가공기, 복합가공기 분야에서 경쟁력을 확보하고 국내 기업인 화천기계, DN솔루션즈(비상장), 현대위아 등은 이러한 흐름에 발맞추어 지능형 설비 라인 개발과 수출 경쟁력 강화에 주력하고 있다. 중소형 스마트 공작기계의 유럽·동남아 수요가 증가하는 것이 최근 특징이다.

2. 건설·일반·공작기계 산업의 투자 포인트

건설기계, 공작기계 등 대부분의 기계 수요는 글로벌 설비 투자, 인프라 투자와 밀접하게 연관되어 있다. 일반적으로 설비 투자 증가율은 글로벌 경제 성장률과 동행한다. 중국의 세계무역기구 가입으로 자유무역이 활발히 진행되며 신흥국 중심으로 크게 성장했던 2004년부터 2007년까지 글로벌 설비투자 증가율은 꾸준히 10%를 웃돌았다. 그러나 글로벌 금융위기 여파로 2009년에는 설비 투자 증가율이 마이너스로 전환했으며, 이후 저성장 시대를 맞아 한 자릿수 성장과 하락을 반복했다. 2021년 코로나19 기저 효과로 설비 투자는 10% 넘게 성장했지만, 2022년에는 미국의 긴축과 러시아-우크라이나 전쟁, 중국의 제로 코로나 정책 등으로 크게 둔화되었다.

그러나 2025년 현재, 기계 산업은 다시 한번 반등의 모멘텀을 맞이하고 있다. 가장 큰 변화는 유럽에서 시작되었다. 경기 둔화에 대응하기 위한 유럽중앙은행의 선제적인 금리 인하 정책이 효과를 발휘하면서, 독일, 스페인, 프랑스, 네덜란드 등 주요 국가에서 멈추었던 인프라 투자가 다시 활성화되었기 때문이다. 이는 2025년 글로벌 건설기계 수요를 견인하는 핵심 요인이 되었다.

신흥국발[發] 자원 개발 수요도 무시할 수 없는 성장축이다. 지속되는 지정학적 위기로 금, 은 등 안전자산 가격이 급등하자, 채산성이 확보된 아프리카 및 신흥 자원국들이 광산 개발에 적극적으로 나서면서 굴삭기 등 채굴용 건설기계 수요가 늘어난 것이다.

시선의 끝은 2026년을 향하고 있다. 2025년 출범한 미국 트럼프 행정부가 강력하게 추진 중인 인프라 투자 확대 및 주택 공급 활성화 정책이 시차를 두고 2026년부터 본격적으로 집행될 예정이기 때문이다. 이는 세계 최대 건설기계 시장인 북미 시장의 성장을 이끌며 국내 기업들에도 큰 기회가 될 것으로 전망된다.

투자자는 기계 산업의 본질적인 사이클을 이해해야 한다. 경기가 회복될 때 기업들은 앞다투어 설비 투자를 단행한다. 호황이 찾아왔을 때 늘어난 수요를 감당하기 위해서다. 다만 경쟁사를 너무 의식하면 다소 과잉 투자를 진행하기도 한다. 경쟁사는 생산 능력을 2배로 늘리는데 우리 회사만 소극적으로 나선다면, 호황이 찾아왔을 때 점유율 격차가 크게 벌어질 수 있기 때문이다. 이렇게 구축된 설비는 불황이 찾아왔을 때는 기업들에 부메랑이 되어 돌아온다. 실제 설비 투자 증가율이 경제 성장률보다 변동성이 큰 이유다. 결국 기계 기업들은 호황과 불황 간 실적과 주가의 괴리가 매우 큰 대표적인 '경기 민감형' 기업이므로, 업황이 바닥을 다지고 반등하는 초입에 진입하는 전략이 유효하다.

로봇

1. 로봇 산업의 개요와 특징, 성장성

로봇 산업은 크게 산업용, 협동, 그리고 휴머노이드(인간형) 로봇으로 구분된다. 과거의 로봇이 공장이나 제조 라인이라는 정형화된 환경에서 인간과 격리되어 반복 작업만 수행하는 '기계 장비'였다면, 2025년 현재의 로봇은 인간과 같은 공간에서 함께 일하고 호흡하는 '비정형 환경'의 동반자로 그 영역을 급격히 확장하고 있다.

이러한 로봇 산업의 태동은 소프트웨어, 하드웨어, 그리고 경제적 요인이 맞물린 '거대한 필연'이다. 첫째 요인은 소프트웨어적 혁명이다. 과거의 로봇은 입력된 명령만 수행하는 수동적 존재였다. 그러나 거대언어모델^{LLM}을 넘어, 언어와 영상, 동작을 동시에 학습하고 스스로 판단해 행동하는 '거대행동모델 LAM: Large Action Model'이 등장하면서 로봇은 비로소 '뇌'를 갖게 되었다. 테슬라의 '옵티머스'가 보여주듯, 이제 로봇은 복잡한 현실 세계를 이해하고 자율

주요 로봇 유형별 특징 및 역할 비교

분류	특징	주요 역할
산업용 로봇	고정된 장소에서 반복적으로 작업을 수행하는 로봇. 중형, 대형이 주를 이룸	무겁고 단순한 반복 작업 수행. 소품종 대량 생산에 적합. 주로 대기업 도입
협동 로봇	사람과 같은 공간에서 안전하게 상호작용하며 작업할 수 있는 로봇. 소형, 중형이 주를 이룸	정밀성 및 원가 절감이 중요하며, 다품종 변량 생산에 적합. 주로 중소 제조업, 서비스업 도입.
피지컬 AI	하드웨어에 자율적인 판단을 하는 AI를 적용. 물리 기반 데이터 학습을 통해 자율적으로 활동. 'Generative Physical AI'라고도 불림. 3D 물리 세계의 공간 관계와 법칙 이해.	예측 불가능한 상황에 실시간 적응, 정교하고 복잡한 작업 수행, 인간과의 자연스러운 협업.
휴머노이드	인간의 형태로 이족보행을 하고 사람과 비슷한 역할을 수행할 수 있는 로봇. 피지컬 AI의 최종 종착지.	단조롭고, 위험하고, 비위생적인 환경에서 인간의 많은 부분을 대체

적으로 작업할 수 있는 단계로 진입했다.

둘째, 하드웨어의 진화다. 감속기, 모터, 액추에이터, 센서 등 정밀 부품이 소형화·고성능화되면서 휴머노이드의 자연스러운 움직임 구현이 가능해졌다. 여기에 반도체, 배터리, 엣지 AI 칩 등 첨단 ICT 기술이 접목되면서 로봇은 단순한 기계가 아닌 '걸어 다니는 고성능 컴퓨터'로 진화했다.

셋째, 가장 강력한 동인은 경제적 필요성이다. 선진국의 고령화와 생산가능인구 감소는 제조 및 서비스 현장의 심각한 인력난을 초래했다. 반면 로봇의 단가는 기술 발전으로 2020~2024년 사이 최소 40% 이상 하락하며, 미국 근로자 연간 최저임금 수준(약 1만 6천 달러)에 근접했다. 즉, "인간 고용 비용과 로봇 가격이 같아지는" 경제적 변곡점에 도달한 것이다. 이에 따라 미국과 EU는 공급망 재편(리쇼어링) 과정에서 고비용 인력을 대체할 수단으로 로봇 도입을 서두르고 있다.

로봇 시장의 성장성은 로봇의 형태에 따라 차별화된다. 산업용 로봇은 이미 성숙 단계에 접어들어 성장률이 상대적으로 낮다. 마켓앤마켓에 따르면 2030년까지 연평균 7% 수준의 성장이 예상되며, 국제로봇연맹IFR은 2028년 설치 대수가 70만 대에 이를 것으로 전망한다. 반면 협동 로봇은 마켓앤마켓에 따르면 2030년까지 연평균 18.9%의 고성장을 이어갈 전망이다.

가장 폭발적인 잠재력을 가진 것은 휴머노이드다. 아직 시장 개화 초기지만, 골드만삭스는 2035년 시장 규모가 380억 달러에 이를 것으로 보았으며, 씨티그룹Citi GPS은 2050년 시장 규모가 7조 달러에 달하고 누적 출하량이 6억 5,000만 대를 기록할 것이라는 파격적인 전망을 내놓았다.

이 거대한 시장을 놓고 국가 간 패권 경쟁도 치열하다. 미국과 중국은 AI·로봇 기술을 국가 경쟁력의 핵심이자 안보 자산으로 인식하고 있다. 마치 과거의 우주 개발 경쟁처럼 "AI+로보틱스"가 기술 패권의 새로운 전쟁터로 부상한 것이다. 중국은 '중국제조 2025' 등을 통해 로봇을 전략산업으로 지정하고 1조 위안 이상의 자금을 투입하고 있으며, 미국은 DARPA 주도의 국방 프로젝트와 테슬라 등 민간 기업의 협력을 강화하고 있다. 한국 역시 세계 로봇 설치의 6%, 협동로봇 판매의 4.4%를 차지하는 세계 4위 로봇 강국으로서, 산업통상자원부 주도의 'K-휴머노이드 얼라이언스'를 통해 민관 협력 R&D와 핵심 부품 국산화에 박차를 가하고 있다.

2. 로봇 기업의 투자 포인트

1) 휴머노이드 밸류 체인에 주목

로봇 산업을 바라보는 투자자의 시선은 이제 단순한 자동화 기계를 넘어, 인간을 닮은 '휴머노이드'로 향해야 한다. 휴머노이드는 로봇 시장 중 가장 높은 성장률과 잠재 시장 규모를 예고하는 분야이자, 가상의 공간에 머물던 AI가 물리적 실체를 갖고 현실 세계와 상호작용하는 '피지컬 AI Physical AI'의 최종 종착지이기 때문이다. 글로벌 투자은행 골드만삭스는 최신 보고서를 통해 2035년 휴머노이드 로봇 시장 규모가 380억 달러(약 50조 원)에 이를 것으로 전망하며, 기존 전망치를 상향 조정했다. 이는 휴머노이드가 단순한 산업 현장의 노동력 대체를 넘어, 가사 도우미나 노인 돌봄 등 거대한 B2C 영역으로 확장될 가능성을 높게 평가했기 때문이다.

이러한 잠재력에 힘입어 글로벌 선도 기업들은 2025년부터 본격적인 '실전 배치' 경쟁에 돌입했다. 테슬라는 자사의 공장에 '옵티머스'를 투입해 부품 운반 등의 단순 반복 작업을 수행시키며 데이터를 축적하고 있다. 또한 마이크로소프트와 엔비디아의 투자를 받은 피규어 AI Figure AI, 현대차그룹의 보스턴 다이내믹스 Boston Dynamics 등도 상용화에 유리한 모델을 공개하며 양산 준비를 마쳤다. 따라서 투자자들은 이러한 글로벌 밸류 체인에 속해 있거나, 이들과 협력할 수 있는 기술력을 갖춘 국내 기업을 선별하는 안목이 필요하다.

2) 대기업과의 협력 및 지분 관계

로봇 산업은 초기 R&D 비용이 막대하고, 기술 검증을 위한 테스트베드 Test-bed가 필수적이다. 따라서 자금력과 제조 현장을 모두 갖춘 대기업 주도의 성장이 필연적이다. 투자 1순위는 대기업의 지분 투자를 받았거나, 확실한 계열사 물량을 확보한 기업이다.

대표적으로 레인보우로보틱스는 삼성전자가 지분 투자를 통해 최대 주주 지위를 확보하며, 사실상 삼성의 로봇 자회사로 인식되고 있다. 삼성은 반도체 생산 라인의 무인화 공정에 레인보우로보틱스의 로봇을 투입하고 있으며, 웰니스 로봇 등 B2C 제품 출시도 협력하고 있어 가장 확실한 성장 로드맵을 보유했다. 두산로보틱스 역시 국내 협동 로봇 시장 점유율 1위 기업으로, 두산그룹의 강력한 지원을 받고 있다. 특히 2024~2025년 진행된 그룹 차원의 시너지 전략을 통해, 두산밥캣의 글로벌 영업망과 물류 창고에 두산로보틱스의 로봇 솔루션을 결합해 북미와 유럽 시장을 공략하겠다는 전략은 단순 로봇 제조사를 넘어 '솔루션 프로바이더'로 도약하겠다는 의지를 보여준다.

로보티즈는 LG전자가 2대 주주(7.3%)로 있는 기업으로, 테슬라, 어질리티 로보틱스 등 글로벌 메이저 휴머노이드 기업들이 로봇 손과 팔의 정밀 제어를 위해 로보티즈의 액추에이터를 테스트하거나 채택하는 등 글로벌 레퍼런스를 확보하고 있다. 마지막으로 현대모비스와 현대글로비스는 보스턴 다이내믹스의 지분을 보유하고 있어, 현대차그룹이 추진하는 스마트 팩토리와 물류 자동화 시스템에 로봇 기술이 접목될 때 핵심 부품 공급망 구축 및 적용의 직접적인 수혜가 예상된다.

3) 핵심 부품 경쟁력

완제품 로봇 시장의 경쟁이 치열해질수록, 웃는 것은 핵심 부품 기업이다. 마치 스마트폰 전쟁의 승자가 애플과 삼성이었지만, 부품 공급사들도 동반 성장했던 것과 같은 이치다. 대기업 밸류 체인을 제외하고는 실질적으로 로봇 완제품을 양산할 수 있는 자금력과 기술력을 갖춘 기업은 드물기 때문에, 부품 기업의 가치는 더욱 부각된다. 특히 로봇 제조 원가의 절반 이상을 차지하는 구동계 부품에 주목해야 한다.

가장 중요한 부품은 '액추에이터^{Actuator}'다. 이는 모터, 감속기, 제어기, 센서가 통합된 구동 장치로 로봇의 관절 역할을 한다. 휴머노이드 로봇 한 대에는 약 40~50개의 액추에이터가 들어간다. 하드웨어 원가의 약 60~70%를 차지하는 핵심 부품인 만큼, 로봇 시장 성장의 최대 수혜주가 될 수밖에 없다. 또한 '감속기' 역시 핵심이다. 모터의 빠른 회전 속도를 줄여 힘(토크)을 증폭시키는 장치로, 로봇의 정밀한 움직임과 에너지 효율을 결정짓는다. 그동안 일본 기업들이 독점해 왔으나, 에스피지^{SPG}, 에스비비테크 등 국내 기업들이 국산화에 성공하며 대기업 공급망에 진입하고 있다. 투자자들은 단순 테마주가 아닌, 실제 대기업 양산 라인에 부품을 공급하며 '숫자'로 기술력을 입증하는 부품사를 선별해야 한다.

항공우주와 방위

1. 항공우주와 방위 산업의 개요와 특징, 성장성

1) 항공우주

항공우주 산업은 지구의 대기권 내외에서 운항하는 비행기, 위성, 우주발사체 등 다양한 물체의 연구·개발·제작을 포함하는 고부가가치 산업이다. 한국에서는 보통 '우주항공'이란 표현이 익숙하지만, 영어 표현인 'Aerospace'를 기준으로 하면 '항공우주'가 더 정확한 명칭이다. 비행기가 더 빠르고 높게 날아가면 우주선이 되듯, 항공과 우주는 기술적으로나 산업적으로 밀접하게 연결되어 있다. 실제로 대부분의 항공우주 기업은 항공기와 위성, 발사체 관련 사업을 동시에 수행하고 있다.

과거 냉전 시대에는 미국과 소련이 우주패권을 두고 경쟁하며 막대한 자본과 기술을 쏟아부었으나, 오늘날의 항공우주 산업은 정부 주도에서 민간 중심 산업으로 재편되고 있다. 스페이스 X SpaceX, 블루오리진 Blue Origin, 버진갤럭틱 Virgin Galactic 등 민간 기업들이 우주 관광, 발사체 서비스, 위성인터넷 등 상업적 시장을 개척하면서 산업 지형이 크게 변화하고 있다. 이와 함께 방위 산업과의 융합성도 강화되고 있어, 전투기·미사일 등 기존 무기 체계의 개발과 우주발사체 기술의 경계가 점점 흐려지고 있다.

2025년 현재 글로벌 우주 시장은 본격적인 성장 국면에 진입한 것으로 평가된다. 한국항공우주연구원과 모건스탠리 등의 전망에 따르면 글로벌 우주 경제 규모는 2020년 4,470억 달러에서 2040년까지 1조 달러를 넘어서고, 최대 11조~27조 달러 수준까지 확대될 수 있다는 예측이 나왔다. 이러한 폭발적인 성장은 상업용 위성 제작과 위성통신, 우주 인터넷, 정찰 시스템, 발사체 서비스, 우주자원 탐사 등 다양한 민간 및 국방 수요가 복합적으로 작용한 결과다.

항공우주 산업은 크게 위성 제작, 지상 장비, 발사 시스템, 위성 서비스로 구성된다. 이 중에서도 최근 가장 빠르게 성장하는 분야는 저궤도 위성[LEO] 군집과 관련한 통신 서비스, 우주 인터넷, 위성 영상정보 분석 서비스[GEOINT]다. 위성의 대형화에서 소형 군집화로의 전환은 비용 절감, 실시간 데이터 확보, 상시 감시 능력 확대라는 측면에서 각국의 전략 무기이자 산업 자산으로 부상하고 있다.

한국 역시 제4차 우주개발진흥기본계획(2023~2027)을 통해 우주 주권 강화와 산업 기반 확대를 추진하고 있다. 특히 2023년 5월 발사에 성공한 국산 우주발사체 누리호[KSLV-II]는 한국이 우주발사체 기술을 자력으로 확보했다는 점에서 상징성이 크며, 이후 2032년까지 달 착륙선 개발, 2045년까지 화성 탐사까지를 목표로 하는 국가 우주비전도 수립된 상태다.

민간 기업 참여도 확대되고 있다. 한화에어로스페이스는 2023년 '한화우주항공'을 설립하며 발사체, 위성, 방산을 아우르는 수직계열화를 진행 중이며, LIG 넥스원, 한국항공우주산업[KAI] 등도 위성통신, 정찰용 드론, 초소형 위성 등 다양한 기술 영역으로 사업을 확장하고 있다.

2) 방위

방위 산업은 군의 작전 수행과 국가 안보 유지를 위해 필요한 전차, 자주포, 전투기, 함정 등 무기체계와 통신·정찰·전자전 장비, 탄약, 부품, 유지보수 등 군수지원체계를 공급하는 산업이다. 이는 단순한 제조업을 넘어 국가의 안보, 기술, 외교 역량이 총체적으로 결합된 전략적 산업이다.

이 산업의 가장 큰 특징은 주요 수요처가 정부(국방부, 방위사업청)이며, 수출 또한 정부의 승인과 지원하에 이루어진다는 점이다. 무기 수출은 일반 상품과 달리 수조 원 단위의 대규모 금액과 장기 계약, 그리고 국가 간 안보 및 외교적 이해관계가 복잡하게 얽혀 있다. 따라서 정부가 보증, 금융 지원, 보험 등을 제공하는 'G2G(정부 간 계약)' 성격이 강하다. 또한 무기체계 하나를 개발하는 데 수천억 원의 R&D 비용과 고도의 기술력이 요구되어 진입장벽이 매우 높다. 특히 무기 계약은 동맹국 간 호환성이 중요하므로, K-방산은 주로 NATO(북대서양조약기구) 표준에 부합하는 제품을 중심으로 수출 경쟁력을 확보하고 있다.

러시아-우크라이나 전쟁과 중동 분쟁 등 세계 곳곳에서 지정학적 위기가 고조되고 있으며, 2025년 출범한 트럼프 2기 행정부의 동맹국에 대한 방위비 분담 증액 압박으로 전 세계 국가들의 국방비 지출은 구조적으로 늘어나고 있다. 시장조사기관 비즈니스 리서치에 따르면 글로벌 방위 시장 규모는 2024년 약 2조 4,950억 달러에서 2033년에는 3조 8,710억 달러 수준으로 연평균 5.0% 성장할 것으로 전망된다.

이러한 혼란 속에서 한국의 무기 수출은 가파른 성장세를 보이고 있다. 북한이라는 상시적 위협에 대비해 대규모 무기 생산 능력을 유지해 온 한국은, 미국이나 유럽산 무기 대비 가격 경쟁력이 우수하면서도 성능이 뒤처지지 않는다는 평가를 받는다. 무엇보다 주문 후 수년이 걸리는 경쟁국과 달리, 즉시 전력화가 가능한 '빠른 납기'는 K-방산만의 독보적인 강점이다. 2022년 폴란드와 체결한 137억 달러 규모의 대형 계약을 시작으로, 중동 및 동남아시아까지 수출 영토를 확장하고 있다. 한국의 방산 수출은 2021년 7억 달러 수준에서 2022년 173억 달러로 폭증했으며, 2025년에는 사상 최대인 240억 달러 달성이 유력하다. 대한민국 정부는 2027년까지 글로벌 방산 수출 점유율을 5% 이상으로 끌어올려 세계 4대 방산 수출국으로 도약하겠다는 목표를 향해 순항 중이다.

2. 항공우주와 방산 기업의 투자 포인트

1) 발사체 시장

글로벌 시장조사기관 그랜드뷰리서치에 따르면 글로벌 발사체 시장 규모는 2024년 182억 달러에서 2030년 413억 달러로 연평균 14.6% 성장할 것으로 관측된다. 이 성장의 핵심 동력은 상업 위성 발사 증가와 비용을 획기적으로 낮추는 '발사체 재사용' 기술이다. 포춘비즈니스인사이트 Fortune Business Insights는 글로벌 재사용 발사체 시장이 2032년까지 연평균 17.4% 성장할 것으로 내다봤다. 2025년 현재 이 시장의 절대 강자는 단연 스페이스X SpaceX다. 스페이스X는 2024년 한 해에만 총 134회의 발사를 성공시키며 전 세계 궤도 발사의 절반 이상(51.7%)을 차지했다. 미국 연방항공청(FAA)의 상업 발사 허가 건수 또한 지속적으로 증가할 것으로 전망되어 발사체 시장의 성장은 꾸준할 것이다. 국내에서는 스페이스X 등 글로벌 발사체 기업에 핵심 부품이나 시스템을 납품하는 업체를 주목해야 한다.

2) 저궤도 위성(LEO) 인터넷

마켓앤마켓에 따르면 위성 통신 시장은 2025년 145억 달러에서 2030년 334억 달러로 연평균 18.1% 성장할 것으로 관측된다. 특히 고도 500~1,500km 상공에 떠 있는 저궤도 위성[LEO]은 지연시간이 짧아(수십 ms) 체감 품질이 우수해, 광케이블이 닿기 어려운 해상, 항공, 오지에서 상용 통신망을 대체할 최적의 솔루션으로 꼽힌다. 이미 스페이스X의 '스타링크[Starlink]' 가입자는 2025년 8월 150개국에서 700만 명을 넘겼으며, 불과 2개월 만에 100만 명이 추가될 정도로 폭발적인 확장세를 보이고 있다. 향후 현재의 기지국 인터넷망으로 커버하지 못하는 항공, 크루즈, 오프쇼어 에너지 부문에서 LEO 통신이 빠르게 확산될 전망이다. 주요 기업으로는 미국의 스페이스X, 유럽의 유텔샛-원웹[Eutelsat-OneWeb], 캐나다의 텔레샛 라이트스피드[Telesat Lightspeed] 등이 있으며, 국내에서는 해당 기업들에 핵심 부품이나 시스템을 납품하는 업체를 주목해야 한다.

3) 유럽, 중동, 동남아 수출 확대

한화에어로스페이스, 현대로템, LIG넥스원, 한국항공우주 등 주요 방산 4사는 2025년 8월 기준 총 약 84조 원의 막대한 수주 잔고를 확보하고 있다. 이는 최소 2027년까지의 안정적인 이익 증가 기조를 뒷받침할 전망이다. 다만 해당 부분은 이미 주가 밸류에이션에 상당 부분 반영되어 있어, 투자 관점에서는 추가 수출 여부에 주목해야 한다.

유럽은 러시아의 침략 위협에 맞서 고강도 지상전에 대비한 전력 보강이 시급하다. 이에 따라 K9 자주포, K2 전차, 다연장로켓포, 155mm 탄약의 추가 수출이 기대된다. 다만 유럽은 역내 조달 우선 정책(SAFE 프로그램 등)을 내세우고 있어 현지 기업과의 파트너십, 기술 이전, 현지 공장 운영 등의 전략이 필요할 전망이다.

중동은 "평화로웠던 적이 없다"고 언급될 만큼 분쟁 위험이 상존하는 지역이며, 최근 이스라엘-이란 공습 등 긴장감이 고조되고 있다. 미국의 예측 불가능한 대외 정책과 대중국 견제 집중으로 인해 중동 지역에 대한 개입이 줄어들면서, 지역 내 주요 국가들은 더 이상 미국이나 유럽에만 의존하지 않고 독자적인 방위 산업 기반 구축을 추진하고 있다. 지금까지 중동은 정유 시설 보호를 위해 천궁-II 등 주로 방공망 계약이 많았으나, 최근에는 K9 자주포, K2 전차 등의 수출 기대감도 형성되고 있다. 또한 FA-50은 이집트 훈련기 교체 사업의 유력 후보군으로 거론 중이다.

동남아는 절대적인 규모는 유럽이나 중동에 비해 크지 않을 수 있지만, 노후화된 무기를 다수 보유하고 있으며 남중국해 분쟁 심화 등 중국의 위협이 거세지고 있어 수출 잠재력이 높다. 과거 러시아 무기 의존도가 높았으나 공급 차질과 신뢰도 하락으로 K-방산에 기회가 오고 있다. 필리핀의 군 현대화 사업에서 KF-21 및 천궁-II 도입을 논의 중이며, 베트남은 K9 자주포 도입을 결정한 후 추가 계약이 남아 있다. 말레이시아의 노후 로켓 교체 사업의 유력 후보로 천무 다연장로켓이 거론되고 있다.

4) 무인화(UAV)와 AI의 시대

병력 감소(2025년 기준 45만 명, 2019년 대비 11만 명 감소)에 따라 인력 의존도가 낮은 무기체계 수요가 급증하고 있다. 또한 러시아-우크라이나 전쟁과 중동 전쟁으로 전쟁의 양상이 기존 재래식 무기와 병력 중심에서 무인기, 드론 중심으로 변하고 있어 유무인 복합전투체계MUM-T가 글로벌 방산의 핵심 키워드로 떠오르고 있다. 육상에서는 현대로템과 한화가 다목적 무인차량을 2025~2026년 전력화할 예정이며, 해상에서는 LIG넥스원과 한화오션이 정찰/전투용 무인수상정 체계를 개발 중이다.

기계 산업 투자 지표

실적 및 투자 지표: 2025년 3분기 연환산 기준
시가총액: 2025년 12월 23일 기준

단위: 억 원

종목코드	종목명	매출액	영업이익	순이익	PER	시가총액
012450	한화에어로스페이스	231,067	31,814	26,190	17.7	464,071
064350	현대로템	56,542	8,999	6,927	29.7	205,952
047810	한국항공우주	33,245	2,344	1,371	81.1	111,219
272210	한화시스템	31,995	1,433	5,952	18.7	111,085
277810	레인보우로보틱스	308	-31	19	5,009.4	97,387
079550	LIG넥스원	40,700	3,425	3,212	28.5	91,410
241560	두산밥캣	85,570	7,180	4,414	12.6	55,692
454910	두산로보틱스	315	-599	-620	-84.0	52,050
108490	로보티즈	341	6	36	1,130.3	40,651
017800	현대엘리베이터	26,196	2,211	3,217	10.9	35,144
042670	HD현대인프라코어	42,721	2,437	1,373	19.1	26,269
319400	현대무벡스	4,040	246	263	71.7	18,823
160190	하이젠알앤엠	702	-67	-76	-236.8	18,039
466100	클로봇	400	-36	-21	-793.2	16,520
267270	HD현대건설기계	36,184	1,728	902	18.0	16,212
007340	DN오토모티브	36,270	4,987	2,484	6.0	14,920
484870	엠앤씨솔루션	3,544	521	419	30.3	12,706
388720	유일로보틱스	353	-69	-186	-54.5	10,118
056190	에스에프에이	17,125	666	208	41.9	8,726
090360	로보스타	747	-32	-17	-459.7	7,673

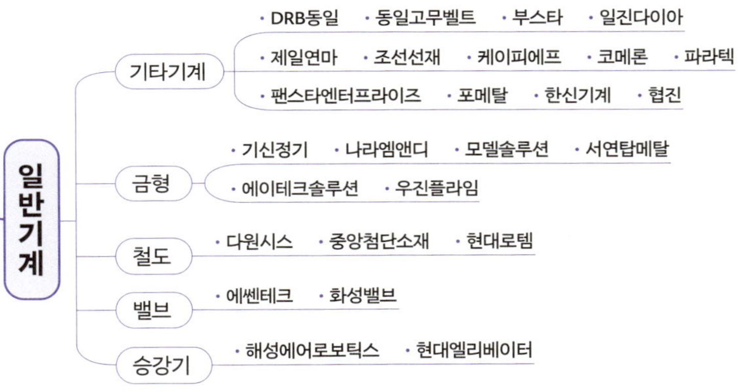

기계
건설기계
기타 건축자재
· 스페코
굴착기
· HD현대건설기계   · HD현대인프라코어   · 두산밥캣
유압기계
· 대모   · 디와이파워   · 수산세보틱스
중장비
· 대창단조   · 동일금속   · 우림피티에스   · 진성티이씨   · 현대에버다임
· 혜인   · 흥국   · 전진건설로봇
전기배선
· 프리엠스
일반기계
기타기계
· DRB동일   · 동일고무벨트   · 부스타   · 일진다이아
· 제일연마   · 조선선재   · 케이피에프   · 코메론   · 파라텍
· 팬스타엔터프라이즈   · 포메탈   · 한신기계   · 협진
금형
· 기신정기   · 나라엠앤디   · 모델솔루션   · 서연탑메탈
· 에이테크솔루션   · 우진플라임
철도
· 다원시스   · 중앙첨단소재   · 현대로템
밸브
· 에쎈테크   · 화성밸브
승강기
· 해성에어로보틱스   · 현대엘리베이터

공작기계

- SIMPAC · 넥스턴앤롤코리아 · 대성하이텍 · 삼익THK
- 서암기계공업 · 스맥 · 신진에스엠 · 에이비프로바이오
- 와이지-원 · 화천기계 · 화천기공 · DN오토모티브

항공우주와 방위산업

위성시스템 및 소프트웨어
- AP위성 · 쎄트렉아이 · 인텔리안테크 · 제노코
- 컨텍 · 루미르 · 이노스페이스

유도무기
- LIG넥스원 · 솔디펜스

방산시스템 및 부품
- 빅텍 · 아이쓰리시스템 · 이엠코리아 · 코츠테크놀로지 · 퍼스텍
- 한화시스템 · 휴니드 · RF시스템즈 · 엠앤씨솔루션 · 웨이비스

항공기자재
- 아스트 · 켄코아에어로스페이스

항공기
- 하이즈항공 · 한국항공우주 · 한화에어로스페이스 · 에이럭스

로봇

서비스로봇
- 브이원텍 · 유진로봇 · 클로봇

물류로봇
- 코윈테크 · 에스엠코어 · 현대무벡스 · 톱텍
- 씨메스 · 제닉스로보틱스

액츄에이터
- TPC · 로보티즈

협동로봇
- 뉴로메카 · 두산로보틱스 · 레인보우로보틱스

산업용로봇
- 디와이피엔에프 · 로보스타 · 에스피시스템스 · 유일로보틱스
- 코닉오토메이션 · 휴림로봇 · 에스에프에이 · 제이스텍
- 티로보틱스 · 나우로보틱스 · 티엑스알로보틱스 · 피아이이

모션제어기
- 아진엑스텍 · 알에스오토메이션

모터와 감속기
- 에스비비테크 · 하이젠알앤엠

센서
- 에스오에스랩

헬스케어로봇
- 엔젤로보틱스 · 피앤에스로보틱스

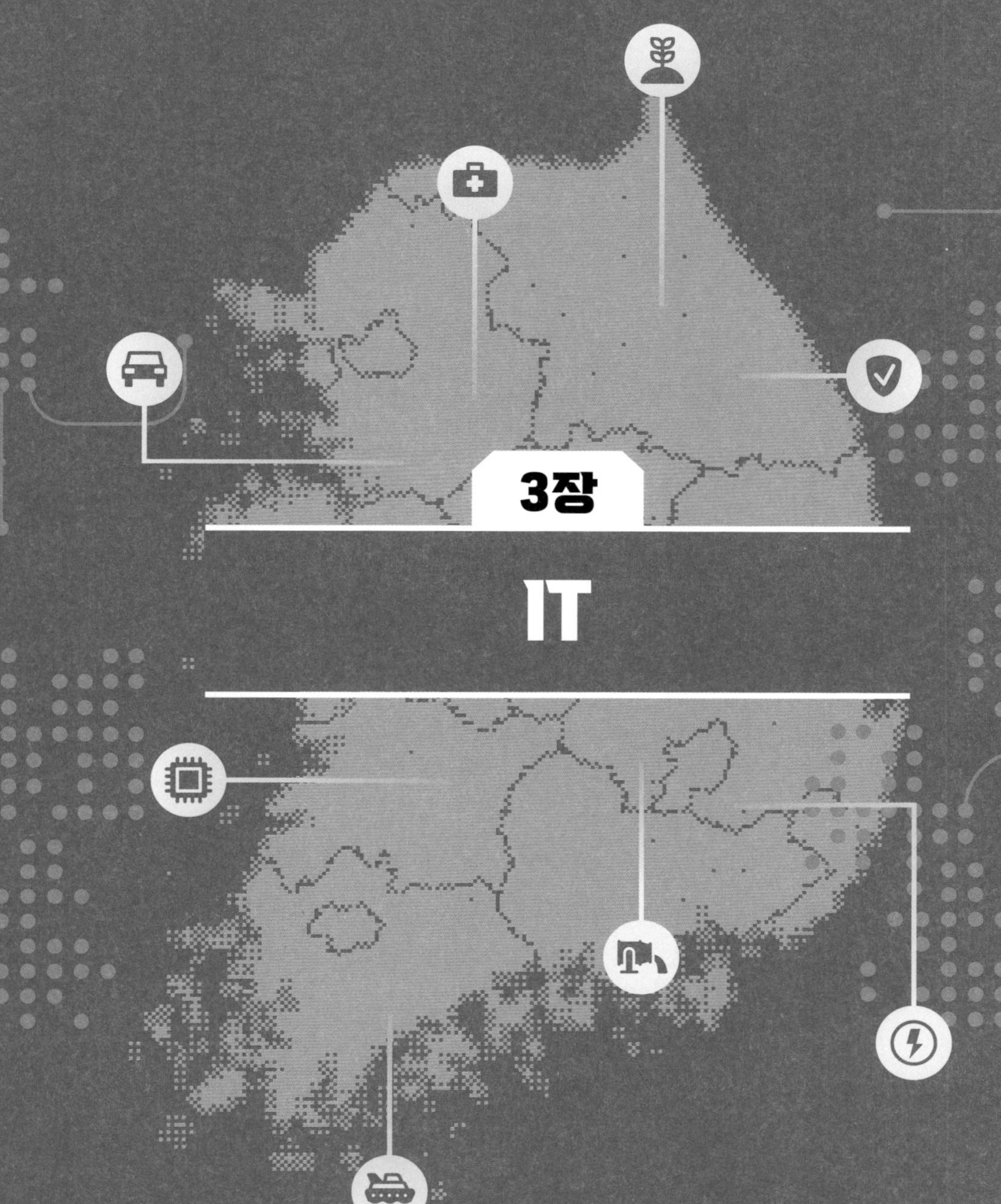

3장
IT

반도체

전기가 잘 통하는 물질을 도체라고 하며, 통하지 않는 물질을 부도체라고 한다. 반도체는 말 그대로 도체와 부도체의 중간 정도의 물질이다. 정확히 표현하면 반도체는 전기의 통로가 될 수도, 되지 않을 수도 있는 물질이다. 반도체는 '산업의 쌀'이라고 불릴 만큼 각종 산업에 매우 중요한 기초 소재다. 반도체 산업에 속한 기업은 총 174곳으로 주식 시장에서 차지하는 비중은 31.2%다. 단일 산업으로는 국내 주식 시장에서 가장 크며, 다양한 전방 산업을 두고 있기 때문에 투자 관점에서 매우 중요하다. 이 책에서는 반도체 산업을 먼저 비즈니스 모델에 따라 반도체 제조와 장비 및 소재, 팹리스, IP, 디자인하우스, OSAT로 구분했다.

대규모 언어모델 챗GPT가 탄생하면서 AI 투자 붐이 일었고 반도체 기업들의 주가는 빠르게 반등했다. 그러나 2024년 하반기 모건스탠리가 '반도체의 겨울이 곧 닥친다'라는 타이

틀의 보고서를 발표하면서 반도체 투자심리가 크게 위축되었다. 이 같은 상황에서도 SK하이닉스는 AI 반도체의 핵심인 HBM 시장을 석권하며 신고가를 경신하는 등 차별화된 흐름을 보였다. 2025년 하반기부턴 HBM뿐만 아니라 서버용 레거시 반도체 수요도 급증하며 D램, 낸드 가격이 폭등했고 반도체 섹터 전반적으로 투자심리가 개선되었다. SK하이닉스뿐만 아니라 삼성전자 역시 사상 최고가를 경신했다.

반도체

1. 반도체 산업의 개요와 특징

1) 반도체의 종류와 성장성

반도체는 IT 산업뿐 아니라 전기차, AI, 데이터센터, 스마트폰 등 거의 모든 디지털 제품의 핵심 부품이다. 전 세계 기술 경쟁이 심화되는 가운데, 반도체는 단순한 부품을 넘어 국가 전략 자산으로 인식되며 공급망 안보 차원의 핵심 산업으로 부상했다. 이러한 흐름 속에서 한국의 삼성전자와 SK하이닉스는 메모리 반도체 분야에서 독보적인 경쟁력을 보이고 있다.

반도체는 크게 메모리 반도체와 시스템 반도체로 나뉜다. 메모리 반도체는 데이터를 저장하는 기능을 하며, 대표적으로 D램과 낸드플래시가 있다. 시스템 반도체는 연산·제어·신호처리 등 다양한 기능을 수행하며, 중앙처리장치[CPU], 그래픽처리장치[GPU], 통신칩, 이미지센서 등이 여기에 속한다. 쉽게 비유해 메모리 반도체가 '기억하는 장치'라면, 시스템 반도체는 '생각하고 판단하는 장치'다. 메모리 반도체는 제품 종류가 비교적 단순해 소품종 대량생산에 유리한 반면, 시스템 반도체는 다양한 기능과 사양을 요구해 다품종 소량생산에 적합하다.

이러한 구조적 차이로 인해 전통적으로 메모리 반도체 시장은 경기 변동에 민감한 전형적인 '사이클 산업'이었다. 수요가 늘면 가격이 급등하고, 공급이 과잉되면 가격이 급락하는 특성 때문에 삼성전자, SK하이닉스, 마이크론Micron 등 메모리 3사는 수년 주기의 실적 등락을 경험해 왔다.

그러나 2024년을 기점으로 이 오래된 공식이 깨지고 있다. 바로 고대역폭 메모리HBM의 등장 때문이다. AI 연산에 필수적인 HBM은 고객의 요구에 맞추어 제작되는 '수주형Order-made' 성격이 강하다. 이로 인해 메모리 반도체도 시스템 반도체처럼 '첨단 기술 및 고부가가치' 영역으로 진입하며, 단순한 경기 사이클을 타지 않는 구조적 성장이 가능해졌다.

이러한 변화는 시장의 판도를 뒤흔들었다. 2023년부터 2024년까지 D램

메모리 반도체와 시스템 반도체 비교

구분	메모리 반도체	시스템 반도체
기능	정보 저장	정보 처리, 연산, 추론
종류	D램, 낸드플래시, HBM	CPU, GPU, PMIC, CIS 등
전체 시장규모 비중	30%	70%
생산 방식	소품종 대량생산	다품종 주문형 생산
비즈니스 모델	IDM	팹리스, 파운드리, OSAT 등 분업화
경기 영향	반도체 가격에 따라 호황과 불황 반복	비교적 안정적

과 낸드플래시 등 레거시(범용) 반도체가 최악의 불황을 겪는 동안에도, AI 투자 수요 증가로 HBM 시장은 호황을 누렸다. 이 과정에서 HBM 시장을 선점한 SK하이닉스는 경쟁사와 완전히 차별화된 주가 흐름을 보였다. 실제로 2023년 초부터 2025년 상반기까지의 주가 추이를 살펴보면, SK하이닉스는 엔비디아 밸류 체인에 편입되며 주가가 2배 이상 급등하는 '나 홀로 독주'를 펼친 반면, HBM 진입이 늦어졌던 삼성전자는 상대적으로 부진한 흐름을 보이며 두 기업 간의 시가총액 격차가 역사상 가장 좁혀지는 현상이 발생하기도 했다.

한편 시스템 반도체 시장은 메모리보다 시장 규모가 크고, 구조적 안정성이 높다. 전체 반도체 시장의 약 70%를 차지하며, TSMC, 인텔, 엔비디아, AMD, 퀄컴 등 다양한 기업이 분야별로 특화되어 경쟁하고 있다. 시스템 반도체는 수요처가 명확한 주문형 반도체^{ASIC, SoC}가 중심이기 때문에 가격 급락 리스크가 적다.

주요 시장조사기관의 자료를 종합해 보면, 2025년 메모리 반도체 시장 규모는 약 2,100억 달러에서 2030년 2,900억 달러까지 커질 전망이다. 같은 기간 시스템 반도체 시장은 4,300억 달러에서 6,600억 달러로 성장할 것으로 관측된다. 여전히 시스템 반도체의 시장 규모가 압도적이지만, AI 시대의 도래로 메모리 반도체의 중요성과 부가가치 또한 재평가받고 있다.

이에 삼성전자는 2030년까지 시스템 반도체 1위를 목표로 파운드리 및 설계 역량 강화에 총력을 기울이고 있다. 2025년 세계 2위 파운드리 업체로서, 대만 TSMC와의 기술 격차를 좁히기 위해 GAA(게이트올어라운드) 공정, 2나노 이하 초미세 공정, 그리고 AI 칩 패키징의 핵심인 2.5D/3D 패키징 기술 등에 막대한 R&D 투자를 이어가고 있다. 정부 또한 '반도체 초격차 전략'에 따라 세액공제 확대와 특화 클러스터 조성을 통해 이러한 민간의 노력을 적극 뒷받침하고 있다.

2) 반도체 비즈니스 모델

반도체 산업은 설계[Design], 제조[Fabrication], 패키징 및 테스트[Back-end] 세 단계로 구성된다. 설계부터 제조까지의 공정을 반도체 전공정이라고 하며, 완성된 반도체를 포장하고 테스트하는 공정을 후공정이라 한다. 이 중 설계를 담당하는 기업은 '팹리스', 제조는 '파운드리', 후공정은 'OSAT[Outsourced Semiconductor Assembly and Test]' 기업이 맡는다. 이 모든 과정을 수행하는 기업도 있는데, 이를 IDM(종합반도체회사)이라고 한다. 삼성전자와 SK하이닉스는 대표적인 IDM 기업이다. 그렇다면 IDM 사업자가 반도체 비즈니스 모델 중에서 최고일까? 그건 아니다.

삼성전자와 SK하이닉스가 IDM 비즈니스 모델을 선택한 이유는 두 기업이 메모리 반도체 시장에 역량을 집중하고 있기 때문이다. 메모리 반도체의 경우 비교적 구조가 단순하고 소품종 대량생산 체제이므로 메모리 반도체 사업자는 주로 IDM 형태를 띤다. 즉 하나의 기업이 설계, 제조, 조립·패키지·테스트까지 담당해도 큰 문제가 없다. 그러나 시스템 반도체는 구조가 복

반도체 비즈니스 모델

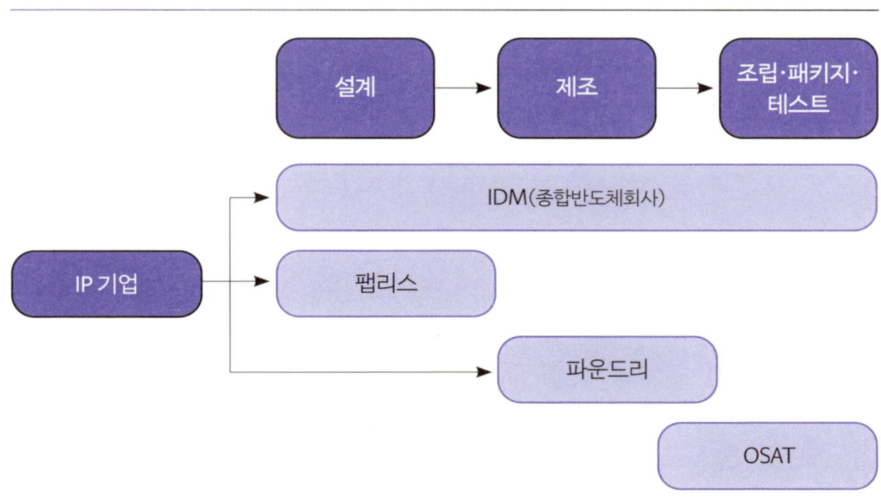

잡하며 종류도 다양하다. 이러한 이유로 설계는 엔비디아, AMD, 퀄컴, 제조는 TSMC, OSAT는 ASE, 암코어AMCOR 등 분업화 체제로 구축되었다.

이밖에 팹리스와 파운드리를 연결하는 '디자인하우스' 기업, 설계자산IP을 제공하는 IP 기업도 중요한 생태계 구성 요소다. 최근에는 AI 반도체 설계를 위한 특화 IP, 저전력 기술 등을 보유한 기업들의 전략적 가치가 커지고 있다.

2. 반도체 장비와 소재 산업의 개요와 특징

IDM이나 파운드리 기업들이 반도체를 만들기 위해서는 다양한 장비와 소재가 필요하다. OSAT 기업들 역시 마찬가지다. 패키징을 하기 위한 각종 부품, 테스트를 위한 장비가 필수다. 반도체 제조 공정에 쓰이는 장비를 전공정 장비, 제조된 반도체 웨이퍼를 칩 단위로 자른 후 패키징하고 테스트하는 데 쓰이는 장비를 후공정 장비라고 한다. 2025년 현재 반도체 장비 시장은 전체 약 1,000억~1,330억 달러 규모로, 이 중 전공정 장비가 약 85%, 후공정 장비가 약 15%를 차지한다. 과거 후공정 장비는 진입 장벽이 낮았으나, 최근 AI 반도체용 HBM과 첨단 패키징의 중요성이 커지면서 TC본더 등 고부가가치 후공정 장비의 기술 난도가 급격히 높아지고 있다.

반면 전공정 장비는 기술 집약도와 자본 진입 장벽이 높아 미국, 일본, 유럽 등 소수의 선진국 기업들이 시장을 과점하고 있다. 대표적인 글로벌 전공정 장비 기업으로는 미국의 어플라이드 머티어리얼즈Applied Materials, 램리서치Lam Research, KLA, 일본의 도쿄일렉트론Tokyo Electron, 네덜란드의 ASML 등이 있다. 특히 극자외선EUV 노광 장비는 ASML이 전 세계 시장을 독점하고 있다.

그러나 국내 기업들의 전공정 장비 기술 자립도 점차 확대되고 있다. 원익 IPS, 피에스케이, 주성엔지니어링 등 국내 장비 기업들이 증착, 식각, 세정 등 일부 핵심 공정에서 점유율을 늘리며 존재감을 높이는 중이다. 특히 차세대 반도체 공정에서는 '초미세 공정' 대응력과 공정 효율성이 중요해지며, 국내 장비 기업들 역시 글로벌 공급망의 일부로 자리 잡아가고 있다.

한편, 반도체 공정에 사용되는 소재 산업 또한 중요성이 커지고 있다. 포토 레지스트, 식각가스, 실리콘 웨이퍼, 블랭크 마스크 등은 정밀도와 안정성이 요구되는 고부가가치 소재이며, 여전히 일본, 미국, 독일 등 해외 기업의 기술력이 우위에 있다. 다만 불화수소, 불화폴리이미드 등 일부 품목은 일본 수출 규제 이후 국산화가 빠르게 추진되었고, 솔브레인, 동진쎄미켐, 한솔케미칼 등 국내 소재 기업들이 글로벌 수요처에 안정적으로 공급을 이어가고 있다.

정부 역시 반도체 소재·부품·장비(소부장) 분야의 국산화율 제고와 공급망 리스크 대응을 핵심 정책 과제로 삼고, R&D 지원 및 인프라 확충에 박차를 가하고 있다. 특히 2024년 발표된 'K-반도체 전략 2.0'에는 첨단 장비 기업에 대한 금융 지원 확대, 소부장 특화 클러스터 조성, 전문 인력 양성 계획이 포함되어, 국내 반도체 생태계의 자립도 제고가 본격화되고 있다.

1) 반도체 전공정

반도체는 지구 지각에 가장 많이 포함된 원소인 규소로 만든다. 백사장을 가득 메운 모래가 반도체의 원료인 셈이다. 반도체를 만들기 위해서는 먼저 원판 형태의 웨이퍼를 만들어야 한다. 규소를 녹여 잉곳을 만들고 이를 균일한 두께의 얇은 웨이퍼로 잘라낸다. 잘라낸 웨이퍼를 거울처럼 연마하면 이제 본격적인 전공정에 들어간다.

전공정은 웨이퍼에 반도체 회로를 새기는 작업으로, 500단계가 넘는 미세 공정이 반복된다. 주요 공정은 산화, 감광액 도포, 노광, 식각, 이온주입, 증착, 세정, 연마, 금속배선 등으로 나뉘며, 각 단계마다 첨단 장비와 소재가 투입된다.

예를 들어, 노광 공정에는 극자외선(EUV)을 활용한 노광 장비가 필요하며, 이 분야는 ASML이 독점 공급하고 있다. 증착, 식각 공정에서는 원자층증착[ALD], 플라즈마식각장비 등이 활용되며, 국내에서는 원익IPS, 피에스케이, 에스에프에이 등이 일부 경쟁력을 확보하고 있다.

전공정 소재에는 포토레지스트, 고순도 가스, CMP 슬러리, 실리콘 웨이퍼, 식각 가스 등이 있으며, 솔브레인, 동진쎄미켐, 한솔케미칼 등이 주요 공급사로 꼽힌다.

주요 반도체 전공정 장비 설명

장비	설명
고순도 흑연	반도체 실리콘 잉곳을 생산하는 성장 장비용 부품
화학증착기상	서로 다른 가스의 화학 반응으로 형성된 입자들을 반도체 표면에 떨어뜨려 절연막이나 전도성 박막을 형성시키는 장비. CVD는 PE-CVD(플라즈마 화학증착장비)와 LP-CVD(저압 화학증착장비)로 구분하며, PE-CVD는 웨이퍼 표면에 가스를 공급한 뒤 열과 플라즈마를 이용해 화학적 반응을 일으켜 증착함
원자증착기상	CVD에서 진보된 방식으로 원자 정도의 두께로 박막을 형성하는 장비
식각	노광 공정으로 실리콘 기판에 회로를 새긴 후 불필요한 부분을 선택적으로 제거하는 공정. 식각 장비는 건식 식각 장비[Dry Etcher]와 습식 식각 장비[Wet Etcher]로 구분한다. 건식 식각 장비는 용액을 사용하지 않고(최근에는 플라즈마 사용) 기판 표면에서 물질을 제거하는 장비. 용액을 사용하는 습식 식각 장비에 비해 불량률이 낮고 정밀 작업이 가능함
화학적·기계적 연마	웨이퍼를 평평하게 연마하는 장비
가스 스크루버	반도체 공정은 수많은 화학 반응을 일으키는데, 이때 유해가스가 발생함. 이에 따라 해당 가스를 조절해 주는 장비
칠러	반도체 전공정에서 웨이퍼와 주변 온도를 일정하게 유지해 공정효율을 개선하는 장비. 주로 열 발생이 많은 식각 공정에서 사용함

장비	설명
중앙약품 공급시스템	반도체 전공정에 필요한 다양한 화학 소재를 공급하는 시스템
클린룸	먼지가 없는 극도로 청정한 공간. 먼지뿐만 아니라 온도, 습도, 압력도 조절 가능. 일반적으로 반도체 FAB은 슈퍼 클린룸이라고 불림
진공펌프	불순물을 없애기 위해 가스 주입 전 기기 내부를 진공상태로 만들어주는 장비
스트립	식각 공정이 끝난 후 감광액을 제거하는 장비

주요 반도체 전공정 소재

소재	설명
블랭크마스크	노광 공정의 핵심 부품 소재인 포토마스크의 원재료. 패턴이 형성되기 전의 마스크
펠리클	반도체 노광 공정에 사용하는 포토마스크를 대기 중 먼지 등 오염으로부터 보호해 주는 얇은 보호막
식각액	노광 및 현상공정을 통해 패턴을 형성한 후 노출된 금속막 부분에 화학 반응을 이용해 패턴을 만드는 소재
실리콘 부품	온도 변화에 따른 기계적, 물리적 성질 변화가 적어 주로 식각 공정에 많이 사용되는 소재. 실리콘 링(플라즈마 밀도를 균일하게 또는 정확하게 유지시켜 웨이퍼 및 ESC, 전극 등을 보호하는 역할), 실리콘 일렉트로드(가스가 골고루 분사될 수 있게 돕는 부품) 등이 대표적
세라믹 부품	실리콘^{Si}, 알루미늄^{Al}, 타이타늄^{Ti}, 지르코늄^{Zr} 등과 같은 금속원소가 산소, 탄소, 질소 등과 결합해 만든 소재(석영^{Quartz}, 탄화규소^{SiC}, 알루미나^{Al2O3}, 질화알루미늄^{AlN} 등)에 열을 가해 강도가 생기도록 한 제품으로 내열성, 고강도, 내식성 등이 우수함. 고집적도를 위한 선폭 미세화에 따른 고밀도 플라즈마 환경의 도입과 건식 에칭$^{dry\ etching}$, 플라즈마 세척$^{plasma\ cleaning}$과 같은 공정이 도입되면서 세라믹 소재 수요 증가
특수가스	주로 증착 공정에 사용되며, 삼불화질소^{NF3}, 모노실란^{SiH4}, 고순도 암모니아^{NH3}, 디실란^{Si2H6}이 대표적

소재	설명
전구체	반도체 웨이퍼에 미세회로를 만들 때 금속박막을 입히기 위한 화합물. 불화아르곤 노광 공정 시 32nm 공정까지가 한계. 이를 극복하기 위해 듀얼패터닝[DPT], 쿼더러플패터닝[QPT] 등 전구체를 활용한 공정 도입
CMP 슬러리	CMP 공정에 사용되는 연마재

2) 반도체 후공정

전공정을 마친 웨이퍼는 곧바로 테스트를 거친다. 여러 가지 검사를 통해 회로가 잘 새겨졌는지, 불량 칩은 없는지 판별하는 테스트다. 이러한 '웨이퍼 테스트'를 통과하면 패키징 공정을 수행한다. 웨이퍼를 칩 단위로 자른 뒤 칩과 반도체 기판을 전기적으로 연결한다. 이후 습기, 열, 물리적 충격으로부터 반도체 칩을 보호하기 위한 몰딩 공정, 제품번호를 새기는 마킹 공정, 마지막으로 전자기기의 메인보드와 기판을 전기적으로 연결하는 와이어, 솔더볼을 부착하면 패키징 공정이 끝난다. '패키징'이 완성되면 잘 작동하는지 최종적으로 테스트를 거친 후 출하된다. 이를 '패키징 테스트'라 한다. 정리하면 반도체 후공정은 '웨이퍼 테스트' '패키징' '패키징 테스트' 공정 순으로 진행된다.

후공정 장비로는 다이서, 본더, 몰딩 프레스, 테스트 핸들러 등이 사용되며, 국내에서는 한미반도체, 이오테크닉스, 테크윙, 파크시스템스 등이 주요 기업이다. 패키징 소재로는 반도체 기판, 솔더볼, 에폭시 몰딩 컴파운드(EMC) 등이 사용된다.

최근 후공정 분야에서도 고집적·고속화 기술이 요구되면서, 고성능 패키징[Heterogeneous Integration](2.5D/3D 패키징) 수요가 증가하고 있다. TSMC, 삼성전자, 인텔 등이 첨단 패키징 기술 투자에 집중하고 있으며, 후공정 기술의 중요성이 과거보다 훨씬 커진 상황이다.

종류	설명
메모리 테스터	메모리 반도체를 최종적으로 검사하는 장비로 번인 테스터, SSD 테스터, 메모리 컴포넌트 테스터 등
테스트 핸들러	테스트를 위한 적절한 온도 마련 및 반도체를 테스트 위치로 이송시키며, 테스터와 전기적으로 연결되어 있는 소켓에 소자 혹은 모듈을 자동적으로 꽂거나 빼고, 테스터와 통신해 테스터 결과에 따라 소자 혹은 모듈의 불량 여부를 판정해 그 결과에 따라 등급별로 자동 분류해 수납하는 핸들링 장치
프로브 카드	웨이퍼 상태에서 웨이퍼 내에 제작된 칩의 전기적 동작 상태를 검사하기 위해 가는 선 형태의 프로브 핀을 일정한 규격의 회로 기판에 부착한 카드. 프로브 핀이 웨이퍼에 생성된 칩 내부의 패드에 접촉하면서 메인 테스트 장비로부터 받은 신호를 전달하고 칩에서 출력되는 신호를 감지해 다시 메인 테스트 장비에 전달하는 역할 수행
솔더볼	반도체 칩과 반도체 기판, 반도체 기판과 전자제품의 메인보드를 전기적 특성으로 연결해주는 볼 형태의 부품
골드와이어	반도체 칩과 반도체 기판, 반도체 기판과 전자제품의 메인보드를 전기적 특성으로 연결해주는 와이어 형태의 부품
기판	반도체와 전자제품의 메인보드 간 전기적 신호 전달 및 외부 환경으로부터 보호해주는 역할

3. 반도체 산업의 투자 포인트

1) 반도체 제조: 미세화와 트랜지스터 구조

반도체 제조와 유통 섹터에는 삼성전자[IDM], SK하이닉스[IDM], DB하이텍(파운드리)이 포함된다. 이밖에 완성된 반도체를 유통하는 기업도 존재하지만, 규모가 작고 단순 유통 산업에 종사하는 곳이 대부분이라 투자 관점에서 중요도는 상대적으로 낮다. 따라서 반도체 제조와 유통에 관련해 투자하려면 삼성전자와 SK하이닉스, DB하이텍을 중심으로 보는 것이 좋다. 반도체 제조 기업에 투자하기 위해서는 반도체 제조 기술력의 핵심인 '미세화'와 시장의 업황을 잘 파악해야 한다.

반도체 제조 기술력의 키워드는 미세화와 트랜지스터다. 반도체에서 미세화란 회로를 얼마나 얇게 그릴 수 있느냐에 관한 것이다. 즉, 미세화 공정은 반도체 회로의 선 폭을 줄여 한 장의 웨이퍼에 더 많은 반도체 칩을 만들 수 있게 하는 과정이다. 웨이퍼의 사이즈는 똑같은데 더 많은 반도체 칩을 생산할 수 있으니, 당연히 생산성이 높아진다. 또한 선 폭이 줄어들면 전자의 이동 거리가 짧아져 전력 소모가 줄고 성능도 향상되는 장점이 있다.

트랜지스터는 반도체 칩에서 전원을 켜고 끄는 스위치 역할을 한다. 미세화 공정이 진행되면서 트랜지스터 역시 작아졌는데, 너무 작아지다 보니 전류 누설이 발생하는 등 스위치 역할을 제대로 수행할 수 없는 물리적 한계에 봉착했다. 이에 따라 트랜지스터가 잘 작동하도록 구조를 입체적으로 변형하는 기술이 개발되고 있다. 2025년 10월 현재, 글로벌 파운드리 시장의 패권 경쟁은 바로 이 '2나노^{nm}' 공정과 차세대 트랜지스터 구조에서 결판나고 있다.

업계 1위인 대만의 TSMC는 2025년 10월 현재 2나노 반도체 양산 진입

미세화 공정의 이해

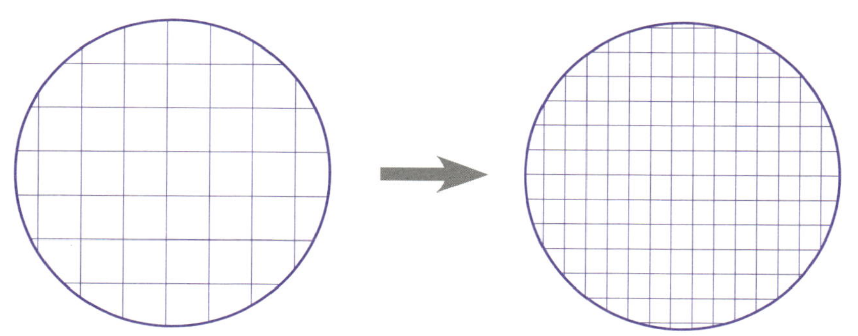

* 회로를 얇게 새기면 같은 크기의 웨이퍼에서 더 많은 반도체 칩을 생산할 수 있음

기업명	2025	2026E	2027E
TSMC	2nm	2nm 개선형	1.6nm
삼성전자	2nm		1.4nm
인텔	2nm		1.4nm

출처: 각 사

직전 단계에 와 있다. 3나노 공정까지 기존의 '핀펫 FinFET' 구조를 고수하며 안정성을 택했던 TSMC는 2나노부터 차세대 구조인 'GAA Gate-All-Around'를 도입할 계획이다. 경쟁사 중 가장 안정적인 60~70%대의 수율을 기록한 것으로 알려져 있으며, 이변이 없다면 애플, 엔비디아 등 핵심 빅테크 고객들이 TSMC의 2나노 공정을 택할 것으로 전망된다. TSMC는 여기서 멈추지 않고 2026년에는 2나노 개선형 모델, 2027년에는 1.6나노 공정을 도입한다는 공격적인 목표를 갖고 있다. 카운터포인트 리서치에 따르면 2025년 2분기 기준 TSMC의 글로벌 파운드리 시장 점유율은 71%로 압도적이다.

반면 삼성전자는 2나노 양산에 사활을 걸고 있다. TSMC와 달리 삼성전자는 3나노부터 선제적으로 GAA 구조를 적용해 기술적 시행착오를 먼저 겪었다. 이를 바탕으로 2나노를 보다 수월하게 양산해 게임 체인저가 되겠다는 전략이다. 업계에 따르면 현재 삼성의 2나노 수율은 50% 내외로 추정된다. 삼성전자는 2026년 초 출시될 갤럭시 S26 시리즈에 자체 AP인 '엑시노스 2600'을 탑재한다는 계획을 밝히며 공정에 대한 자신감을 내비쳤다. 또한 2026년부터 가동에 들어가는 미국 테일러 공장에서 테슬라의 차세대 AI6 칩을 2나노 공정으로 양산할 계획이다. 현재 8% 수준인 파운드리 점유율을 두 자릿수로 회복하기 위해서는 이 2나노 양산의 성공 여부가 결정적이다.

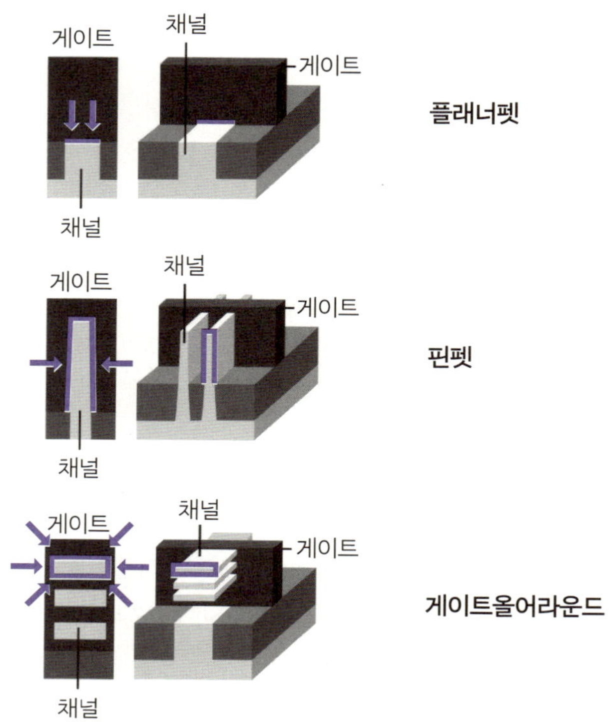

가장 놀라운 변화는 인텔이다. 후발주자로 평가받던 인텔은 예상을 뒤엎고 2025년 10월 9일, 2나노급인 '인텔 20A'를 건너뛰고, 승부수인 1.8나노급 '인텔 18A' 공정의 양산(또는 양산 준비)을 시작했다고 밝혔다. 인텔은 2021년 파운드리 재진출 선언 이후 수조 원의 적자를 지속하며 점유율 산정조차 어려운 상황이었다. 그러나 미국 정부의 파격적인 지원과 엔비디아의 50억 달러 투자 유치로 기사회생한 후, 경쟁사보다 빠른 양산 발표라는 승부수를 던졌다. 다만 업계에서는 이미 수주를 확정한 마이크로소프트, 아마존 외에 애플이나 퀄컴 같은 대형 외부 고객사 수주 여부가 인텔의 진정한 성공을 판가름할 것으로 보고 있다.

이러한 미세화 경쟁은 반도체 장비 및 소재 업체들에도 새로운 기회다. 일례로 미세화가 진행될수록 증착 공정에서는 원자층증착^{Atomic Layer Deposition, ALD} 장비 사용 비중이 늘고 있다. ALD는 원자 수준의 박막을 증착할 수 있는 기술로, 기존 CVD 장비 대비 100~1,000배 얇고 정밀한 박막 형성이 가능해 초미세 공정의 필수 장비로 자리 잡았다.

2) 반도체 업황 및 경기선행지수

메모리 반도체 업황을 판단하는 가장 대표적인 지표는 반도체 가격이다. 특히 D램과 낸드플래시의 현물 가격^{Spot Price}은 수급 상황을 즉각적으로 반영해 산업의 현주소를 보여준다. 대만의 반도체 시장 조사 기관인 디램익스체인지^{DRAMeXchange} 사이트에서 주요 메모리 반도체의 가격 흐름을 확인할 수 있다. 다만, 시스템 반도체는 고객의 주문에 따라 사양이 결정되는 비규격품이 대부분이라 참고할 만한 표준 시장 가격이 존재하지 않는다.

투자자가 유의해야 할 점은, 실제 반도체 제조업체의 주가는 메모리 반도체 현물 가격보다 6개월 이상 선행해 움직이는 경향이 있다는 것이다. 현물 가격이 바닥을 찍고 반등할 때는 이미 주가가 상당히 올라와 있는 경우가 많다. 따라서 삼성전자, SK하이닉스의 주가와 가장 강력한 커플링을 보이는 지표로 'OECD 경기선행지수'를 꼽는다. 정보통신기기가 산업 전반에 침투한 현대 사회에서 반도체는 'IT 산업의 쌀'로 불릴 만큼 필수재가 되었고, 이에 따라 반도체 사이클은 세계 경기 사이클과 방향을 같이하기 때문이다.

실제로 코로나19 팬데믹 이후 OECD 경기선행지수가 저점을 기록했던 2022년 8월(96.2), 삼성전자의 주가 역시 5만 원대 초반으로 바닥권을 형성했다. 이후 지수가 2023년 7월까지 지속적으로 상승해 100을 넘어서자, 삼성전자 주가도 7만 원 수준으로 회복했다. 이러한 상관관계는 최근까지도 유효했다. OECD 경기선행지수는 2024년 상승세가 둔화되었으나, 2025년 들어 기준선 이상의 견조한 흐름을 유지하며 반도체 업황의 하단을 지지해 주었다. 이러한 글로벌 경기 회복 신호와 AI 반도체 수요 폭발이 맞물리며, 삼성전자는 2025년 신고가를 경신하는 기염을 토했다. 이처럼 OECD 경기 선행지수는 한번 방향을 잡으면 짧게는 수개월, 길게는 2년간 추세를 이어가는 경향이 있어 반도체 투자의 가장 신뢰할 만한 나침반 역할을 한다.

수급 관점에서는 반도체 제조업체들의 '감산' 결정이 강력한 업황 반등 신호로 해석된다. 공급이 수요를 초과해 가격 하락이 지속되고 재고가 쌓이면, 제조사들은 결국 가동률 조정이나 웨이퍼 투입 축소 등 감산을 결정한다. 이는 공급 과잉을 해소하고 재고 소진을 앞당겨, 다시 가격이 상승하는 사이클의 변곡점이 된다. 또한 메모리 반도체의 전방 산업인 서버(데이터센터), 모바일, PC, 소비자 가전의 수요 동향 역시 업황을 판단하는 중요한 지표다.

마지막으로 반도체 소부장(소재·부품·장비) 기업들의 업황은 전방 기업의 설비 투자 규모 및 스케줄에 절대적인 영향을 받는다. 특히 장비 기업들은 평상시 유지 보수 매출보다는, 제조사들이 대규모 라인을 증설할 때 실적이 급증하는 구조다. 따라서 장비 기업 투자 시에는 삼성전자, SK하이닉스 등 IDM이나 TSMC 같은 파운드리 기업들의 연간 투자 집행 계획을 면밀히 확인해야 한다. 결국 소부장 기업들은 경기민감형 산업의 특성상 실적 확인보다는 글로벌 반도체 업황 기대감을 주가에 먼저 반영하므로, 제조사들의 주가 흐름과 연동해 선제적으로 대응하는 전략이 필요하다.

3) AI 반도체의 출현: AI 가속기와 HBM

2022년 11월 말, 오픈AI가 출시한 대형언어모델 서비스 '챗GPT'는 전 세계적으로 선풍적인 인기를 끌었다. 출시 2개월 만에 월간 활성 사용자 수가 1억 명을 돌파하며, 바야흐로 생성형 AI 서비스의 대중화 시대를 열었다. 이에 질세라 구글, 메타 등 빅테크 기업들도 앞다투어 자체 LLM 모델을 출시하며 경쟁에 뛰어들었다.

이 거대한 AI 모델을 구축하기 위해서는 엄청난 양의 데이터를 학습하고 추론해야 하는 'AI 서버'가 필수적이다. 그리고 이 서버의 심장이 바로 'AI 가속기'다. AI 가속기란 컴퓨터가 데이터를 보고 스스로 학습하거나 판단하는 작업을 대량으로 처리하도록 설계된 프로세서를 뜻한다. AI 연산의 핵심은 방대한 데이터를 동시에 처리하는 '병렬 처리' 능력인데, 그래픽 처리를 위해 태생적으로 병렬 연산에 최적화된 GPU(그래픽처리장치)가 이 역할을 완벽하게 수행해 냈다. 이에 따라 기존 GPU 시장의 절대 강자였던 엔비디아가 AI 반도체 분야의 독보적인 선두 주자로 등극했다. 시장조사기관 그랜드뷰리서치에 따르면, 글로벌 AI 가속기 시장은 2024년 255억 달러에서 2033년 2,568억 달러로 연평균 29.3%의 폭발적인 성장을 거듭할 것으로 관측된다.

엔비디아는 2022년 '호퍼' 아키텍처를 시작으로 AI 가속기 시장의 포문을 열었으며, 2024년에는 성능을 비약적으로 향상시킨 '블랙웰'을 발표하며 시장을 장악했다. 주목할 점은 엔비디아의 속도전이다. 엔비디아는 블랙웰을 출시하면서 기존 2년이었던 AI 칩 아키텍처 출시 주기를 1년으로 단축하는 공격적인 로드맵을 발표했다. 이에 따라 2025년 하반기에는 블랙웰의 업그레이드 버전인 '블랙웰 울트라'를, 2026년에는 차세대 칩 '루빈'을, 2027년에는 '루빈 울트라', 2028년에는 '파인먼'을 연이어 선보일 예정이다. 2025년 10월 엔비디아는 데이터센터용 GPU 시장에서 80~90% 이상의 압도적인 점유율을 차지하며 사실상 독점 체제를 유지하고 있다. 그러나 '반 엔비디아' 진영의 추격도 만만치 않다. AMD는 최신 가속기인 '인스팅트 MI300' 시리즈를 선보이며 HBM 메모리 용량 우위와 가격 경쟁력을 무기로 엔비디아의 아성에 도전하고 있다. 특히 엔비디아의 소프트웨어 생태계인 '쿠다CUDA'에 대항하기 위해 오픈소스 기반의 'ROCm' 생태계를 강화하며 빅테크 고객사들의 대안 수요를 흡수하고 있다.

실제로 AMD는 오픈AI와 대규모 AI 칩 공급계약을 체결하며 향후 수년에 걸쳐 최대 6GW 규모의 연산 능력을 MI450 등 차세대 프로세서로 공급하기로 했다. 또한 오라클과도 계약을 맺고 2026년 하반기부터 MI450을 5만 개 도입해 클라우드 서비스에 활용하기로 합의했다. 인텔 역시 AI 칩 전문 기업 하바나 랩스를 인수해 '가우디' 시리즈를 내놓으며 경쟁에 합류했다. 비록 점유율 격차는 여전히 크지만, AMD 등의 약진은 독점 시장에 균열을 낼 수 있는 변수이므로 투자자들은 예의주시해야 한다. 한편, 학습용 시장은 GPU가 장악했지만, 이미 학습된 AI를 서비스하는 '추론용 시장'은 판도가 다르다. 비용 효율성이 중요하기 때문이다. 구글은 TPU를 개발해 사용하고, 또한 아마존(트레이니엄/인퍼런시아), 마이크로소프트 등 빅테크들 역시 자사 서비스에 최적화된 주문형 반도체를 자체 개발해 사용하고 있다. 삼성전자 또한 자체 NPU를 개발해 엑시노스 2400 AP에 탑재하며 스마트폰으로 AI를 구동하는 '온디바이스 AI' 시대를 열었다.

AI 가속기가 두뇌라면, 이를 뒷받침하는 것은 압도적인 속도의 메모리다. 여기서 등장한 것이 바로 고대역폭메모리^{HBM}다. HBM은 여러 개의 D램을 수직으로 쌓아 올려 대역폭과 용량을 획기적으로 높인 반도체로, 수많은 데이터를 병목 없이 처리해야 하는 AI 프로세서의 필수재가 되었다. 트렌드포스에 따르면 글로벌 HBM 시장 규모는 2024년 약 182억 달러에서 2025년 약 467억 달러로 성장했다. 엔비디아의 칩이 진화하는 속도에 맞추어 HBM도 빠르게 진화했다. SK하이닉스가 2022년 HBM3를 선제적으로 선보인 데 이어, 2023년 5월부터는 성능이 향상된 HBM3E를 양산해 엔비디아의 주력 칩인 H200 및 블랙웰에 가장 먼저, 그리고 최대 물량을 공급하며 시장 주도권을 장악했다. 2025년 들어서는 차세대 규격인 'HBM4'의 표준이 확정되었으며, 양산 시점은 2026년이 될 전망이다.

2025년 HBM 시장의 관전 포인트는 '승자 독식의 강화'다. 카운터포인트

연도	아키텍처 (코드명)	주요 제품
2022년	호퍼 Hopper	H100, H200
2024년	블랙웰 Blackwell	B100, B200, GB200
2025년	블랙웰 울트라 Blackwell Ultra	B300 (예상)
2026년	루빈 Rubin	R100, GR100, GR200 (예상)
2027년	루빈 울트라 Rubin Ultra	R300 (예상)
2028년	파인먼 Feynman	F100 (예상)

리서치에 따르면 2025년 2분기 HBM 시장 점유율은 SK하이닉스 62%, 마이크론 21%, 삼성전자 17% 순이다. 특히 최근 언론 보도에 따르면 마이크론은 설계 재검토 및 수율 문제로 인해 차세대 HBM4 양산 시점이 2027년까지 밀릴 위기에 처했다. 엔비디아 납품 경쟁에서 마이크론이 사실상 뒤처짐에 따라, 향후 HBM 시장은 기술적 우위를 점한 SK하이닉스의 독주 속에 삼성전자가 추격하는 양강 구도로 재편될 가능성이 높다. 투자자들은 엔비디아의 AI 가속기 로드맵이 차질 없이 진행되는지, 그리고 HBM 시장에서 SK하이닉스의 독주가 지속될지 혹은 삼성전자가 점유율을 얼마나 회복할지를 면밀히 살펴봐야 한다.

투자자들은 HBM 이후를 이끌 차세대 메모리 기술에도 관심을 가져야 한다. 삼성전자와 SK하이닉스는 HBM 외에도 CXL, 3D D램, PIM을 미래 먹거리로 낙점하고 개발에 박차를 가하고 있다. CXL Compute Express Link 은 CPU, GPU, 메모리 등을 고속으로 연결하는 차세대 인터페이스 기술이다. 기존 서버는 CPU 소켓 수에 따라 꽂을 수 있는 메모리 용량이 제한적이었으나,

세대	JEDEC 표준 시점	양산 시점	최대 대역폭 (단일 스택)	최대 스택 수
HBM3	2022년 1월	2022년 중반	~819 GB/s	12단 (24GB)
HBM3E	2023년 5월	2024년 초	~1.23 TB/s	16단 (48GB)
HBM4	2025년 4월 (표준 확정)	2026년 예정	~2.05 TB/s (예상)	16단 (64GB)
HBM4E	미정	2027년 예정	2.5 TB/s 이상 (예상)	16단 이상

CXL을 이용하면 마치 외장 하드처럼 메모리를 무한대로 확장할 수 있다. 대용량 데이터 처리가 필요한 AI 서버의 효율성을 극대화할 핵심 기술이다. 3D D램은 낸드플래시처럼 셀을 수직으로 쌓아 올리는 기술이다. 미세 공정의 한계를 극복하고 집적도를 높여, 웨이퍼당 생산량을 늘리고 전력 효율을 획기적으로 개선할 수 있다. 마지막으로 PIM Processing-In-Memory은 '연산하는 메모리'다. 데이터를 저장만 하던 메모리 내부에서 직접 연산까지 수행하게 함으로써, 데이터를 CPU나 GPU로 옮기는 과정에서 발생하는 시간과 에너지 소비를 줄인다. 이는 AI 연산 효율을 극대화할 수 있는 맞춤형 메모리 솔루션으로 발전할 것이다.

4) 반도체 팹리스, OSAT: 고객사 낙수 효과

엔비디아, 퀄컴, AMD 등 미국 팹리스 기업들 대부분은 시가총액 수천조 원이 넘는 초대형주다. 반면 국내 팹리스 기업들은 시가총액 1조 원 미만의 중소형주가 대부분이다. 또한 디스플레이, 차량용, 이미지센서, 멀티미디어, 모바일기기 등 각자 주력 분야가 다르다. 따라서 팹리스 기업을 평가할 때는 일관적인 잣대를 들이대서는 안 된다. 자신이 투자하는 팹리스 기업이 설계하는 반도체의 종류가 무엇인지, 고객은 누구인지, 전방 산업의 성장성은 어떠한지 등을 다각도로 따져야 한다.

국내 OSAT 기업들 역시 시가총액 1조 원 미만의 중소형주가 대다수다. 국내 팹리스와 다른 점은 삼성전자, SK하이닉스와 끈끈한 협력 관계를 갖고 있다는 점이다. 메모리 반도체 중심의 산업 구조인 탓에 후공정 역시 삼성전자나 SK하이닉스가 직접 담당하는 경우가 많았다. 그러나 삼성전자가 시스템 반도체 역량을 강화하면서 OSAT 업체에 위탁하는 물량이 많아지고 있다. TSMC가 파운드리 시장에서 지금의 독보적인 위치를 차지한 것도 OSAT 생태계를 잘 꾸려서다. 앞으로 삼성전자 역시 OSAT 협력사 구축에 집중할 수밖에 없는 이유다. 따라서 OSAT 업체 중에서 시스템 반도체 패키징, 테스트 물량을 확대하는 업체에 주목할 필요가 있다.

미세화 공정이 한계에 봉착하면서 패키징 기술 경쟁력이 강화되는 부분도 눈여겨보아야 한다. 30나노에서 20나노로 가는 것보다 3나노에서 2나노 공정으로 가는 것이 훨씬 어렵고 더 많은 비용이 소요된다. 특히 10나노 이하 노광 공정에서는 극자외선 장비가 사용되는데, 1대당 가격이 약 2,000억 원에 달한다.

돈만 있다고 EUV 장비를 조달할 수 있는 것도 아니다. 전 세계에서 EUV 장비를 만들 수 있는 곳은 네덜란드의 ASML뿐이다. 이러한 미세화 공정의 한계를 극복하기 위해 반도체 산업은 OSAT에서 대안을 찾고 있다. 선진화된 패키징 방법으로 반도체의 성능을 개선하는 것이다. 가령 서로 다른 반도체 칩을 하나의 패키지로 구현하는 SiP^{System in Package}를 적용하면 크기와 비용을 줄일 수 있고 성능 역시 개선할 수 있다. OSAT 기업별로 구현할 수 있는 패키징 기술이 다르므로 이 점을 잘 살펴보아야 한다.

5) 지정학적 리스크

코로나19 팬데믹은 중국 중심의 글로벌 공급망이 얼마나 취약한지 전 세계에 각인시켰다. 이후 2022년 발발한 러시아-우크라이나 전쟁은 세계 경제의 블록화를 가속화하는 기폭제가 되었다. 이에 따라 '세계의 공장'인 중국 등 아시아에 의존하던 공급망에서 탈피해, 각 나라가 자체 제조 시설을 구축하려는 움직임이 확산되었다.

특히 2025년 출범한 트럼프 2기 행정부는 '미국을 다시 위대하게'라는 강력한 기조 아래 미국의 제조업 부활과 대중국 견제를 더욱 심화시키고 있다. 과거 바이든 행정부의 반도체 정책이 수출 통제와 동맹망 구축을 통한 비교적 '구조적·중장기적' 접근이었다면, 트럼프 2기는 훨씬 더 '직접적이고 강경하며 교섭적'인 방식을 취하고 있다.

트럼프 행정부는 반도체 및 제조장비, 고성능 AI 칩 등 전략 기술의 중국 수출을 제한하는 조치를 지속적으로 확대하고 있다. 이미 미국 상무부의 '수출 통제 명단'에는 중국 기업 수십 곳이 추가되었으며, 제3국을 경유하는 우회 수출에 대한 감시망도 촘촘해졌다. 더 나아가 단순 수출 허가 거부를 넘어, 기업이 수출 허가를 받는 조건으로 수익의 일부를 미국 정부에 납부하도록 하는 방안까지 거론되고 있다. 가장 강력한 변화는 인센티브 정책의 전환이다. 바이든 정부 때는 미국에 공장을 짓는 기업에 보조금을 주는 '당근' 위주였다면, 트럼프 2기는 미국에서 생산하지 않을 경우 반도체 수입품에 대해 최대 100%의 고율 관세를 부과하겠다는 '채찍'을 휘두르고 있다.

투자 관점에서 이러한 지정학적 리스크는 위기이자 기회다. 삼성전자는 바이든 행정부 시절 칩스법에 따라 미국에 공장을 짓는 대가로 2024년 12월 미 상무부로부터 47억 달러의 보조금을 수령해 오스틴과 테일러 공장 건설에 투입했다. 이는 트럼프 행정부 하에서도 강력한 방패막이가 되었다. 테슬라, 구글 등 미국의 빅테크 기업 입장에서도 정부 눈치와 막대한 수입 관세 부담 때문에 해외 파운드리 대신 미국 내 공장에 제조를 맡길 수밖에 없기 때문이다.

실제로 테슬라는 2025년 7월 삼성전자와 약 22조 8,000억 원 규모의 차세대 AI 칩 생산 계약을 체결했다. 이는 테슬라의 슈퍼컴퓨터용 '도조' 칩과 휴머노이드 로봇 '옵티머스'에 탑재될 시스템온칩으로, 삼성전자가 보유한 미국 현지 공장의 전략적 가치가 입증된 사례다. 따라서 소부장 기업 중에서도 삼성전자 등 IDM이나 파운드리 업체를 따라 미국에 동반 진출해 생산 거점을 확보한 기업들은 장기적인 수혜가 예상된다.

다만, '자국 우선주의'의 그림자도 존재한다. 트럼프 행정부는 2025년 8월, 경영난에 빠진 인텔의 지분 10%를 인수하기로 결정하며 인텔을 국가 전략 자산으로 관리하겠다는 의지를 천명했다. '팔은 안으로 굽는다'는 말처럼, 똑같이 미국에 공장을 보유했더라도 토종 기업인 인텔을 우선적으로 밀어줄 가능성이 높아, 삼성전자와 같은 타국 기업들은 장기적으로 보이지 않는 차별이나 견제를 받을 수 있음을 유의해야 한다.

6) 중국 반도체 굴기는 잠재적 리스크

미국의 강력한 제재에도 불구하고 중국의 '반도체 굴기'는 멈추지 않고 있다. 이는 한국 반도체 산업에 실질적인 위협이 되고 있다.

메모리 분야부터 살펴보면, D램에서는 중국의 창신메모리테크놀로지[CXMT] 가 DDR4 및 LPDDR4 등 범용 제품을 주력으로 생산하고 있으며, 최근에는 DDR5 양산에도 성공했다는 보도가 나오고 있다. 범용 D램 분야에서는 한국과의 기술 격차가 5년 내외로 좁혀졌다는 평가도 있다. 낸드플래시는 한국과 거의 대등한 수준까지 추격했다. 양쯔메모리테크놀로지[YMTC]는 232단 3D 낸드 개발에 성공하며 중국 내수 시장에서 점유율을 빠르게 늘리고 있다. HBM 분야는 아직 본격적인 경쟁 단계는 아니지만, CXMT가 HBM 전용 공장 건설에 나서고 있고 3D 패키징 기술 R&D를 강화하고 있어, 잠재적으로 한국과 경쟁 구도를 형성할 가능성을 배제할 수 없다.

무엇보다 중국의 추격이 부담스러운 이유는 두 가지다. 첫째, 정부 보조금을 등에 업고 채산성과 무관하게 '시장 파괴적 가격'을 제시할 수 있다는 점이다. 둘째, 전 세계 메모리 시장의 약 60%를 차지하는 거대한 내수 시장을 무기로, 미국의 제재가 강화될수록 중국 업체들이 '중국 내수 독점 생태계'를 구축해 버릴 위험이 있다는 것이다.

파운드리 분야에서도 중국은 막대한 정부 지원과 투자를 통해 생산 능력을 급격히 늘리고 있다. 시장 조사 기관에 따르면 중국은 이미 글로벌 파운드리 생산 능력 비중에서 대만에 이어 2위를 차지하고 있으며, 2030년경에는 레거시 공정 생산 능력 등에서 세계 1위를 다툴 것으로 전망된다. 중국 최대 파운드리 업체 SMIC는 미국의 첨단 장비 수출 통제에도 불구하고 자체 기술력으로 7나노 공정 칩 제조에 성공했다. 비록 최선단 공정에서는 삼성전자와 기술 격차가 존재하지만, 레거시(구형) 공정에서 자국 수요를 대거 흡수하면서 범용 반도체 분야에서 한국 기업의 점유율을 잠식할 수 있다.

따라서 투자자들은 중국과의 기술 격차 유지 여부와 중국의 반도체 자급률 현황을 지속적으로 모니터링하며, 한국 기업에 미칠 영향을 냉철하게 분석해야 한다.

실적 및 투자 지표: 2025년 3분기 연환산 기준
시가총액: 2025년 12월 23일 기준

단위: 억 원

종목코드	종목명	매출액	영업이익	순이익	PER	시가총액
005930	삼성전자	3,155,568	300,201	325,450	20.3	6,600,396
000660	SK하이닉스	840,871	361,195	357,000	11.9	4,251,534
042700	한미반도체	6,433	2,957	2,416	50.1	121,046
007660	이수페타시스	10,161	1,737	1,368	65.0	88,972
058470	리노공업	3,712	1,737	1,507	31.2	47,023
039030	이오테크닉스	3,703	744	566	55.7	31,476
240810	원익IPS	9,297	826	790	38.9	30,727
000990	DB하이텍	12,929	2,422	2,463	12.3	30,192
030530	원익홀딩스	6,791	133	−126	−215.6	27,111
403870	HPSP	1,869	982	829	30.9	25,585
014680	한솔케미칼	8,503	1,619	1,540	16.6	25,504
353200	대덕전자	9,539	141	264	88.4	23,300
095340	ISC	1,871	456	462	49.3	22,787
357780	솔브레인	8,959	1,270	673	31.0	20,847
005290	동진쎄미켐	14,695	2,050	1,060	18.4	19,538
222800	심텍	13,183	−345	−680	−27.3	18,581
084370	유진테크	3,649	657	613	28.7	17,577
064760	티씨케이	3,031	858	713	23.9	17,010
089030	테크윙	1,729	197	−121	−135.5	16,396
067310	하나마이크론	14,680	1,402	216	75.3	16,263

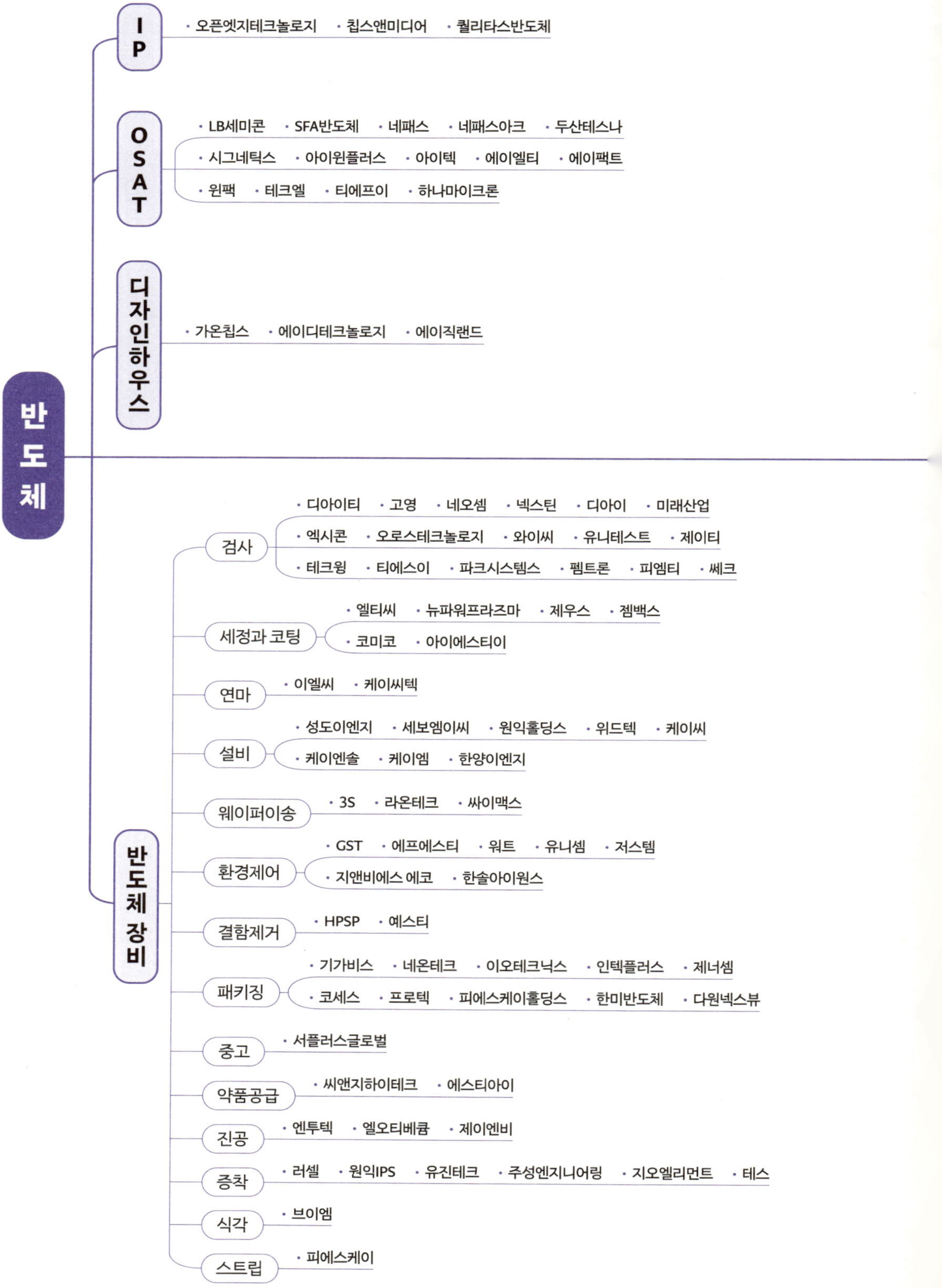

반도체

IP
- 오픈엣지테크놀로지
- 칩스앤미디어
- 퀄리타스반도체

OSAT
- LB세미콘
- SFA반도체
- 네패스
- 네패스아크
- 두산테스나
- 시그네틱스
- 아이윈플러스
- 아이텍
- 에이엘티
- 에이팩트
- 윈팩
- 테크엘
- 티에프이
- 하나마이크론

디자인하우스
- 가온칩스
- 에이디테크놀로지
- 에이직랜드

반도체 장비

검사
- 디아이티
- 고영
- 네오셈
- 넥스틴
- 디아이
- 미래산업
- 엑시콘
- 오로스테크놀로지
- 와이씨
- 유니테스트
- 제이티
- 테크윙
- 티에스이
- 파크시스템스
- 펨트론
- 피엠티
- 쎄크

세정과 코팅
- 엘티씨
- 뉴파워프라즈마
- 제우스
- 젬백스
- 코미코
- 아이에스티아이

연마
- 이엘씨
- 케이씨텍

설비
- 성도이엔지
- 세보엠이씨
- 원익홀딩스
- 위드텍
- 케이씨
- 케이엔솔
- 케이엠
- 한양이엔지

웨이퍼이송
- 3S
- 라온테크
- 싸이맥스

환경제어
- GST
- 에프에스티
- 워트
- 유니셈
- 저스템
- 지앤비에스 에코
- 한솔아이원스

결함제거
- HPSP
- 예스티

패키징
- 기가비스
- 네온테크
- 이오테크닉스
- 인텍플러스
- 제너셈
- 코세스
- 프로텍
- 피에스케이홀딩스
- 한미반도체
- 다원넥스뷰

중고
- 서플러스글로벌

약품공급
- 씨앤지하이테크
- 에스티아이

진공
- 엔투텍
- 엘오티베큠
- 제이엔비

증착
- 러셀
- 원익IPS
- 유진테크
- 주성엔지니어링
- 지오엘리먼트
- 테스

식각
- 브이엠

스트립
- 피에스케이

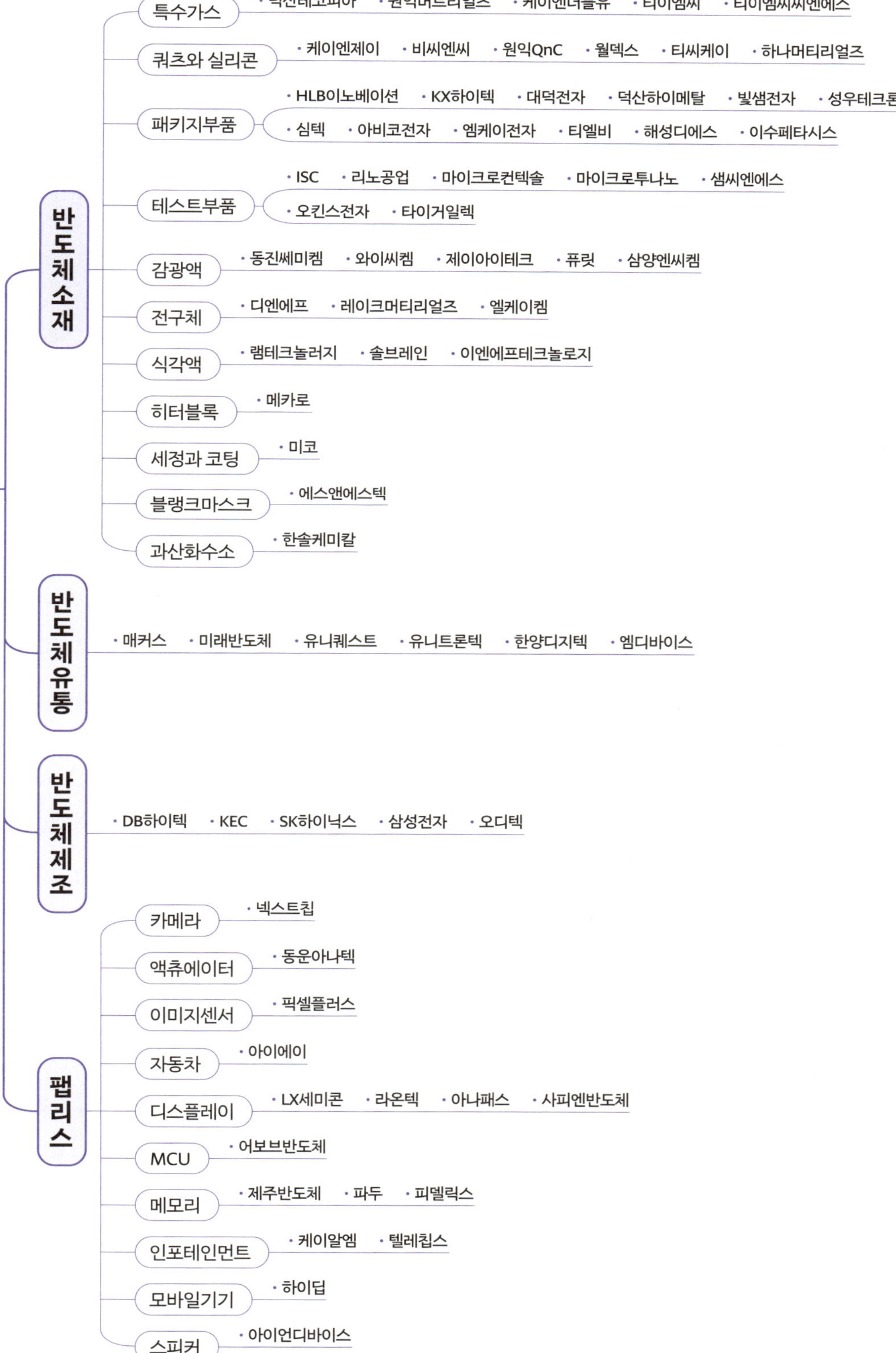

반도체소재
특수가스 · 덕산테코피아 · 원익머트리얼즈 · 케이엔더블유 · 티이엠씨 · 티이엠씨씨엔에스
쿼츠와 실리콘 · 케이엔제이 · 비씨엔씨 · 원익QnC · 월덱스 · 티씨케이 · 하나머티리얼즈
패키지부품 · HLB이노베이션 · KX하이텍 · 대덕전자 · 덕산하이메탈 · 빛샘전자 · 성우테크론 · 심텍 · 아비코전자 · 엠케이전자 · 티엘비 · 해성디에스 · 이수페타시스
테스트부품 · ISC · 리노공업 · 마이크로컨텍솔 · 마이크로투나노 · 샘씨엔에스 · 오킨스전자 · 타이거일렉
감광액 · 동진쎄미켐 · 와이씨켐 · 제이아이테크 · 퓨릿 · 삼양엔씨켐
전구체 · 디엔에프 · 레이크머티리얼즈 · 엘케이켐
식각액 · 램테크놀러지 · 솔브레인 · 이엔에프테크놀로지
히터블록 · 메카로
세정과 코팅 · 미코
블랭크마스크 · 에스앤에스텍
과산화수소 · 한솔케미칼

반도체유통
· 매커스 · 미래반도체 · 유니퀘스트 · 유니트론텍 · 한양디지텍 · 엠디바이스

반도체제조
· DB하이텍 · KEC · SK하이닉스 · 삼성전자 · 오디텍

팹리스
카메라 · 넥스트칩
액츄에이터 · 동운아나텍
이미지센서 · 픽셀플러스
자동차 · 아이에이
디스플레이 · LX세미콘 · 라온텍 · 아나패스 · 사피엔반도체
MCU · 어보브반도체
메모리 · 제주반도체 · 파두 · 피델릭스
인포테인먼트 · 케이알엠 · 텔레칩스
모바일기기 · 하이딥
스피커 · 아이언디바이스

디스플레이

디스플레이는 각종 전자기기의 화면 역할을 한다. TV, 스마트폰, PC, 태블릿 PC 등 수많은 전자기기에 탑재되어 있다. 디스플레이 산업에 속한 기업은 총 56곳으로 주식 시장에서 차지하는 비중은 0.3%다.

LCD에 이어 OLED 패널까지 중국 업체들의 공격적인 점유율 확장이 지속되면서 디스플레이 업체들의 고전은 지속되었다. 그러나 2025년 애플이 OLED 패널을 탑재한 아이폰 17을 선보이면서 국내 디스플레이 산업은 숨통이 트이기 시작했다. 미국 ITC 판결도 결정적이었다. 2025년 7월 ITC는 BOE가 삼성디스플레이의 OLED 영업비밀을 부정한 수단으로 취득해 사용했다고 판단했다. 이에 따라 BOE는 14년 8개월간 미국 시장 진출이 막혔다. 중국의 미국 수출이 막히자 삼성디스플레이와 LG디스플레이의 아이폰17

점유율은 98%까지 치솟았다. 이에 따라 LG디스플레이 주가도 2025년 바닥을 찍고 반등
에 성공했다.

디스플레이

1. 디스플레이 산업의 개요와 특징

주위를 둘러보면 TV, 스마트폰, PC, 태블릿 PC 등 수많은 전자기기에 탑재되어 있는 디스플레이를 볼 수 있다. 한때 디스플레이는 반도체와 함께 국내 제조 산업의 위상을 높였던 핵심 수출 품목이었다. 그러나 정부의 막대한 보조금 지원을 등에 업은 중국 디스플레이 기업들이 공격적으로 시장에 침투하면서, 국내 디스플레이 산업은 거센 도전에 직면해 있다.

디스플레이 제조 시장은 한국을 비롯한 중국, 대만, 일본 등 아시아권에 집중되어 있다. 시장조사기관 옴디아^{Omdia} 등에 따르면 2025년 1분기 기준 글로벌 디스플레이 시장 점유율은 중국이 54.1%로 1위를 굳건히 지키고 있으며, 한국이 30.6%로 2위, 대만이 13.9%로 3위를 차지하고 있다. 2020년까지 세계 1위를 유지하던 한국은 LCD 중심의 시장 재편과 중국의 물량 공세로 인해 2021년 1위 자리를 내어준 후 점유율 격차가 점차 벌어지고 있는 추세다. 이는 공격적인 정부 지원에 힘입은 중국 IT 가전 브랜드의 괄목할 만한 성장과 맞물려 디스플레이 시장 내 중국 업체의 영향력이 확대된 결과다.

세부적으로 살펴보면 중국은 이미 LCD 시장에서 70% 이상의 점유율을 기록하며 시장을 장악했다. 이에 한국 기업들은 수익성이 낮은 LCD 사업을 축소하고 OLED 같은 고부가가치 디스플레이로 전장을 옮겼다. 2024년 기준 글로벌 OLED 시장 점유율은 한국이 약 52% 내외로 47.9%의 중국을 근소하게 앞서고 있다. 특히 대형 OLED는 LG디스플레이가, 중소형 OLED는 삼성디스플레이가 시장을 주도하고 있다. 그러나 안심할 수 없는 상황이다. 시장조사기관 트렌드포스^{TrendForce}는 2025년 내에 OLED 시장 점유율마저 중국에 역전될 가능성이 있다고 경고했다.

이러한 위기 상황에서 한국 디스플레이 업계에 단비 같은 소식이 전해졌다. 2025년 삼성디스플레이가 중국 BOE를 상대로 미국 국제무역위원회^{ITC}에 제기한 영업비밀 침해 소송에서 최종 승소한 것이다. 이번 판결로 BOE는 향후 14년 8개월 동안 미국 시장 진입이 사실상 불가능해졌다. 이는 미국의 대중국 무역 제재 기조와 맞물려 한국 디스플레이 업체들이 중국의 거센 추격을 따돌리고 기술 격차를 벌릴 수 있는 귀중한 시간을 벌어준 것으로 평가받는다.

산업의 성장성 측면에서 보면, 중국이 잠식한 LCD 시장은 이미 성숙기에 접어든 지 오래다. 이에 따라 LCD 시장은 세계 경제 성장률과 동조화되는 경향을 보인다. 반면 한국이 강점을 갖고 있는 OLED 시장은 폴더블·플렉시블 디스플레이, 고급 스마트폰·태블릿·노트북, 그리고 최근 급부상하는 AR/VR(확장현실) 기기 등의 채택 증가로 인해 그랜드뷰 리서치 전망에 따르면 2024년 443억 9,000만 달러에서 2033년 1,918억 달러로 연평균 18%의 고성장이 예상된다. 특히 차량용 OLED 시장은 연평균 35% 이상의 폭발적인 성장을 보일 것으로 기대된다.

단위: %

연도	한국	중국	일본	대만 및 기타
2020	86.6	12.7	0.6	0.1
2021	82.6	16.6	0.7	0.1
2022	81.3	17.9	0.6	0.2
2023	73.6	25.7	0.5	0.2
2024	67.2	33.3	0.4	0.1
2025(E)	62~65	35~38	< 1.0	< 1.0

출처: 옴디아, 한국디스플레이산업협회

삼성디스플레이와 LG디스플레이는 차세대 기술 개발에도 박차를 가하고 있다. 삼성디스플레이는 QD-OLED(퀀텀닷 OLED)에 적극 투자하며 프리미엄 TV와 IT 시장을 공략하고 있다. QD-OLED는 파란색 발광층에 QD 컬러필터를 접목해 색재현율을 높이고 번인[Burn-in] 문제를 개선한 기술이다. LG디스플레이는 WOLED(화이트 OLED) 기반의 대형 OLED 시장에서 독보적인 위치를 점하고 있다. 또한 양사는 QNED, 마이크로 LED, 미니 LED 등 차세대 기술 상용화도 서두르고 있다.

미니 LED는 기존 LCD 백라이트를 100~200μm(마이크로미터) 크기의 초소형 LED로 촘촘하게 대체해 명암비와 밝기를 획기적으로 개선한 기술이다. 여전히 LCD 기반이라 완벽한 블랙 표현에는 한계가 있지만, 기존 생산라인을 활용할 수 있어 가격 경쟁력을 갖춘 프리미엄 LCD 제품군으로 자리잡았다.

반면 마이크로 LED는 OLED처럼 픽셀 하나하나가 스스로 빛을 내는 '자

발광' 기술이다. 무기물 소재를 사용하여 OLED의 번인 문제를 완벽하게 해결하고 압도적인 화질을 구현하지만, 높은 제조 비용과 난이도로 인해 현재는 초대형 프리미엄 TV나 AR 글래스 등 특수 목적 시장을 중심으로 개발이 지속되고 있다.

디스플레이 산업은 공장 하나를 짓는 데만 수조 원이 투입될 정도로 자본 집약적인 장치 산업이다. 이러한 이유로 국내에서 디스플레이 패널을 직접 제조할 수 있는 역량을 갖춘 곳은 삼성과 LG뿐이다. 2025년 기준 주식 시장에 상장된 패널 제조사는 사실상 LG디스플레이가 유일하다(삼성디스플레이는 삼성전자의 자회사). 따라서 투자자들은 패널 제조사뿐만 아니라, 이들을 중심으로 형성된 장비, 소재, 부품 기업들의 밸류 체인과 상호 관계를 면밀히 파악해야 한다.

2. 디스플레이의 종류

10년 전만 하더라도 TV의 대세는 LED TV였다. 하지만 얼마 지나지 않아 OLED TV가 출시되었으며, 최근에는 QLED TV가 OLED TV의 아성에 도전하고 있다. 얼핏 보면 디스플레이의 종류가 상당히 많은 것처럼 느껴진다. 사실 이런 다양한 디스플레이의 종류는 제조사의 마케팅 전략에서 나왔다고 해도 과언이 아니다. 실제 우리가 사용하는 디스플레이는 구조와 발광 방식에 따라 LCD와 OLED로 크게 나뉜다.

LCD는 '액정표시장치'로 액체와 고체 중간의 특징을 지닌 액정의 상태 변화를 통해 화면에 정보를 표시하는 디스플레이이다. LCD는 화면을 나타내기 위해 분자를 배열해야 하는 시간 탓에 반응 속도가 느리고, 스스로 빛을 내지 못해 광원이 필요하며, 컬러필터를 통해 색상을 구현한다. 반면 OLED는 '유

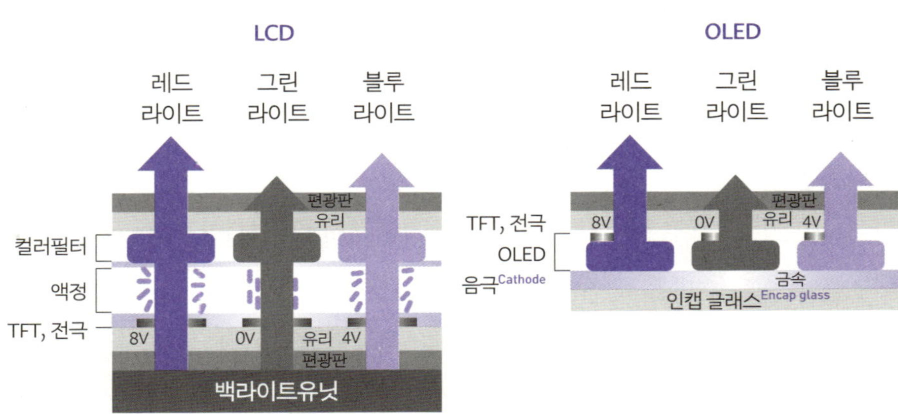

출처: LG디스플레이 블로그

LCD와 OLED 성능 비교

구분	LCD	OLED
색 재현율	70%	110%
명암비	3,000:1	1만:1
응답 속도	4ms	0.001ms
시야각	180도	프리 뷰 앵글
두께	0.8mm	0.05mm
소비 전력	100%	65%

출처: 신한금융투자

기발광다이오드라는 말 그대로 스스로 빛을 내는 유기물로 구현된 디스플레이다. 유기물에 전류가 흐르면 구동하는 방식인데 빨간색, 녹색, 청색 등의 유기물이 스스로 빛을 내기 때문에 광원이 필요 없으며, 서로 다른 색상을 조합해 다양한 색을 연출할 수 있다. 액정이 없어 반응 속도도 빠르다.

이런 관점에서 LCD TV, LED TV, QLED TV는 사실상 같은 LCD TV에 포함된다고 볼 수 있다. LED TV는 LCD TV와 동일한 구조에 백라이트 유닛만 LED를 사용한 것이다. 현재 상용화된 QLED TV 역시 LED BLU 위에 QD 필름을 얹어 광원의 성능만을 개선한 것이다. LCD는 저비용·대량생산에 유리하며, 여전히 모니터, TV, 일부 노트북과 보급형 스마트폰에 널리 쓰이고 있다.

OLED는 백라이트가 필요 없기 때문에 디스플레이를 얇고 가볍게 만들 수 있고, 명암비, 응답 속도, 시야각, 휘도 등에서도 우수하다. 다만 생산 수율이 낮고, 대형화가 어렵다는 단점이 있어 OLED는 고화질·프리미엄 시장에서 강세를 보인다. 최근에는 OLED 단점 보완을 위해 하이브리드 기술이 등장하고 있으며, 초박형·플렉시블·롤러블 OLED 시장도 개척되고 있다.

3. 디스플레이 제조 공정

디스플레이는 TFT 기판을 중심으로 다양한 층을 적층해 제작된다. TFT(박막트랜지스터)란 디스플레이 픽셀^{Pixel} 들의 빛을 조절하는 반도체다. TFT를 만드는 공정을 결정화 공정이라고 한다. LCD의 경우 TFT, 컬러필터, 액정을 합쳐 셀을 구성한 뒤, 편광판, 백라이트유닛, PCB 등을 부착해 모듈화한다. 이후 최종 작동 검사 및 패널 출하가 이루어진다.

OLED는 LCD에 비해 제조 공정이 간단하다. 컬러필터와 액정 공정이 생략되고, 유기물 증착과 봉지 공정이 추가된다. 증착 공정은 픽셀별로 R(빨강)·G(초록)·B(파랑) 유기물질을 증착하는 것으로, 두 가지 방식이 있다. 먼저 미세 마스크^{Fine Metal Mask, FMM}로 R, G, B를 각각의 픽셀에 수평으로 증착하는

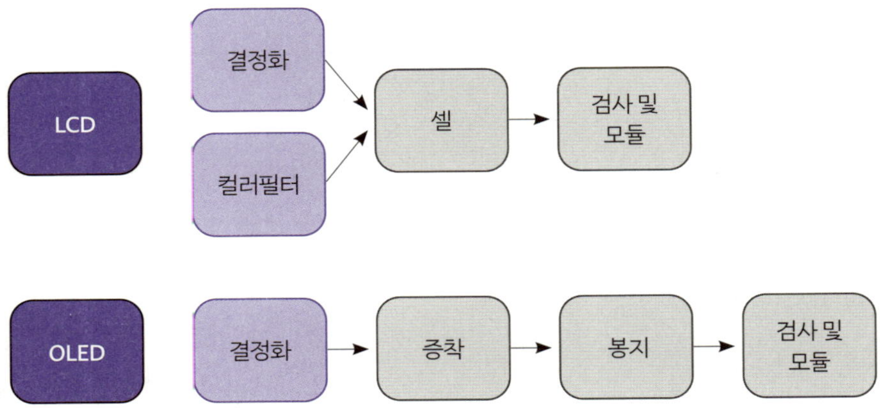

'RGB 수평 픽셀 방식'이다. 두께를 얇게 만들 수 있고, 색 재현성이 뛰어나지만 대형화가 어렵고 생산수율이 낮아 중소형 OLED에 적용된다.

다음으로는 R, G, B를 수직으로 적층해 백색광을 구현한 후 컬러필터를 통과시켜 다양한 색을 구현하는 WOLED 방식이 있다. 성능은 RGB수평 픽셀 방식에 비해 떨어지지만 생산수율이 높고, 큰 면적의 화면을 만들 수 있다는 장점이 있다. LG디스플레이는 이를 기반으로 RGBW$^{RGB+White}$ 구조까지 진화시켜 발광 효율을 높이고 있다. RGBW는 백색광을 컬러필터 없이 바로 통과시키는 방식으로 전력 소모가 낮고 기존 WOLED 방식 대비 발광효율이 더 높다. 사실 LG디스플레이가 구현한 WOLED, RGBW는 완벽한 OLED라고 보기에는 다소 애매한 점이 있다. 컬러필터를 여전히 사용하기 때문이다. 타 디스플레이 기업이 RGB 수평 픽셀 방식으로 OLED 구현에 성공하지 않는 이상 컬러필터를 삽입하는 OLED 방식이 앞으로도 주를 이룰 것으로 보인다.

봉지 공정은 유기물 발광층을 수분과 산소로부터 보호하는 단계로, 일반

OLED는 유리 소재의 글래스 봉지를, 플렉시블 OLED는 무기물과 유기물을 교차 증착하는 박막봉지를 사용한다. 플렉시블 OLED의 경우 PI(폴리이미드) 기판이 사용되며, 이를 고정하기 위한 임시 유리기판이 덧대어진다. 증착과 봉지 공정이 끝난 뒤에는 해당 유리기판을 분리하는 공정이 추가된다.

이러한 디스플레이 공정에는 반도체 장비 기업들과 중복되는 장비 기업들이 참여하고 있으며, 유기 재료, 봉지재, PI 필름 등 특화된 소재 기업들도 생태계를 구성하고 있다. 한국은 OLED 장비 및 소재 국산화율이 높은 편으로, 원익IPS, AP시스템, SFA, 덕산네오룩스, 이엔에프테크놀로지 등이 대표적이다.

주요 OLED 장비 및 소재

종류	설명
PE CVD 장비	플라즈마를 활용한 화학적 증착 방식으로 주로 절연막과 보호막을 증착할 때 사용하는 장비
스터퍼 장비	물리적 증착 방식으로 금속을 증착할 때 사용하는 장비
ELA 장비	레이저를 이용해 비정질실리콘을 폴리실리콘으로 변환하는 장비. 5.5세대 중소형 패널 결정화 공정 대부분에 사용하는 장비
열처리 장비	고해상도 디스플레이 구현을 위한 TFT를 제조할 때 이온을 활성화시키기 위해 500℃ 이상 열을 가하는 장비
식각 장비	식각을 통해 유리 기판 위에 트랜지스터 회로를 새기는 장비
LLO 장비	봉지 공정이 완료된 후 최초에 덧댄 유리를 제거하는 장비
AOI 장비	빛의 광량 차이를 통해 결함의 유무를 분석하는 비접촉 검사 장비
스크라이버 장비	마더글라스에서 제조된 디스플레이 패널을 잘라 분리하는 장비
레이저 커팅 장비	디스플레이 제조 공정 중 절단, 가공에 쓰이는 장비
어태처	디스플레이 패널과 각종 모듈 등을 부착시키는 장비

종류	설명
엣지 그라인더	디스플레이 패널 절단면을 균일하게 연마해 주는 장비
본딩 장비	인쇄회로 기판과 디스플레이 패널을 합착시키는 장비
라미네이팅 장비	디스플레이 패널과 커버글라스를 합착시키는 장비

4. 디스플레이 산업의 투자 포인트

1) 디스플레이 패널 가격

디스플레이 패널 가격은 업황을 판단할 수 있는 가장 직관적인 바로미터다. 전방 산업인 TV, 스마트폰, PC, 노트북 수요가 늘면 패널 가격에 긍정적으로 작용한다. 다만 수년간 중국 디스플레이 기업들의 공격적인 증설로 인한 공급 물량 확대로 LCD 가격은 장기적으로 하락 추세에 있다.

반면 OLED 패널 가격은 다른 관점에서 볼 필요가 있다. 처음 OLED TV가 출시되었을 때는 가격이 수천만 원에 달했다. 패널 제조 원가가 그만큼 비쌌기 때문이다. 그러나 대량생산에 따른 원가절감과 생산수율 향상으로 이제 OLED 패널 가격은 소비자가 납득할 만한 합리적인 수준까지 하락했다. 2025년 현재도 전체 디스플레이 시장에서 LCD의 비중이 과반을 차지하지만, OLED의 침투율은 가격 경쟁력을 바탕으로 빠르게 상승하고 있다. 따라서 아직 OLED 시장은 가격 방어보다는 적용처와 물량 확대가 더 중요한 국면이다.

다만, 향후 기술의 보편화로 OLED 패널 가격이 더 하락할 가능성이 있는 만큼, 제조 업체 입장에서는 '생산 수율'의 획기적인 개선이 필수적이다. 판매가가 떨어지더라도 불량률을 줄여 원가를 더 낮출 수 있다면 이익률을 방어할 수 있기 때문이다. 따라서 투자자들은 패널 기업의 수율 개선 추이와 원가 경쟁력을 면밀히 살펴보아야 한다.

2) 디스플레이 설비 투자 스케줄

반도체와 마찬가지로 디스플레이 장비, 소재 기업들의 업황은 패널 기업의 설비 투자 규모 및 스케줄에 절대적인 영향을 받는다. 디스플레이 패널 제조사가 대규모 설비 투자를 확정하면 가장 먼저 장비 발주가 시작된다. 이 시점이 바로 장비 기업들의 주가가 선행해 움직이는 구간이다. 이후 공장이 완공되고 가동이 시작되면 본격적으로 소재 수요가 발생한다. 즉, 일정 부분 시차를 두고 장비 기업과 소재 기업의 실적 개선이 이루어지는 것이다.

실적 안전성 측면에서는 소재 기업이 장비 기업보다 유리하다. 소재는 공장을 돌리는 한 지속적으로 소모성 수요가 발생하지만, 장비는 대규모 신규 투자가 없다면 유지·보수 일감밖에 없기 때문이다. 따라서 주가 변동성도 소재 기업보다는 장비 기업이 훨씬 크다.

투자 전략으로는 OLED 같은 첨단 디스플레이 기술과 관련된 장비, 소재 기업에 집중하는 것이 좋다. 국내 LCD 산업은 이미 중국에 주도권을 내주었기 때문이다. 혹은 역발상으로 디스플레이 굴기를 펼치고 있는 중화권 기업(BOE, CSOT 등)의 밸류 체인에 포함된 국내 장비, 소재 기업을 찾아보는 것도 유효한 전략이다.

3) OLED 채용 확대와 AR 글래스

디스플레이 시장의 판도를 바꿀 첫 번째 키워드는 '애플Apple의 OLED 로드맵'이다. 업계에 따르면 2026년에는 폴더블 아이폰, 아이패드 미니, 맥북 프로용 OLED 양산이 본격화될 전망이다. 이어 2027년에는 아이패드 에어, 2028년에는 맥북 에어용 OLED까지 라인업이 확대되면서, 모바일에 국한되었던

OLED 시장이 IT 기기 전반으로 폭발적으로 확장될 것으로 예상된다.

두 번째 키워드는 'AR 글래스'다. AR 글래스는 현실 세계에 디지털 정보를 겹쳐 보여주는 웨어러블 디스플레이 기기로, AI 시대를 맞아 '제2의 스마트폰'이 될 가능성이 대두되고 있다. 이 변화의 핵심은 소프트웨어의 진화에 있다. 주류 소프트웨어가 우리가 직접 터치해야 하는 '애플리케이션' 기반에서, 스스로 판단하고 행동하는 'AI 에이전트'로 진화하고 있기 때문이다.

기존 스마트폰의 그래픽 사용자 인터페이스[GUI]는 사용자가 일일이 앱을 실행하고 조작해야 했지만, 에이전트형 앱은 사용자가 목표를 말하면 AI가 스스로 계획을 수립하고 프로세스를 처리한다. 이러한 AI 시대에는 음성, 시야(영상), 생체 신호 등 '멀티모달[Multi-modal]' 입력이 필수적인데, 사용자의 주변 시야를 AI 엔진과 실시간으로 공유하기에 가장 적합한 기기가 바로 스마트폰이 아닌 AR 글래스다.

시장조사기관 TechInsights에 따르면 AR 글래스 출하량은 2025년 1,600만 대에서 2030년 6,000만 대로 급증할 전망이다. 특히 2025~2026년은 메타, 구글, 애플의 AI 글래스 출시가 본격화되며 시장이 개화하는 원년이 될 것이다.

이 AR 글래스에 탑재되는 디스플레이는 안경 프레임 안에 들어갈 정도로 작으면서도 초고해상도를 구현해야 하는 기술적 난제가 있다. 현재는 LCoS[Micro LCD]가 주로 사용되지만, 향후 OLEDoS[Micro OLED]를 거쳐 최종적으로는 LEDoS[Micro LED]가 표준으로 자리 잡을 전망이다. LEDoS는 전력 효율과 수명, 밝기 면에서 가장 우수해 차세대 디스플레이로 평가받지만, 풀컬러 RGB 구현 및 고해상도 양산의 어려움으로 2027년경에나 상용화가 가능할 것으로 보인다. 따라서 투자자들은 픽셀을 제어하는 구동 회로인 백플레인[Backplane] 기술과, 광효율 및 시야각을 확보할 수 있는 광학계 부품 등 AR 글래스 밸류 체인에 속한 기업들을 장기적인 관점에서 주목할 필요가 있다.

디스플레이 산업 투자 지표

실적 및 투자 지표: 2025년 3분기 연환산 기준
시가총액: 2025년 12월 23일 기준

단위: 억 원

종목코드	종목명	매출액	영업이익	순이익	PER	시가총액
034220	LG디스플레이	264,421	4,316	-3,353	-17.8	59,550
213420	덕산네오룩스	2,694	573	474	20.2	9,585
171090	선익시스템	3,349	611	352	14.4	5,077
272290	이녹스첨단소재	4,414	942	791	6.1	4,794
095500	미래나노텍	5,623	234	199	16.9	3,377
265520	AP시스템	4,923	367	330	8.9	2,948
371950	풍원정밀	312	-190	-170	-12.6	2,142
083930	아바코	3,396	304	319	6.7	2,131
078150	HB테크놀러지	1,375	-121	-41	-41.9	1,714
049950	미래컴퍼니	470	-223	-164	-9.5	1,570
297890	HB솔루션	962	105	188	8.0	1,503
052420	오성첨단소재	1,605	287	306	4.6	1,397
149950	아바텍	748	-1	23	56.9	1,333
255440	야스	282	-104	-145	-9.1	1,318
071280	로체시스템즈	1,512	172	102	12.8	1,306

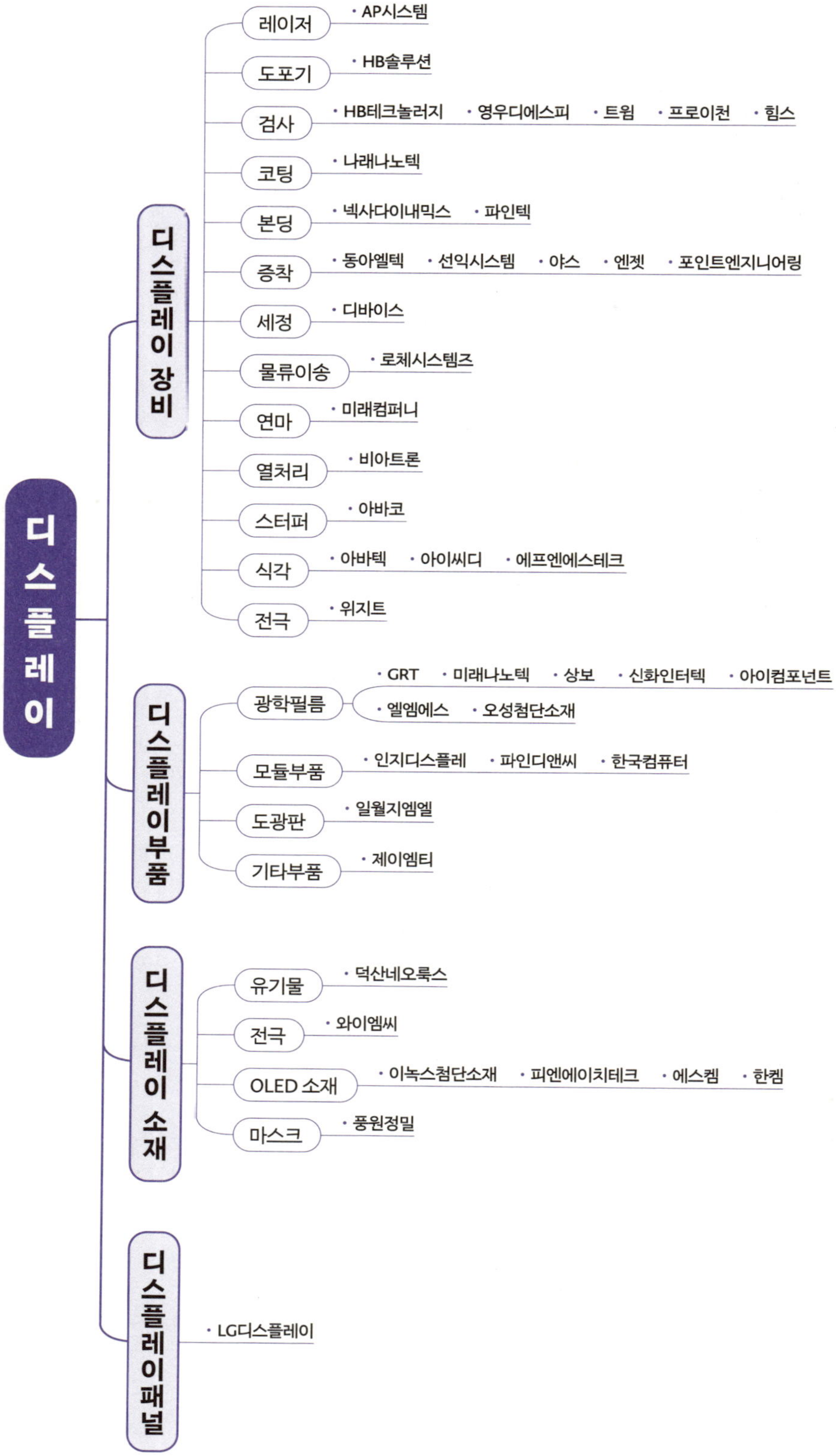

디스플레이

디스플레이 장비

- 레이저
  - AP시스템
- 도포기
  - HB솔루션
- 검사
  - HB테크놀러지 · 영우디에스피 · 트윔 · 프로이천 · 힘스
- 코팅
  - 나래나노텍
- 본딩
  - 넥사다이내믹스 · 파인텍
- 증착
  - 동아엘텍 · 선익시스템 · 야스 · 엔젯 · 포인트엔지니어링
- 세정
  - 디바이스
- 물류이송
  - 로체시스템즈
- 연마
  - 미래컴퍼니
- 열처리
  - 비아트론
- 스터퍼
  - 아바코
- 식각
  - 아바텍 · 아이씨디 · 에프엔에스테크
- 전극
  - 위지트

디스플레이부품

- 광학필름
  - GRT · 미래나노텍 · 상보 · 신화인터텍 · 아이컴포넌트 · 엘엠에스 · 오성첨단소재
- 모듈부품
  - 인지디스플레 · 파인디앤씨 · 한국컴퓨터
- 도광판
  - 일월지엠엘
- 기타부품
  - 제이엠티

디스플레이 소재

- 유기물
  - 덕산네오룩스
- 전극
  - 와이엠씨
- OLED 소재
  - 이녹스첨단소재 · 피엔에이치테크 · 에스켐 · 한켐
- 마스크
  - 풍원정밀

디스플레이패널

- LG디스플레이

모바일기기와 카메라

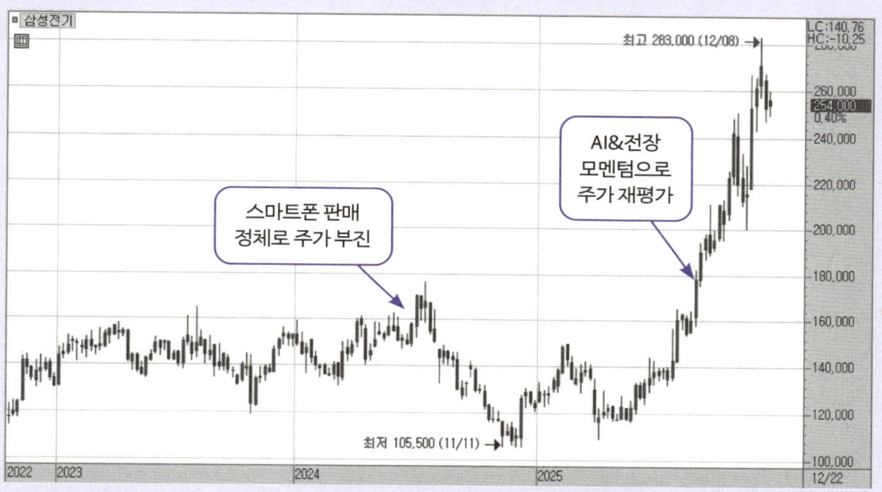

모바일기기란 이동하면서 편리하게 사용할 수 있는 중소형 IT 기기를 말한다. 대표적으로 스마트폰, 태블릿 PC 등이 있다. 모바일기기 산업에 속한 상장사는 휴대폰(주로 스마트폰)에 들어가는 각종 부품을 만든다. 카메라는 사진, 영상을 찍는 기기다. 모바일기기와 카메라 산업에 속한 기업은 총 77곳으로 전체 시가총액의 0.4%를 차지한다.

모바일기기와 카메라 기업들 주가는 대부분 2024년까지 내리막길을 걸었다. 스마트폰 교체 주기가 3~4년 이상으로 길어지며 판매량이 정체되었다. 여기에 샤오미 같은 중국 업체들의 자국 시장에서 공격적인 점유율 확대로 경쟁이 치열해졌다. 이는 국내 부품사들 실적에 악영향을 미쳤고 모바일기기 업체 구조조정이 심화되는 계기가 되었다. 현재 모바일기기와 카메라 기업들 간 주가는 차별화가 심화되고 있다. 업황이 부진한 스마트폰 시장

에 얽매여 있는 기업들 주가는 정체되어 있지만, AI 및 전장 등 새로운 시장을 개척하는 업체들은 시장에서 재평가를 받고 있다. 일례로 삼성전기는 전장용 MLCC 및 AI 서버용 FC-BGA로 사업을 다변화하며 10만 원 초반에 머물렀던 주가가 단숨에 20만 원 후반까지 훌쩍 뛰기도 했다.

모바일기기와 카메라

1. 모바일기기와 카메라 산업의 개요와 특징, 성장성

모바일기기는 스마트폰을 중심으로 태블릿, 웨어러블 기기, XR(확장현실) 기기 등으로 확장되며 지속적으로 진화해 왔다. 2007년 아이폰 출시 이후 모바일기기는 단순한 통화 도구를 넘어 디지털 생태계의 핵심 플랫폼으로 자리 잡았다.

시장조사기관 IDC에 따르면 2023년 전 세계 스마트폰 출하량은 약 11억 6,700만 대로 전년 대비 소폭 감소하며 침체를 겪었다. 이후 2024년에는 AI 스마트폰의 등장, 폴더블폰 수요 증가, 인도 및 동남아 신흥시장 성장에 힘입어 전년 대비 약 6.1% 증가한 12억 4,000만 대까지 회복되었다. 그러나 2025년 스마트폰 시장의 성장은 완만하다. 코로나19 직후 억눌린 소비[Pent-up] 효과로 2021년 출하량이 크게 늘었으나, 이후 둔화세가 이어지며 2025년에도 2021년의 수치에는 도달하지 못할 것으로 전망된다.

이러한 성장 정체의 근본적인 원인은 스마트폰 교체 주기의 구조적 변화에 있다. 과거 2년 남짓이던 교체 주기는 이제 3~4년 이상으로 길어졌다. 매년 신제품이 쏟아져 나오지만 하드웨어 성능의 상향 평준화로 인해 소비자들이 느끼는 혁신의 체감폭이 줄어들었기 때문이다. 대신, 한 번 살 때 비싸고 성능 좋은 제품을 구매해 오래 쓰는 Buy Better, Keep Longer 트렌드가 고착화되면서, 시장은 '출하량' 중심에서 '평균판매단가' 중심의 질적 성장으로 전환되었다.

경쟁 구도 역시 격변하고 있다. 삼성전자는 2025년 글로벌 스마트폰 시장 점유율 19.7%를 기록하며, 2023년 애플에 내주었던 1위 자리를 다시 탈환하는 데 성공했다. 이는 AI 스마트폰 시장 선점 효과와 중저가 라인업의 판매 호조 덕분이다. 그러나 안심할 수 없는 상황이다. 애플과의 격차가 크지 않을 뿐더러, 중국 제조사들의 추격이 매섭기 때문이다. 샤오미, 오포, 비보 등은

주요 메이커별 글로벌 스마트폰 시장 점유율

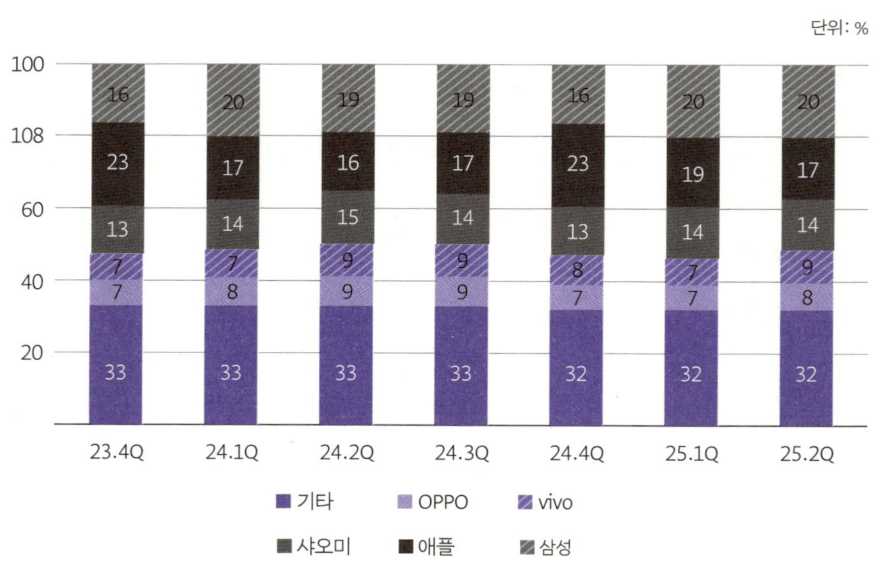

출처: 카운터포인트리서치

신흥국 시장을 넘어 유럽 등 선진 시장까지 넘보고 있다.

특히 주목할 점은 중국 내수 시장에서 화웨이 등 현지 업체들이 '애국 소비'와 기술 자립을 앞세워 애플의 점유율을 빠르게 잠식하고 있다는 것이다. 화웨이는 자체 5G AP 칩(기린 시리즈)과 고성능 카메라를 탑재한 프리미엄 스마트폰을 성공적으로 안착시키며, 애플의 텃밭이었던 중국 프리미엄 시장의 지형을 흔들고 있다.

이러한 전방 산업의 변화는 부품 산업에도 직접적인 영향을 미친다. 모바일기기 관련 부품 산업은 스마트폰 출하량 변화에 민감하게 반응한다. 2023년 이후 온디바이스 AI 구현을 위한 연산 능력과 카메라 성능이 중요해지며 고사양 부품 수요가 일부 회복세를 보였지만, 중국 업체들의 저가 공세는 여전히 국내 부품 산업의 부담으로 작용하고 있다.

특히 기술 장벽이 낮은 터치스크린, 케이스, 단순 금속 가공 부품 등은 단가 하락 압력과 원가 부담의 이중고를 겪으며 중소 업체들의 구조조정이 계속되고 있다. 반면 고급 광학 렌즈, 고성능 통신칩, 고화소 카메라 모듈, AI 구동을 위한 고효율 PMIC(전력관리칩) 등 고부가가치 영역은 생존 전략의 핵심으로 떠오르고 있다. 이에 따라 선도적인 부품사들은 스마트폰 의존도를 낮추기 위해 웨어러블, 전장기기(자동차), XR 디바이스 부품으로 사업 다각화를 적극적으로 추진 중이다.

결국 모바일기기 산업은 전체적인 파이(출하량)의 성장은 제한적인 가운데, '프리미엄화'와 '탈脫 스마트폰'이라는 두 가지 키워드를 중심으로 재편되고 있다. 국내 기업들은 중국의 추격을 따돌릴 초격차 기술 내재화와 고객사 다변화를 통해 새로운 활로를 모색해야 하는 시점이다.

2. 모바일기기 부품의 종류

모바일기기는 케이스부터 카메라 모듈, 디스플레이 모듈 등 외장재와 PCB, 통신부품, 터치스크린 패널 등 다양한 내장재로 구성되어 있다. 제품을 중심으로 구분한 모바일기기 산업의 섹터 분류는 다음과 같다.

모바일기기에서 가장 큰 섹터는 PCB(인쇄회로기판)이다. PCB란 Printed Circuit Board의 약자로 전자부품이 탑재된 판이다. 부품 간 전기가 통하게 해주는 판으로 사람으로 비유하자면 혈관과 같은 역할이다. PCB는 경성[Rigid] PCB와 연성[Flexible] PCB로 구분할 수 있는데, 경성 PCB는 스마트폰의 메인 보드와 같은 역할이다. 스마트폰용 경성 PCB를 HDI[High Density Interconnection]라고 부르기도 한다. 연성 PCB는 디스플레이 모듈, 카메라 모듈, 안테나 등에 탑재된다. 연성 PCB는 연성을 뜻하는 Flexible의 앞 글자 F를 따서 FPCB라고 부른다. PCB는 모든 전자기기에 탑재되기 때문에 관련 기업들 역시 매출의 다변화를 위해 노력 중이다. 자동차 전장용 FPCB, 배터리 케이블용 FPCB 등이 대표적이다. 최근에는 XR/AR기기용 FPCB로 사업에도 진출했다.

디스플레이 모듈 섹터는 터치스크린 패널을 포함해 각종 디스플레이에 탑재되는 부품을 만드는 기업이 포함되어 있다. 터치스크린 패널은 기술변화가 가장 심했던 분야 중 하나다. 과거에는 디스플레이 패널에 필름 형태의 터치스크린 패널을 부착하는 외장형 방식이 많이 사용되었다. 현재는 터치스크린 패널을 디스플레이 패널 안쪽에 글래스나 셀에 부착하는 내장형이 대세를 이루고 있다. 빛 반사가 적고 더 얇게 만들 수 있는 장점이 있기 때문이다. 내장형은 디스플레이 기업이 디스플레이 모듈 공정에서 직접 수행하므로 터치스크린 패널 모듈 기업들의 일감도 점차 줄어드는 결과를 낳았다.

통신부품 섹터는 통신 안테나, 무선통신 부품 등을 만드는 기업이 포함된다. RF 부품은 주파수 대역에 따라 SAW 필터(저주파)와 BAW 필터(고주파, 5G 용) 등으로 나누어지는데, SAW 필터는 이동통신 시스템에서 통신에 필요한 특정 주파수만을 선택적으로 통과시키는 부품이다. 듀플렉서는 휴대폰의 안 테나 뒤에 위치해 송신호와 수신호를 분리해 주어 하나의 안테나를 통해 송 신과 수신이 모두 가능하도록 하는 부품이다. 이밖에 모바일기기의 하부 섹 터로는 금속부품, 키 버튼, 고무 부품 등 다양한 내외 부품을 만드는 내외장 재, 핸드폰에서 발생하는 전자파 차단 부품 및 소재를 만드는 차폐 소재와 핸 드폰 충전기, 핸드폰 브라켓, 블루투스 스피커 등 핸드폰 주변기기를 제작하 는 액세서리, 휴대폰 케이스, 음성 관련된 부품인 스피커와 리시버 등이 있다.

3. 카메라 부품의 종류

카메라는 렌즈, 액추에이터, 광학필터, 이미지센서 등으로 구성되어 있다. 카 메라 산업의 세부 섹터 역시 해당 제품을 중심으로 분류할 수 있다. 카메라 렌 즈는 유리나 플라스틱 소재로 만들어지며, 빛을 모아 촬영한 피사체를 이미 지센서에 투영시키는 역할을 한다. 액추에이터는 카메라 렌즈 밑에 위치해 있으며 모터를 통해 상하좌우로 움직일 수 있다. 액추에이터는 피사체의 초 점을 맞추는 기능과 촬영 시 흔들림을 보정해 주는 장치로 나뉜다. 자동으로 초점을 잡아주는 장치를 AFA Auto Focus Actuator라고 하며, 손 떨림 보조 장치는 OIS Optical Image Stabilization라고 부른다.

　최근 액추에이터 기술은 스마트폰의 '경박단소(가볍고 얇고 짧고 작음)' 트렌드 에 맞추어 진화하고 있다. OIS와 AFA를 적층 구조로 설계하거나, 두 기능을 하나의 부품으로 통합해 간섭을 최소화하는 기술이 주류가 되었다. 또한 기 존 OIS가 렌즈를 움직여 흔들림을 보정했다면, 이제는 특히 애플을 중심으로 이미지센서 자체를 움직이는 '센서 시프트 Sensor Shift' 기술이 적용되어 저조도 환경이나 동영상 촬영 시에도 훨씬 뛰어난 흔들림 보정 기능을 구현한다.

광학필터는 빛에서 가시광선만 통과시키는 필터로 실제 색을 구현하는 기능을 수행한다. 이미지센서는 피사체의 정보를 읽어 전기적인 영상신호로 변환해 주는 반도체다. 참고로 카메라 산업 밸류 체인에 속한 이미지센서 제조 기업은 반도체 팹리스 기업이다. 해당 기업들의 리스트는 반도체 산업에서 찾아볼 수 있다. 카메라 모듈은 이 모든 부품(렌즈, 액추에이터, 광학필터, 이미지센서 등)을 조립해 만든 완성품이다.

카메라 모듈 시장의 가장 큰 혁신은 '폴디드 줌 Folded Zoom'의 출현이다. 이는 광학 기술과 모듈 설계의 혁신을 통해 스마트폰 두께를 얇게 유지하면서도 높은 배율의 광학 줌을 구현하는 기술이다. 핵심은 렌즈와 이미지 센서를 수평으로 배치하고, 중간에 프리즘을 두어 빛을 90도로 꺾어 센서로 들어오게 하는 '잠망경' 구조에 있다. 이 기술 덕분에 최신 스마트폰들은 카메라 모듈이 과도하게 튀어나오는 '카툭튀' 현상 없이도 3배, 5배, 심지어 10배 이상의 고배율 광학 줌을 구현할 수 있게 되었다.

4. 모바일기기와 카메라 산업의 투자 포인트

모바일기기와 카메라 산업은 이미 성숙기에 진입한 지 오래다. 따라서 투자자는 투자하고자 하는 모바일기기, 카메라 관련 기업의 차별화된 투자 포인트를 알아야 한다.

1) 온디바이스 AI 스마트폰

스마트폰 시장의 새로운 화두인 '온디바이스 AI'는 부품 산업에 새로운 기회를 제공하고 있다. 온디바이스 AI는 스마트폰 내부에서 실시간으로 음성 인식, 이미지 생성, 요약 등을 처리하기 때문에 AP(애플리케이션 프로세서)와 NPU(신경망처리장치)의 연산 부하가 급증한다. 이로 인해 칩의 발열과 전력 소모가 커지므로, 전류를 안정적으로 공급하는 고용량·고내열 MLCC(적층세라믹콘덴서)의 탑재량이 필연적으로 증가한다. 이에 따라 고부가가치 MLCC 라인업을 갖춘 삼성전기, 삼화콘덴서 등의 기업을 주목할 필요가 있다.

기판^{PCB} 시장 역시 수혜를 입는다. AI 연산용 AP는 패키징 밀도가 높고 고주파 신호를 처리해야 하므로, 기존 기판보다 훨씬 정밀한 다층 PCB가 필요하다. 특히 AI폰은 CPU·GPU·NPU 간 통신 속도 향상을 위해 10층 이상의 고다층 기판$^{Substrate\ PCB}$ 채택을 늘리고 있으며, 이는 기판의 평균판매단가 상승으로 이어진다. 이 분야에서는 심텍, 코리아써키트 등이 대표적인 수혜 기업으로 꼽힌다.

카메라 역시 AI의 눈이 되어 진화하고 있다. 인물·사물 인식, 배경 분리, 저조도 다중합성 등 복합 연산을 수행하기 위해 고해상도 센서와 다중 렌즈 구조가 필수적이 되었다. 이는 센서와 렌즈의 단가 상승을 의미하며, 안드로이드 진영의 삼성전자(삼성전기), 애플 밸류 체인의 LG이노텍이 대표적인 수혜주다.

2) 폴더블폰

글로벌 스마트폰 시장의 양적 성장은 멈추었지만, 질적 성장은 '폴더블폰'을 통해 이어지고 있다. 삼성전자가 갤럭시 Z 시리즈로 시장을 개척한 이후, 관련 시장은 본격적인 성장 궤도에 올랐다. 시장조사기관 트렌드포스에 따르면 2025년 글로벌 폴더블폰 출하량은 약 1,980만 대로 예상되며, 또 다른 조사기관 DSCC는 2026년 2,700만 대, 2027년에는 3,300만 대까지 성장할 것으로 관측했다.

폴더블 관련 부품	설명
베이스 필름	디스플레이 맨 하단부를 지지하고 보호하는 폴리이미드 필름
기판	OLED 디스플레이용 FPCB
초박막 강화유리	경도를 보완하기 위한 하드 코팅 투명 폴리이미드 필름
보호 필름	디스플레이를 물리적 충격에서 보호하는 역할 커버윈도우 위에 부착
힌지	폴더블폰용 힌지

출처: 카운터포인트리서치

특히 2025년 달과 2026년은 폴더블 시장의 '빅뱅'이 예상된다. 삼성전자는 2025년 말 화면을 두 번 접는 '트라이폴드Tri-fold' 폰을 출시해 기술 격차를 벌릴 계획이며, 애플 역시 2026년 9월 아이폰 18 라인업과 함께 대망의 '폴더블 아이폰'을 출시할 것으로 예상된다. 업계는 애플의 첫 폴더블폰이 갤럭시 Z 폴드와 유사한 '인폴딩Book-style' 디자인을 채택할 것으로 보며, 예상 판매량만 약 800만 대에 달해 단숨에 시장 규모를 키울 것으로 전망한다.

이러한 시장 확대는 폴더블 OLED, FPCB, 힌지 등 핵심 밸류 체인 전반의 외형 성장으로 이어진다. 주목할 만한 기업으로는 세계 최초로 UTG(초박막 강화유리)를 양산해 삼성디스플레이에 납품하는 도우인시스, 애플 폴더블 아이폰의 내장 힌지 공급사로 유력하게 거론되는 파인엠텍 등이 있다. 또한 외장 힌지 전문 기업인 KH바텍은 힌지 폼팩터가 기존 U자형에서 물방울형으로 고도화된 데 이어, 두께와 무게를 줄이는 '경량화 및 슬림화' 기술이 요구됨에 따라 더 진보된 덤벨형 등으로 변화함에 따라 수혜가 예상되며, 비에이치는 삼성디스플레이의 핵심 협력사로서 폴더블용 고사양 FPCB를 공급하며 실적 성장을 이어갈 것으로 보인다.

3) 고객사 및 전방 산업 다변화

고객사가 다변화되어 있는 기업도 주목할 필요가 있다. 국내 모바일기기 부품 기업 대부분은 삼성전자에 종속되어 있다. 최상위층 기업과 거래하는 입장이므로 같은 부품을 만드는 협력사끼리 단가 경쟁이 치열하다. 따라서 삼성전자 외 애플, 중화권 기업 등 매출처가 다변화되어 있는 기업이 시장에서 높게 평가받는다.

새로운 시장을 개척하는 기업도 좋은 투자 대상이다. 삼성전기와 LG이노텍이 대표적이다. 이들은 스마트폰과 가전을 넘어 AI 서버, 자율주행차의 핵심 부품 공급사로 진화하고 있다. 두 기업은 전자부품업계의 용호상박이다. 두 기업 모두 카메라 모듈, 반도체 기판 매출 비중이 크다. 카메라 모듈 부문에서 두 기업의 차이점이 있다면, 삼성전기는 삼성전자라는 내부 고객사를 둔 반면 LG이노텍은 애플이 주요 매출처라는 점이다. LG전자가 스마트폰 사업에서 철수하면서 LG이노텍은 글로벌 최대 고객사인 애플에 대한 의존도가 매우 높아졌다. 한편 두 기업은 전장 부품사업을 '핵심 성장동력'으로 격상시키고 투자를 집중하고 있다. 삼성과 LG 두그룹 모두가 미래 먹거리로 자동차를 지목했기 때문이다. 특히 LG이노텍은애플 외에도 글로벌 EV 고객사들을 확보하며 카메라 모듈 중심의 사업 구조를 다각화하고 있으며, 삼성전기는 산업의 쌀이라 불리는 MLCC(적층세라믹콘덴서)의 고사양 전장용 제품 비중을 빠르게 늘려가고 있다.

한편 매년 1월 미국 라스베이거스에서 열리는 소비자가전박람회Consumer Electronics Show, CES는 최신 IT 제품, 기술 트렌드가 공개되는 글로벌 최대 IT 행사다. 증시에서는 CES에서 공개되는 기술 또는 제품과 관련이 있는 기업들이 종종 부각되니 잘 살펴볼 필요가 있다. 또한 직접 CES에 참여해 기술을 공개하는 기업도 종종 있으니 투자자들은 잘 모니터링할 필요가 있다.

모바일기기와 카메라 산업 투자 지표

실적 및 투자 지표: 2025년 3분기 연환산 기준
시가총액: 2025년 12월 23일 기준

단위: 억 원

종목코드	종목명	매출액	영업이익	순이익	PER	시가총액
009150	삼성전기	109,046	7,889	6,917	27.1	187,108
011070	LG이노텍	209,137	5,881	3,122	20.8	64,848
323280	태성	392	-16	-19	-790.2	15,311
204270	제이앤티씨	1,914	-877	-875	-12.8	11,176
001740	SK네트웍스	69,745	1,185	-86	-117.9	10,101
007810	코리아써키트	13,969	79	-847	-10.4	8,834
025320	시노펙스	2,574	188	276	21.6	5,966
090460	비에이치	17,725	199	68	85.5	5,785
097520	엠씨넥스	12,763	622	694	7.1	4,933
192650	드림텍	12,476	310	-74	-65.8	4,836
033240	자화전자	7,737	291	175	27.6	4,830
091700	파트론	13,365	410	329	12.5	4,115
031330	에스에이엠티	34,584	853	504	7.5	3,800
179900	유티아이	193	-456	-481	-7.8	3,776
441270	파인엠텍	2,366	-107	-135	-27.6	3,706
049630	재영솔루텍	1,422	51	32	114.2	3,606
060720	KH바텍	4,287	326	228	11.8	2,699
190510	나무가	4,681	288	298	9.0	2,683
049070	인탑스	5,855	-150	76	34.9	2,659
051370	인터플렉스	4,232	247	409	6.0	2,454

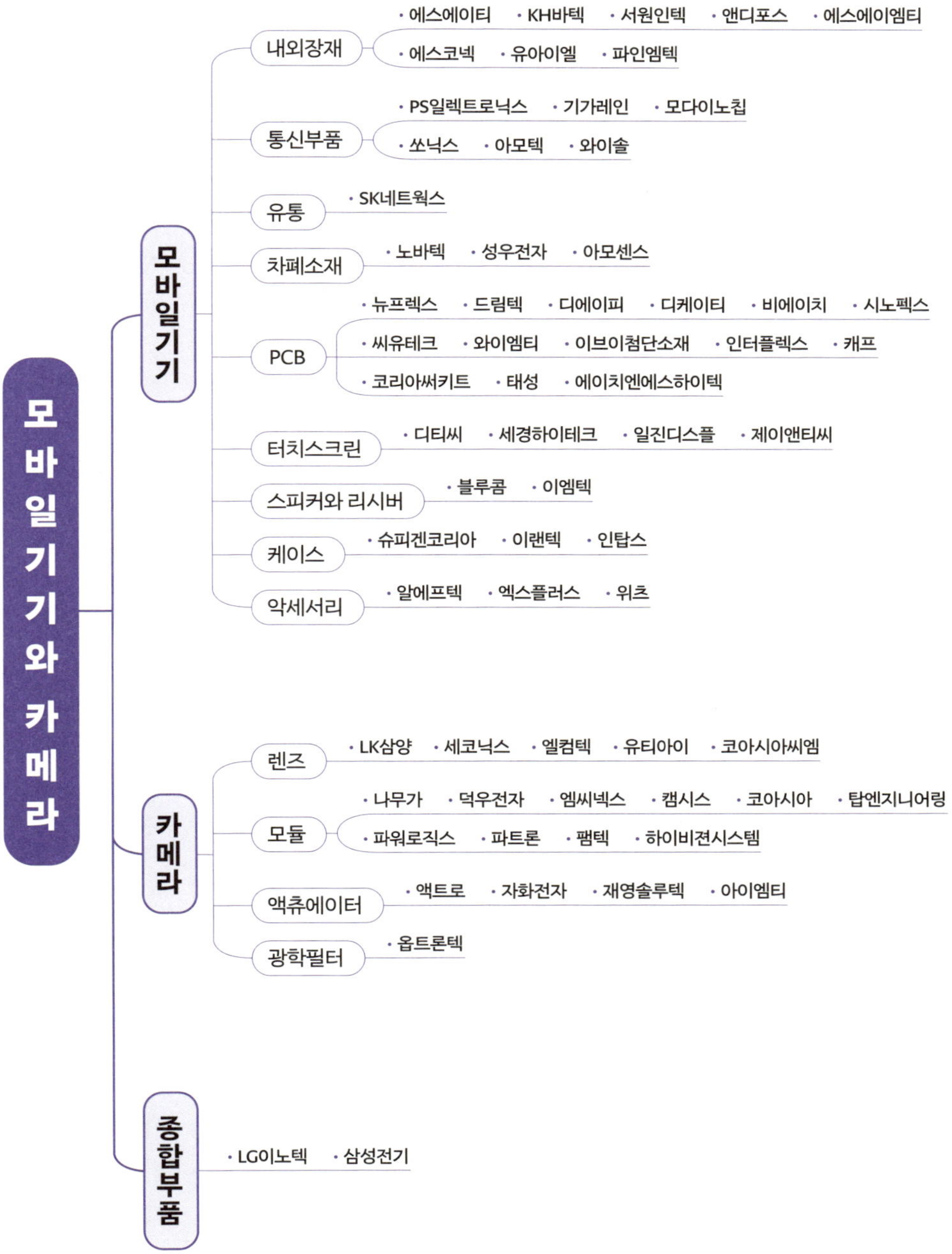

모바일기기와 카메라

모바일기기

- **내외장재**: 에스에이티 · KH바텍 · 서원인텍 · 앤디포스 · 에스에이엠티 · 에스코넥 · 유아이엘 · 파인엠텍
- **통신부품**: PS일렉트로닉스 · 기가레인 · 모다이노칩 · 쏘닉스 · 아모텍 · 와이솔
- **유통**: SK네트웍스
- **차폐소재**: 노바텍 · 성우전자 · 아모센스
- **PCB**: 뉴프렉스 · 드림텍 · 디에이피 · 디케이티 · 비에이치 · 시노펙스 · 씨유테크 · 와이엠티 · 이브이첨단소재 · 인터플렉스 · 캐프 · 코리아써키트 · 태성 · 에이치엔에스하이텍
- **터치스크린**: 디티씨 · 세경하이테크 · 일진디스플 · 제이앤티씨
- **스피커와 리시버**: 블루콤 · 이엠텍
- **케이스**: 슈피겐코리아 · 이랜텍 · 인탑스
- **악세서리**: 알에프텍 · 엑스플러스 · 위츠

카메라

- **렌즈**: LK삼양 · 세코닉스 · 엘컴텍 · 유티아이 · 코아시아씨엠
- **모듈**: 나무가 · 덕우전자 · 엠씨넥스 · 캠시스 · 코아시아 · 탑엔지니어링 · 파워로직스 · 파트론 · 팸텍 · 하이비젼시스템
- **액츄에이터**: 액트로 · 자화전자 · 재영솔루텍 · 아이엠티
- **광학필터**: 옵트론텍

종합부품

- LG이노텍 · 삼성전기

전자기기

전자기기 산업에 속한 기업은 총 126곳으로 주식 시장에서 차지하는 비중은 1.9%다. 전자기기 산업은 전자제품 및 부품을 만드는 기업을 제외하고는 소규모 섹터들의 집합이다.

가전의 종류는 매우 다양하다. 삼성이나 LG처럼 다양한 가전을 만드는 종합 가전 업체도 있지만 에어컨, 공기청정기 등 특정 분야에 집중하고 있는 중소형사가 대부분이다. 따라서 해당 가전의 업황에 따라 주가 흐름 역시 상이하다. 다만 큰 틀에서 세계 가전 시장의 연평균 성장률은 3~4%로 글로벌 GDP 성장률과 유사하다. 양적으론 더 이상 팽창하기 힘든 성숙기 시장인 셈이다. 때문에 성장성 인정받아 증시에서 좋은 성과를 보이는 기업은 드물다. 또한 코로나 특수에 따른 기저효과로 2023년, 2024년 가전 시장이 부진해 전반적인 전자기기 업종의 주가 퍼포먼스는 시장 평균을 하회했다. 다만 전자기기가 AI의

하드웨어로 부각되면서 몇몇 업체들 사이에선 긍정적인 움직임도 나타나고 있다. LG전자는 AI 데이터센터용 액침 냉각 시스템을 선보이며 AI 수혜주로 반등을 꾀하고 있다.

전자제품과 부품

1. 전자제품과 부품 산업의 개요와 특징, 성장성

국내 전자제품 시장은 삼성전자와 LG전자 두 대기업의 과점체제다. 2025년 현재는 두 기업이 'AI 가전'의 주도권을 놓고 치열하게 경쟁하는 양상이다. 물론 그렇다고 해서 다른 전자기기 브랜드가 없지는 않다. 정수기 부문에서는 대기업 계열사를 포함해 코웨이가 렌털 비즈니스 모델을 앞세워 시장을 장악하고 있고 에어컨, 공기청정기 시장에서는 위닉스^{WINIX}, 파세코^{PASECO} 등이 선전하고 있다. 쿠쿠홈시스, 부방, PN풍년은 밥솥 시장의 전통적인 강자다. 정리하면, 전체 전자제품 시장은 삼성전자와 LG전자 두 대기업의 영향력이 크지만, 몇몇 제품을 중심으로 형성된 니치마켓에서는 명함을 내밀 수 있는 중견, 중소기업이 많다. 국내 글로벌 가전 브랜드는 해외 시장에서도 인지도가 높다. 삼성전자와 LG전자는 TV, 세탁기, 냉장고 등의 주요 품목에서 시장 1~2위를 다투고 있다. 관광이나 비즈니스 목적으로 해외에 나가 숙박 시설을 방문하면 한국산 가전을 어렵지 않게 찾아볼 수 있다.

전자제품은 수출 주도형 산업이며, 사업보고서에 따르면 2024년 기준 LG 전자의 매출액에서 해외 매출이 차지하는 비중은 60% 이상을 꾸준히 유지하고 있다. 특히 2020년 가전 시장은 코로나19 팬데믹의 수혜를 누렸다. 오래된 가전이나 가구를 바꾸기에 좋은 시기였던 셈이다. 시장 조사 기관 GfK에 따르면 당시 세탁기, TV, 냉장고 시장이 각각 15% 넘는 성장률을 기록했다. 코로나19 팬데믹의 영향으로 2020년 가전 수요가 크게 늘어났지만, 2023년부터 이어진 글로벌 고금리 기조와 경기 둔화로 가전 수요가 위축되면서 글로벌 가전 시장은 성숙기에 진입한 상태다. 주요 시장조사기관들(스타티스타, 유로모니터 등)의 전망을 종합하면, 2025년 세계 가전 시장 규모는 약 6,800억 달러 수준으로 2030년까지 연평균 3~4%대의 저성장이 관측된다. 이 때문에 삼성, LG 등은 단순 제품 판매를 넘어, 구독 서비스를 결합하거나 AI 기반의 스마트홈 생태계를 구축해 새로운 성장 동력을 찾고 있다.

2. 전자제품과 부품 기업의 투자 포인트

1) 품목별 주요 시장

전자제품의 종류는 매우 다양하다. 삼성전자와 LG전자가 시장을 과점하고 있지만, 정수기, 공기청정기, 계절가전 등 특정 품목에서는 몇몇 중견기업의 입지가 견고하다. 따라서 투자자는 전자제품의 종류별로 시장을 선도하는 기업을 파악하는 것이 중요하다.

품목별로 주요 거점 시장이 나뉘기도 한다. 정수기와 밥솥이 대표적이다. 상장된 정수기 렌털 서비스 기업은 코웨이, 쿠쿠홈시스, 한독크린텍 등이 있다. 세 기업 모두 말레이시아, 베트남 등 동남아 시장에 집중하고 있다. 밥솥 제조 기업인 부방, 위니아딤채, PN풍년도 최근 동남아, 미주 시장으로 눈길을 돌리고 있다. 과거 주요 밥솥 시장은 중국이었지만, 사드 이슈가 불거지며 주력 수출 시장이 변했다.

또한 전자제품을 만드는 기업에 투자한다면 완성품 시장의 현황을 잘 살펴보아야 한다. 크린앤사이언스 역시 산업용·가정용 필터 등 부속품을 만드는 기업인데, 미세먼지로 인해 공기청정기 시장이 대폭 성장하면서 대표적으로 수혜를 누렸다. 감속기나 모터 등을 만드는 전자부품 기업은 장기적으로 주목할 만하다. 글로벌 고령화가 가속화되면서 의료용, 서비스용 로봇 시장이 크게 성장할 것으로 전망된다. 로봇이 사람처럼 정밀하게 움직이기 위해 필요한 부품인 감속기와 모터를 제조하는 상장사는 에스피지[SPG]가 대표적이다. AI, 데이터센터, 전장 시장이 커지면서 FC-BGA, 유리기판 등 차세대 반도체 패키지 기판과 MLCC 수요도 늘고 있다. 따라서 이와 관련된 전자부품 밸류체인도 살펴보는 것이 좋다

2) 실적의 계절성

실적에 계절성을 띠는 기업도 있다. 선풍기, 에어컨을 만드는 기업은 평균 기온이 높은 2~3분기에 계절가전 특수를 누린다.

그해 기온과 강수량에 따라 수요가 달라질 수 있으니 투자자는 이 점을 잘 고려해야 한다. 공기청정기 역시 계절성을 띤다. 황사와 미세먼지가 비교적 심한 봄에 수요가 늘어난다. 다만 최근 미세 먼지 농도가 계절과 상관없이 점점 심해지고 있다. 이에 따라 공기청정기나 필터를 만드는 기업들의 실적과 주가가 2016년부터 2020년 초까지 급격하게 상승한 바 있다. 이처럼 전자제품 제조 기업에 투자한다면 외부 환경, 일상생활의 변화에서 성장할 수 있는 아이템을 잘 찾아보는 것이 좋다.

LED

1. LED 산업의 개요와 특징, 성장성

LED는 '발광 다이오드'라는 뜻으로 전기를 빛으로 변환시키는 반도체 소자다. LED는 반도체의 한 종류이므로 LED를 만드는 과정은 반도체를 제조하는 공정과 유사하다. 과거 LED는 백열전구에 비해 전력 소모가 낮고 발광효율이 좋으며 수명도 길어 기존 조명의 대체재로 각광받았다. LED는 조명뿐만 아니라 LCD TV 및 모바일기기의 백라이트유닛 BLU, 자동차 램프 등 다양한 영역으로 확장되었다. 반도체 강국이었던 국내 기업들 역시 LED 시장에서 높은 점유율을 기록했다.

그러나 보급률 확산과 정부 지원을 등에 업은 중국 기업들의 무분별한 진입으로 공급과잉이 일어나면서 LED업계는 출혈경쟁을 피할 수 없었다. 특히 범용 조명 및 TV용 BLU 시장은 2020년대 초반 이미 기술이 평준화되고 중국발發 저가 공세가 극심해지면서 한계 사업으로 전락했다. 한때 LED

BLU 시장의 강자였던 루멘스도 2021년 장기 영업손실로 관리종목에 지정되기도 했다(루멘스는 흑자전환에 성공해 이듬해 관리종목에서 벗어났다). 글로벌 시장조사기관 트렌드포스에 따르면 2024년 기준 LED 시장 1위는 일본 업체인 니치아Nichia이다. 뒤를 이어 독일의 ams오스람ams-Osram, 그리고 한국의 서울반도체와 삼성전자가 3~4위권을 형성하고 있다. 투자 관점에서 중요한 것은, 이 상위 기업들이 더 이상 저가 조명 시장에서 경쟁하지 않는다는 점이다. 이들은 중국의 굴량 공세를 피해 자동차용 LED, 마이크로 LED 등 고부가가치 시장으로 성공적으로 피벗pivot 했다.

반도체처럼 LED 역시 미세 공정과 패키징 기술에 따라 성능이 개선되고 생산 비용이 절감된다. 따라서 자본력을 바탕으로 끊임없는 기술 개발을 추진할 수 있는 상위 대기업 중심으로 점차 시장이 재편되었으며, 이제 이들의 기술 경쟁은 두 가지 핵심 분야로 압축되고 있다.

첫째는 '자동차용 LED'다. 단순 램프를 넘어, 주행 상황에 맞추어 빛을 조절하는 지능형 헤드램프Matrix LED와 차량용 디스플레이 시장이 핵심 캐시카우로 부상했다. 둘째는 '마이크로 LED'다. 이는 BLU가 필요한 LCD나 번인burn-in 이슈가 있는 OLED의 단점을 모두 극복할 '궁극의 디스플레이' 기술로 꼽힌다. 삼성전자가 초고가 TV와 상업용 사이니지 시장을 공략하고 있으며, 서울반도체(자회사 서울바이오시스) 등도 AR/VR 기기기용 초소형 마이크로 LED 개발에 집중하고 있다. 이에 따라 전체 LED 패키징 시장은 연평균 4.6%의 저성장이 예상되지만(시장조사기관 마켓앤마켓), 마이크로 LED와 같은 차세대 기술 분야는 2030년까지 연평균 30% 이상의 폭발적인 성장이 전망된다(시장조사기관 옴디아Omdia 등).

2. LED 기업의 투자 포인트

LED 산업은 성숙기에 진입했지만, 전방 산업에 따라 성장성은 상이하다. 따라서 성장하는 시장에서 점유율을 확대하거나 관련 밸류 체인에 속한 기업들은 눈여겨보아야 한다. LED 전방 시장은 크게 조명, TV, 자동차로 구분할 수 있다. 이 중에서 범용 조명과 TV 시장은 중국발 공급과잉과 OLED에 밀려 점차 영역이 축소되고 있다. 돌파구는 마이크로 LED, 미니 LED다. 마이크로·미니 LED는 말 그대로 매우 작은 LED다. LED는 TV의 BLU로 사용되는데, 마이크로·미니 LED를 사용함으로써 기존 LED에 비해 명암비를 개선했다는 평가다.

2025년 미니 LED는 이미 프리미엄 TV와 고사양 노트북, 태블릿의 핵심 백라이트유닛BLU으로 확고히 자리 잡았으며, 마이크로·미니 LED를 사용한 TV 시장이 확대된다면 LED 제조 기업들에도 수혜다. 궁극의 디스플레이로 불리는 마이크로 LED 시장은 아직 높은 생산 단가로 인해 초고가 상업용 사이니지나 럭셔리 TV 시장에 머물러 있지만, 그 잠재력은 여전하다. 주요 시장조사기관들(예: 옴디아, 트렌드포스)의 2025년 전망을 종합하면, 글로벌 마이크로 LED 시장은 2030년까지 연평균 50% 이상의 급성장할 것으로 전망된다. 투자자 관점에서는 미니 LED는 '현재의 확실한 실적'을, 마이크로 LED는 '미래의 폭발적 성장성'을 담보하는 기술로 구분해 접근할 필요가 있다.

자동차 LED 시장은 여전히 성장 중이다. 글로벌 시장조사기관들의 2025년 보고서 내용을 종합하면 글로벌 자동차 LED 시장 규모는 향후 5~6년간 연평균 6~8%의 견조한 성장을 이어갈 전망이다. 이는 전체 LED 시장의 성장률을 상회한다. 특히 내연기관 차량에서 전기차로 바뀌면서 LED 사용 비중은 더 확대될 예정이다. 전기차는 에너지 효율이 매우 중요하다. 이러한 점이 앞으로 LED 램프 사용 비중이 늘어날 것으로 보이는 이유다. 그러나

2025년 현재, 자동차 LED 시장의 핵심 성장 동력은 단순한 '에너지 효율'을 넘어 '지능화'와 '고급화'로 이동하고 있다. 주행 상황에 맞추어 빛을 정밀하게 제어하는 '매트릭스^{Matrix} LED'나 '어댑티브^{Adaptive} 헤드램프'의 채택률이 빠르게 증가하고 있으며, 이는 기존 LED 램프 대비 수익성이 월등히 높다. 따라서 관련 특허와 기술력을 보유한 서울반도체 같은 기업들에는 지속적인 기회 요인이 되고 있다.

추가로 자외선 LED^{UV LED}가 사용된 전자기기 시장도 전문 분야를 중심으로 확대되고 있다. 자외선 LED는 서울반도체의 자회사인 서울바이오시스의 바이오레즈^{Violeds} 기술로 대변되는데, 단파장 자외선을 이용해 화학성분 없이 세균 발생과 증식을 억제하고 각종 유해균을 살균할 수 있다. 코로나19 팬데믹 시기에는 공기 살균 기능이 부각되며 에어컨, 공기청정기 등 소비자 가전에 일시적으로 적용이 확대되었으나, 2025년 현재 이 시장은 다소 정체된 상태다. 오히려 UV LED 시장의 진정한 성장은 가전이 아닌 산업용 경화 장비나 고성능 정수기 등 특수 살균 시장에서 나타나고 있다. 자외선 LED 시장은 과거의 '개화 단계'를 지나, 이제는 확실한 수요처를 가진 '특수 목적형 틈새시장'으로 자리 잡고 있으며, 이 분야의 원천 기술을 보유한 기업들을 잘 지켜보아야 한다.

물리 보안

1. 물리 보안 산업의 개요와 특징, 성장성

해킹 피해로 인한 거대 인터넷 플랫폼 기업들의 고객정보 유출 사건이 터지는 경우가 종종 있다. 간혹 디도스 공격으로 유명 사이트가 마비되는 현상이 발생한다. 이 모두 정보 보안과 관련이 있다. 정보 보안 시장은 정보통신망을 이용한 외부의 공격을 방지하는 시스템을 구축하는 산업이다. 정보통신망을 이용한 공격 외에도 일상생활에서 도난이나 범죄 등이 발생하기도 한다. 이를 막기 위해서는 CCTV 및 출입통제 시스템 같은 물리 보안 시스템도 필요하다.

전체 보안 시장은 정보 보안 시장과 물리 보안 시장으로 구분된다. 한국정보보호산업협회의 최신 자료에 따르면 2024년 기준 국내 보안 시장 규모는 약 18조 5,000억 원으로 추정된다. 이 중에서 물리 보안 시장의 규모가 약 11조 5,000억 원으로 여전히 큰 비중을 차지하지만, 클라우드 및 AI 도입 확산으로 정보 보안 시장(약 7조 원)이 물리 보안 시장보다 더 빠른 속도로 성장하고 있다.

국내 물리 보안의 강자는 삼성그룹 계열사인 에스원으로 오랫동안 시장 점 유율 1위(약 50%대)를 차지하고 있다. 뒤를 이어 SK스퀘어에 인수된 ADT캡 스(현 SK쉴더스)가 20%대, KT텔레캅이 10%가량이다. 세 기업 모두 대기업 계열사로 그룹사 기반의 안정적인 내부 고객을 확보하고 있다.

물리 보안 시장은 내수 중심인 데다 성숙기 산업이다. 따라서 관련 기업들 은 단순 출동 서비스를 넘어, 물리 보안 시스템의 디지털 접목, 종합건물관리, 스마트빌딩 솔루션[5], 무인화(주차, 매장) 관리 등으로 사업 영역을 확장하고 있 다. 물리 보안 시장에 속한 중소형 기업은 주로 CCTV를 만들거나 렌즈 및 관련 부품, 출입인증 솔루션 등을 구축한다. 에스원 등 종합 보안 시스템 기업 과 거래 관계를 만들고 있으며, 직접 수출하기도 한다.

2. 물리 보안 기업의 투자 포인트

물리 보안 시장의 화두는 디지털 전환이다. AI나 홍채, 지문, 안면 등을 인식 하는 바이오인식 기술을 이용해 보안 시스템을 고도화하고 있다. 특히 코로 나19 팬데믹 이후 비대면 시장이 부각되고 있어 바이오인식 기술을 활용한 비대면, 비접촉 출입통제 시스템을 개발하고 있다. 물리 보안과 시너지를 낼 수 있는 건물 관리와 사물인터넷 사업도 함께 추진 중이다. CCTV, IoT 기술 을 활용해 원격으로 감지하고 출동하는 방식의 서비스다. CCTV의 경우 AI 알고리즘을 탑재해 영상을 실시간으로 분석할 뿐만 아니라 상황에 따른 조치 까지 가능한 지능형 CCTV로 진화하고 있는 중이다. 투자자가 보안 시스켐 기업에 투자한다면 해당 기업이 얼마나 신기술을 잘 접목하는지, 물리 보안

과 시너지를 내는 사업을 잘 확장하는지를 따져야 한다. 또한 물리 보안 시장
에서 요구되는 기술, 시스템, 제품 등을 개발하는 중소형주에도 관심을 가질
필요가 있다.

한편 물리 보안 시장을 키울 수 있는 제도가 구축되는지도 잘 살펴야 한다.
2021년 8월 「수술실 CCTV 설치법」이 국회 본회의를 통과해 2023년 8월 말
부터 수술실 내부 CCTV 설치가 의무화되었다. 환자나 환자 보호자가 요청
할 경우 의료 기관은 수술 장면을 의무적으로 촬영해야 하는 것이 골자다. 이
같은 물리 보안 시장에 영향을 주는 규정은 관련 기업들의 투자 심리에 긍정
적인 영향을 미칠 수 있다.

셋톱박스

1. 셋톱박스 산업의 개요와 특징, 성장성

셋톱박스는 외부 신호를 받아 TV에 영상을 표시해 주는 장치다. SK나 KT, LG에서 제공하는 인터넷 서비스에 가입할 때 의례적으로 IPTV가 포함된 결합상품을 가입하게 되는데, 자사 IPTV를 세팅하기 위해 네모난 기기를 TV 주변부에 설치해 준다. 이것이 바로 셋톱박스다. 셋톱박스는 방송매체에 따라 위성방송, 케이블방송, 지상파방송, IPTV 및 OTT 셋톱박스로 구분된다. 국내에서는 통신 3사의 공격적인 마케팅에 힘입어 IPTV와 OTT 기능이 통합된 셋톱박스가 대세를 이루고 있다.

IPTV는 케이블방송뿐만 아니라 인터넷 기능을 포함한다. 2025년 현재, 이 구분은 사실상 무의미해졌다. SK(B tv), KT(지니 TV), LG(U+tv) 등 통신 3사가 제공하는 셋톱박스는 기본적으로 넷플릭스, 유튜브 등을 탑재한 'OTT 셋톱박스'의 기능을 겸하고 있다. 물론 OTT는 TV에서 인터넷으로 해당 사이트에 방문해서 볼 수도 있다. 그러나 OTT 셋톱박스를 이용하면 TV 홈 화면에서 바로 OTT 플랫폼으로 접속할 수 있고, UI^{User Interface} 역시 TV에 맞게 잘 갖추어져 있다.

그런데 셋톱박스만이 OTT 플랫폼 UI를 깔끔하게 제공해 주는 주변기기가 아니다. 셋톱박스 기능을 포함한 내장형 칩이 들어 있는 스마트 TV가 있다면 굳이 셋톱박스가 필요 없다. 스마트 TV는 PC와 TV를 하나로 합친 개념이다. TV에서도 다양한 애플리케이션을 다운로드해서 스마트폰이나 PC처럼 쓸 수 있다는 장점이 있다. 과거에는 TV 시장의 기대와는 달리 하드웨어 성능 부족으로 스마트 TV에 다양한 애플리케이션을 설치하는 데 한계가 있었고 애플리케이션 작동도 잘 안되었다. 가격도 기존 TV에 비해 비쌌다.

그러나 2025년 현재, 삼성의 Tizen OS와 LG의 WebOS를 필두로 한 스마트 TV의 성능이 비약적으로 향상되면서 셋톱박스의 입지는 더욱 좁아지고 있다. TV 자체만으로도 대부분의 OTT 서비스를 완벽하게 즐길 수 있게 된 것이다. 그럼에도 여전히 셋톱박스 산업이 건재한 이유는, 스마트 TV의 한계 때문이 아니라, 통신사^{ISP}의 비즈니스 모델 때문이다. 셋톱박스 시장의 주요 고객사인 방송사, 통신사 역시 자사의 채널 번들링, 광고 사업, 홈 게이트웨이(인터넷 관문) 역할을 통제하기 위해 스마트 TV보다는 자사 생태계에 종속된 IPTV를 선호했다.

그렇다고 셋톱박스 산업이 마냥 긍정적이지는 않다. 오히려 스마트 TV와 구글 크롬캐스트 등 저가형 OTT 스틱과의 경쟁에서 생존하기 위해, 셋톱박스 기업들은 AI 기능을 탑재한 '스마트홈 허브'로의 진화 또는 구글의 '안드로이드 TV' OS를 탑재하는 등 고도화된 기술을 요구받고 있다. 이를 따라가지 못한 기업은 저가제품의 공세를 이기지 못해서 도태되고 있다.

셋톱박스 시장은 수출 중심이다. 국내 시장은 통신 3사에 의해 포화상태이기 때문이다. 셋톱박스 대표 기업인 카온미디어(구 가온미디어)의 매출액에서 수출이 차지하는 비중은 60%가량이다. OTT 셋톱박스 전문 기업인 알로이스는 100% 해외에 의존하고 있다. 해외로 판매되는 셋톱박스는 북미, 유럽의 대형 통신사 외에 경제 성장으로 IPTV 보급이 확산되는 아시아, 중남미, 동유럽 지역에 골그루 수출되고 있다. 투자자 관점에서 이들 수출 기업의 가치는 결국 '얼마나 안정적인 글로벌 통신사 계약을 확보하고 있는가'와 'AI 홈 허브 등 차세대 기기 R&D에 얼마나 성공적으로 투자하고 있는가'에 달려 있다.

2. 셋톱박스 기업의 투자 포인트

방송 기술의 발전에 따라 셋톱박스의 유형도 점점 진화하고 있다. 현재 시장을 주도하는 품목은 IPTV 및 OTT 셋톱박스다. 투자 관점에서도 해당 제품을 만드는 기업에 주력할 필요가 있다. 또한 셋톱박스 시장은 지난 10년간 구조조정을 겪었다. 살아남은 기업들은 음성인식 기술 기반의 AI 셋톱박스 등 신제품을 출시하면서 차별화를 추구하고 있다. 셋톱박스와 시너지를 낼 수 있는 통신장비로 영역을 확장한 기업도 있다. 셋톱박스 시장은 이미 성숙기를 맞은 지 오래이므로 차별화된 제품과 기술을 보유한 기업에 주목해야 한다.

셋톱박스의 주요 부품이 반도체이므로 반도체 가격은 세트 기업의 실적에 영향을 미친다. 일례로 2017년, 2018년 메모리 반도체 가격 상승으로 셋톱박스 기업들의 이익률이 낮아진 적이 있다. 반대로 메모리 반도체 가격이 크게 하락한 2019년에는 셋톱박스 기업들의 수익성이 높아졌다.

전자기기 산업 투자 지표

실적 및 투자 지표: 2025년 3분기 연환산 기준
시가총액: 2025년 12월 23일 기준

단위: 억 원

종목코드	종목명	매출액	영업이익	순이익	PER	시가총액
066570	LG전자	881,102	27,227	10,739	14.0	150,833
021240	코웨이	48,139	8,804	5,746	11.1	63,783
012750	에스원	28,690	2,266	1,808	16.5	29,753
489790	한화비전	16,855	1,231	43	463.9	19,867
058610	에스피지	3,559	154	131	144.1	18,917
065350	신성델타테크	9,628	265	121	131.8	15,941
078600	대주전자재료	2,400	240	376	28.1	10,558
093370	후성	4,627	179	-820	-10.2	8,398
248070	솔루엠	16,160	397	206	39.0	8,033
002840	미원상사	4,472	442	443	16.6	7,334
025540	한국단자	14,942	1,373	1,106	6.4	7,050
052400	코나아이	2,788	661	615	11.0	6,772
043260	성호전자	1,958	-116	-41	-139.5	5,752
089010	켐트로닉스	5,927	234	145	33.4	4,845
178920	PI첨단소재	2,601	400	286	16.5	4,713
082920	비츠로셀	2,360	630	576	7.5	4,325
046890	서울반도체	10,133	-358	-309	-12.1	3,726
474650	링크솔루션	115	-52	-42	-83.6	3,509
065680	우주일렉트로	1,850	234	233	13.8	3,206
001820	삼화콘덴서	2,941	112	152	21.0	3,196

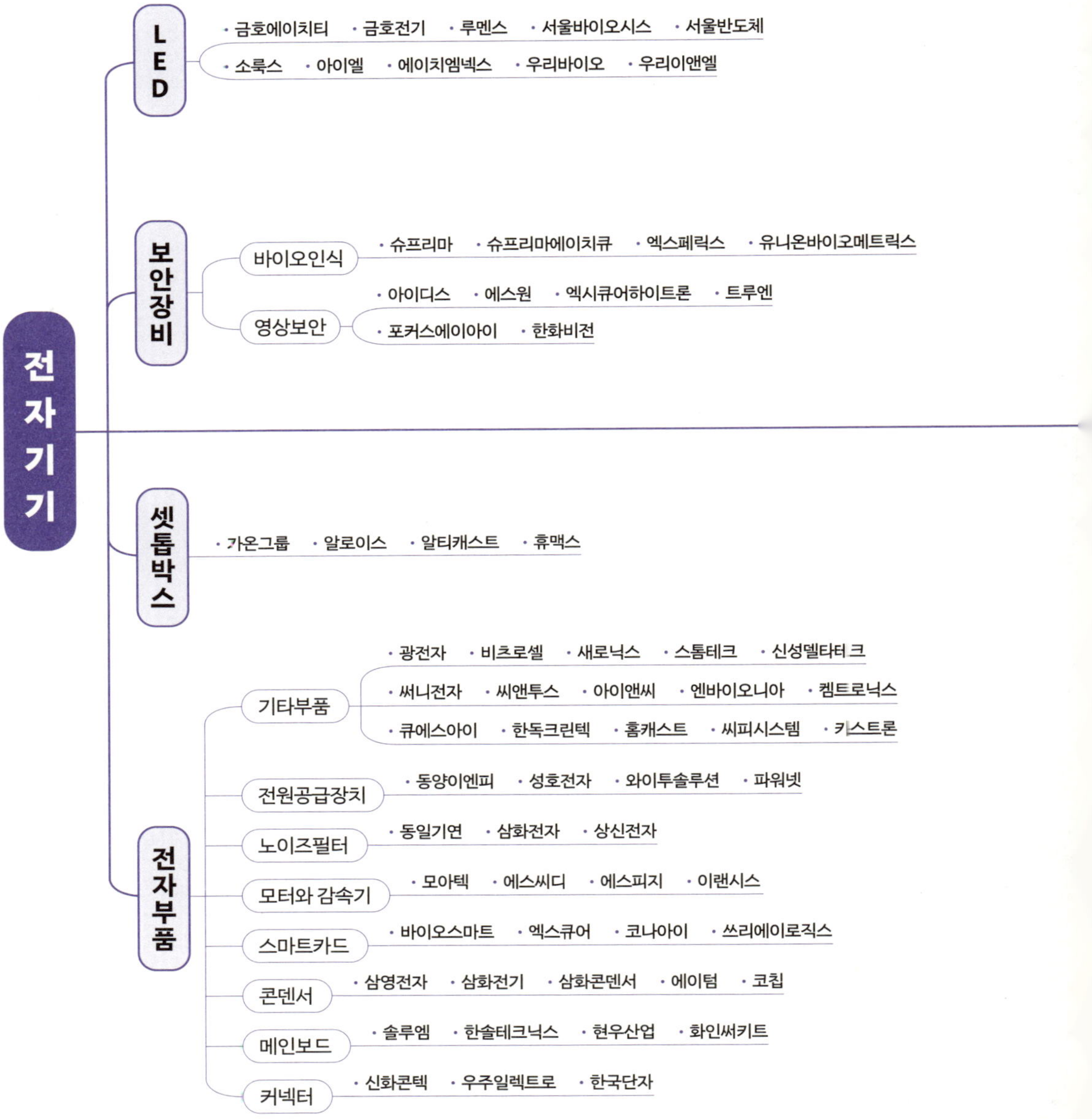

전자기기

LED
- 금호에이치티 · 금호전기 · 루멘스 · 서울바이오시스 · 서울반도체
- 소룩스 · 아이엘 · 에이치엠넥스 · 우리바이오 · 우리이앤엘

보안장비
- **바이오인식**: 슈프리마 · 슈프리마에이치큐 · 엑스페릭스 · 유니온바이오메트릭스
- **영상보안**: 아이디스 · 에스원 · 엑시큐어하이트론 · 트루엔 · 포커스에이아이 · 한화비전

셋톱박스
- 가온그룹 · 알로이스 · 알티캐스트 · 휴맥스

전자부품
- **기타부품**: 광전자 · 비츠로셀 · 새로닉스 · 스톰테크 · 신성델타터크 · 써니전자 · 씨앤투스 · 아이앤씨 · 엔바이오니아 · 켐트로닉스 · 큐에스아이 · 한독크린텍 · 홈캐스트 · 씨피시스템 · 키스트론
- **전원공급장치**: 동양이엔피 · 성호전자 · 와이투솔루션 · 파워넷
- **노이즈필터**: 동일기연 · 삼화전자 · 상신전자
- **모터와 감속기**: 모아텍 · 에스씨디 · 에스피지 · 이랜시스
- **스마트카드**: 바이오스마트 · 엑스큐어 · 코나아이 · 쓰리에이로직스
- **콘덴서**: 삼영전자 · 삼화전기 · 삼화콘덴서 · 에이텀 · 코칩
- **메인보드**: 솔루엠 · 한솔테크닉스 · 현우산업 · 화인써키트
- **커넥터**: 신화콘텍 · 우주일렉트로 · 한국단자

시험인증
· 디티앤씨　· 에이치시티　· 큐알티

전자소재와 장비

소재
· KBG　· PI첨단소재　· 대주전자재료　· 미원상사　· 켐트로스　· 후성

장비
· 아모그린텍　· 자비스　· 한울반도체　· 링크솔루션　· 와이즈넛
· 케이엔알시스템　· 코셈　· 한빛레이저

전자제품
· LG전자　· PN풍년　· 경인전자　· 남성　· 부방　· 삼진
· 신일전자　· 아남전자　· 에브리봇　· 에스텍　· 위닉스
· 자이글　· 코웨이　· 코텍　· 토비스　· 파세코　· 포인트모바일
· 피코그램　· 하츠　· 휴먼테크놀로지　· 벡트　· 위너스

IT 서비스

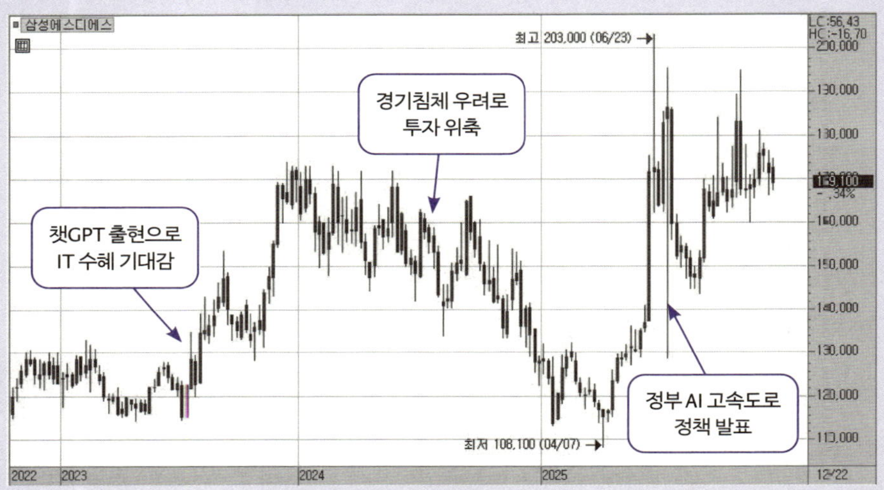

IT는 Information Technology의 약자로 정보 기술을 뜻한다. IT에서 말하는 정보는 데이터인데 IT 산업은 데이터를 수집, 가공, 저장, 검색, 송수신하는 모든 기술 기반 산업을 의미한다. 매우 광범위하므로 통신, 반도체, 인터넷 등 특정 산업은 IT에서 분리해 따로 살펴볼 필요가 있다. 이 책에서는 상장 기업의 구성 및 시가총액 비중을 고려해 IT서비스를 중심으로 IT 하드웨어, 소프트웨어 기업을 한데 묶어 IT서비스 산업으로 정의했다. IT서비스 산업에 속한 기업은 총 170곳으로 주식 시장에서 차지하는 비중은 1.4%다.

챗GPT의 출현으로 IT서비스 업계에도 AI 바람이 불면서 시장에 관심이 집중되었다. 삼성에스디에스도 AI 훈풍에 탑승한 기업으로 2023년 하반기 기업 전용 생성형 AI 서비스 라인업을 발표하며 주가가 단기간에 빠르게 상승했다. 다만 글로벌 경기침체 우려가 커

지며 기업들의 투자가 위축되자 IT서비스 업계에도 찬 바람이 불었다. 반전은 새 정부 출범 이후 찾아왔다. 이재명 정부는 AI를 과거의 도로, 철도와 같은 차세대 사회간접자본으로 규정하고, 민관 합동으로 총 100조 원 규모의 투자를 유치하겠다는 청사진을 제시했다. 이에 따라 IT서비스 업계, 특히 AI와 관련된 소프트웨어를 본업으로 삼고 있는 기업들의 주가가 크게 부각되었다.

IT 서비스

1. IT 서비스 산업의 개요

IT 산업은 하드웨어, 소프트웨어, 서비스로 구성되며, 이 세 가지 요소가 유기적으로 결합되어 고객 맞춤형 솔루션을 제공하는 형태로 진화하고 있다. 하드웨어는 컴퓨터, 서버, 네트워크 장비, 각종 단말기를 포함하며, 소프트웨어는 이를 구동하는 OS(윈도우 등), 애플리케이션(오피스365, ERP, CRM 등), 인공지능 솔루션 등을 아우른다. 최근에는 이러한 구성요소를 기반으로 한 클라우드 기반의 구독형 서비스가 빠르게 확산되고 있다.

국내 하드웨어 산업은 여전히 삼성전자, LG전자를 중심으로 움직이고 있으며, PC 및 스마트폰, 서버 중심의 단말기 하드웨어 공급이 주력이다. 하지만 네트워크 장비나 클라우드 인프라 장비는 시스코Cisco, HPE, 델Dell, 화웨이 등 해외 장비에 대한 의존도가 여전히 높은 상황이다.

소프트웨어 분야는 오피스365, ERP(전사적 자원관리), CRM(고객관계관리), AI 솔루션 등으로 구성된다. 특히 생성형 AI 기술의 확산으로 국내외 기업들이 클라우드 기반의 대화형 AI, 고객 상담 챗봇, AI 비서 서비스 등으로 시장을 확대하고 있다. 글로벌 브랜드인 오라클[Oracle], SAP, 마이크로소프트[Microsoft] 제품이 대다수 대기업과 공공기관에 납품되고 있으며, AI 및 데이터 분석, 자동화 솔루션 분야는 국산 소프트웨어 개발사들이 빠르게 시장 점유율을 확대하고 있다.

최근 정부가 대대적인 시스템 품질 수준 향상을 위해 대형 사업에 한해 대기업 참여 규제를 완화하는 추세이나, AI 및 특화 솔루션 분야에서는 여전히 기술력 있는 중소·스타트업의 참여가 활발하다. 덕분에 중소기업 및 스타트업 중심의 AI 솔루션 생태계가 활성화되고 있다. 챗봇, 음성비서, RPA[Robotic Process Automation], AIOps(AI 기반 IT 운영), AI 이상탐지 시스템 등이 주요 서비스 영역이다.

IT 서비스는 IT 컨설팅, 시스템 구축 및 운영, IT 아웃소싱 등으로 구성되며, 일반적으로 SI[System Integration](시스템 통합)와 SM[System Management](시스템 운영관리)으로 분류된다. 삼성SDS, LG CNS, SK㈜ C&C 등 대기업 계열사는 계열사 IT 시스템을 기반으로 안정적인 수익을 올리고 있으며, 중소 IT 서비스 기업은 공공기관 및 금융권 프로젝트 수주를 중심으로 해서 치열한 경쟁을 일으키고 있다.

최근에는 디지털 전환[Digital Transformation, DX] 수요 증가에 따라 SI 중심의 사업 모델에서 클라우드 이전, 데이터 레이크 구축, 마이데이터 연계 등 고도화된 IT 전략 서비스로 영역을 확장하고 있다.

2. IT 서비스 산업의 성장성

IT 서비스 산업은 전통적인 시스템 통합이나 유지관리[SM] 중심에서 클라우드, AI, 빅데이터, 블록체인 등 차세대 기술을 활용한 비즈니스 솔루션 중심으로 구조적 전환이 이루어지고 있다. 특히 2023년 챗GPT의 등장 이후 촉발된 생성형 AI 혁명은 성숙기에 접어들어 저성장 국면을 맞이했던 IT 서비스 시장에 새로운 활력을 불어넣는 강력한 트리거가 되고 있다. 이에 따라 산업 전반의 기술 고도화가 필수적이며, 클라우드 전환과 데이터 중심 경영은 이제 선택이 아닌 생존을 위한 필수 과제로 부상했다.

시장조사기관 IMARC 그룹 보고서에 따르면, 2024년 한국 IT 서비스 시장 규모는 약 232억 달러로 추산되며, 2033년에는 약 439억 달러까지 확대되어 연평균 6.6%의 견조한 성장세를 이어갈 것으로 전망된다. 이는 과거 3% 내외의 낮은 성장률에 머물던 것과 비교하면 괄목할 만한 변화다.

이러한 성장의 핵심 동력은 단연 'AI 전환'이다. 민간 기업들은 'AI 에이전트' 도입을 위해 예산을 대폭 확충하고 있으며, AI를 단순한 업무 보조 도구가 아닌 기업의 미래 경쟁력을 좌우할 필수적인 투자로 인식하고 있다. 금융 의료, 제조 등 다양한 산업 분야에서 AI 도입을 통한 생산성 향상과 자동화 시스템 구축 경쟁이 치열하게 전개되고 있다.

공공 부문의 변화 또한 거세다. 정부는 공공 부문 클라우드 전환 로드맵을 바탕으로 행정망, 교육망 등에 클라우드 서비스를 단계적으로 확대하고 있다. 이러한 민관의 동시다발적인 투자 확대에 힘입어, 신영증권은 2026년 한 해에만 국내 IT 서비스 시장이 10% 성장할 것으로 내다봤다. 바야흐로 IT 서비스 산업이 '유지보수'라는 껍질을 깨고 'AI 혁신'이라는 새로운 날개를 달고 비상하는 시점이 도래한 것이다.

3. IT 서비스 산업의 투자 포인트

AI는 확실한 미래의 먹거리이지만 동시에 막연한 먹거리이기도 했다. 2022년 11월 오픈AI가 챗GPT를 출시하기 전까지는 말이다. 챗GPT는 딥러닝을 사용해 인간과 유사한 텍스트를 생성하는 대규모 자연어 기술로, 출시 5일 만에 사용자 100만 명, 2개월 만에 1억 명을 돌파하며 생성형 AI 시대의 포문을 열었다.

2025년 11월 현재, 시장의 흐름은 또 한 번 거대한 변곡점을 맞이하고 있다. 지난 3년간 빅테크 기업들이 주도했던 'AI 하드웨어(반도체·서버)' 투자 사이클이 정점을 지나, 2026년부터는 본격적인 'AI 소프트웨어', 즉 '에이전틱 AI'의 사이클로 진입할 전망이다.

에이전틱 AI란 단순히 사용자의 질문에 답하는 챗봇형 LLM(예: 초기 챗GPT)과 달리, 스스로 목표를 설정하고 계획·추론·행동을 수행하는 자율적 AI 시스템을 말한다. 예를 들어, 고객 불만이 접수되면 AI가 알아서 계정을 확인하고, 보상 규정을 조회한 뒤, 적절한 보상안을 계산해 CRM 티켓을 생성하고, 만약 재고가 부족하면 발주까지 자동으로 실행하는 식이다. 이는 기업의 생산성을 획기적으로 높여줄 실질적인 도구이기에, 기업들은 AI 도입 예산을 공격적으로 늘릴 수밖에 없다. 물론 팔란티어Palantir, 마이크로소프트, SAP 등 글로벌 기업들의 한국 진출이 가속화되면서 시장 경쟁은 더욱 치열해질 것이다.

이러한 흐름에 발맞추어 정부의 지원책도 강력해졌다. 정부는 '대한민국 AI 액션플랜'을 발표하며 한국이 AI 3대 강국G3으로 도약하겠다는 목표를 천명했고, 2024년 9월 26일 대통령 직속 '국가인공지능위원회'를 출범시키고, 2025년 9월 '국가인공지능전략위원회'로 개편했다. 핵심은 예산과 인프라다. 2026년 정부의 AI 예산은 10조 1,000억 원으로 전년 대비 무려 206% 증액

될 예정이다.

구체적으로는 과거 두 차례 유찰을 겪었던 '국가 AI 컴퓨팅 센터' 구축을 재추진한다. 이번에는 민간 지분 구조를 70% 이상으로 확대해 투자의 자율성을 보장하고, 2028년까지 첨단 GPU 1만 5,000장, 2030년까지 5만 장을 확보할 계획이다. 또한 데이터센터를 국가전략기술 사업화 시설에 추가해 세제 혜택(통합투자세액공제)을 대폭 확대했다.

투자자 관점에서는 '공공 AX 프로그램'과 'AI 원스톱 바우처' 사업에 주목해야 한다. 공공기관의 AI 도입 예산 확대는 삼성SDS, LG CNS 등 주요 SI 기업들에 확실한 수혜가 되며, 8,900억 원 규모로 신설된 중소기업·소상공인 지원 바우처는 중소형 AI 소프트웨어 기업들에 새로운 기회의 장을 열어줄 것이다.

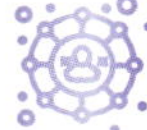

사이버 보안

1. 사이버 보안 산업의 개요

사이버 보안이란 디지털 공간에서 발생할 수 있는 각종 위협, 예컨대 무단 침입, 해킹, 데이터 탈취, 악성코드 공격, 시스템 마비 등으로부터 컴퓨터, 스마트폰, 서버, 클라우드, 네트워크 등의 디지털 자산을 보호하는 기술과 서비스 전반을 뜻한다.

과거에는 IT 관리자 중심의 보안 시스템 구축이 주를 이루었지만, 오늘날 사이버 보안은 기업 전체 전략, 국가 안보, 금융 신뢰도, 산업 운영 안정성에 직결되는 인프라 산업으로 재정의되고 있다.

사이버 보안 산업은 크게 보안 시스템 구축 영역과 보안 서비스 운영 영역으로 구분된다.

보안 시스템은 네트워크 보안, 정보 유출 방지[DLP], 엔드포인트 보안, 암호화·인증 시스템, 보안관제 솔루션[SIEM], 제로트러스트[ZTNA] 아키텍처 설계 등을 포함한다.

보안 서비스는 보안 컨설팅, 관제 운영MSSP, 위협 탐지 및 대응EDR·XDR, 클라우드 보안, 모바일 보안, OT·IoT 보안 등으로 확대되고 있다.

2025년 사이버 보안 시장의 수요는 클라우드 전환, 원격근무 확대, 산업 제어 시스템ICS 보안 이슈, AI 기반 위협 탐지 강화 등으로 인해 연중 꾸준한 성장을 보이고 있다. 예전처럼 IT 예산 집행이 하반기에 집중되던 구조에서 벗어나, 기업의 연간 보안 투자 계획이 선제적으로 실행되는 추세다.

국내 사이버 보안 시장은 SK쉴더스(시큐리티 및 관제 중심)와 안랩(엔드포인트 보안 및 백신 중심)이 양대 축을 형성하고 있으며, 이 외에도 윈스, 이글루코퍼레이션, 지니언스, 라온시큐어, 드림시큐리티 등 다양한 중소형 특화 기업들이 OT보안, 인증·암호화, 관제 서비스 등 특정 영역에서 경쟁력을 확보하고 있다.

최근에는 AI 보안 스타트업, 제로트러스트 솔루션, 클라우드 보안 스타트업에 대한 투자도 활발하다.

글로벌 시장에서는 팔로 알토 네트웍스Palo Alto Networks, 크라우드스트라이크CrowdStrike, 지스케일러Zscaler, 아크로니스Acronis, 마이크로소프트Microsoft 등 주요 보안 기업들이 한국 시장에 지속 진입 중이며, 엑소니어스(Axonius), 세일포인트SailPoint, 센티넬원SentinelOne 등 신흥 기업의 파트너사 확보 및 MSP 협력 확대도 활발히 진행 중이다.

한편, 정부도 사이버 보안 산업 육성을 국가적 전략 산업으로 규정하고 있다. 과학기술정보통신부와 KISA는 2025년까지 사이버보안 인력 2만 명 양성, AI 기반 보안 기술 고도화, 5G·IoT 기반 OT 보안 강화 등을 포함한 '제3차 국가 사이버안보 전략'을 시행 중이다. 공공부문은 물론 민간 산업 전반에서도 보안 내재화, 사전 대응 체계 강화, 자동화된 위협 탐지 및 대응 시스템 도입이 본격화되고 있다.

2. 사이버 보안 시장의 성장성

사이버 보안 시장은 디지털 전환의 가속화, IT와 OT(운영기술)의 통합, 그리고 클라우드와 AI의 확산으로 인해 기하급수적인 수요 증가를 겪고 있다. 스마트폰과 사물인터넷IoT의 보급, 자율주행 시스템 및 스마트팩토리 내 산업제어시스템의 확대는 해커들이 침투할 수 있는 '공격 표면'을 획기적으로 넓혔다. 이에 따라 기업과 기관이 사이버 위협에 직면하는 빈도와 강도는 과거와 비교할 수 없을 정도로 급증하고 있다.

최근의 사이버 공격은 AI를 악용해 더욱 지능화, 고도화되고 있다. 과거에는 불특정 다수를 노리는 피싱 메일이 주를 이루었다면, 2024년부터는 생성형 AI를 활용해 CEO의 목소리를 복제해 자금 이체를 유도하는 '딥페이크 보이스 피싱'이나, 기업 내부망의 취약점을 AI가 스스로 찾아내 공격하는 사례가 빈번하게 보고되고 있다. 한국인터넷진흥원KISA에 따르면 2024년 국내 사이버 침해 사고는 약 18만 2,000건 이상 발생했으며, 그중 시스템을 잠그고 돈을 요구하는 랜섬웨어 사고가 전체의 약 41%로 가장 큰 비중을 차지했다. 특히 병원, 발전소 등 사회 기반 시설을 노린 랜섬웨어 공격은 단순한 금전적 피해를 넘어 국가 안보와 국민의 생명을 위협하는 수준에 이르렀다.

이러한 위협의 증가는 필연적으로 보안 시장의 구조적 성장을 견인한다. 글로벌 시장조사기관 그랜드뷰 리서치에 따르면, 한국의 사이버 보안 시장 규모는 2024년 기준 약 62억 2,000만 달러(약 8조 5,000억 원)로 평가된다. 향후 이 시장은 연평균 13.9%의 고성장을 지속해, 2030년에는 약 136억 달러(약 19조 원) 규모에 이를 것으로 전망된다. 특히 기업들의 업무 환경이 SaaS(서비스형 소프트웨어) 및 원격 근무 중심으로 재편되면서, 클라우드 보안 시장은 전체 시장 성장률을 상회하는 고성장이 기대된다.

정부 정책 또한 시장 확대의 강력한 드라이브 요인이다. 정부는 2024년부터 공공부문 보안 인증체계를 강화하며 '아무것도 신뢰하지 않는다'는 전제 하에 모든 접근을 검증하는 '제로 트러스트^{Zero Trust}' 보안 아키텍처 구축을 강력하게 추진하고 있다. 이는 기존의 경계형 보안(성 밖은 위험하고 성 안은 안전하다는 개념)이 무너진 클라우드 시대에 필수적인 보안 패러다임이다. 이에 따라 제로 트러스트 솔루션을 구축할 수 있는 기업과 관련 전문 인력에 대한 수요도 빠르게 증가하고 있다.

3. 사이버 보안 산업의 투자 포인트

1) 사이버 보안 공격 이슈

사이버 보안 관련 기업은 해킹, 랜섬웨어, 디도스 등 주요 사이버 공격 이슈 발생 시 부각되는 경향이 있다. 사이버 보안에 대한 경각심 및 니즈가 커질 것이란 관심 때문이다. 블록체인 기반 가상자산 시장이 커지면서 거래소를 해킹하거나 랜섬웨어 공격으로 주요 기관들의 IT 시스템을 마비시킨 후 가상자산을 갈취하는 범죄가 늘고 있다. 따라서 투자자는 해당 이슈로 주목받는 사이버 보안 기업 중에서 장기적으로 성장할 만한 기술력을 보유한 기업을 잘 선별할 필요가 있다.

2) AI 보안 시장 개화: 창과 방패의 대결

AI 기술의 비약적인 발전은 보안 산업에 기회이자 심각한 위협으로 다가오고 있다. 먼저 공격자^{Hacker}의 입장에서 AI는 강력한 무기다. LLM(거대언어모델)이 인간의 언어를 완벽에 가깝게 모사함에 따라, 과거 어설픈 번역투였던 스팸·피싱 메일은 이제 전문가조차 구분하기 힘든 수준으로 진화했다. 여기에 딥페이크^{Deepfake} 음성·영상 기술과 LLM 대화 시스템이 결합되면서, 기업 임

직원이나 CEO를 사칭해 송금을 유도하는 'CEO 사기^{CEO Fraud}' 위험이 급증하고 있다.

더 큰 문제는 해킹의 진입장벽이 낮아졌다는 점이다. LLM은 자연어 명령(프롬프트)만으로도 코드를 작성하고 수정할 수 있어, 코딩을 모르는 비전문가도 악성코드를 손쉽게 생성할 수 있게 되었다. 실제로 깃허브 코파일럿^{GitHub Copilot}이나 챗GPT 코드 인터프리터 등이 '보안 취약점 자동 탐색' 및 '공격 스크립트 생성'에 악용될 가능성이 현실화되고 있다. 또한 기업들이 업무 효율화를 위해 LLM을 도입하는 과정에서 내부 기밀 데이터가 모델에 유입되거나, 해커가 악의적인 명령어를 주입해 AI를 오작동시키는 '프롬프트 인젝션^{Prompt Injection}' 위협도 새로운 보안 과제로 떠올랐다.

반면, 방어자 입장에서도 AI는 필수적인 도구다. LLM은 수만 건의 보안 로그, 침해 지표^{IOC}, 악성 IP·도메인 정보를 순식간에 요약하고 분류해낸다. 과거 보안 관제 센터^{SOC} 분석가가 수백 건의 알림을 밤새 직접 검토해야 했다면, 이제는 'AI 보안 에이전트'가 1차 판별, 요약, 조치 권고까지 수행하며 대응 시간을 획기적으로 단축시키고 있다.

이처럼 AI가 공격과 방어 양쪽에서 핵심적인 역할을 하게 되면서, AI 보안 시장은 전체 정보 보안 시장 중 가장 빠른 속도로 성장할 전망이다. 글로벌 시장조사기관 그랜드뷰 리서치에 따르면, 국내 AI 적용 보안 시장은 2023년 약 3억 2,700만 달러에서 2030년 약 20억 1,600만 달러(한화 약 2조 7,000억 원)로 연평균 29.7%의 폭발적인 성장을 기록할 것으로 예상된다.

3) 한국 보안 시장의 구조적 문제점

전도유망하고 빠르게 성장하는 산업임에도 불구하고, 정작 국내 상장 보안 기업들의 성과는 부진하다. 매출액이 꾸준히 우상향하는 기업도 드물고, 영업이익률은 대부분 10% 미만에 머물러 있다. 투자자들이 보안주 투자를 주

저하는 이유는 명확하다. 바로 한국 보안 시장 특유의 '구조적 한계' 때문이다.

첫째, 시장의 절반가량을 차지하는 공공·금융기관 중심의 매출 구조다. 한국 보안시장의 약 45~50%는 공공 및 금융기관 예산으로 형성된다. 예산 자체는 매년 소폭 증가하지만, 대부분 최저가 입찰제나 치열한 낙찰가 경쟁 구조로 이루어져 있어 기업의 매출 총이익률이 20%를 넘기기 어렵다. 기술력보다 가격 경쟁력이 우선시되는 시장에서는 고수익을 내기 힘든 구조다.

둘째, 노동집약적인 비즈니스 모델이다. 크라우드스트라이크, 팔로 알토 네트웍스 등 글로벌 보안 리더들은 클라우드 기반의 SaaS(서비스형 소프트웨어) 모델을 정착시켰다. 고객은 프로그램을 구매하는 것이 아니라 월·연 단위 구독료를 지불하므로, 매출이 누적되고 이익률이 높다. 반면 안랩, SK쉴더스(비상장), 라온시큐어 등 대부분의 국내 기업은 여전히 인력이 투입되는 프로젝트성 구축(SI)이나 단순 유지보수 계약에 의존하고 있다. 이는 매출이 늘어나면 인건비도 같이 늘어나는 구조라 영업 레버리지 효과를 기대하기 힘들다.

셋째, 보안을 '투자'가 아닌 '비용'으로 보는 인식이다. 제조업·서비스업 중심의 국내 기업 환경에서 보안은 생산이나 매출을 직접 창출하지 않는 소로성 비용으로 인식된다. 따라서 IT 예산 내 우선순위가 가장 낮아 법적 규제를 피하기 위한 '최소한의 필수 수준'만 도입하는 경우가 많다. 해킹 사고가 터져야만 부랴부랴 투자를 늘리는 전형적인 '사후약방문' 시장이다. 결국 이러한 구조적인 한계를 깨고 구독형 모델로의 전환이나 글로벌 시장 진출에 성공하는 기업이 나타나기 전까지, 국내 보안 기업들의 주가는 박스권에 머물 가능성이 높다는 점을 투자자들은 명심해야 한다.

IT 서비스 산업 투자 지표

실적 및 투자 지표: 2025년 3분기 연환산 기준
시가총액: 2025년 12월 23일 기준

단위: 억 원

종목코드	종목명	매출액	영업이익	순이익	PER	시가총액
018260	삼성에스디에스	140,354	9,425	7,671	17.1	131,310
307950	현대오토에버	40,889	2,515	1,797	44.6	80,078
064400	LG씨엔에스	62,181	5,400	3,922	15.7	61,523
022100	포스코DX	11,760	848	739	61.2	45,230
012510	더존비즈온	4,306	1,111	733	34.8	25,552
023590	다우기술	155,449	13,958	4,443	4.0	17,722
032190	다우데이타	160,763	14,309	1,899	4.0	7,541
124500	아이티센글로벌	61,370	1,479	226	31.9	7,205
053800	안랩	2,666	279	482	14.7	7,099
030520	한글과컴퓨터	3,199	428	181	31.4	5,670
029530	신도리코	3,064	70	436	11.8	5,141
058970	엠로	864	39	56	81.1	4,573
298830	슈어소프트테크	911	92	86	43.4	3,752
304100	솔트룩스	347	-107	-111	-31.7	3,526
108860	셀바스AI	1,103	24	-77	-43.1	3,305
286940	롯데이노베이트	11,723	242	107	28.4	3,033
012030	DB	6,283	443	717	4.2	3,012
294570	쿠콘	689	181	296	9.8	2,901
462860	더존	609	120	114	25.3	2,874
045390	대아티아이	1,679	91	198	14.0	2,763

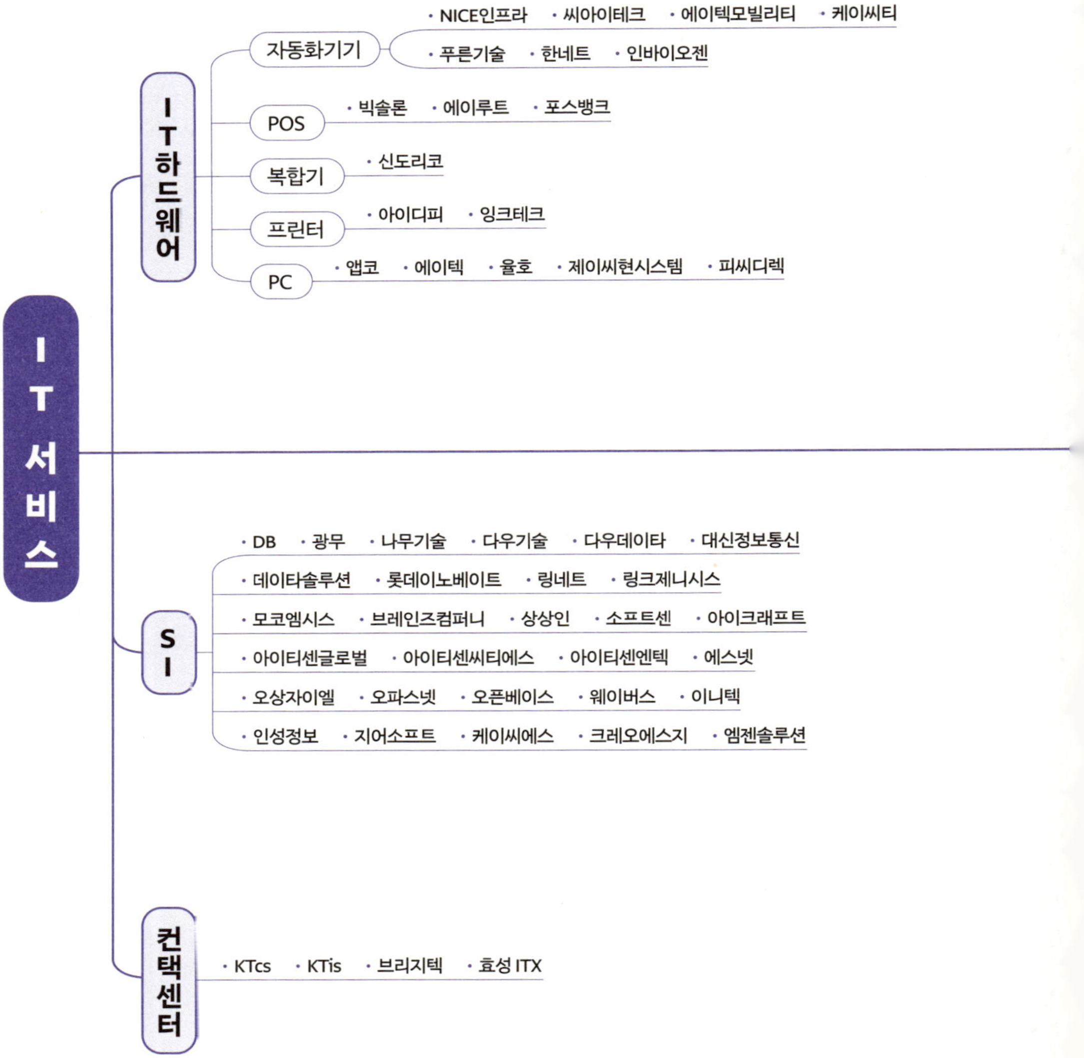

IT서비스

IT하드웨어
자동화기기
· NICE인프라 · 씨아이테크 · 에이텍모빌리티 · 케이씨티
· 푸른기술 · 한네트 · 인바이오젠
POS
· 빅솔론 · 에이루트 · 포스뱅크
복합기
· 신도리코
프린터
· 아이디피 · 잉크테크
PC
· 앱코 · 에이텍 · 율호 · 제이씨현시스템 · 피씨디렉

SI
· DB · 광무 · 나무기술 · 다우기술 · 다우데이타 · 대신정보통신
· 데이타솔루션 · 롯데이노베이트 · 링네트 · 링크제니시스
· 모코엠시스 · 브레인즈컴퍼니 · 상상인 · 소프트센 · 아이크래프트
· 아이티센글로벌 · 아이티센씨티에스 · 아이티센엔텍 · 에스넷
· 오상자이엘 · 오파스넷 · 오픈베이스 · 웨이버스 · 이니텍
· 인성정보 · 지어소프트 · 케이씨에스 · 크레오에스지 · 엠젠솔루션

컨택센터
· KTcs · KTis · 브리지텍 · 효성 ITX

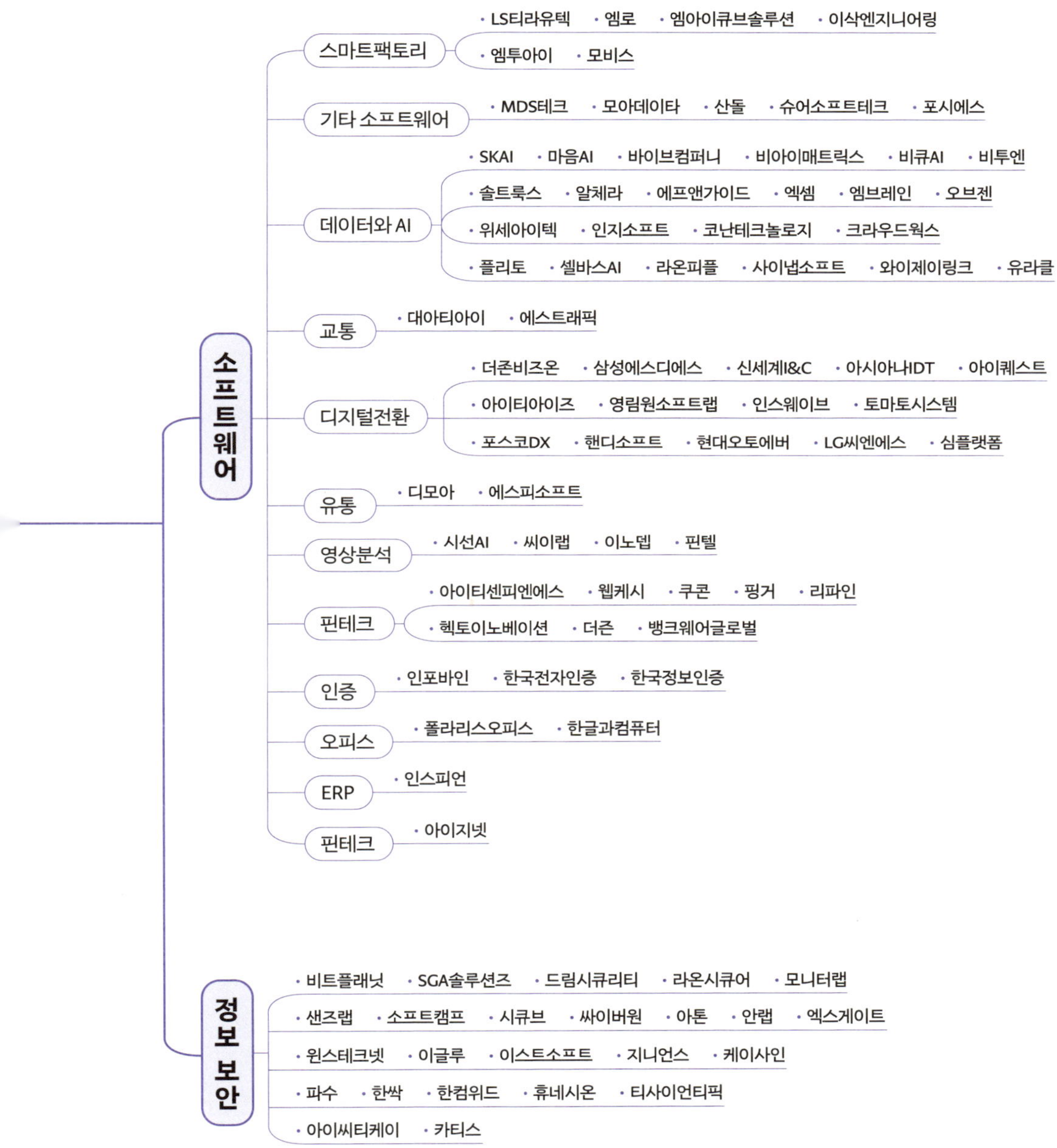

소프트웨어

- **스마트팩토리**: LS티라유텍 · 엠로 · 엠아이큐브솔루션 · 이삭엔지니어링 · 엠투아이 · 모비스
- **기타 소프트웨어**: MDS테크 · 모아데이타 · 산돌 · 슈어소프트테크 · 포시에스
- **데이터와 AI**: SKAI · 마음AI · 바이브컴퍼니 · 비아이매트릭스 · 비큐AI · 비투엔 · 솔트룩스 · 알체라 · 에프앤가이드 · 엑셈 · 엠브레인 · 오브젠 · 위세아이텍 · 인지소프트 · 코난테크놀로지 · 크라우드웍스 · 플리토 · 셀바스AI · 라온피플 · 사이냅소프트 · 와이제이링크 · 유라클
- **교통**: 대아티아이 · 에스트래픽
- **디지털전환**: 더존비즈온 · 삼성에스디에스 · 신세계I&C · 아시아나IDT · 아이퀘스트 · 아이티아이즈 · 영림원소프트랩 · 인스웨이브 · 토마토시스템 · 포스코DX · 핸디소프트 · 현대오토에버 · LG씨엔에스 · 심플랫폼
- **유통**: 디모아 · 에스피소프트
- **영상분석**: 시선AI · 씨이랩 · 이노뎁 · 핀텔
- **핀테크**: 아이티센피엔에스 · 웹케시 · 쿠콘 · 핑거 · 리파인 · 헥토이노베이션 · 더존 · 뱅크웨어글로벌
- **인증**: 인포바인 · 한국전자인증 · 한국정보인증
- **오피스**: 폴라리스오피스 · 한글과컴퓨터
- **ERP**: 인스피언
- **핀테크**: 아이지넷

정보 보안

- 비트플래닛 · SGA솔루션즈 · 드림시큐리티 · 라온시큐어 · 모니터랩
- 샌즈랩 · 소프트캠프 · 시큐브 · 싸이버원 · 아톤 · 안랩 · 엑스게이트
- 윈스테크넷 · 이글루 · 이스트소프트 · 지니언스 · 케이사인
- 파수 · 한싹 · 한컴위드 · 휴네시온 · 티사이언티픽
- 아이씨티케이 · 카티스

인터넷

인터넷 플랫폼은 특정 산업에 국한되지 않고 콘텐츠, 광고, 미디어, 모빌리티, 게임 등 수많은 영역에 진출해 비즈니스를 펼칠 수 있다. 따라서 이 책에서는 국내 인터넷 플랫폼 대표 기업이라고 할 수 있는 네이버와 카카오의 비즈니스 모델, 성장성, 투자 포인트 등을 다루는 것으로 인터넷 플랫폼 산업 설명을 갈음하고자 한다. 플랫폼 기업 외에는 데이터센터 서비스를 제공하는 인터넷 인프라 기업도 존재한다. 인터넷 산업에 속한 기업은 총 11곳으로 시가총액 기준 주식 시장에서 차지하는 비중은 1.8%다.

인터넷 기업들은 크로나 특수 이후 장기간 부진을 겪었다. 2022년 고물가 환경에서 시장 금리가 오르자 성장주 밸류에이션을 받던 인터넷 기업들은 줄곧 하락세를 이어갔다. 설상가상으로 개별 기업들의 악재도 이어졌다. 카카오의 경우 오너의 사업 리스크와 문어발

식 확장이라는 사회적 비판에 비즈니스가 위축되었고 이는 주가에 여지없이 반영되었다. 한때 17만 원을 넘어섰던 카카오 주가는 2024년 11월 3만 원대까지 떨어졌다. 네이버 역시 일본 정부의 라인 지분 매각 압박이라는 초유의 사태를 겪으면서 주가가 하락했다. 다만 2025년 들어 네이버를 중심으로 인터넷 기업들의 실적이 다소 회복되면서 전환점을 맞았다. 여기에다 이재명 정부의 AI 3대 강국 공약에 힘입어 주가가 크게 반등했다. 정부는 무려 100조 원 규모의 펀드를 조성해 AI 특화 시범도시, 권역별 AI 인프라, 핵심 AI 기업 육성 계획을 실현한다는 목표다. 이에 따라 증시에서는 AI 소프트웨어와 관련된 주식들이 단기간에 크게 급등하는 현상이 나타났다.

인터넷

1. 인터넷 산업의 개요와 특징

4차 산업혁명의 핵심은 IT 기술의 결합과 산업 간의 경계가 허물어지는 데 있다. 이를 가장 대변해 주는 것이 인터넷 플랫폼 기업의 비즈니스 모델이다. 사실 산업은 소매업, 서비스업, 광업, 건설업 등 특정 사업의 형태를 지칭하는 데, 인터넷 플랫폼은 딱히 하나의 산업으로 정의할 수 없다. 인터넷 플랫폼이란 매개체를 기반으로 다양한 사업이 이루어지기 때문이다.

국내 플랫폼 산업을 대표하는 기업으로는 네이버와 카카오가 있다. 네이버는 검색과 커뮤니티 중심의 플랫폼에서 시작해, 현재는 AI 검색(에어서치), 광고, 커머스, 웹툰·웹소설, 클라우드, 간편결제 등으로 사업 영역을 확대했다. 카카오는 메신저 기반 플랫폼에서 모빌리티, 뮤직, 게임, 콘텐츠 IP, 금융, 헬스케어 분야까지 진출하며 '생활밀착형 슈퍼앱' 전략을 이어가고 있다.

두 기업의 사업 전략은 캐시카우를 바탕으로 다양한 영역에서 비즈니스를 확장하는 전략이다. 두 기업 모두 포털이나 메신저에서 창출되는 광고 수익 또는 뮤직이나 게임에서 꾸준히 캐시카우를 창출한다. 이를 바탕으로 핀테크, 콘텐츠, 클라우드 등 신사업에 투자하고 있다. 투자한 신사업이 성공적으로 안착하면 캐시카우로 바뀌고, 이를 바탕으로 또 다른 영역에 투자하는 선순환구조를 이루고 있다. 인터넷 플랫폼 기업은 다양한 산업에 진출해 있고, 제조업이 아닌 주로 도소매 서비스업에 해당하는 비즈니스를 영위하는 까닭에 경기에 크게 영향을 받지 않는다. 단, 네이버나 카카오 모두 포털이나 메신저 기반 광고 수익 비중이 크기 때문에 광고 경기에 영향을 받는다.

2024~2025년의 핵심 변화는 생성형 AI ^{Generative AI}와의 융합이다. 네이버는 자체 개발한 초거대 AI 모델 '하이퍼클로바X'를 바탕으로 검색 서비스, 스마트스토어, 고객 상담 챗봇 등 전 영역에 AI를 적용 중이다. 카카오도 'KoGPT', '클라우드 기반 AI 인프라'를 고도화하며 콘텐츠 추천, 음악 편집, 광고 문안 생성 등으로 확대하고 있다. 이러한 변화는 인터넷 플랫폼 기업이 단순 유통 채널에서 '지능형 서비스 제공자'로 진화하고 있음을 보여주는 상징적 흐름이다.

두 거대 기업을 제외하고 인터넷 산업은 특정 영역에서 플랫폼 사업을 하거나 인터넷 인프라를 제공하는 기업들로 구성되어 있다. SOOP(구 아프리카TV)는 인터넷 방송 플랫폼을 운영하고 있으며, 사람인, 원티드랩은 구인구직 플랫폼 비즈니스를 영위하고 있다. 케이아이엔엑스는 인터넷 서비스 사업자들에게 데이터센터, 인터넷교환센터[IX] 등 인프라를 제공해 주고 있다. 같은 인터넷 산업에 속해 있는 기업이라도 전방 산업과 제공하는 서비스가 다르기 때문에 해당 기업의 비즈니스 모델을 잘 이해해야 한다.

과학기술정보통신부에 따르면 2024년 기준 국내 월간 무선데이터 트래픽은 1,282PB(페타바이트)를 넘어서며 지속적인 성장세를 보이고 있다. 5G 네트워크 확산, 동영상 콘텐츠 이용 증가, 클라우드 기반 업무환경 확대, AI 서비스의 대중화 등이 무선 데이터 소비 증가를 이끌고 있다. 다만 스마트폰 보급률은 이미 포화 상태에 도달했고, 네트워크 인프라 확장 속도도 완만해진 상황이다.

이에 따라 플랫폼 기업들은 콘텐츠와 데이터 기반의 새로운 성장 동력을 찾고 있다. 네이버는 일본·미국·프랑스 등 글로벌 웹툰 플랫폼을 중심으로 콘텐츠 유통망을 강화하고 있으며, 네이버클라우드를 기반으로 국내외 AI 솔루션 시장 진출을 확대 중이다. 카카오는 엔터테인먼트와 IP 기반 콘텐츠 제작·유통에 집중하며, 카카오픽코마(웹툰), 카카오엔터(음악·드라마), 카카오모빌리티 등으로 사업을 세분화하고 있다.

사업부별 매출 비중 변화를 보면 이들의 전략이 구체화되고 있음을 알 수 있다. 네이버는 검색플랫폼 비중이 2022년 43.5%에서 2025년 상반기 36.5%로 축소된 반면, 커머스(21.9% → 28.9%)와 콘텐츠(15.3% → 16%) 비중은 꾸준히 확대되었다. 2021년에 인수한 미국의 왓패드, 그리고 일본의 라인망가 등의 글로벌 플랫폼이 성장을 견인한 결과다. 클라우드 사업은 아직 비중은 낮지만 B2B, 공공시장 수주를 통해 입지를 다지고 있다.

카카오는 톡 기반 비즈니스와 IP 콘텐츠 중심의 구조로 재편 중이다. 프털비즈 매출 비중은 2022년 6%에서 2025년 상반기에 3.8%로 감소세를 브인 반면, 톡비즈 매출 비중은 같은 기간 26.7%에서 28.2%로 성장했다. 특히 뮤직 부문 매출 비중이 2022년 12.6%에서 2025년 상반기 23.7%로 2배 가까이 급성장하며 콘텐츠 부문의 핵심으로 부상했다. 이는 아이유, 아이브 등 한

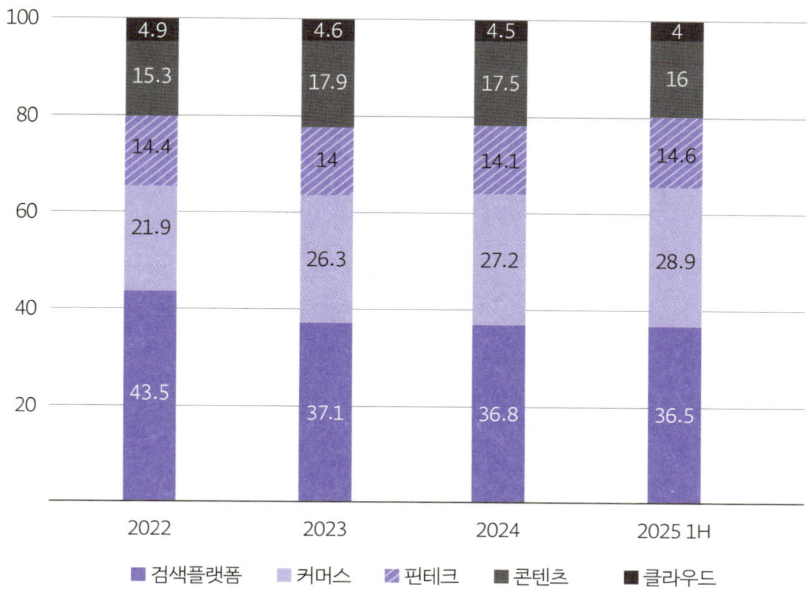

류 아티스트 IP 확보와 앨범 유통 호조가 반영된 결과로 보인다. 2024년부터는 AI 서비스 '카나나' 등을 통해 새로운 모바일 생활 플랫폼으로의 진화를 꾀하고 있다.

이러한 변화는 인터넷 플랫폼 기업이 단순 콘텐츠 유통과 광고 수익 구조를 넘어서, AI 기반 검색 및 추천, 콘텐츠 제작 및 수출, 디지털 금융 서비스 제공자로 전환하고 있음을 보여준다. 특히 생성형 AI 기술의 도입으로 검색 결과의 질적 향상, 창작물의 자동 생성, 광고 및 커머스의 자동화가 가능해지면서 인터넷 산업은 기술 중심의 고부가가치 산업으로 재편되는 중이다.

한편, 정부의 디지털 플랫폼 규제 강화도 산업의 방향성을 바꾸는 요소다. 2024년부터 시행된 디지털 플랫폼 공정화법은 광고 투명성, 알고리즘 공개,

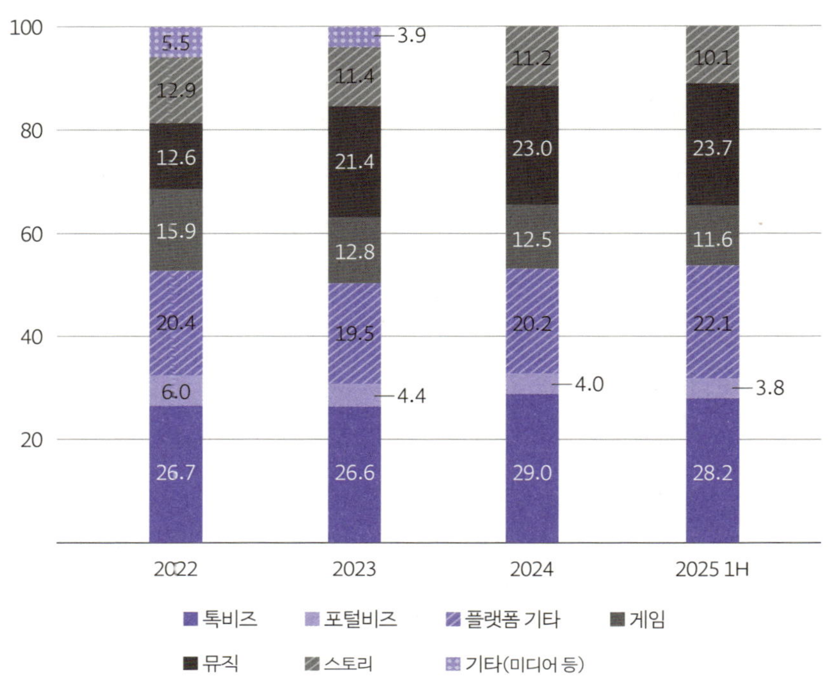

출처: 카카오

입점 소상공인 보호 등을 강화하고 있다. 이에 따라 인터넷 기업들은 기술 혁신과 사회적 책임을 병행하는 방향으로 플랫폼 생태계를 재설계하고 있다.

3. 인터넷 플랫폼 기업의 투자 포인트

1) AI 전환에 따른 기회와 위기

인터넷 플랫폼 기업들은 구조적인 내수 시장 둔화라는 한계에 직면해 있다.

2021년에는 팬데믹 이후 반등하며 4%대 성장을 기록했으나, 이후 성장률이 점차 떨어지고 있다. 2022년부터 2024년까지 1~2%대 성장률에 그쳤으며, 2025년에도 2% 내외(또는 1% 후반~2% 초반)의 저성장 기조가 이어질 전망이다. 이에 따라 내수 경기와 직결되는 광고 경기 역시 부진을 면치 못하고 있다. 다만 인터넷 기업들은 광고 경기 부진을 AI 기반의 고도화된 타깃 광고로 돌파하고 있다. 네이버는 기존의 검색광고·디스플레이·커머스 광고 구분을 허물고 플랫폼 통합 광고 전략으로 전환했다. 이는 광고주가 AI를 기반으로 최적의 포맷을 조합하는 통합 광고 생태계를 구축한 것으로, 네이버는 이를 통해 광고 부문에서 10% 내외의 견조한 성장세를 유지하고 있다.

커머스 분야에서는 알리익스프레스, 테무 등 중국 이커머스의 공세로 경쟁이 심화되고 있다. 이에 대한 플랫폼 업체들의 해법은 'AI 에이전트'다. AI 에이전트 기반 커머스란, 사용자의 의도를 이해하고 대화형으로 탐색·비교·결제를 자동화해 구매 여정을 획기적으로 단축하는 모델이다. 기존의 "사용자 검색 → 상품리스트 탐색 → 클릭 → 구매"라는 복잡한 과정이, "AI 에이전트와의 대화 → 자동 비교·추천 → 바로 결제"라는 단순한 구조로 전환되는 것이다. 이는 사용자의 검색 시간을 줄이고 구매 전환율을 극대화하는 강력한 무기가 된다.

네이버는 2025년 말 또는 2026년 초, '네이버플러스 스토어'에 자체 초거대 AI인 '하이퍼클로바X^{HyperCLOVA X}'를 도입한 서비스를 출시할 계획이다. 더 나아가 컬리, 넷플릭스, 우버 등 각 분야 버티컬 사업자들과의 제휴를 통해 AI 에이전트의 쇼핑 생태계를 외부로 확장하려는 전략을 갖고 있다. 반면 카카오는 오픈AI의 '챗GPT'와 제휴를 맺는 실리적인 노선을 택했다. 카카오가 품은 챗GPT는 AI 활용도를 단순 대화를 넘어 '예약', '구매', '공유' 등 사용자의 최종 행동 단계까지 연결한 것이 특징이다. 카카오톡과 연결된 선물하기, 멜론 등 자사 서비스를 우선 반영하고 추후 외부 서비스와 협업을 통해 생태계를 확장한다는 계획이다.

하지만 LLM AI 모델의 출현은 플랫폼의 근간인 '검색 시장'을 위협하는 양날의 검이기도 하다. 실제 챗GPT, 제미나이, 퍼플렉시티 Perplexity 등 AI 검색의 확산으로 전통 포털의 클릭률과 체류 시간이 감소하고 있다. 시장조사기관 시밀러웹 SimilarWeb 등의 조사에 따르면, 2025년 기준 뉴스 키워드 중심의 '제로클릭' 비중이 1년 전 56%에서 69%로 급증했다. 제로클릭이란 사용자가 검색 결과 화면 니에서 답을 얻고 외부 웹사이트로 나가지 않는 것을 의미한다. 즉, AI 요약 기능의 고도화로 사용자가 추가로 정보를 클릭할 필요가 없어진 것이다. 이는 플랫폼의 주 수익원인 트래픽 기반 검색 광고 수익이 줄어든다는 것을 의미한다.

이에 따라 플랫폼 기업에 있어 AI 검색 도입은 선택이 아닌 필수가 되었다. 네이버는 하이퍼클로바X를 도입해 사용자가 키워드를 검색하면 관련 내용을 AI로 요약해서 보여주는 '큐: CUE:' 등의 기능을 도입했다. 또한 모바일 메인 화면을 개편해 AI가 추천하는 뉴스, 블로그, 숏폼(클립) 등 타겟팅 콘텐츠를 전면 배치해 사용자의 체류 시간을 늘리는 데 총력을 다하고 있다. 결과적으로 투자자들은 AI 시대를 맞아 인터넷 플랫폼 기업들이 검색 광고 수익 감소라는 구조적 위기를 어떻게 방어하고, AI 에이전트라는 새로운 기회를 얼마나 성공적으로 수익화하는지 면밀히 지켜봐야 한다.

2) 스테이블 코인

2025년 7월, 미국에서 '지니어스 법안 Genius Act(가칭)'이 통과되며 금융 시장에 지각변동이 일어났다. 이로써 달러 기반 스테이블 코인 Stablecoin을 합법적으로 발행할 수 있는 길이 열린 것이다. 스테이블 코인은 법정 통화(예: 1달러)와 1대 1로 가치가 고정된 블록체인 기반 디지털 화폐로, 기존 은행망(SWIFT 등)을 거치지 않고도 24시간 해외로 자유롭게 송금이 가능하다. 기존에도 테더^{USDT}, USDC 등이 존재했지만, 정부 차원에서 제도적 장치를 마련한 것은 이번이 처음이다. 이는 달러 패권 강화와 동시에 미국 외 국가들에는 자본 유출과 외환 리스크라는 새로운 과제를 안겨주었다.

이에 대응해 한국에서도 2025년 10월 현재 정부·민간 합동 TF를 꾸려 가상자산 2단계 법안을 마련하고 연내 국회 제출을 목표로 하고 있다. 이러한 규제 완화의 흐름 속에서 기존 금융권뿐만 아니라 인터넷 플랫폼 기업들이 신규 먹거리를 선점하기 위해 분주히 움직이고 있다.

가장 파격적인 행보를 보이는 곳은 네이버. 업계에 따르면 네이버는 자회사 네이버파이낸셜을 통해 국내 1위 암호화폐 거래소 업비트의 운영사인 '두나무'와 주식 교환 방식의 합병을 추진 중인 것으로 알려졌다. 만약 합병에 성공하고 네이버페이에 스테이블 코인 결제가 도입될 경우, 기존 카드사나 VAN사에 지불하던 수수료 대비 현저히 낮은 약 0.2% 수준의 수수료 체계가 가능해져 수익성이 대폭 개선될 것으로 기대된다. 또한 이를 기반으로 블록체인 결제 및 토큰증권^{STO} 등으로 사업을 확장할 수 있다.

비상장사 토스(비바리퍼블리카) 역시 암호화폐 거래소 빗썸과 협업해 스테이블 코인 결제 사업을 추진할 전망이다. 빗썸이 암호자산의 수탁^{Custody} 및 블록체인 인프라 운영을 맡고, 토스는 강점인 결제 플랫폼(페이먼츠)과 사용자 경험^{UX}, 고객 네트워크를 담당하는 구조다. 반면 카카오는 아직 구체적인 외부 협업 계획을 밝히지 않았으나, 카카오페이 내부 블록체인 결제망 구축을 중심으로 파일럿 수준의 연구를 진행 중인 것으로 판단된다. 투자자들은 이러한 '빅테크와 크립토 거래소'의 결합이 만들어낼 시너지와, 이것이 기존 금융 산업에 미칠 파괴적 혁신에 주목해야 한다.

인터넷 산업 투자 지표

실적 및 투자 지표: 2025년 3분기 연환산 기준
시가총액: 2025년 12월 23일 기준

단위: 억 원

종목코드	종목명	매출액	영업이익	순이익	PER	시가총액
035420	NAVER	117,255	21,395	21,939	16.9	370,956
035720	카카오	79,357	5,748	2,325	112.3	261,030
067160	SOOP	4,621	1,220	992	8.1	8,035
093320	케이아이엔엑스	1,600	229	164	36.1	5,910
079940	가비아	3,281	357	143	31.0	4,413
143240	사람인	1,218	157	106	15.0	1,589

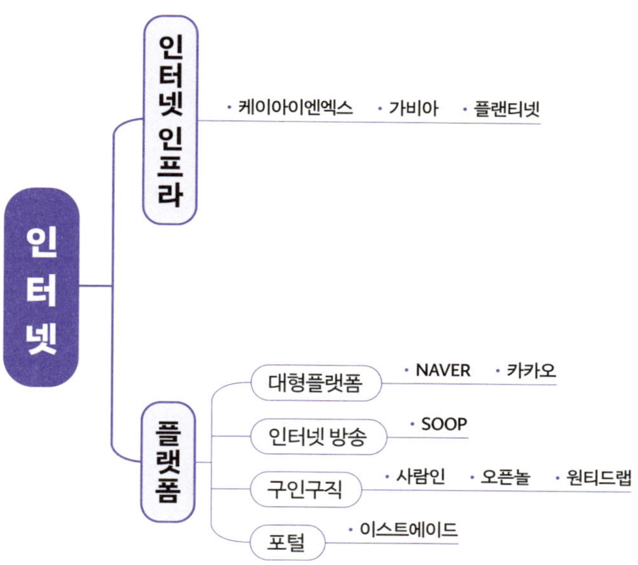

인터넷
인터넷 인프라
· 케이아이엔엑스　· 가비아　· 플랜티넷
플랫폼
대형플랫폼　· NAVER　· 카카오
인터넷 방송　· SOOP
구인구직　· 사람인　· 오픈놀　· 원티드랩
포털　· 이스트에이드

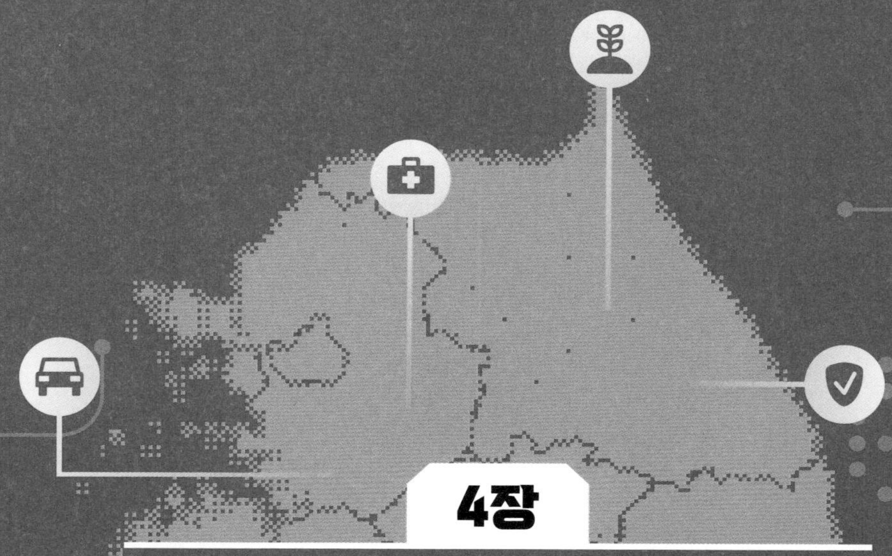

소비재

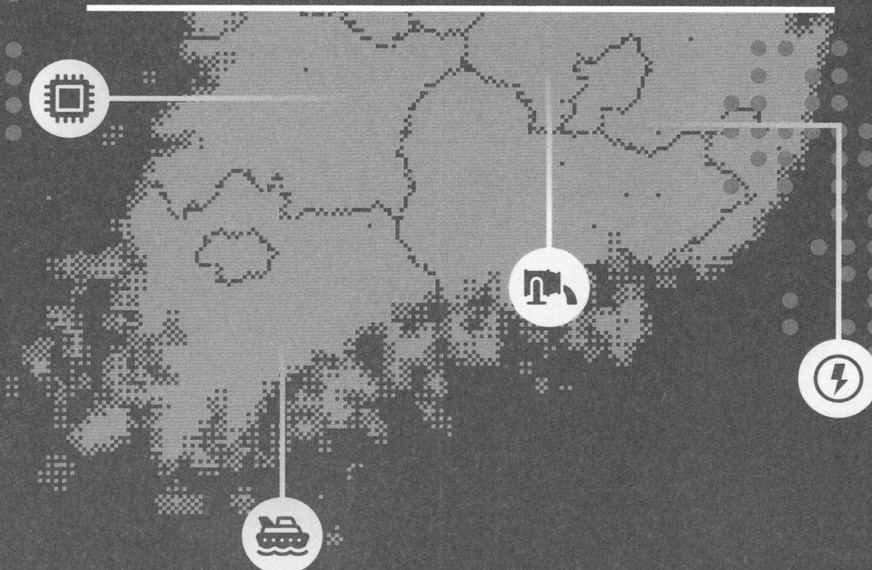

패션

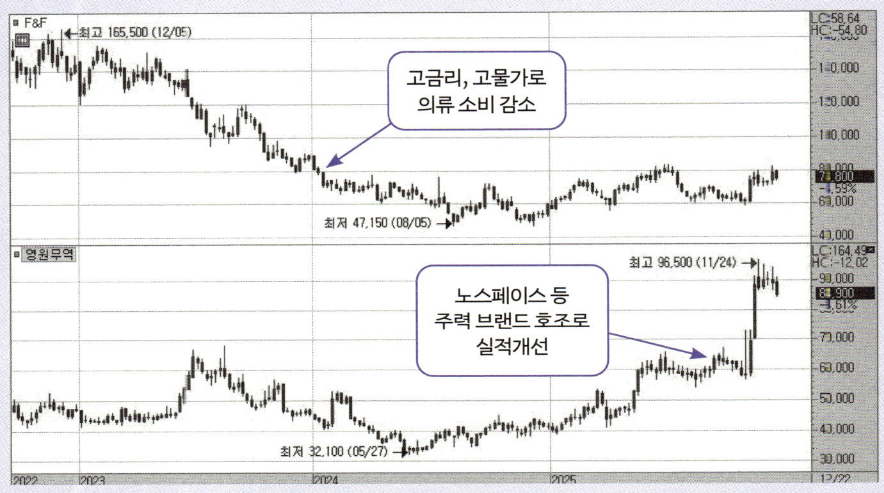

패션 산업은 우리나라 산업화의 시초다. 6·25 전쟁 이후 대한민국 정부는 제당, 제분, 면방직이 속하는 삼백 산업을 중심으로 산업화의 고삐를 당겼다. 그 뒤로 현재에 이르기까지 우리나라는 원사, 직물, 염색 가공, 패션 및 의류 등 전 영역에 걸쳐 균형적인 생산 기반을 확보하고 있다. 패션 산업에 속한 기업은 76곳으로 시가총액에서 차지하는 비중은 0.5%다. 패션 산업은 크게 의류의 소재인 원단을 만드는 섬유, 브랜드 및 외주가공을 전문으로 하는 의류 섹터로 구분되며 이밖에 가죽과 신발, 액세서리를 제조하는 기업으로 분류된다

　패션 의류는 필수소비재인 만큼 성숙기 산업에 진입한지 오래다. 다만 코로나 특수로 2023년까지 의류 소매 판매액은 큰 폭으로 성장했다. 그러나 고물가, 고금리 여건으로 2024년부터 가계들의 소비 여력이 줄어들면서 패션 의류 산업의 불황이 지속되고 있다. 다

만 패션 의류 쪽은 브랜드 업체와 OEM 업체를 구분해서 봐야 한다. 브랜드 업체의 경우 대부분 내수 중심으로 국내 의류 시장에 영향을 받는다. 반면 OEM 업체는 나이키나 아디다스, GAP 등 글로벌 의류로 매출이 다변화되어 있다. 실제 영원무역은 아크테릭스, 노스페이스 등 주력 브랜드의 선전으로 실적이 개선되자 2025년 주가가 크게 올랐다.

패션

1. 패션 산업의 개요와 특징

국내 패션 산업은 원자재의 1/3을 수입 및 가공해 제작한 완제품의 2/3를 다시 해외로 수출하는 해외 의존적이면서 수출 주도적인 구조를 띠고 있다. 국내 패션 산업은 원사, 직물, 염색가공, 패션 의류 등 전 영역에 걸친 생산 기반을 보유하고 있다. 패션에 종사하는 기업은 크게 원재료를 취급하는 섬유 기업과 완제품을 만드는 기업으로 구분할 수 있는데, 완제품 기업은 다시 생산 전문 기업인 OEM과 브랜드 기업으로 나눌 수 있다.

패션 의류는 국내 생산 인프라가 잘 갖추어져 있고 기능성보다는 디자인, 트렌드가 중요해 브랜드를 앞세운 수많은 기업이 난립해 있는 상황이다 특히 무신사와 같은 온라인 플랫폼이 시장의 성장을 주도하며, 신진 디자이너 브랜드의 등용문이자 해외 진출의 교두보 역할을 하고 있다. 패션 의류는 필수소비재이지만 트렌드에 민감하고 라이프사이클도 상대적으로 짧다. 또한 일부 사치재 성격을 지니고 있기 때문에 경기에 민감한 편이다. 이는 고물가 시기 소비 양극화 현상으로 더욱 뚜렷해지는 경향을 보인다.

내수 시장 중심의 브랜드 기업과는 달리 OEM 기업은 동남아 등 해외 공장을 두고 생산품의 90% 이상을 수출하고 있다. 주요 고객사는 나이키, 아디다스, 언더아머 등 글로벌 스포츠 의류 회사와 갭GAP, H&M 등 캐주얼 브랜드다.

OEM 기업들이 글로벌 패션 의류 회사와 거래하기 위해선 충분한 생산 능력과 자재 조달 능력, 품질 등 까다로운 테스트를 통과해야 한다. 또한 원재료 조달부터 바이어로부터 최종 수금까지 최소 6개월이 소요되기 때문에 안정적인 자금 운영 능력도 중요하다. 테스트가 까다로운 만큼 통과되면 고객사와 장기간 협력 관계를 유지하는 것이 일반적이다. 다만 이러한 구조는 글로벌 고객사의 업황에 실적이 종속되는 결과를 낳는다.

OEM 사업 모델은 노동집약적이며 고정자산에서 발생하는 감가상각비 비중이 크다. 고정비가 높은 비용 구조를 갖고 있어 업황 변동에 따른 실적 변동이 큰 편이다. 저렴한 인건비를 찾아 OEM 기업 대부분은 필리핀, 베트남, 미얀마 등 동남아 지역에 공장을 두고 있으며, 여기서 생산한 제품을 미국, 유럽 등 서구권 시장에 판매하고 있다. 최근에는 미중 갈등과 공급망 리스크에 대응하기 위해 베트남 중심에서 멕시코 등 중남미 지역으로 생산기지를 다변화하려는 움직임이 나타나고 있다. 또한, 글로벌 고객사들의 ESG 요구가 강화되면서 친환경 소재 사용 및 노동 환경 개선 노력이 핵심적인 경쟁력으로 부상했다. 생산은 값싼 노동력 기반의 동남아에서, 소비는 미국과 유럽 등 서구권에서 주로 이루어지는 이원화된 시장이다.

2. 패션 산업의 성장성

의류를 포함한 신발, 액세서리는 필수소비재인 만큼 성숙기 산업에 진입한 지 오래다. 한국섬유산업협회 KOFOTI와 통계청의 데이터를 종합해 보면, 국내 의류 소매 판매액은 2021년 약 60조 1,835억 원에서 2022년 약 64조 2,361억 원으로 가파르게 성장했다. 이는 코로나19 팬데믹에서 벗어나며 억눌렸던 소비가 폭발하는 '보복 소비'가 이어진 덕분이었다.

그러나 2023년부터는 분위기가 반전되었다. 글로벌 고금리와 고물가 기조가 장기화되면서 소비 여력이 줄어든 가계가 의류 지출부터 줄이기 시작했기 때문이다. 이에 따라 2023년과 2024년 의복 소매 판매액은 60조 원 초반대에서 정체되거나 소폭 역성장하는 흐름을 보였다. 특히 2024년은 경기 침

의류 소매 판매액

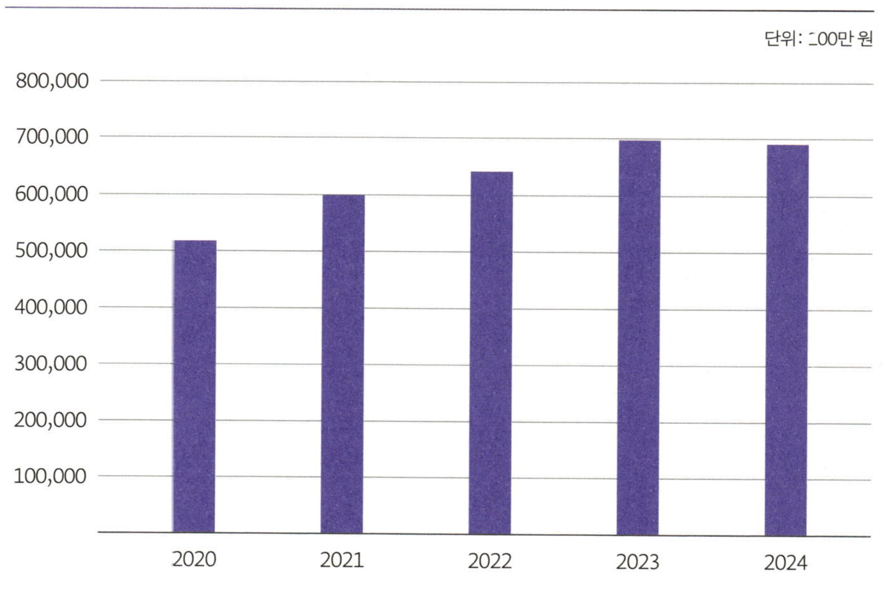

출처: 패션넷, 통계청

체 우려로 인해 소비 심리가 바닥을 다지는 시기였다.

주목할 점은 2025년의 흐름이다. 2025년 1월부터 7월까지의 데이터를 살펴보면, 금리 인하 기대감과 실질 소득의 점진적 개선으로 인해 의류 소비가 바닥을 찍고 완만한 회복세로 돌아서는 모습이다.

글로벌 패션 시장의 성장률도 국내와 크게 다르지 않다. 맥킨지^{McKinsey}, 유로모니터^{Euromonitor}와 같은 글로벌 시장조사기관에 따르면 2028년까지 세계 패션 시장은 연평균 2~4%대의 안정적인 성장을 이어갈 것으로 전망된다. 주요 세계 패션 시장은 중국과 미국, 인도다. 2025년 의류 시장 규모는 중국이 약 4,500억 달러로 여전히 압도적인 1위이며, 미국이 약 3,950억 달러로 뒤를 잇는다. 다만 중국 시장은 과거와 같은 폭발적인 성장세는 다소 완만해졌으며, 인도와 동남아시아 시장이 새로운 성장 동력으로 주목받고 있다.

3. 패션 산업의 투자 포인트

1) 섬유 기업: 면화 가격 상승 수혜

섬유 기업은 섬유 패션 산업 밸류 체인에서 맨 앞 단에 위치해 있다. 섬유의 원자재인 원면 및 원사를 수입·가공해 패션 의류 제조기업들에 판매한다. 원면은 브라질, 미국, 인도, 호주 등에서 100% 수입한다. 환율이 오르면 매입단가가 올라가 원가 부담이 가중된다. 섬유 기업들의 섬유 판매 가격은 국제 면화 가격 시세에 연동된다. 인터컨티넨털 익스체인지^{ICE}에서 거래되는 면화 가격을 적절히 반영하고 있다. 다만 섬유 기업들은 일반적으로 2~6개월 치 재고를 확보해 놓는다. 즉, 제품 판매 시 반영되는 면화는 2~6개월 전에 매입한 것이다. 이 때문에 원재료 투입 가격과 제품 판매 가격 사이에 시차가 존재한다. 따라서 국제 면화 가격이 상승하는 시기에 수익성이 개선된다. 제품 가격은 국제 면화 가격에 연동되어 오르지만, 제품 생산에 투입된 원재료는 과거에 매입한 것이기 때문이다. 실제로 국제 면화 가격이 정점을 찍고 하락세로 전환된 2023년 이후 대부분의 국내 섬유 기업들은 재고평가손실 등으로 어려운 시기를 보냈다. 2025년 현재는 면화 가격이 바닥을 다지고 안정세를 찾아가면서, 이들 기업의 수익성 또한 점진적으로 회복될 것이라는 기대감이 형성되고 있다.

2) OEM 기업

패션 의류나 신발 등을 제조하는 OEM 기업은 글로벌 고객사와 안정적인 계약을 맺는 것이 중요하다. 나이키, 아디다스 등 글로벌 스포츠 의류 및 신발 회사나 갭GAP, H&M 등 캐주얼 브랜드가 대표적이다. OEM 기업의 실적은 글로벌 브랜드사의 판매실적, 생산량에 영향을 받는다. 주요 브랜드 대부분이 미국, 유럽 서구권이기 때문에 이들 국가의 의류 재고 현황을 잘 파악하는 것이 중요하다. 재고가 쌓이면 의류 발주가 줄기 때문에 실적에 부정적이다. 반면 의류 재고가 빠르게 축소되면 발주가 늘고 OEM 기업들의 생산량도 늘어나게 된다. 실제로 2023년에는 팬데믹 기간에 과잉 주문했던 글로벌 브랜드들이 대대적인 재고 조정에 들어가면서 국내 OEM 기업들의 실적이 크게 악화되는 어려움을 겪었다. 반면 2024년 하반기부터 고객사들의 재고가 정상 수준으로 축소되면서, 2025년 현재는 신규 주문(오더)이 회복세로 돌아서 실적 개선에 대한 기대감이 커지고 있다.

OEM 기업은 전통적으로 '환율 상승 수혜주'로 분류된다. 매출의 90% 이상을 달러 수출로 벌어들이기 때문이다. 생산은 베트남, 인도네시아 등 인건비가 저렴한 동남아 지역에서 담당하지만, 소비는 미국, 유럽 등 서구권에서 대부분 이루어지는 구조상 환율 효과가 실적에 큰 영향을 미친다. 따라서 투자자는 기본적으로 미국, 유럽 등 주요 수출국의 의류 소비 동향을 가장 먼저 살펴야 한다. 다만 환율 하락의 위험을 헤지하기 위해 과도한 통화 선도 거래 [1]를 맺을 경우, 환율 급등 시 오히려 대규모 파생상품 평가 손실이 발생할 수 있다는 점은 유의해야 한다.

그러나 2025년 하반기부터는 환율보다 더 강력한 변수가 등장했다. 바로 미국의 '관세 장벽'이다. 미국 정부는 2025년 8월 초부터 '상호관세법 Reciprocal Tariff Act'을 발효하며 무역 정책의 기조를 완전히 바꿨다. 이에 따라 국내 OEM/ODM 업체들의 핵심 생산 기지인 동남아 국가들에 대한 관세율이 확정되었는데, 기본 보편관세 10%에 더해 베트남과 방글라데시는 20%, 인도네시아는 19%의 추가 관세가 부과되었다.

이러한 관세 인상은 OEM 업계의 최대 성수기인 3분기부터 실적에 직접적인 타격을 주기 시작했다. 미국의 의류 유통 바이어(Gap, Target 등)들은 갑자기 늘어난 관세 비용을 소비자가격에 전액 전가할 경우 판매량 급감을 우려할 수밖에 없다. 결국 이들은 의류 공급업체 OEM/ODM에 "관세 부담을 나누어지자"며 납품 단가 인하 CR를 강력하게 요구하고 있다. 즉, OEM 업체들은 고객사와의 단가 협상 과정에서 관세의 상당 부분을 떠안아야 하는 구조적 마진 압박에 직면한 것이다.

이에 대한 생존 전략으로 생산 기지를 소비 시장인 미국과 지리적으로 가깝고 관세 혜택이 있는 중남미 지역으로 옮기는 '니어쇼어링 Nearshoring'이 급격히 확대되고 있다. 한세실업이 대표적인 사례다. 이 기업은 중미 과테말라에 원사 생산부터 원단 제조, 봉제에 이르는 완전한 수직계열화 공장을 구축하고 있다. 2026년 말까지 총 1억 7,000만 달러(약 2,300억 원)를 투자할 계획이며, 2025년 4분기부터 1단계 가동을 시작해 미국의 관세 장벽을 우회하고 납기 경쟁력을 확보하겠다는 전략이다.

3) 브랜드 기업

패션 의류 브랜드 기업은 제품의 라이프사이클이 짧다. 건강과 라이프스타일에 대한 관심이 커지면서 '운동'을 의미하는 애슬레틱^{Athletic}과 '여가'를 뜻하는 레저^{Leisure}를 합친 '에슬레저' 패션이 여성들 사이에서 선풍적인 인기를 끌었다. 결국 에슬레저 브랜드를 보유한 브랜드엑스코퍼레이션의 상장을 이끌기도 했다. 과거 중장년층의 전유물이었던 골프가 대중화되면서 3040세대에서 골프 의류 소비가 대폭 늘기도 했다. 또한 2024년을 기점으로 이러한 특정 유행보다는, 로고를 숨기는 '콰이어트 럭셔리^{Quiet Luxury}'나 기능성 아웃도어 의류를 일상복처럼 입는 '고프코어^{Gorpcore}' 등 개인의 취향을 반영한 스타일이 새로운 소비 트렌드로 자리 잡았다.

이처럼 의류 소비 행태는 소득수준 향상, 소비 트렌드의 변화 및 시대상, 또는 문화에 영향을 받는다. 브랜드 기업이 항상 기민하게 패션 트렌드를 살펴보고 소비자들의 니즈를 파악해야 하는 이유다. 또한 철 지난 패션 제품은 이월 상품으로 아웃렛 등에서 정가보다 크게 낮은 값에 판매된다. 이월 상품이 많을수록 브랜드 기업 입장에서는 수익성이 크게 악화될 수 있다.

패션 의류 수요는 계절성이 존재한다. 두껍고 비싼 옷이 많이 팔리는 겨울에 매출이 크게 늘어나는 경향이 있다. 한편 대다수 국내 브랜드 기업은 내수시장 중심이다. 다만 휠라홀딩스 등 몇몇 기업은 해외에서 두각을 나타내기도 한다. 해외 진출에 성공한 의류 브랜드 기업은 높은 밸류에이션을 받을 수 있기 때문에 잘 지켜보아야 한다. F&F의 주력 브랜드 MLB는 중국에서 스포츠 캐주얼 분야의 프리미엄 브랜드로 자리를 잡았다. 베이징, 상하이 같은 1선 도시를 넘어 2·3선 도시로 매장 수를 빠르게 확장했다.

패션 산업 투자 지표

실적 및 투자 지표: 2025년 3분기 연환산 기준
시가총액: 2025년 12월 23일 기준

단위: 억 원

종목코드	종목명	매출액	영업이익	순이익	PER	시가총액
111770	영원무역	39,012	3,828	4,467	8.6	38,196
383220	F&F	19,053	4,561	3,510	8.2	28,807
081660	미스토홀딩스	44,148	4,405	1,737	15.4	26,713
105630	한세실업	18,898	859	331	17.3	5,732
036620	감성코퍼레이션	2,363	381	305	18.1	5,521
093050	LF	18,441	1,165	820	6.6	5,453
004700	조광피혁	1,014	85	127	35.8	4,561
194370	제이에스코퍼레이션	12,876	1,300	747	5.4	4,022
001530	DI동일	6,249	8	−118	−33.9	4,005
031430	신세계인터내셔날	13,055	6	23	175.0	3,955
020000	한섬	14,637	459	356	10.3	3,675
472850	폰드그룹	4,470	519	346	9.4	3,247
241590	화승엔터프라이즈	16,526	622	55	57.0	3,114
481070	에이유브랜즈	488	88	79	38.9	3,080
003200	일신방직	5,268	105	250	11.9	2,985
035150	백산	5,242	663	453	6.1	2,753
001460	BYC	1,611	259	193	13.9	2,683
000680	LS네트웍스	21,054	414	−219	−11.9	2,597
000050	경방	4,048	429	436	5.8	2,547
006060	화승인더	18,775	1,039	222	9.6	2,127

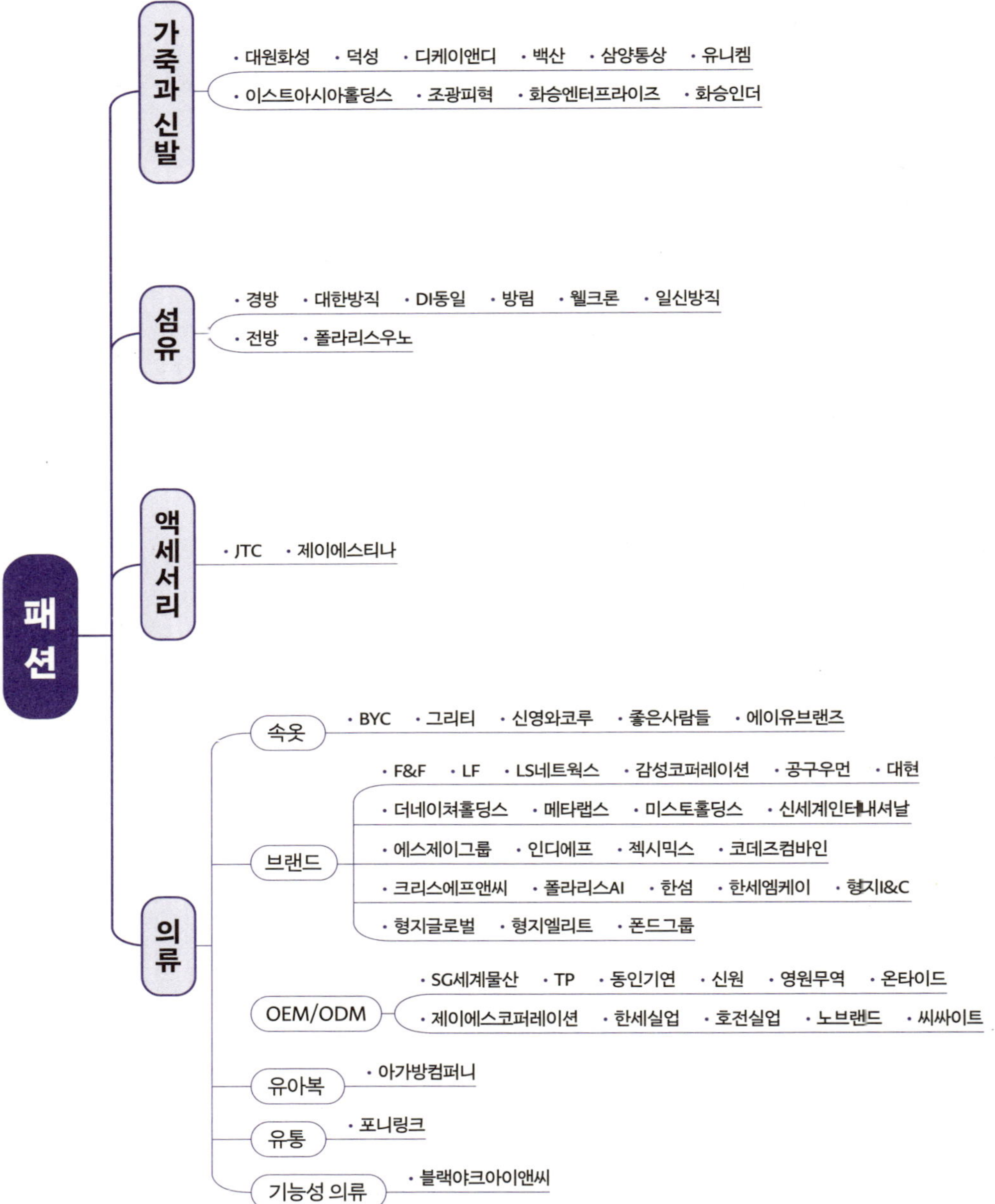

패션

가죽과 신발
· 대원화성　· 덕성　· 디케이앤디　· 백산　· 삼양통상　· 유니켐
· 이스트아시아홀딩스　· 조광피혁　· 화승엔터프라이즈　· 화승인더

섬유
· 경방　· 대한방직　· DI동일　· 방림　· 웰크론　· 일신방직
· 전방　· 폴라리스우노

액세서리
· JTC　· 제이에스티나

의류
속옷
· BYC　· 그리티　· 신영와코루　· 좋은사람들　· 에이유브랜즈

브랜드
· F&F　· LF　· LS네트웍스　· 감성코퍼레이션　· 공구우먼　· 대현
· 더네이쳐홀딩스　· 메타랩스　· 미스토홀딩스　· 신세계인터내셔날
· 에스제이그룹　· 인디에프　· 젝시믹스　· 코데즈컴바인
· 크리스에프앤씨　· 폴라리스AI　· 한섬　· 한세엠케이　· 형지I&C
· 형지글로벌　· 형지엘리트　· 폰드그룹

OEM/ODM
· SG세계물산　· TP　· 동인기연　· 신원　· 영원무역　· 온타이드
· 제이에스코퍼레이션　· 한세실업　· 호전실업　· 노브랜드　· 씨싸이트

유아복
· 아가방컴퍼니

유통
· 포니링크

기능성 의류
· 블랙야크아이앤씨

유통

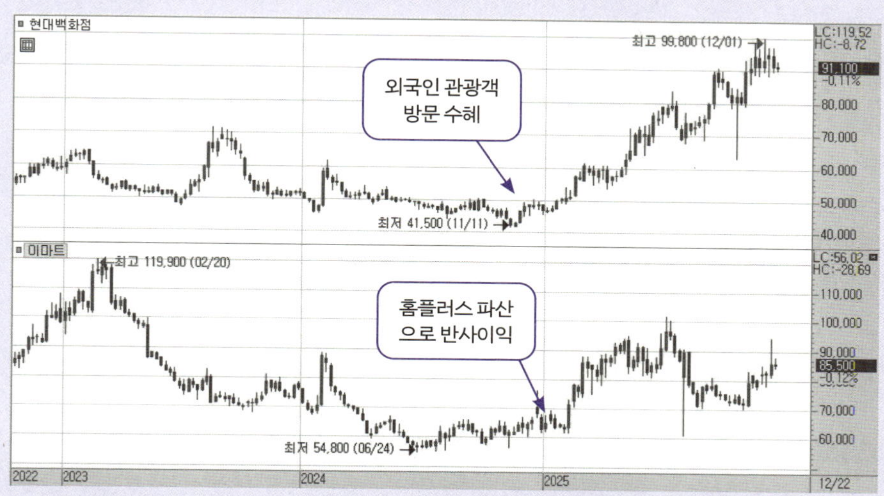

유통 산업은 크게 오프라인과 온라인으로 구분된다. 오프라인 쇼핑은 전통 유통 채널인 백화점, 할인점, 편의점이며, 온라인 쇼핑은 홈쇼핑을 포함한 온라인 쇼핑으로 구분된다. 형태는 다르지만 식자재 유통도 이 책에서는 유통 산업에 포함시켰다. 유통 산업에 속한 기업은 총 40곳으로 시가총액에서 차지하는 비중은 0.5%다.

2022년부터 시작된 고금리, 고물가 여파로 가계들의 소비 여력이 낮아지자 유통 기업들 주가도 정체되었다. 반면 온라인 쇼핑은 구조적인 성장을 보이며 뷰티, 패션 등 다양한 분야에서 선전하는 기업들도 심심치 않게 등장했다. 한편 방한 외국인 관광객들의 소비 트렌드 변화도 유통 업종에 큰 영향일 미쳤는데, 과거처럼 유커(중국인 단체 관광객)들이 면세점에서 화장품을 싹쓸이하던 모습은 사라졌다. 대신 개별 관광객들 중심으로 '더현대 서

울'이나 '신세계 강남'처럼 플래그십 백화점을 방문하는 관광객들이 늘었다. 이에 따라 현대백화점은 4만 원대에 불과했던 주가가 9만 원을 훌쩍 넘기기도 했다. 나머지 유통 기업들은 대부분 부진한 가운데 홈플러스가 파산 위기에 몰리면서 구조조정 기대감에 이마트가 상승하기도 했다.

1. 유통 산업의 개요와 특징

유통 산업에 속한 기업들은 생산자가 제조한 물건을 소비자들에게 판매하는 판매 창구다. 유통 산업은 크게 오프라인과 온라인 판매 채널로 구분할 수 있다. 오프라인 채널은 백화점, 할인점, 슈퍼마켓, 편의점, 면세점이 대표적이다. 채널에 따라 취급하는 품목도 다르며 경기에 따른 영향 역시 다르게 나타난다.

오프라인 쇼핑 시장은 성숙기에 접어들었다. 이에 따라 신세계, 롯데, 현대, GS 등 몇몇 대기업들이 시장을 과점하고 있다. 백화점, 할인점, 면세점, 편의점 등 모든 업태에서 이들 대기업들이 경쟁하고 있다. 다만 온라인 쇼핑 시장은 네이버, 쿠팡 등 기존 강자에 더해 최근에는 알리익스프레스, 테무 등 중국계 이커머스(C-커머스) 플랫폼이 초저가를 무기로 빠르게 침투하면서 경쟁이 더욱 격화되는 양상이다.

유통 산업은 내수 중심이다. 과거 신세계, 롯데 등이 중국 시장에 진출했지만 부진을 면치 못했다. 현재 국내 오프라인 유통 대기업들은 베트남, 인도네시아 등 동남아 시장 진출에 집중하고 있지만 아직 이렇다 할 성과는 내지 못하고 있는 상황이다.

2. 유통 채널별 성장성

2020년 코로나19 팬데믹 영향으로 업태별 업황은 극명하게 갈렸다. 사회적 거리 두기, 외국인 입국 제한으로 백화점과 면세점 매출은 직격탄을 맞았지만 주로 필수소비재를 판매하는 할인점, 마트 매출은 늘었다. 특히 특정 시간 이후 식당들의 영업 제한이 잦아지면서 마트를 방문하는 소비자가 늘었다.

그러나 본격적인 리오프닝이 시작되며 상황은 재역전되었다. 산업통상자원부의 '주요 유통업체 매출 동향'에 따르면, 2024년을 거쳐 2025년에 들어서도 백화점은 명품과 체험형 콘텐츠를 앞세워 견조한 성장을 이어간 반면, 호황을 누렸던 대형마트와 슈퍼마켓은 온라인 및 C-커머스와의 경쟁 심화로 역성장을 기록하는 등 고전하고 있다. 면세점 매출은 2023년 하반기 중국인 단체 관광객 입국 허용으로 일부 기대를 모았으나, 달라진 중국인들의 소비 패턴(단체 쇼핑 감소, 개인화·체험형 소비 증가)과 따이공(보따리상) 시장 위축의 영향으로, 2025년 현재까지도 팬데믹 이전 수준을 회복하지 못하고 있다.

반면 업황에 상관없이 꾸준히 성장하는 채널이 있다. 바로 온라인 쇼핑이다. 통계청 자료 기준 온라인 쇼핑 거래액은 2024년 약 227조 원을 기록하며 성장세를 이어갔다. 온라인 쇼핑은 인터넷과 모바일로 구분되는데, 이 중 모바일 쇼핑 거래액의 성장세가 더욱 가파르다. 스마트폰의 대중화와 맞물려 네이버, 쿠팡 등 공룡 이커머스 기업들의 성장세가 지속되었으나, 2024년부

단위: 조 원

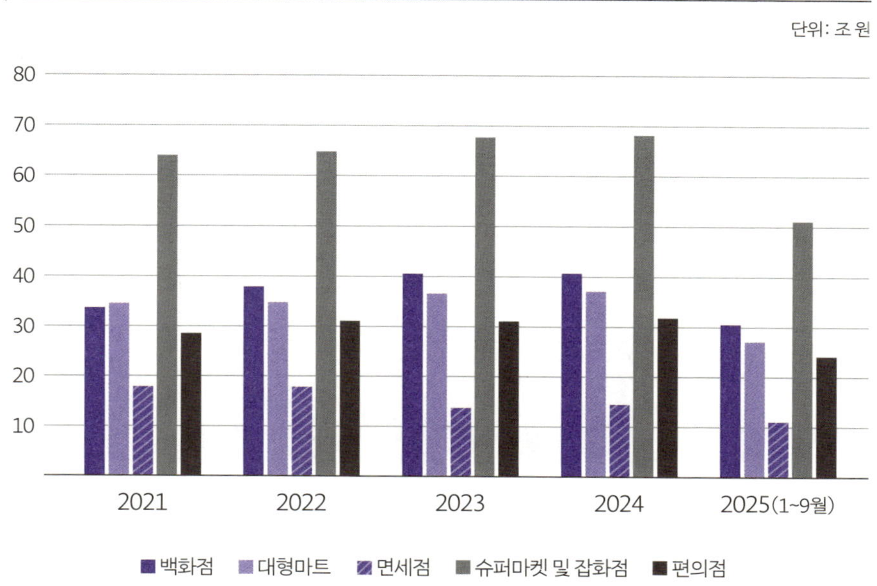

출처: 통계청

터 본격화된 알리익스프레스, 테무 등 중국계 플랫폼의 초저가 공세로 향후 시장 판도 변화는 불가피할 전망이다. 리오프닝 등으로 성장률은 다소 둔화 되었지만, 여전히 전체 판매 채널 중에서도 비교적 빠르게 성장하고 있다.

그러나 비오프라인 점포라고 해서 다 호황을 누리는 것은 아니다. TV가 주 요 판매 채널인 홈쇼핑의 상황은 심각하다. TV홈쇼핑협회의 '2024년도 TV 홈쇼핑 산업 현황'에 따르면, 전체 취급고(거래 총액)는 2020년 코로나19 팬데 믹 특수로 약 21조 6,313억 원을 기록해 전년 대비 5.8% 성장하며 정점을 찍 었다. 그러나 2021년에는 약 21조 9,771억 원으로 1.6% 성장에 그치며 둔화 세가 시작되었고, 2022년에는 약 21조 7,776억 원(-0.9%)으로 역성장 전환했 다. 문제는 하락 폭이 더욱 가팔라지고 있다는 점이다. 2023년에는 전년 대 비 7.1% 급감한 약 20조 2,286억 원을 기록했고, 2024년에는 3.6% 추가 하

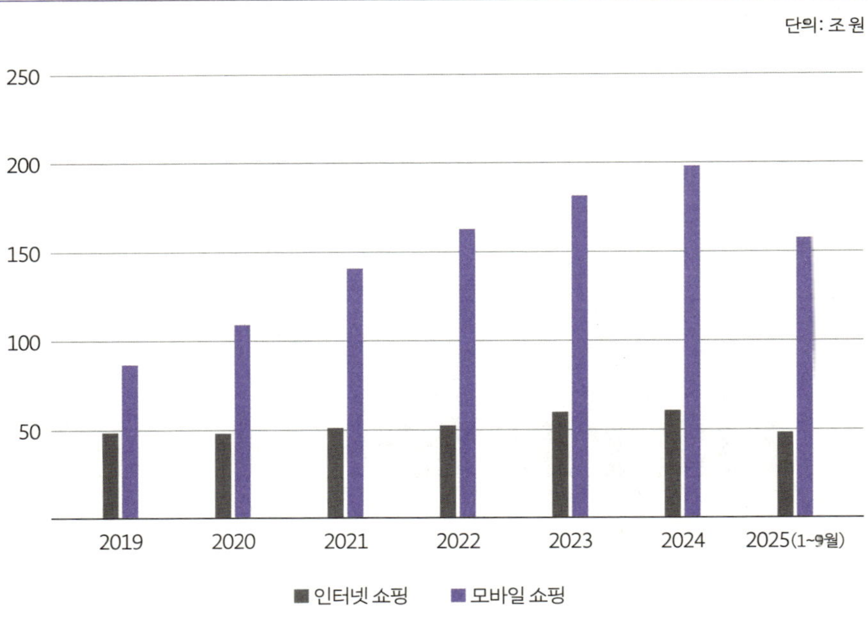

락하며 약 19조 4,999억 원에 머물렀다. 업계의 심리적 저지선이었던 '최급고 20조 원' 시대가 완전히 막을 내린 것이다. 이는 스마트폰과 같은 TV 대체 하드웨어가 보편화되고, 유튜브와 OTT 플랫폼이 주류 미디어로 완전히 자리 잡으면서 TV 시청 시간이 구조적으로 감소한 탓이다.

3. 유통 산업의 투자 포인트

1) 백화점: 체험형 소비 공간으로 변모

2025년 본격화된 금리 인하 사이클은 자산 가격 반등을 이끌었고, 이에 따른 '부의 효과 Wealth Effect'는 고소득층의 소비 심리를 자극하고 있다. 이는 백화점

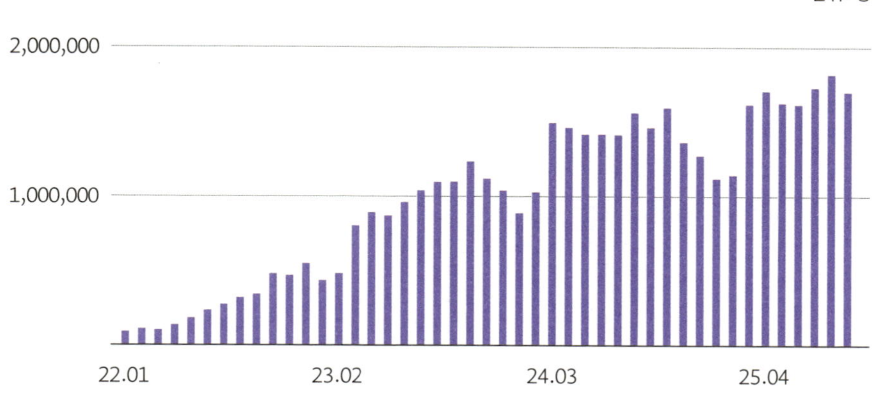

매출의 핵심인 명품, 럭셔리 브랜드, 그리고 프리미엄 체험형 소비의 확대로 이어지며 실적 성장을 견인할 것으로 전망된다.

투자자가 주목해야 할 구조적 변화는 외국인 관광객의 소비 패턴이다. 과거 유커(중국인 단체 관광객)들이 면세점에서 화장품을 싹쓸이하던 모습은 사라졌다. 대신 K-팝 아티스트와 '오징어 게임' 등 K-콘텐츠의 글로벌 흥행에 힘입어 한국을 찾은 개별 관광객[FIT]들이 그 수혜를 백화점으로 옮겨오고 있다. 특히 '더현대 서울'이나 '신세계 강남'처럼 복합 문화 공간으로 진화한 플래그십 백화점들은 단순한 쇼핑 공간을 넘어 한국의 트렌드를 체험하는 필수 관광 코스로 자리 잡았다. 외국인들이 백화점에 머무는 체류 시간이 길어지고 구매 품목이 K-패션, F&B로 다양해지면서, 백화점은 내수 소비 둔화를 방어하는 새로운 성장 동력을 확보했다.

2) 대형마트: 구조조정과 창고형 매장 확대

점포 효율화, 창고형 매장(트레이더스 등) 확대, 온라인 연계 전략(옴니채널)에 집중하는 기업이 유리하다. 단순 상품 판매를 넘어 식품 제조·가공·배달을 아우르는 생활 플랫폼으로 변모하고, 즉석조리/F&B 특화 등 지역밀착형 서비스를 강화하는 추세다. 홈플러스가 재무 부담 증가 및 구조조정 장기화에 따라 이마트 등 경쟁 업체가 반사 수혜를 얻을 가능성이 있다.

3) 편의점: 다양한 상품과 서비스 제공

업태는 다르지만 편의점의 상황도 백화점, 할인점과 유사하다. 한국편의점산업협회와 증권가 리포트를 종합하면 2024년 기준 우리나라의 편의점 점포당 인구수는 1,100명 선까지 낮아져, 우리보다 앞서 편의점 산업이 발달했던 일본의 점포당 인구수 2,200명대에 비해 포화도가 훨씬 심각한 수준이다. 편의점 기업 간 출점 제한 자율규약이 시행된 것도 점포 수 확대에 제약을 두기 위한 조치다.

이에 따라 편의점 기업들은 다양한 서비스를 선보이며 점포당 매출을 늘리는 데 집중하고 있다. 최근에는 '런치플레이션'(점심+인플레이션) 심화로 '편도족'(편의점 도시락족)이 늘면서 도시락과 김밥 등 간편식품 경쟁이 더욱 치열해졌다. 편의점 카페, 택배 서비스 및 배달까지 영역을 넓히는 것은 기본이 되었다.

자체 PB상품 경쟁도 치열하다. GS25는 '점보라면' 시리즈나 '혜자로운 집밥' 시리즈를 연이어 히트시키며 SNS를 중심으로 화제를 만들고 있고, CU는 '연세우유 크림빵' 시리즈를 스테디셀러로 안착시키는 한편, 최근에는 주류업체와 협업한 'RTD 하이볼'을 단독 출시하며 주류 시장의 트렌드를 이끌고 있다.

최근에는 탈편의점 서비스들이 가속화되고 있다. BGF리테일의 CU는 이동형 집을 판매하기도 했으며, 롯데가 보유한 세븐일레븐은 롯데하이마트와 제휴해 '홈케어 서비스'를 도입했다. 고객의 가정을 방문해 가전, 침구 등을 관리해 주는 종합 관리 서비스다. GS25는 일부 편의점에서 구찌, 버버리 등 명품을 판매하는 서비스를 선보였다. 이러한 시도들은 편의점이 단순 소매점을 넘어 '생활 밀착형 종합 플랫폼'으로 진화하고 있음을 보여준다.

4) 홈쇼핑: 온라인 쇼핑 비중 확대

홈쇼핑은 TV에서 판매가 이루어지는 만큼, 특정 채널에 입점해야만 영업 활동을 할 수 있다. 홈쇼핑 기업들은 좋은 채널에 입점하기 위해 매년 IPTV 등 유료 방송 사업자에게 송출수수료를 지급하는데 일종의 채널 임대료인 셈이다. 스마트폰의 등장과 OTT, 유튜브 등 뉴미디어의 활성화로 TV 시청시간은 지속해서 줄어들고 있다. 홈쇼핑 기업들의 TV 취급고도 정체된 지 오래다. 그러나 홈쇼핑 사업들의 알짜 채널 선점 경쟁은 더욱 격해지면서 유료 방송 사업자들에게 지불하는 송출수수료는 높아지는 형국이다. 과학기술정보통신부 자료에 따르면, 2024년 홈쇼핑사들의 송출수수료 총액은 2조 원을 넘어서며 매출액 대비 비중이 60%를 돌파하는 등 수익성 압박이 역대 최고 수준에 달했다.

이에 따라 홈쇼핑 기업들은 TV 채널 의존도를 낮추고자 자사의 인터넷 쇼핑몰과 '라이브 커머스Live commerce'에 집중하고 있다. 라이브 커머스란 라이브 스트리밍Live streaming과 커머스Commerce의 합성어로, 실시간으로 쇼 호스트가 제품을 설명하고 판매한다는 점에서 TV 홈쇼핑과 유사하다. 하지만 모바일 환경에서 진행되며, 실시간으로 소비자들이 직접 참여해 궁금한 부분을 물어보며 판매 채널과 고객이 직접 소통한다는 큰 차이가 있다. 실제 홈쇼핑 기업들의 온라인 매출 비중이 늘면서 TV 취급고 비중은 꾸준히 낮아지고 있다. 이밖에 홈쇼핑 기업 스스로 PB 상품을 개발해 판매하는 전략도 펼치고 있다.

5) 면세점: 외래관광객 증가

면세점은 여타 오프라인 유통 채널과 여러모로 다르다. 가장 큰 차이점은 주요 고객층이 내국인이 아닌 외국인이라는 점이다. 한국면세점협회에 따르면 2025년 기준 매출액의 약 81.6%는 외국인에게서 창출되었다. 내국인 매출이 외국인에 비해 매우 적은 이유는 내국인 면세점 구매 한도에 있었다. 해외로 출국하는 내국인은 5,000달러 한도로 면세점에서 물품을 구매할 수 있었으나, 2022년 3월 이 한도가 폐지되었다. 다만 800달러(2022년 9월 상향)인 면세 한도는 그대로 유지되다 보니(800달러를 넘어선 금액에 대해서는 세금을 니야 한다) 구매 유인책이 크다고 볼 순 없다. 따라서 면세점의 실적은 외국인 방문객이 얼마나 늘어나는지가 중요하다.

매년 고공행진을 거듭하던 외국인 면세점 방문객은 2016년부터 불거진 '사드' 배치 이수로 중국 관광객의 발길이 끊기면서 정체기를 맞았다. 그러나 1인당 구매 금액은 더욱 성장하면서 면세점 매출은 2019년까지 꾸준히 늘었다. 2020년 본격화된 코로나19 팬데믹으로 외국인들의 발길이 끊기자 면세점 매출은 대폭 줄었다. 2022년부턴 서서히 하늘길이 열리면서 면세점 매출이 회복되기 시작했다. 특히 2023년 8월 중국인 단체 관광객이 허용되면서 완전한 회복에 대한 기대감이 컸다.

그러나 2025년 현재, 그 기대감은 상당 부분 실망으로 바뀌었다. 한국관광공사 통계에 따르면 중국인 관광객 수는 팬데믹 이전의 50~60% 수준 회복에 그치고 있으며, 과거처럼 화장품을 대량 구매하던 단체 관광객 대신 자유여행객FIT 비중이 늘면서 1인당 구매액도 크게 감소했다. 한국을 찾는 중국인 관광객은 개별 자유 여행객(싼커)이 주를 이루고 있음. 이들은 과거처럼 면세점에서 고가 명품이나 화장품을 대량으로 구매하기보다, 체험, K-컬처, 국내 인디 브랜드 등을 선호하며 개별적인 쇼핑에 집중. 명품 등 고가 소비는 여전히 존재하지만, 외국인 인바운드 수혜 채널이 면세점에서 백화점으로 이등하는 추세가 강해지고 있는 것도 원인이다. 결국 '큰 손'이었던 따이공(보따리상) 시장의 구조적 위축과 맞물려, 면세점 업계는 중국인 외 일본, 동남아 관광객 유치 및 개별 럭셔리 브랜드 강화 등 새로운 생존 전략을 모색하고 있다.

　면세점에는 사전면세점과 사후면세점이 있다. 사전면세점은 공항에서 접할 수 있는, 우리가 잘 아는 면세점이다. 사전면세점에서는 세금 없이 제품을 구매할 수 있다. 사후 면세 제도는 한국을 방문한 외국인 관광객들이 여행 중에 사후면세점에서 3만 원 이상 물품을 구매 후 3개월 이내 출국 시 이를 개별 수출로 간주해 내국세(부가가치세, 개별소비세 등)를 공항 등에서 환급해 주는 개념이다. 사후면세점은 관할 세무서에 신고를 통해 등록하는 것으로 소상공인도 영업이 가능하다.

　2025년 현재 전국의 사후면세점은 약 1만여 개로, 팬데믹을 거치며 일부 감소한 모습을 보이고 있다. 증시에는 사후면세점 사업자가 있는데, 이들은 공항이나 항만 또는 시내 곳곳에 설치된 환급창구에서 사후면세점에서 구입

연도별 한국 면세점 매출액

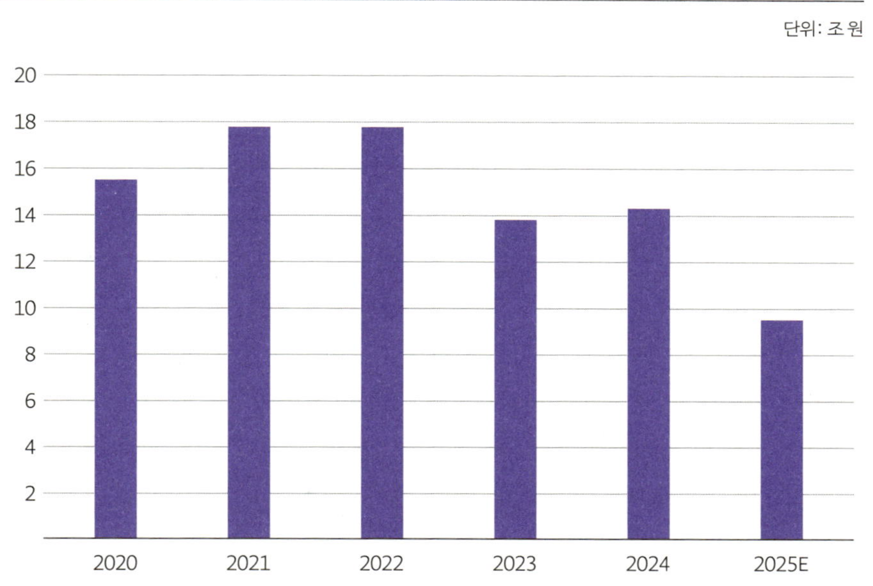

출처: 한국면세점협회

한 물건에 대해 부가가치세를 환급해 주고 수수료를 받고 있다.

6) 온라인 쇼핑: 풀필먼트, 크로스 보더 이커머스

네이버, 쿠팡, 11번가 등이 단순 상품을 나열·판매하는 1세대 이커머스 기업이라면 신선식품 새벽배송의 강자 마켓컬리, 온라인 최대 패션 스토어 무신사는 특정 품목에 집중하는 2세대 이커머스 기업이다. 특정 카테고리 내 전문 큐레이션 서비스 수요가 강화되면서 이커머스 산업은 1세대에서 2세대로 진화하고 있다. 그러나 2024년부터 알리익스프레스, 테무 등 중국계 플랫폼(C-커머스)이 '초저가'를 무기로 국내 시장을 공습하면서, 이제 시장은 '속도·편의성(쿠팡, 네이버)', '큐레이션·브랜드(무신사, 컬리)', '가격(C-커머스)'이라는 세 개의 축을 중심으로 재편되는 양상이다. 투자자 관점에서는 어떤 비즈니스 모델이 가장 강력한 '경제적 해자Economic Moat'를 구축하고 있는지 판단하는 것이 핵심 과제가 되었다.

서비스 고도화를 위해 이커머스 기업들이 집중하고 있는 것 중 대표적으로 마이크로 풀필먼트Micro fulfillment 서비스가 있다. 마이크로 풀필먼트란 직역하면 소형 물류센터이지만, 실제로는 그 이상의 의미를 갖는다. 주로 도심에 위치하며 재고관리부터 피킹, 포장, 출하, 배송까지 일련의 물류 프로세스를 수행한다. 기존 대형 물류창고는 도심 외곽에 위치해 있어 빠른 배송이 불가능했다. 또한 대량 배송으로 소비자 만족보다는 원가절감이 핵심이었다. 그러나 마이크로 풀필먼트는 빠른 배송이 가능하며 고객이 주문한 옵션에 따라 맞춤형 상품 공급이 가능하다. 네이버는 배송 경쟁력을 키우기 위해 CJ대한통운과 지분 교환을 실시하는 등 물류 대기업과 협력하고 있으며, 파스토 등 수많은 물류 스타트업과 마이크로 풀필먼트 생태계를 구축해 물류 자산을 직접 소유하지 않으면서 효율을 높이는 '4자 물류4PL' 모델을 추구하고 있다. 반면 쿠팡은 수십조 원을 투자한 자체 풀필먼트망(로켓배송)을 기반으로 마이크로 풀필먼트에서 편의점이나 슈퍼마켓을 대신해 물품을 배달해 주는 퀵커머스 사업을 시작했으며, 최근에는 물류망 최적화와 멤버십 강화를 통해 흑자 기조를 유지하는 데 성공하며 '규모의 경제'가 수익으로 연결될 수 있음을 증명하고 있다.

국경과 국경을 넘나드는 크로스 보더 이커머스^{Cross border E-Commerce, CBEC} 시장은 이커머스 기업들의 차세대 먹거리이자, 동시에 가장 큰 위협이다. CBEC란 쉽게 말하면 해외 제품 직구 서비스, 국내 제품을 해외에 판매하는 역직구 서비스다. 과거 CBEC는 명품 직구 플랫폼처럼 특정 수요에 집중했지만, C-커머스의 등장은 '인바운드 직구'의 판도를 완전히 바꾸었다. 이는 국내 중저가 공산품을 판매하는 온라인 플랫폼들에는 직접적인 위협 요인으로 작용하고 있다.

반면 K-콘텐츠의 인기에 힘입어 화장품, 패션, 음반 등을 해외에 판매하는 '역직구'는 여전히 높은 성장 잠재력을 지닌 기회의 영역이다. 네이버와 소프트뱅크가 합작한 LY코퍼레이션(구 Z홀딩스)의 일본 야후 쇼핑 및 라인 기반 서비스는 동남아 시장 공략의 핵심 교두보로, 네이버의 장기적인 CBEC 전략의 성패를 가늠할 중요한 잣대가 될 것이다.

실적 및 투자 지표: 2025년 3분기 연환산 기준
시가총액: 2025년 12월 23일 기준

유통 산업 투자 지표

단위: 억 원

종목코드	종목명	매출액	영업이익	순이익	PER	시가총액
004170	신세계	68,170	4,110	377	64.2	24,209
139480	이마트	289,084	2,553	-3,072	-7.7	23,539
023530	롯데쇼핑	136,936	4,666	-10,382	-2.0	21,217
069960	현대백화점	43,639	3,798	1,783	11.5	20,547
282330	BGF리테일	89,853	2,413	1,889	10.0	18,978
007070	GS리테일	119,014	2,534	846	21.1	17,892
005440	현대지에프홀딩스	81,473	2,637	5,339	2.5	13,439
042000	카페24	3,146	402	372	20.1	7,458
057050	현대홈쇼핑	37,669	1,210	829	8.0	6,672
453340	현대그린푸드	23,067	1,023	841	6.3	5,284
051500	CJ프레시웨이	34,333	969	572	5.8	3,330
204620	글로벌텍스프리	1,620	280	230	14.3	3,303
452260	한화갤러리아	5,569	25	-355	-8.0	2,850
036030	케이티알파	3,932	431	412	6.8	2,814

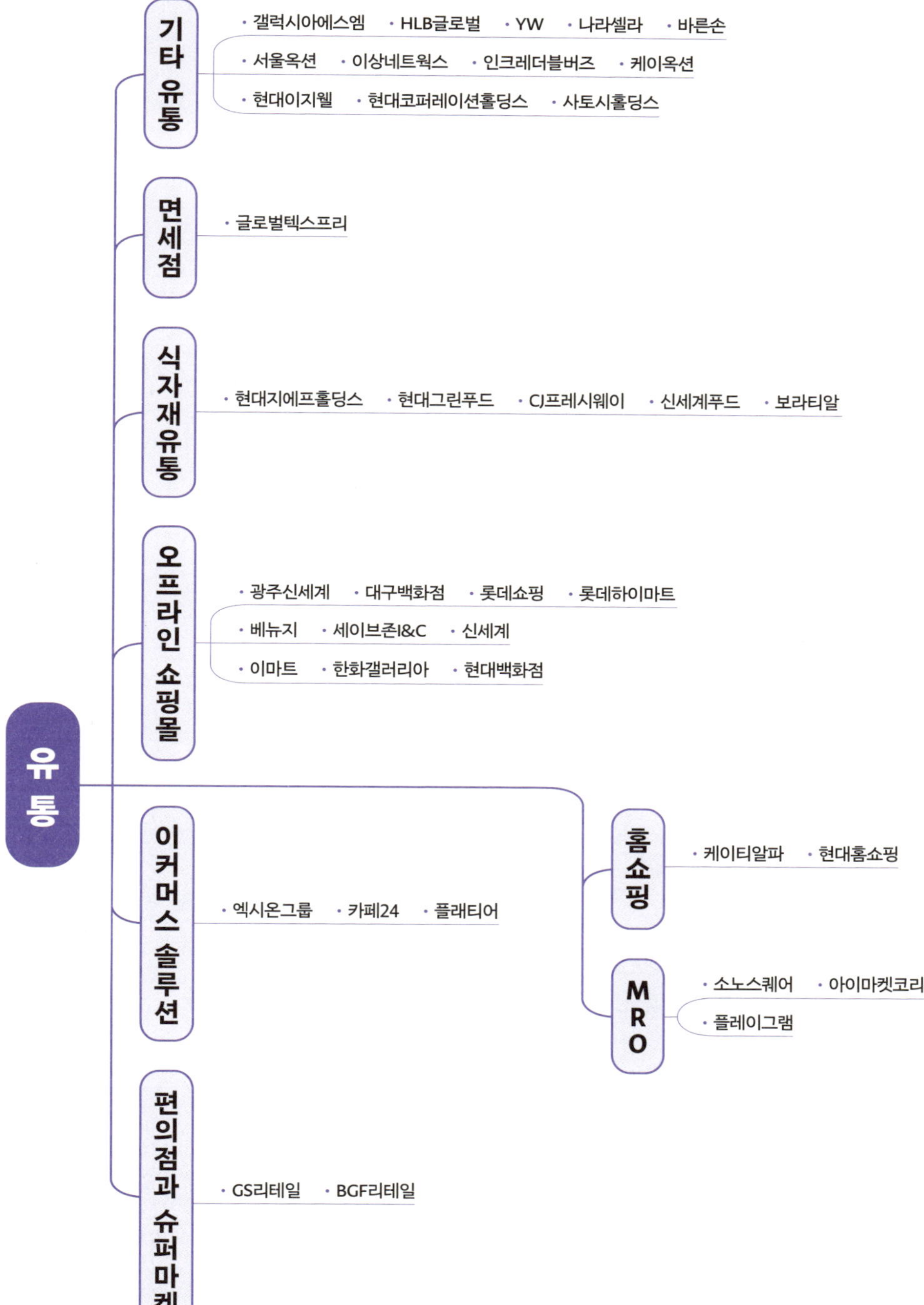

유 통

기타 유통
· 갤럭시아에스엠　· HLB글로벌　· YW　· 나라셀라　· 바른손
· 서울옥션　· 이상네트웍스　· 인크레더블버즈　· 케이옥션
· 현대이지웰　· 현대코퍼레이션홀딩스　· 사토시홀딩스

면세점
· 글로벌텍스프리

식자재유통
· 현대지에프홀딩스　· 현대그린푸드　· CJ프레시웨이　· 신세계푸드　· 보라티알

오프라인 쇼핑몰
· 광주신세계　· 대구백화점　· 롯데쇼핑　· 롯데하이마트
· 베뉴지　· 세이브존I&C　· 신세계
· 이마트　· 한화갤러리아　· 현대백화점

이커머스 솔루션
· 엑시온그룹　· 카페24　· 플래티어

편의점과 슈퍼마켓
· GS리테일　· BGF리테일

홈쇼핑
· 케이티알파　· 현대홈쇼핑

MRO
· 소노스퀘어　· 아이마켓코리
· 플레이그램

화장품

화장품은 인체를 청결하게 하거나 아름답게 가꾸고 피부 또는 모발의 건강을 유지하기 위해 인체에 바르고 문지르는 제품이다. 우리나라 화장품의 역사를 거슬러 올라가다 보면 삼국시대 때부터 이미 미의식이 형성되어 화장술이 발달한 것을 알 수 있다. 고려 시대에는 머리 치장에 사용되는 향유가 수출되기도 했다. 그 유명한 단옷날 '창포물에 머리 감기' 풍속도 창포의 약효를 활용해 모발과 두피를 건강하게 만드는 화장술이라고 볼 수 있다. 화장품 산업에 속한 기업은 62곳으로 시가총액에서 차지하는 비중은 1%다.

한한령 이후 중국 시장에서 점유율이 축소된 화장품 업종은 북미 등 새로운 시장을 개척, 전화위복의 신호탄을 쏘았다. 특히 오징어게임, BTS 등 K콘텐츠에 힘입어 K뷰티 산업도 세계 곳곳에서 소비자들의 마음을 사로잡았다. 2024년 대미 화장품 수출액은 17억 달

러를 돌파, 전년 대비 54% 증가했으며, 북미 시장이 K뷰티의 최대 시장으로 올라섰다. 중동과 동남아, 유럽 역시 중국의 빈자리를 대신했다. 2025년엔 이런 흐름이 더욱 구체화되었는데, 미국에선 울타 뷰티, 코스트코 등 대형 오프라인 유통망에 한국 화장품 브랜드가 입점했으며 유럽 주요 백화점에서도 K-뷰티 제품이 모습을 드러냈다. 또한 화장품은 미국과의 상호관세에서도 상대적으로 자유로운 품목으로 증시에서 대안주로 평가받기도 했다. 한편 화장품 산업의 체질이 변하면서 기업별로 주가 차별화도 심화되었다. 북미 시장을 성공적으로 개척한 에이피알, 파마리서치 등은 주가가 폭발적으로 올랐지만 전통 브랜드였던 LG생활건강, 아모레퍼시픽은 오히려 조정을 받거나 소외된 모습을 보였다.

화장품

1. 화장품 산업의 특징

화장품 산업은 음식료 산업과 마찬가지로 경기의 영향을 덜 받는 특징이 있다. 지속적으로 쓰는 소모성 제품이기 때문에 화장품 기업들의 실적도 안정적인 편이다. 화장품 기업은 사업 형태에 따라 브랜드 기업과 OEM, ODM 등 제조 기업으로 구분된다. 브랜드는 고가 표방하는 고가 브랜드와 매스^{Mass} 타깃의 중저가 브랜드로 나뉜다. 고가 브랜드의 경우 소비자 충성도가 높아 중저가 브랜드에 비해 상대적으로 경기의 영향을 덜 받는다. 화장품 브랜드 시장은 진입장벽이 매우 낮은 편이다. 생산 및 제조는 OEM, ODM 기업에 맡기고 브랜드 기업은 판매와 마케팅에 집중하면 되기 때문이다.

화장품 브랜드 수가 많고 매년 증가하는 이유는 유행에 민감한 산업 특성 때문이다. 특히 빨라진 트렌드 변화를 인지하고 이에 걸맞은 제품을 출시하는 인디 뷰티 브랜드의 활약이 점차 커지는 추세다. 화장품 유통 채널에서 온라인 비중이 확대된 점도 인디 뷰티 브랜드 강세의 주요 요인으로 작용한다. 화장품 시장의 패러다임이 대기업 중심에서 중소 인디 뷰티 브랜드로 변화되는 과정에서 브랜드 기업보다는 OEM, ODM 기업의 투자 매력이 올라가고 있다. 이들 제조사는 소수의 대기업에 의존하는 대신, 틱톡 등 소셜미디어에서 인기를 끄는 다수의 중소 인디 브랜드를 고객사로 확보하며 안정적인 성장을 구가하고 있기 때문이다. 특히 인디 브랜드가 미국, 일본, 동남아 등 신규 시장으로 수출을 확대하면서 OEM, ODM 기업들의 실적이 동반 성장하는 구조가 형성되었다.

화장품 산업은 수출 주도형 산업이다. 과거에는 중국이 최대 수출국이었으나, 2022년을 기점으로 C-뷰티(중국 로컬 브랜드)의 부상과 사드 사태 이후 지속된 한한령의 영향으로 대중국 수출은 구조적인 감소세로 돌아섰다. 이로 인해 아모레퍼시픽, LG생활건강 등 중국 의존도가 높았던 대기업들은 큰 어려움을 겪었다. 그러나 대한화장품산업연구원 및 관세청 통계에 따르면, 2024년 화장품 수출액은 약 85억 달러를 기록하며 다시 성장세로 전환했는데, 이는 미국, 일본, 베트남 등 비중국가로의 수출이 폭발적으로 증가한 덕분이다. 2024년에는 처음으로 미국이 중국을 제치고 K-뷰티 수출국 1위에 오르기도 했다. 이는 K-뷰티의 성장 동력이 중국에서 비중국으로 성공적으로 전환되고 있음을 보여주는 중요한 시그널이다.

화장품은 용도에 따라 크게 기초 화장품과 색조 화장품으로 구분된다. 기초 화장품은 말 그대로 화장의 기초가 되는 화장품이다. 메이크업을 효과적으로 하기 위해 바르는 스킨, 로션 등 보습 제품, 아이크림, 마스크팩 등이 이에 해당한다. 넓은 의미에서 자외선 차단제인 선크림과 화장을 지우기 위한 클렌저도 여기에 포함된다. 색조 화장품은 피부색, 피부 굴곡을 보정하거나 피부에 직접 색을 입히는 화장품을 말한다. 베이스 메이크업, 아이 및 립 메이크업 제품 등이 이에 해당한다.

유로모니터인터내셔널에 따르면 시장 규모는 기초 화장품이 70%, 색조 화장품이 30% 정도다. 단, 지역별로 기초 화장품과 색조 화장품 시장 규모가 다른데, 아시아-태평양 지역은 기초 화장품 비중이 압도적으로 높으나, 북미와 유럽 등 서구권은 상대적으로 색조와 향수 시장의 비중이 큰 편이다. 유럽은 색조 화장품 시장 규모가 전체의 약 20%대인 반면, 중동과 아프리카는 색조 화장품 시장 규모가 한 자릿수에 불과하다. 지역마다 화장품 종류별 시장 규모가 다른 것은 계절 및 문화적·종교적 특징에 기인한다.

화장품 판매 채널은 크게 오프라인과 온라인으로 구분된다. 과거 오프라인 채널에서는 면세점의 비중이 절대적이었다. 이는 중국인 단체 관광객이 한국 화장품의 주 소비층이었기 때문이다. 사드[THAAD] 사태 이전만 하더라도 중국인 단체 관광객을 태운 관광버스가 면세점 앞에 장사진을 이루는 풍경은 일상이었다. 그러나 2017년 이후 중국인 단체 관광이 중단되고, 팬데믹을 거치며 '따이공(보따리상)'들의 활동이 구조적으로 감소하면서 면세점의 위상은 급격히 축소되었다.

2025년 현재, 그 빈자리는 개별 관광객을 타깃으로 한 H&B[Health & Beauty] 스토어와 로드숍이 대체하고 있다. 특히 CJ올리브영은 단순한 유통 채널을 넘어 'K-뷰티의 성지'이자 중소 인디 브랜드의 '글로벌 등용문'으로 확고히 자리 잡았다. 명동, 성수 등 주요 관광지의 올리브영 매장은 방한 외국인들의 필수 방문 코스가 되었으며, 이곳에서 발굴된 인디 브랜드들이 대기업 브랜드를 제치고 수출 역군으로 성장하는 구조가 정착되었다.

주목할 점은 오프라인과 온라인 채널의 강력한 연결고리다. 한국 여행 중 올리브영과 같은 오프라인 매장에서 K-뷰티 제품을 처음 접하고 구매한 외국인들이 본국으로 돌아가 아마존[Amazon], 쇼피[Shopee] 등 글로벌 이커머스 플랫폼을 통해 해당 제품을 '재구매'하는 선순환 구조가 만들어졌다. 즉, 방한 관광은 거대한 '체험 마케팅'의 장이 되고, 이것이 온라인 역직구(수출) 실적 폭발로 이어지는 메커니즘이다. 따라서 투자자는 단순히 특정 채널의 매출액을 넘어, 오프라인의 체험이 온라인의 반복 구매로 이어지는 'O2O Online to Offline 락인 효과'를 구축한 브랜드에 주목해야 한다.

2. 화장품 산업의 성장성

통계청에 따르면 화장품 수출 금액은 2021년 92억 2,000만 달러를 기록하며 꾸준한 성장세를 보였다. 그러나 2022년에는 최대 수출 시장이었던 중국에서의 수요 감소로 인해 수출액이 79억 8,000만 달러로 하락하는 부침을 겪었다. 하지만 이후 중국 외 지역으로 수출 시장이 다변화되면서, 2024년에는 102억 달러를 기록해 사상 최대치를 경신했다. 이러한 흐름은 2025년에도 이어지고 있다. 2025년 9월 누적 기준 화장품 수출 금액은 이미 85억 2,000만 달러에 달해, 연간 기준으로 또다시 사상 최대 실적을 갈아치울 것으로 전망된다. 특히 주목할 점은 시장의 판도 변화다. 9월 누적 기준 대미對美 수출액이 17억 달러를 기록하며 중국(16억 달러)을 제치고 미국이 K-뷰티의 최대 수출 시장으로 부상했다.

　향후 성장 전망 또한 밝다. KB증권은 2024년부터 2029년까지 K-뷰티 수출액이 연평균 14.9% 성장할 것으로 내다봤다. 이는 시장조사기관 그랜드뷰 리서치가 제시한 동기간 글로벌 화장품 시장의 연평균 성장률 전망치인 6%를 크게 상회하는 수준이다.

　K-뷰티 수출 시장의 전망이 밝은 근본적인 이유는 소비자들이 피부 관리를 단순한 미용이 아닌 '건강 관리의 연장선'으로 인식하기 때문이다. 이에 따라 효능이 확실한 기능성 스킨케어 제품을 선호하는 경향이 뚜렷해지고 있다. K-뷰티는 혁신적인 제형과 트렌디한 성분의 조합, 그리고 문제 해결 중심

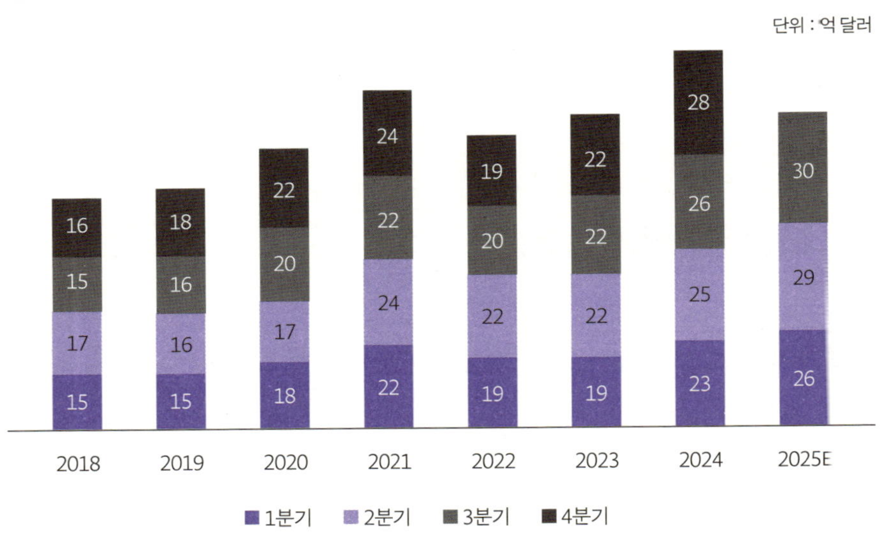

의 기능성을 강조하며 이러한 글로벌 수요를 완벽히 충족시키고 있다. 게다가 서구권 브랜드에 비해 합리적인 가격 경쟁력까지 갖추고 있어, 경제성과 품질이라는 두 마리 토끼를 동시에 잡았다는 평가를 받는다.

수출 시장의 주역은 대기업이 아닌 '인디 브랜드'들이다. 이들의 약진 배경에는 유튜브, 틱톡, 인스타그램 등 SNS를 활용한 마케팅 전략이 자리 잡고 있다. 실제로 APEC 정상회의 당시 미국 백악관 대변인 캐롤라인 레빗이 올리브영을 방문해 다수의 K-뷰티 제품을 구매하고 이를 인스타그램에 인증한 사례는 K-뷰티의 글로벌 위상을 보여주는 단적인 예다. 이처럼 K-뷰티 브랜드들은 세계적인 수준의 디지털 마케팅 역량을 보유하고 있으며, 숏폼 등 짧은 영상 콘텐츠를 통해 글로벌 소비자들의 높은 구매 전환율을 이끌어나고 있다.

3. 화장품 기업의 투자 포인트

1) 탈중국과 수출처 다변화

중국 관광객들의 소비 형태 변화와 K-뷰티 열풍으로 인한 글로벌 팬들의 유입이 시장의 판도를 바꾸고 있다. 과거 중국인 단체 관광객이 고가의 럭셔리 브랜드를 선호했다면, 현재의 하이브리드 구매층은 트렌디하고 가성비 높은 '인디 브랜드'를 선호한다. 이러한 지각 변동은 주식 시장에도 그대로 반영되어, 에이피알[APR], 실리콘투 등 신흥 강자들이 아모레퍼시픽, LG생활건강 등 전통의 화장품 명가를 시가총액으로 위협하거나 넘어서는 '밸류에이션 역전' 현상을 만들어냈다.

데이터는 비중국 시장의 구조적 성장을 증명한다. 2025년 9월 누적 국가별 화장품 수출 금액을 살펴보면 중국과 베트남을 제외한 모든 국가에서 두 자릿수 이상의 성장률을 기록했다. 1위를 차지한 미국은 16억 7,500억 달러로 18.2% 늘었으며, 일본은 8억 2,300만 달러로 10.3% 증가했다. 홍콩은 같은 기간 무려 31.4% 성장했다. 이 밖에 중동, 유럽 등 기타 국가들의 수출금액도 34.7% 증가했다.

이러한 흐름을 타고 K-뷰티 기업들은 공격적인 현지 진출에 나서고 있다. 뷰티 디바이스 시장을 선도하는 에이피알은 주력 제품인 '부스터 프로'와 스킨케어 라인을 미국 최대 뷰티 유통 채널인 '얼타 뷰티[Ulta Beauty]'의 온·오프라인 전 지점에 동시 공급하는 계약을 체결하며 메인스트림 시장에 안착했다. 또한 프랑스 파리의 사마리텐 백화점 등 전통적인 럭셔리 채널 입점과 함께 독일, 덴마크 등으로 유럽 유통망을 넓히고 있다. 글로벌 유통 허브 역할을 하는 실리콘투는 폴란드에 4,000평 규모의 유럽 공급망 기지(물류센터)를 설립하고, 이를 거점으로 영국 부츠[Boots], 독일 DM 등 유럽 주요 드럭스토어 채널에 K-뷰티 제품을 대량 공급하며 물류 효율성을 극대화하고 있다.

단위: 억 달러

국가	금액	증감률(%)
미국	1,675	18.2
중국	1,579	△11.5
일본	823	10.3
홍콩	514	31.4
베트남	349	△9.6
기타	3,577	34.7
전체	8,516	15.4

출처: 관세청, 산업통상자원부

2) 관세 회피를 위한 현지 공장 설립

트럼프 2기 행정부의 보호무역주의 기조 강화로 '관세 장벽'이 높아지면서, ODM(제조자 개발 생산) 업체들에 '미국 현지 생산'은 선택이 아닌 생존을 위한 필수 조건이 되었다. 미국이 중국산 화장품에 고율 관세를 부과함에 따라, 가격 경쟁력을 잃은 중국산 제품 대신 품질과 가격 경쟁력을 모두 갖춘 한국 ODM 제품을 찾는 미국 현지 브랜드들의 수요가 급증하고 있다. 따라서 투자자들은 미국 현지 생산 능력을 확보했거나, 생산 기지를 다변화해 관세 리스크를 회피할 수 있는 기업에 주목해야 한다.

한국콜마는 미국 펜실베이니아주에 연면적 1만 7,805m^2 규모의 제2공장을 준공하고 본격 가동에 들어갔다. 이로써 미국 현지에서만 연간 3억 개, 캐나다 법인까지 합치면 북미 지역에서 연간 약 4억 7,000만 개의 제품 생산 능력을 확보하며 북미 시장 공략의 전초기지를 완성했다. 코스맥스는 미국 오하이오 공장 철수 등 강도 높은 구조조정을 통해 뉴저지 공장으로 생산을 일원화하며 수익성 개선에 집중하고 있다. 대신, 동남아 및 중남미 등 신흥국 생산 기지를 활용해 전체 생산 능력의 절반에 달하던 중국 의존도를 줄이고, 인건비가 저렴한 인도네시아, 태국 등 동남아시아로 생산 기지를 분산하며 지정학적 리스크를 관리하고 있다.

코스메카코리아는 미국 법인인 '잉글우드랩 Englewood Lab'을 통해 현지 제조 공장을 보유하고 있어 미국의 '메이드 인 USA' 선호 현상과 관세 이슈의 직접적인 수혜를 입고 있다. 색조 명가 씨앤씨인터내셔널 역시 미국에 화장품 전용 물류센터 2개소를 구축해 물류 효율을 높이는 한편, 관세 혜택이 있는 중남미 지역으로의 생산 거점 확대를 검토하며 니어쇼어링 Nearshoring 전략을 구체화하고 있다.

화장품 산업 투자 지표

실적 및 투자 지표: 2025년 3분기 연환산 기준
시가총액: 2025년 12월 23일 기준

단위: 억 원

종목코드	종목명	매출액	영업이익	순이익	PER	시가총액
278470	에이피알	12,239	2,749	2,343	37.7	88,336
090430	아모레퍼시픽	41,811	3,618	1,581	44.9	70,893
051900	LG생활건강	64,926	2,868	660	61.0	40,245
257720	실리콘투	9,839	1,896	1,648	14.7	24,285
192820	코스맥스	23,558	1,947	499	38.2	19,067
483650	달바글로벌	4,548	894	716	25.6	18,306
161890	한국콜마	26,574	2,269	1,135	13.0	14,730
241710	코스메카코리아	5,908	758	455	16.0	7,273
251970	펌텍코리아	3,847	612	439	15.3	6,696
018290	브이티	4,346	993	862	7.3	6,297
052020	에스티큐브	68	-220	-202	-25.0	5,038
048410	현대바이오	20	-165	-220	-22.9	5,033
352480	씨앤씨인터내셔널	2,715	212	159	28.0	4,443
018250	애경산업	6,627	278	308	11.7	3,597
126560	현대퓨처넷	2,600	74	83	42.5	3,515
092730	네오팜	1,298	282	278	11.0	3,050
078520	에이블씨엔씨	2,560	171	111	25.4	2,828
226320	잇츠한불	1,523	191	164	15.4	2,511
237880	클리오	3,265	95	127	19.0	2,414
114840	아이패밀리에스씨	2,139	263	214	11.3	2,409

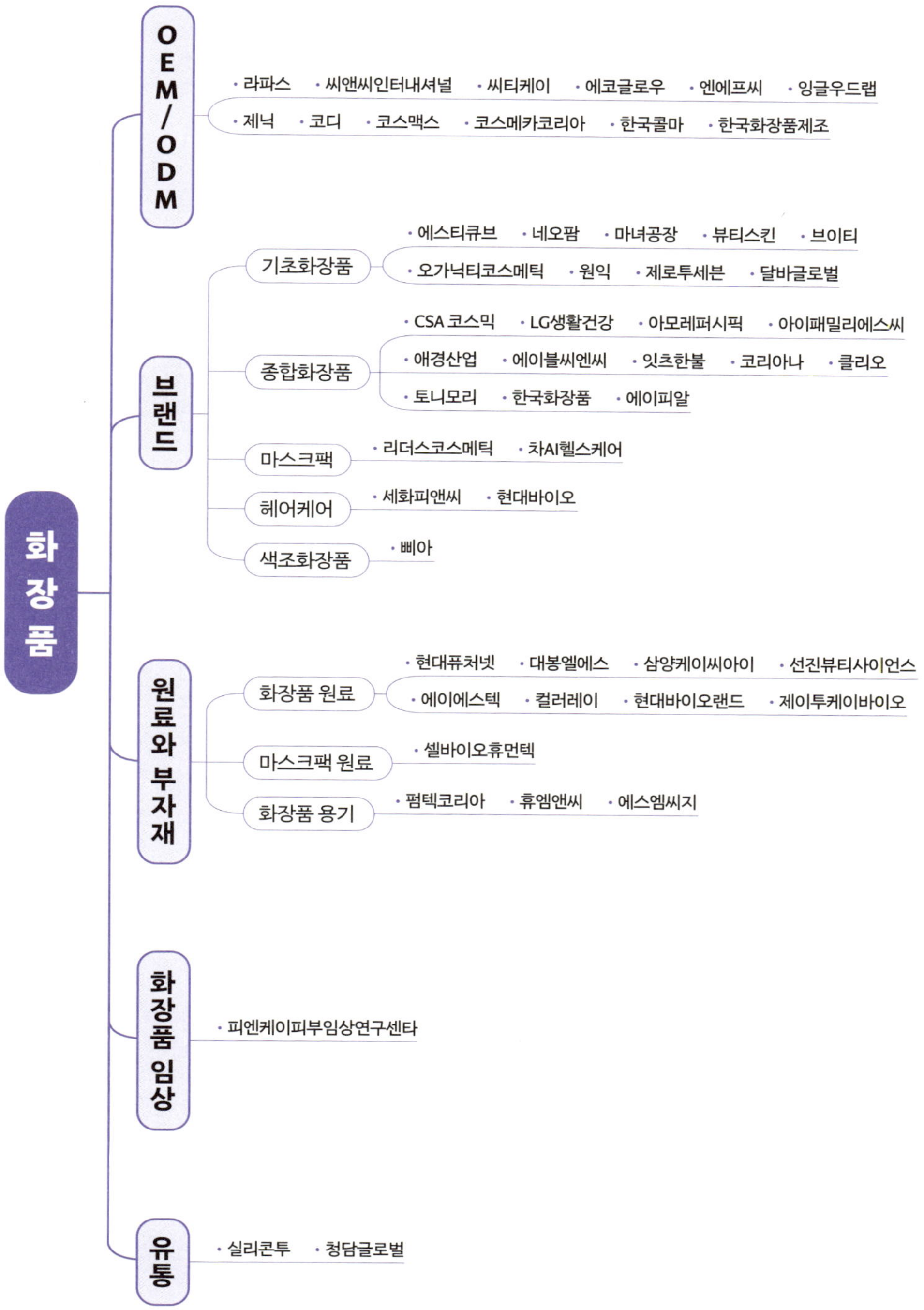

화장품

- **OEM / ODM**
  - 라파스 · 씨앤씨인터내셔널 · 씨티케이 · 에코글로우 · 엔에프씨 · 잉글우드랩
  - 제닉 · 코디 · 코스맥스 · 코스메카코리아 · 한국콜마 · 한국화장품제조

- **브랜드**
  - **기초화장품**
    - 에스티큐브 · 네오팜 · 마녀공장 · 뷰티스킨 · 브이티
    - 오가닉티코스메틱 · 원익 · 제로투세븐 · 달바글로벌
  - **종합화장품**
    - CSA 코스믹 · LG생활건강 · 아모레퍼시픽 · 아이패밀리에스씨
    - 애경산업 · 에이블씨엔씨 · 잇츠한불 · 코리아나 · 클리오
    - 토니모리 · 한국화장품 · 에이피알
  - **마스크팩**
    - 리더스코스메틱 · 차AI헬스케어
  - **헤어케어**
    - 세화피앤씨 · 현대바이오
  - **색조화장품**
    - 삐아

- **원료와 부자재**
  - **화장품 원료**
    - 현대퓨처넷 · 대봉엘에스 · 삼양케이씨아이 · 선진뷰티사이언스
    - 에이에스텍 · 컬러레이 · 현대바이오랜드 · 제이투케이바이오
  - **마스크팩 원료**
    - 셀바이오휴먼텍
  - **화장품 용기**
    - 펌텍코리아 · 휴엠앤씨 · 에스엠씨지

- **화장품 임상**
  - 피엔케이피부임상연구센타

- **유통**
  - 실리콘투 · 청담글로벌

기타소비재

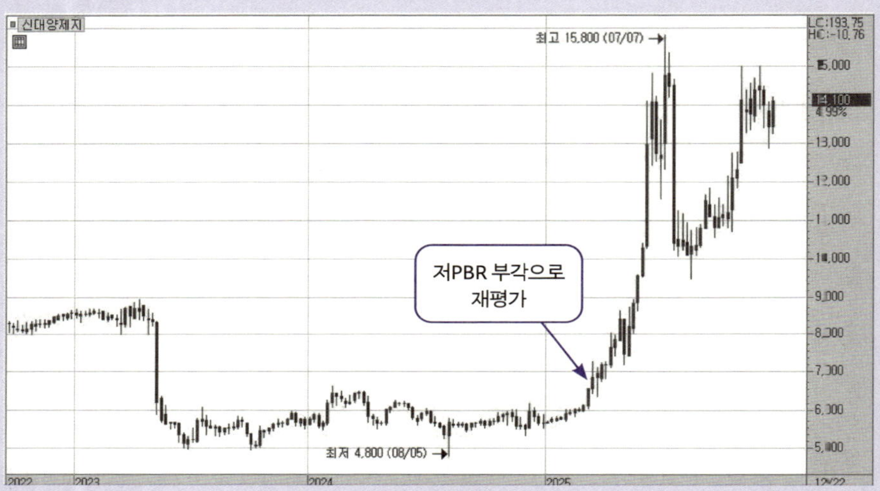

기타소비재 산업은 종이와 포장재, 가구와 생활용품, 교육과 완구로 구분되어 있다. 기미 앞에서 살펴본 음식료, 의류, 유통 외 하나의 산업으로 묶기에는 시장의 규모가 작거나 기업의 수, 시가총액이 작은 섹터를 기타소비재로 따로 묶었다. 기타소비재 산업에 속한 기업은 85곳이며, 전체 시가총액에서 차지하는 비중은 0.4%다. 종이와 포장재는 인쇄용지, 화장지, 골판지, 포장재 등 다양한 용도로 쓰이며 전방 산업이 상이하다. 가구와 생활용품은 집, 사무실 등 일상생활에서 쓰이는 제품이 포함된다. 교육과 완구는 출산율 저하 및 학령 인구 감소로 양적 축소가 진행되고 있는 산업이다.

기타소비재에 속한 기업은 대부분 내수 중심이며 기업의 라이프사이클 상 성숙기에 진입한 기업이 많다. 돈을 잘 쌓아 놓은 자산이 많으며 성장과는 거리가 멀기 때문에 증시

에 전반적으로 소외되어 있다. 다만 2025년 들어 주주가치 제고를 위한 상법 개정 움직임이 일자 높은 자산가지를 기반으로 재평가를 받는 기업이 나타나고 있다. 종이와 포장재에 속한 신대양제지가 대표적인데, 2025년 2월 5,000원에 불과했던 주가가 7월 한때 1만 5,800원까지 치솟았다. 단기간에 주가가 3배나 되었지만 PBR은 여전히 0.7배에 불과하다. 기타소비재에 속한 기업들 대부분은 비슷한 처지다. 혹여나 대주주가 배당 분리과세 혜택에 부응해 주주환원에 나선다면 주가 재평가가 이루어질 수 있으니 투자자는 이점을 잘 주목해야 한다.

종이와 포장재

1. 종이와 포장재 산업의 개요와 특징, 성장성

종이는 인쇄용지뿐만 아니라 화장지, 포장지, 벽지, 골판지 등 매우 광범위한 용도로 쓰인다. 이처럼 우리 생활에 밀접한 관련이 있는 종이를 만드는 업태를 제지 산업이라고 한다. 다만 투자 관점에서는 디지털화로 사양길에 접어든 '인쇄용지'와, 이커머스 시장과 함께 성장하는 '산업용지(골판지 등)', 그리고 안정적인 필수재인 '위생용지'를 명확히 구분해서 접근해야 한다.

종이는 전 생산 공정이 자동화 설비를 통해 진행된다. 대량생산 체제를 통한 원가절감이 중요하기 때문에 대규모 설비 투자가 필요하다. 자본집약적인 특성이 있어 진입장벽이 높다. 다만 스마트폰, 태블릿PC 등 IT 산업의 발전으로 특히 서적, 신문 등에 쓰이는 인쇄용지 수요는 구조적인 감소세에 있다. 한국제지연합회에 따르면, 2024년 국내 전체 제지 생산량은 약 1,100만 톤 수준으로 정체되었다. 가뜩이나 자본 투입이 많은데 성장성도 없으니 시장에 진입하는 경쟁자도 없다. 국내 제지 산업이 특정 기업을 중심으로 과점 시장을 형성하고 있는 이유다.

종이의 주요 원재료는 펄프로, 대부분을 수입에 의존하고 있다. 이에 따라 환율과 국제 펄프 가격에 따라 수익성이 큰 영향을 받는다. 국내 제지사들은 펄프의 대부분을 캐나다, 미국, 인도네시아, 칠레, 브라질 등에서 수입하고 있다.

포장재는 각종 제품의 부자재로 쓰이는 만큼 식품 포장용 랩부터 각종 IT 산업에 쓰이는 전자소재용 테이프까지 다양한 전방 산업을 갖고 있다. 따라서 투자 관점에서는 HMR 시장 성장에 따른 친환경 식품 포장재, 반도체·디스플레이 등 첨단 산업에 쓰이는 기능성 필름·테이프, 전기차 시장과 연동되는 2차전지용 파우치 및 소재 등 고성장 분야에 주목할 필요가 있다. 전방 산업별로 성장률이 상이하고 경기에 대한 영향도 차이가 있는 만큼 개별 기업 관점에서 접근할 필요가 있다. 또한 플라스틱을 대체하는 종이 기반 친환경 포장재 기술을 보유한 기업은 장기적인 구조적 성장이 기대된다.

2. 종이와 포장재 산업의 투자 포인트

1) 인쇄용지, 위생지 등 일반용지

IT 산업의 발전으로 전자문서를 사용하는 비중이 늘어나면서 전체 종이 시장 규모 자체는 축소되고 있다. 국내에서 생산된 제지 중 일부를 수출하고 있지만, 내수 물량이 80%에 달한다. 제지사에 투자한다면 타 산업에서 기대하는 큰 판매량의 증가는 기대하기 어렵다. 이보다는 펄프 가격에 따른 제품 가격과 원재료 가격의 스프레드가 중요하다. 펄프는 대부분 수입에 의존하기 때문에 국제 펄프 가격 추이가 중요하다. 일반적으로 제지 기업들은 펄프 가격이 오를 때 수익성이 악화된다. 시차를 두고 원재료 가격 상승분을 제품 가격에 반영시키기 때문이다. 이 경우 제품 가격이 후행적으로 올라가기 때문에 계속해서 펄프 가격이 오르면 수익성에 부정적이다. 반면 펄프 가격이 하락하는 구간에서도 마찬가지로 제품 가격이 뒤늦게 하락하기 때문에 수익성 개선에 긍정적이다.

환율과 유가도 변수다. 펄프는 대부분 수입에 의존하기 때문에 환율이 낮을수록 좋다. 종이 제조 과정에서 건조를 위해 에너지를 많이 사용하기 때문에 국제 유가 역시 하향 안정되는 것이 제지사에 유리하다.

한편 한솔제지처럼 수출 비중이 50%에 달하는 기업은 오히려 환율이 오르면 유리하다. 펄프 매입 금액보다 수출 금액이 크기 때문이다. 또한 무림P&P처럼 일부 자체적으로 펄프를 생산하는 기업은 펄프 가격이 오르면 오히려 수혜다. 따라서 제지 기업별로 사업 모델, 수출 비중 등을 잘 따져서 투자할 필요가 있다.

2) 골판지

골판지는 주로 택배 상자의 원재료로 사용된다. 온라인 쇼핑의 성장과 맞물려 한때 수요가 증가했다. 그러나 쿠팡과 같은 대형 유통업체들이 여러 번 재사용할 수 있는 '프레시 백Fresh Bag' 등 다회용 배송 상자 사용을 늘리면서, 일회용 택배 상자용 골판지 원지 수요는 정체되어 있는 상황이다.

한국제지연합회에 따르면 2021년 골판지원지 생산량은 약 598만 3,065톤으로 5년 전에 비해 23.3% 증가하며 정점을 찍었다. 그러나 2022년에는 5.6% 감소세로 돌아섰으며, 2024년 생산량 역시 557만 3,469톤에 그치며 2021년 수준을 회복하지 못하고 있다. 2025년 8월까지의 누적 생산량은 374만 8,513톤으로 전년 동기 대비 1%가량 소폭 반등했으나, 시장 성장은 여전히 정체된 상황이다. 이에 골판지 업계는 '골판지 원지-원단-상자' 제조를 일원화하는 수직계열화를 추진하며 생산 효율성 제고와 원가 절감을 꾀하고 있다.

골판지 시장은 약 700개의 업체가 난립해 있지만 신대양제지 그룹, 아세아제지, 태림포장 그룹, 삼보판지, 수출포장 등 일부 상장사가 전체 시장의 70%를 차지하고 있다. 골판지 수요가 둔화되면서 골판지 시장은 상위 수직계열화 업체들의 과점 시장으로 재편될 가능성이 크다. 골판지원지는 크게 라이너지와 골심지로 나뉜다. 라이너지는 표면과 이면에 쓰이며, 골심지는 가운데 주름 역할을 한다. 골판지의 주요 원재료는 폐지(고지)다. 일반 제지 기업과 마찬가지로 원재료인 고지 가격이 오를 때 시차를 두고 제품 가격이 뒤늦게 오른다. 따라서 원재료 가격 상승 시기에 일반적으로 수익성이 악화된다. 반대로 폐지 가격이 하락하는 사이클에서는 제품 가격이 뒤늦게 하락하기 때문에 수익성이 개선된다. 골판지 기업 투자자라면 폐지 가격이 하락하는 시기를 잘 가늠해야 한다.

3) 포장재

포장재는 각종 제품의 부자재로 사용되는 만큼 전방 산업도 다양하다. 식품, 음료, 디스플레이, 반도체, 2차전지에 걸쳐 다양한 종류의 포장재가 사용된다. 당연한 이야기지만 투자자 입장에서는 성장하는 전방 산업을 둔 기업에 주목할 필요가 있다. 율촌화학은 세계 최초로 183μm 두께의 고성형 2차전지용 파우치 필름 양산에 성공했으며, LG에너지솔루션의 미국 미시간 홀랜드 공장에 ESS용으로 납품하고 있다.

동원 그룹의 포장재 기업인 동원시스템즈는 그룹사 식품 포장재 및 용기를 주로 제작하다가 2021년 4월 삼성SDI, LG에너지솔루션 등 국내 주요 배터리 기업에 2차전지용 캔을 납품해 온 엠케이씨[MKC]를 인수했다. 한솔케미칼의 자회사 테이팩스도 식품 포장재 외 2차전지 양극보호용, 절연용 테이프를 만드는데, 이 분야 점유율 80%로 1위(소형 2차전지 기준)다.

가구와 생활용품

1. 가구와 생활용품 산업의 개요와 특징, 성장성

가구는 실내에 배치해 사용하는 각종 기구를 말한다. 책상, 의자, 식탁, 소파, 장롱 등 매우 다양하며 집이나 사무실의 필수 집기다. 아파트나 빌딩 완공 시점에 수요가 발생하기 때문에 건축자재의 한 종류로도 볼 수 있다. 가구 수요는 신규 주택 공급에 영향을 받는다. 또한 입주 물량에 민감하다. 사람들이 이사를 하면서 가전 및 가구를 새로 매입하기 때문이다. 대체적으로 가구는 주택 거래 수요와 관련이 있다.

생활용품은 일상생활에서 주로 사용하는 것으로 주방용품, 위생용품, 가전, 가구 등 매우 광범위하고 다양하다. 이 책에서는 가전, 화장품 등 주식 시장에서 이미 큰 산업군을 이루고 있는 분야는 제외하고 기타 나머지 용품을 생산하는 기업을 생활용품 섹터로 정의했다. 집이나 사무실 등 일상생활에서 주로 사용하는 품목이란 점에서 가구와 유사하다. 다만 가구는 내구재, 생활용품은 소비재적 특성이 강하다는 차이점이 있다. 최근에는 '오늘의집'과 같은 버티컬 커머스 플랫폼이 가구 및 생활용품 시장의 성장을 주도하며, 전통적인 가구/생활용품 기업들에 새로운 기회이자 위협이 되고 있다.

국내 가구 소매 판매액은 2021년 11조 원을 정점으로, 통계청 자료에 따르면 2022년부터 시작된 금리 인상과 부동산 경기 침체의 직격탄을 맞으며 2024년까지 3년 연속 역성장을 기록했다. 코로나19 팬데믹 시기 '집콕족' 증가로 특수를 누렸던 것과는 정반대의 상황이 펼쳐진 것이다.

2. 가구와 생활용품 산업의 투자 포인트

1) 신규 주택 공급과 주택 거래

가구 수요는 신규 주택 공급과 주택 매매 건수가 늘수록 커진다. 특히 대규모 아파트 입주가 발생하는 시점에는 특판[B2B] 가구 매출이 집중된다. 그러나 2022년 시작된 글로벌 긴축 정책의 여파로 2025년 현재까지도 국내 주택 시

연간 민영아파트 분양계획물량 대비 분양실적물량

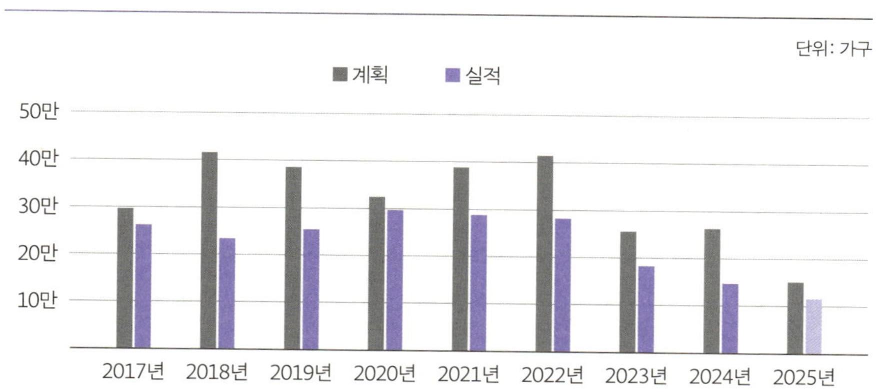

출처: 부동산R114

장은 깊은 침체기를 겪고 있다. 국토교통부에 따르면, 2024년 전국 주택 매매 거래량은 역대 최저 수준에 머물렀으며, 높은 공사비와 프로젝트 파이낸싱[PF] 부실 우려로 신규 분양 및 입주 물량 역시 수년째 감소세다. 이는 가구 및 생활용품 기업들의 실적에 가장 큰 부담 요인으로 작용하고 있다.

2) 인테리어와 리모델링은 성장 동력

가구업계는 주택 거래 시장에 영향을 받지만 장기적으로 성장이 기대되는 분야도 있다. 바로 인테리어, 리모델링 시장이다. 국민의 소득수준이 높아지면서 의식주의 하나로 여겨졌던 주거 시설이 업무, 여가 등 다양한 라이프스타일 기능을 갖춘 방향으로 진화하고 있다. 최근 신축 아파트는 팬트리, 알파룸, 홈 오피스 등 특화공간을 만드는 것이 대세다. 여기에 '오늘의집'과 같은 전문 플랫폼의 등장은 인테리어 정보 탐색과 제품 구매, 시공사 연결까지의 과정을 편리하게 만들며 시장 성장을 촉진하는 기폭제가 되었다.

한국건설산업연구원에 따르면 국내 인테리어·리모델링 시장은 2021년 약 60조 원으로 정점을 찍은 후, 2023~2024년에는 부동산 경기 침체와 고금리 영향으로 다소 주춤했으나, 여전히 50조 원 후반대의 큰 규모를 유지하며 신축 시장 대비 높은 방어력을 보여주었다. 통계청에 따르면 국내 홈퍼니싱 시장 역시 2024년 20조 원 규모를 넘어 꾸준한 성장세를 보이고 있다.

노후된 주택이 늘어나고 있는 것도 성장을 가속화하는 요인이다. 2025년 현재, 통계청 인구주택총조사 기준으로 20년 이상 된 노후 주택은 1,000만 호를 넘어 전체 주택의 50% 이상이며, 지은 지 30년이 지난 주택도 500만 호에 육박해, 잠재적인 리모델링 수요는 오히려 시간이 갈수록 커지고 있다.

가구 기업들 역시 적극적으로 인테리어 시장에 뛰어들고 있는 만큼 향후 인테리어, 리모델링 시장에서 두각을 나타내는 기업을 잘 살펴보아야 한다.

교육과 완구

1. 교육과 완구 산업의 개요와 특징, 성장성

교육 산업은 교육 서비스나 자료 등 교육과 직간접적으로 관련 있는 산업을 말한다. 서비스 주체에 따라 공교육과 사교육으로 구분할 수 있으며 교육 단계에 따라 영유아교육, 초·중등교육, 고등교육, 성인교육으로 분류할 수 있다. 영유아교육부터 고등교육까지의 시장 규모가 크며, 상장된 교육 기업들 역시 대부분 이 영역에서 사업을 영위해 왔다. 그러나 최근에는 AI 기술을 접목한 에듀테크^{EdTech}와 직업 교육 등 성인교육 시장이 새로운 성장 동력으로 부상하고 있다.

교육 산업은 타 서비스 산업 대비 경기변동에 큰 영향을 받지 않는다. 다만 지역별로 인구 구조 및 변동, 교육제도와 정책, 사회 구조, 언어, 문화 등 비경제적 요인에 큰 영향을 받는다. 또한 교육 연령별로 경기에 대한 민감도가 다르다. 초등 교과 학원의 경우 일반적으로 과목별 월 15만~20만 원 초반대로 시장이 형성되어 있다. 일반 가계에서 부담할 만한 수준으로 경기에 둔감한 편이다. 그러나 중등·고등교육 시장으로 갈수록 월 교육비가 높아져 경기에 따른 수요 변동성이 있는 편이다. 학교급이 올라갈수록 대학 입시를 비롯한 교육 정책의 영향에 시장이 민감하게 반응한다. 실제로 2023년 정부의 '킬러 문항 배제' 방침은 고난도 문제 풀이 중심의 대형 입시 학원들의 사업 모델에 직접적인 영향을 미치기도 했다.

국내 사교육 시장은 학령인구 감소의 영향을 받고 있다. 학령인구의 선행 지표인 출생아 수도 꾸준히 줄고 있어 양적 성장을 기대하기 힘들다.

통계청에 따르면 출생아 수는 2017년 약 35만 7,800명에서 2023년 23만 명으로 급감했으며, 2024년에는 20만 명 선마저 위협받는 초저출산 쇼크가 현실화되었다. 같은 기간 합계출산율은 1.052명에서 0.72명으로 추락하며 OECD 국가 중 압도적인 꼴찌를 기록했다. 대한민국은 전 세계에서 인구 구

1인당 월평균 사교육비 추이

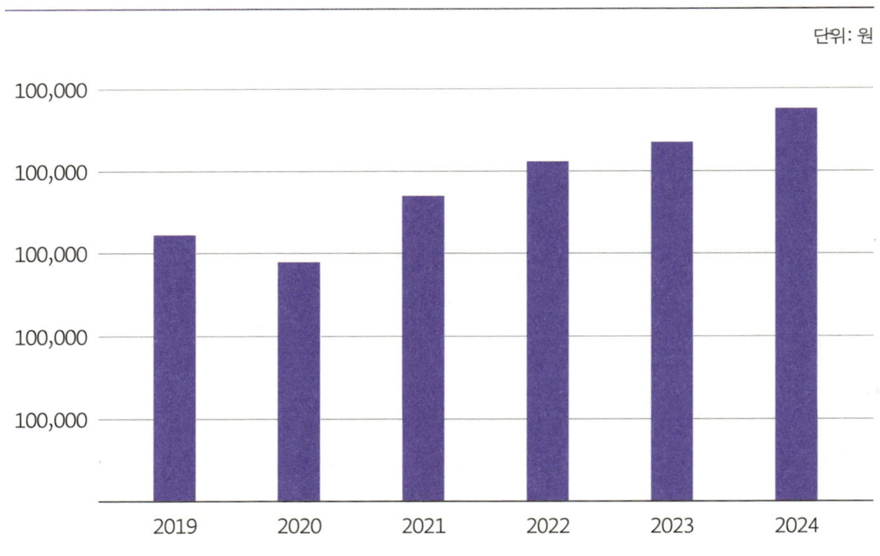

조가 가장 빠르게 붕괴되는 나라다. 테슬라의 CEO 일론 머스크가 "한국이 이대로라면 지도에서 사라질 것"이라며 소멸을 경고했던 우려는 이제 피할 수 없는 현실이 되었다.

다만 1인당 사교육비는 꾸준히 높아져 오히려 전체 사교육비 지출은 늘어나고 있다. 교육부와 통계청의 '초중고 사교육비 조사'에 따르면, 2024년 전체 사교육비 지출은 약 29조 2,000억 원을 기록하며 4년 연속 역대 최고치를 갈아치웠다. 학생 수는 줄었지만, 학생 1인당 월평균 사교육비가 47만 4,000원으로 전년 대비 9.3% 증가하며 시장 규모를 키운 것이다.

특히 2025년 'AI 디지털 교과서' 도입 등 공교육의 디지털 대전환에 발맞추어, AI 튜터를 활용한 개인별 초개인화 맞춤 학습 서비스가 확산되면서, 기존의 획일적인 강의보다 단가가 높은 프리미엄 에듀테크 시장이 교육 산업의 새로운 성장을 견인하고 있다.

완구 산업은 유아 및 초등학생이 주 수요층이다. 교육 산업과 마찬가지로 출산율 저하에 따른 양적 수요 축소가 진행되고 있다. 이러한 한계를 극복하기 위해, 인지도 있는 캐릭터 IP를 바탕으로 콘텐츠, 교육, 완구 사업을 다각도로 추진하는 기업이 부각되고 있다. 국내에서는 '캐치! 티니핑' 캐릭터로 성공 신화를 쓴 SAMG엔터테인먼트가 대표적인 사례로, 강력한 IP 하나가 기업의 가치를 어떻게 바꿀 수 있는지 보여준다.

2. 교육과 완구 산업의 투자 포인트

1) 에듀테크

에듀테크란 교육Education과 기술Technology의 합성어로 빅데이터, AI 등 정보통신 기술을 활용한 차세대 교육을 의미한다. 에듀테크는 기존 온라인 학습인

'이러닝'보다 한 단계 더 진보한 개념이다. 에듀테크는 모바일기기 등 디바이스 기반의 교육으로 AI와 로봇을 이용한 교육 방식, 가상현실과 증강현실을 활용한 교육 서비스 등이 해당된다. 또한 단방향 전달식 교육이 아닌 자기 주도적 학습을 유도해 문제 해결 능력을 길러주는 교육 방식이다. 학습자의 데이터를 바탕으로 개인에게 맞는 맞춤형 보충 학습도 가능하다. 이를 통해 기존 사교육 시장[B2C]뿐만 아니라, 공교육을 보완하는 학교·학원용 솔루션[B2B] 시장까지 빠르게 확장하고 있다.

글로벌 시장조사기관 마크앤텔 어드바이저에 따르면, 지난해 한국 에듀테크 시장 규모는 약 62억 달러(한화 약 8조 6,000억 원)에 이른 것으로 추정된다. 연평균 성장률은 약 9%로, 2030년에는 시장 규모가 104억 달러(한화 약 13조 5,200억 원)까지 커질 것으로 전망된다. 정부의 정책 지원, 스마트폰 보급 확대, 평생학습에 대한 관심 증가, AI와 머신러닝[ML] 등 최신 기술과의 통합이 영향을 미친 것으로 풀이된다. 투자 관점에서는 AI 기술의 실질적인 학습 효과 입증 여부와, 이를 유료 구독 모델로 연결하는 수익화 능력이 기업 가치를 결정하는 핵심 요소가 될 것이다.

2) 성인교육 시장 진출

통계청의 장래인구추계에 따르면 6~21세의 학령인구는 2017년 약 847만 명에서 2067년 약 364만 명으로 약 57% 줄어들 전망이다. 학령인구 감소가 피할 수 없는 미래가 된 만큼, 교육업계는 생존을 위한 돌파구로 '성인교육 시장에 사활을 걸고 있다.

실제 데이터는 이러한 시장의 이동을 증명한다. 통계청에 따르면 2024년 성인 평생학습 참여율은 33.1%로, 2022년 28.5%, 2023년 32.3%에서 꾸준히 우상향하고 있다. 주목할 점은 학위 취득이 아닌 직무 능력 향상이나 취미, 생활 기술 습득을 목적으로 하는 '비형식 교육' 참여율이 32.7%에 달한다는 것이다. 이는 성인교육의 트렌드가 단순한 자격증 취득에서 벗어나, 급변하는 AI/디지털 환경에 적응하기 위한 '리스킬 Reskill(재교육)'과 '업스킬 Upskill(직무 향상)'로 진화하고 있음을 시사한다. 특히 기업 내 재교육 수요가 폭발하며 B2B 기업교육 시장이 성인교육의 핵심 축으로 떠올랐다.

주요 플레이어들의 움직임도 기민하다. 2025년 1월 코스닥 시장에 상장한 데이원컴퍼니는 성인교육 시장의 대표 주자다. '패스트캠퍼스'(디지털/실무), '콜로소'(직업 스킬), '레모네이드'(외국어), '스노우볼'(IT 부트캠프) 등 세분화된 브랜드를 통해 성인교육의 전 영역을 공략하고 있다. 웅진씽크빅은 세계 최대 온라인 교육 플랫폼인 '유데미 Udemy'와 손잡고 한국 독점 서비스를 론칭하며 글로벌 수준의 IT·비즈니스 콘텐츠를 공급하고 있다. 삼성그룹의 교육 전문 기업을 모태로 하는 멀티캠퍼스 역시 기업 및 공공기관 대상의 직무 역량 강화 교육에서 독보적인 입지를 구축하고 있다.

3) 완구

완구 수요는 어린이날, 크리스마스 등 주요 이벤트가 있는 시기에 집중되는 계절성이 명확하다. 과거에는 대표적인 저출산 수혜주로 분류되어 정부의 지원 정책 발표 때마다 주가가 들썩이곤 했다. 그러나 냉정하게 보면, 출산율 저하로 유아·초등 인구가 구조적으로 줄어들면서 단순 제조 기반의 완구 기업들은 생존의 기로에 서 있다.

통계청에 따르면 국내 인형 및 장난감 제조 기업 생산액은 2000년대 초반 대비 급격히 감소했으며, 사업체 수 역시 3분의 1 수준으로 쪼그라들었다. 전체 시장 규모가 정체된 가운데, 그나마 성장하는 몫은 독일 투자법인인 '레고코리아' 등 강력한 글로벌 IP를 가진 외산 브랜드가 가져가고 있는 실정이다. 즉, 단순히 장난감을 찍어내는 제조 기업은 도태될 수밖에 없는 구조다.

따라서 2025년 완구 산업 투자의 핵심은 '제조'가 아닌 'IP(지식재산권)'다. 더

핑크퐁컴퍼니의 '아기상어'나 SAMG엔터테인먼트의 '캐치! 티니핑' 신드롬이
이를 증명한다. 성공적인 IP 비즈니스는 단순히 완구를 파는 것에 그치지 않
는다. 콘텐츠(OTT/유튜브) → 팬덤 형성 → 완구·굿즈 판매 → 뮤지컬·테마파
크 등 체험형 사업 → 글로벌 라이선스 수출로 이어지는 거대한 선순환 구조,
즉 'IP 유니버스'를 구축하는 것이 핵심이다.

기타소비재 산업 투자 지표

실적 및 투자 지표: 2025년 3분기 연환산 기준
시가총액: 2025년 12월 23일 기준

단위: 억 원

종목코드	종목명	매출액	영업이익	순이익	PER	시가총액
009240	한샘	18,347	194	377	30.3	11,426
009450	경동나비엔	14,638	1,324	1,197	6.8	8,144
014820	동원시스템즈	13,918	760	586	12.9	7,567
008730	율촌화학	4,857	6	−202	−34.1	6,894
016800	퍼시스	3,660	23	352	16.1	5,664
284740	쿠쿠홈시스	11,541	2,036	1,145	4.9	5,654
016590	신대양제지	6,521	279	317	17.2	5,452
215200	메가스터디교육	9,108	1,290	480	9.4	4,504
003800	에이스침대	3,243	591	637	5.4	3,471
005090	SGC에너지	24,839	1,032	−257	−13.3	3,408
002310	아세아제지	8,613	236	205	16.3	3,352
013890	지누스	10,102	650	363	8.1	2,949
461300	아이스크림미디어	1,702	461	315	7.5	2,359
003720	삼영	1,426	122	101	21.6	2,173
272550	삼양패키징	4,341	268	169	12.8	2,162

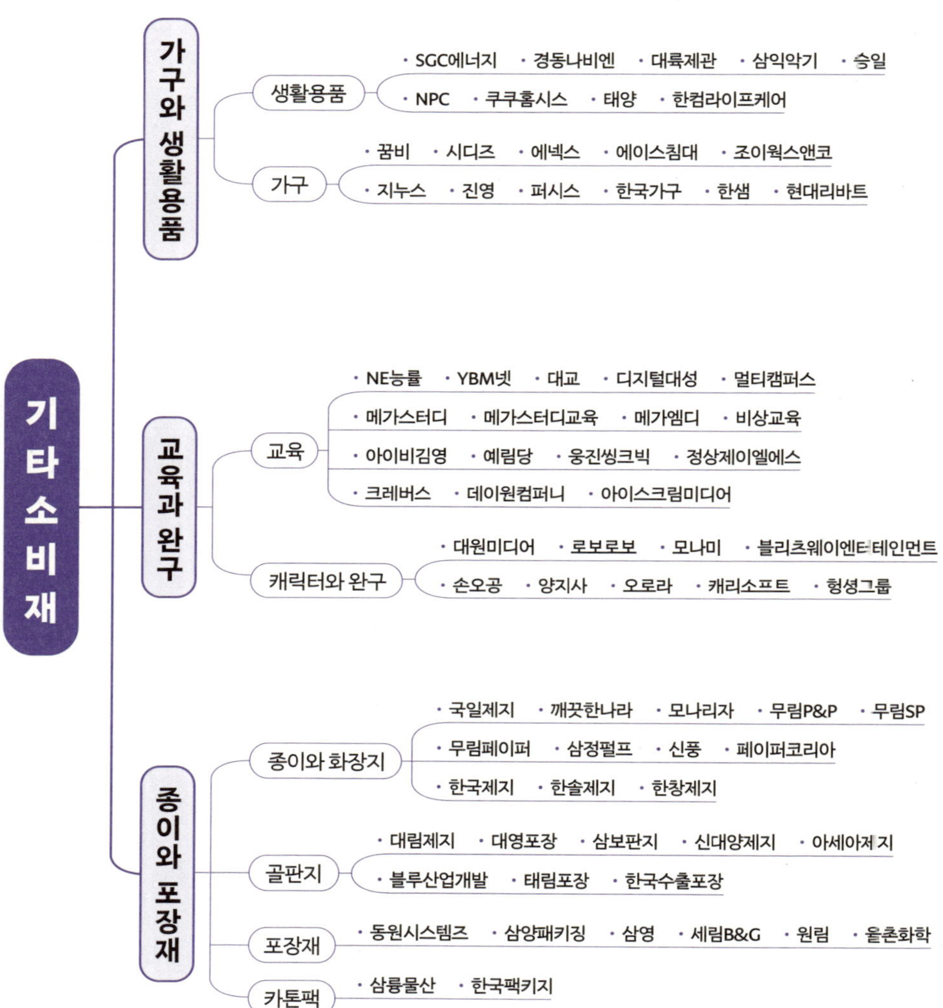

기타소비재

가구와 생활용품

생활용품
· SGC에너지 · 경동나비엔 · 대륙제관 · 삼익악기 · 승일
· NPC · 쿠쿠홈시스 · 태양 · 한컴라이프케어

가구
· 꿈비 · 시디즈 · 에넥스 · 에이스침대 · 조이웍스앤코
· 지누스 · 진영 · 퍼시스 · 한국가구 · 한샘 · 현대리바트

교육과 완구

교육
· NE능률 · YBM넷 · 대교 · 디지털대성 · 멀티캠퍼스
· 메가스터디 · 메가스터디교육 · 메가엠디 · 비상교육
· 아이비김영 · 예림당 · 웅진씽크빅 · 정상제이엘에스
· 크레버스 · 데이원컴퍼니 · 아이스크림미디어

캐릭터와 완구
· 대원미디어 · 로보로보 · 모나미 · 블리츠웨이엔터테인먼트
· 손오공 · 양지사 · 오로라 · 캐리소프트 · 형성그룹

종이와 포장재

종이와 화장지
· 국일제지 · 깨끗한나라 · 모나리자 · 무림P&P · 무림SP
· 무림페이퍼 · 삼정펄프 · 신풍 · 페이퍼코리아
· 한국제지 · 한솔제지 · 한창제지

골판지
· 대림제지 · 대영포장 · 삼보판지 · 신대양제지 · 아세아제지
· 블루산업개발 · 태림포장 · 한국수출포장

포장재
· 동원시스템즈 · 삼양패키징 · 삼영 · 세림B&G · 원림 · 율촌화학

카톤팩
· 삼륭물산 · 한국팩키지

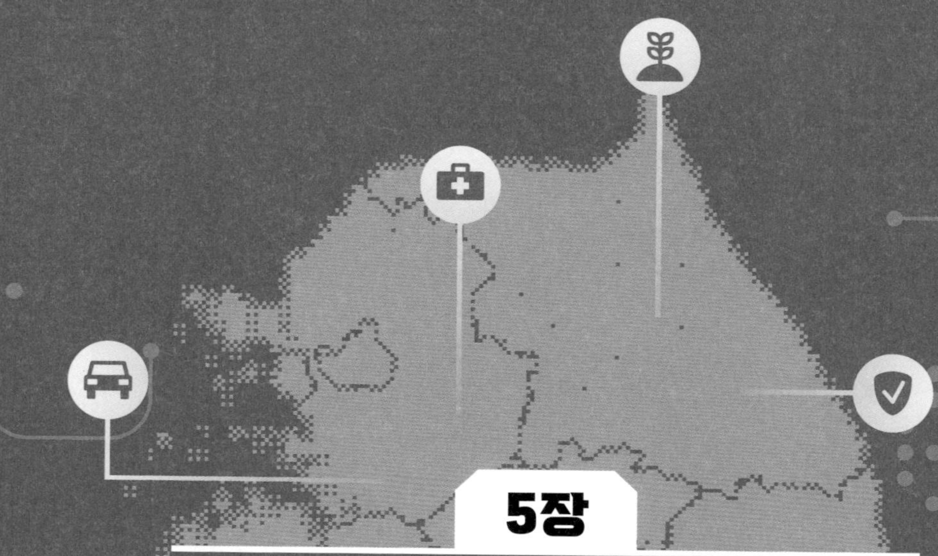

5장

서비스

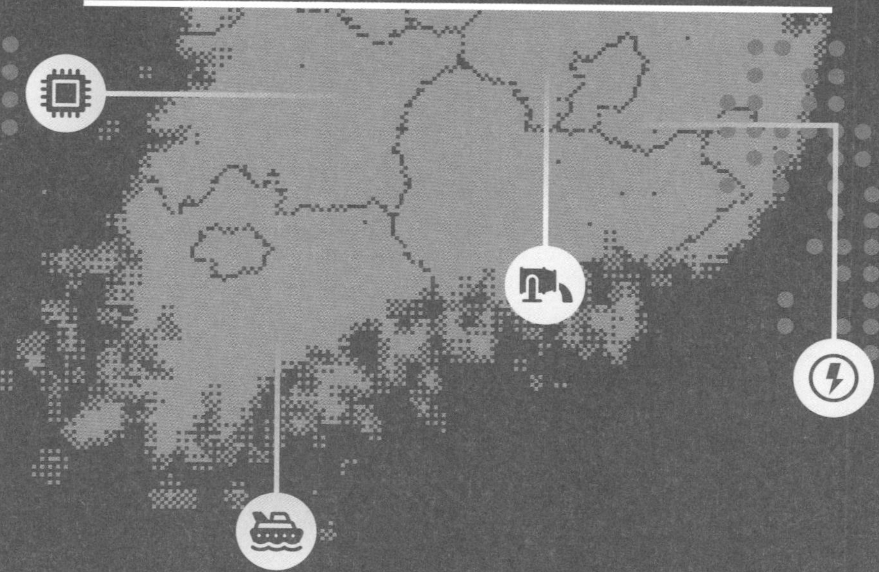

레저

· TIGER 여행레저

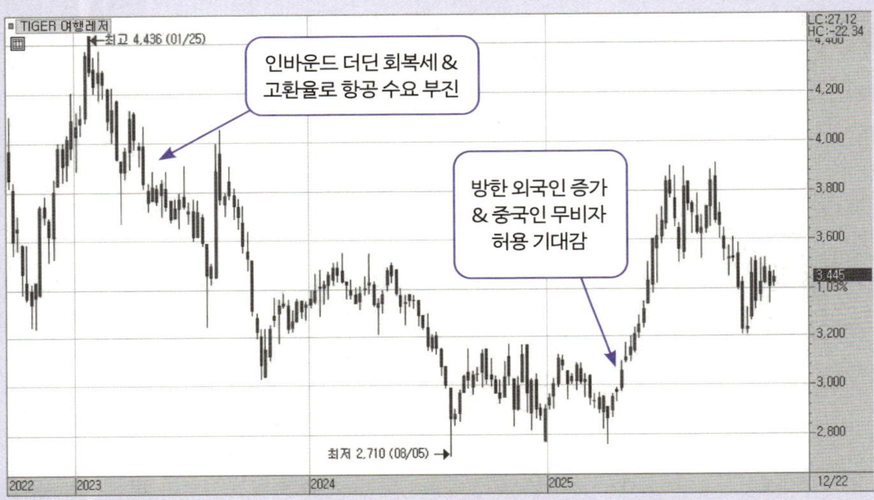

레저 산업은 먼저 여행, 호텔, 항공, 카지노로 구분된다. 이 밖에도 레저용품, 레저 시설, 외식, 자전거, 골프 등도 존재하지만 4개 섹터가 가장 비중이 크다. 항공은 본래 운송 산업에 속하지만 항공사의 주요 매출원이 화물 운송보다는 여객 운송이며, 저비용 항공사의 경우 여객 운송만 담당하고 있기 때문이다. 특히 여객 운송의 국내외 여행 수요가 대부분이므로 레저 산업에 포함시켰다. 또한 여행, 호텔, 항공, 카지노 모두 실적에 영향을 미치는 핵심 변수가 유사하다는 특징이 있다. 증시에서 레저 산업에 속한 기업은 35곳으로 전체 시가총액에서 차지하는 비중은 0.7%다.

여행&레저 업황은 2023년, 2024년 내내 부진하다가 2025년 들어 고개를 들고 있다. 2022년 말 중국의 제로코로나 정책이 막을 내리면서 리오프닝 특수 기대감에 관련 기업

들 주가도 크게 부각되었다. 그러나 실제 인바운드 회복 속도가 더디게 나타나면서 투자자들의 실망도 컸다. 방한 외국인 관광객 회복도 기대에 미치지 못해 외국인 카지노 기업 주가도 힘을 쓰지 못했다. 항공업계 역시 코로나 이전 달러당 1,000~1,200원 내외의 환율이 1,400원대로 뉴노멀을 맞으며 투자심리가 부진했다. 면세점도 회복을 하지 못했는데 업계의 큰 손이었던 따이공(중국 보따리상) 수요가 구조적으로 감소했기 때문이다. 다만 2024년 말 대한항공과 아시아나항공의 합병이 최종 승인되고 2025년 들어 국내 카지노 업계뿐만 아니라 외국인 카지노 드롭액도 크게 성장하면서 여행&레저 업계는 점차 회복 국면을 맞고 있다. 특히 2025년 하반기 중국 단체 관광객들의 무비자 허용 기대감에 힘입어 긍정적인 투자심리가 형성되었다.

여행과 항공

1. 여행 산업의 개요와 특징

부모님 세대에 인기 있는 신혼여행지는 제주도였다. 즉, 20세기의 제주도는 평생 한 번 있을까 말까 한 의미 있는 날을 기념하기 위해 찾는 곳이었다. 그러나 현재 제주도는 가장 만만한 여름휴가지 중 하나다. 요즘 유치원생, 초등학생도 방학 때가 되면 가족 단위로 심심치 않게 해외여행을 가기도 한다. 국민 소득 수준이 꾸준히 증가하는 가운데 워라밸을 중시하는 MZ 세대의 소비 여력이 커지면서 여가 지출 역시 자연스럽게 확대되고 있다.

통계청의 가계동향조사에 따르면, 2022년~2023년 리오프닝과 함께 폭발했던 문화·여가 지출은 2024년 들어 고물가와 원화 약세에 따른 해외여행 경비 부담으로 증가세가 다소 둔화되는 모습을 보였다. 다만 장기적인 소득 수준 향상과 삶의 질을 중시하는 사회적 분위기 속에서 여행 및 여가 지출은 꾸준히 증가할 것으로 전망된다.

여행업은 자본금 등록 요건이 5,000만 원으로 진입장벽이 낮은 산업이다. 관광숙박업은 고정자본 투자가 필요하지만, 소규모 숙박 시설로도 얼마든지 사업을 영위할 수 있다. 또한 여행 트렌드가 빠르게 바뀌고, 유형별 숙박 시설 선호 현상이 뚜렷한데, 치열한 경쟁 속에서도 규모와 상관없이 경쟁력 있는 기업은 꾸준히 선전하고 있다. 특히 2025년 현재 여행·호텔 산업의 핵심 경쟁은 야놀자, 여기어때 등 온라인 플랫폼을 중심으로 재편되고 있으며, 이들은 숙박 예약을 넘어 항공, 액티비티를 아우르는 '슈퍼 앱'으로의 진화를 꾀하고 있다. 코로나19 팬데믹으로 관광 산업에서 전반적으로 구조조정이 일어났지만, 2024년 기준 여전히 여행업 사업자는 약 2만 2,000여 곳, 숙박업소도 약 3만여 곳에 달한다.

2. 항공 산업의 개요와 특징

우리나라는 1948년 10월 대한국민항공사를 창설하면서 본격 민간항공 시대를 맞았다. 이후 70여 년이 흐른 현재 대한민국은 세계 5위 항공운송강국으로 자리매김했다. 국내 항공사는 2025년 12월 기준 11곳으로 과점 시장을 형성하고 있다. 정부의 인가가 필요한 산업이기도 하지만 무엇보다 항공기 자체의 가격이 높다는 점은 진입장벽으로 작용한다. 항공사는 수천억에서 수조 원에 달하는 항공기 자산을 보유하고 있다. 여기서 발생하는 감가상각비와 리스비용이 만만치 않다. 고정비가 높은 상황에서 대외 변수로 항공 수요가 꺾이는 상황이 발생하면 항공사들의 실적 역시 크게 감소한다. 실적 변동성이 크다는 것은 주가 역시 비슷하다는 의미다.

항공사는 이용요금에 따라 대형항공사Full Service Carrier, FSC와 저비용항공사Low Cost Carrier, LCC로 나뉜다. FSC는 여객 운송 외에도 화물 운송 사업을 겸하고 있다. 운항 경로에 따라 국제선과 국내선으로 나눌 수 있는데, FSC는 국제선 비중이 70% 이상이며, LCC 역시 매출의 80% 이상을 국제선에서 거두고 있다. 과거 LCC는 국내선 비중이 높았으나, 수익성 제고를 위해 아시아 지역을 넘어 최근에는 유럽 등 장거리 노선까지 진출하며 활동 영역을 급격히 확장하고 있다.

3. 여행과 항공 산업의 성장성

여행과 항공 산업은 모두 해외여행 수요와 밀접한 관계가 있다. 해외여행을 떠나는 인구는 장기적으로 꾸준히 늘어나는 추세다. 코로나19에 따른 활동 제한으로 2020년부터 2022년까지 국민 해외관광객 수는 급감했지만, 2023년부터 본격적인 회복세에 접어들었다. 실제로 2024년 해외관광객 수는 2,868만 명을 기록하며 2019년 수준의 99%까지 회복했고, 2025년 9월 누적 해외관광객은 2,165만 명으로 전년 동기 대비 2.2% 증가했다. 4분기 추석 황금연휴와 연말 여행 수요까지 감안하면 2025년 연간 해외관광객 수는 사상 최대치를 경신할 것으로 확실시된다. 이에 따라 올해 국제선 탑승객 수역시 2019년 수준인 9,000만 명을 무난히 넘어설 전망이다.

이러한 성장의 배경에는 삶의 질을 중시하는 중산층 가정에서 '여가'나 '체험'에 대한 지출을 우선시하는 경향이 커진 점이 자리 잡고 있다. 특히 고물가와 환율 부담에도 불구하고, 식비나 배달 등 일상생활의 소비를 줄여서라도 그 비용을 해외여행에 사용하겠다는 전략적인 소비 패턴이 뚜렷하다. 여기에 일본, 베트남 등 근거리 지역과 현지 물가가 저렴한 여행지로 수요가 몰리면서 여행사들도 이에 맞춘 상품을 잇달아 출시하고 있다. 또한 항공사들의 지속적인 항공편 증편은 항공권 가격을 안정화시켜 장거리 여행 수요를 포함한 전반적인 해외여행의 접근성을 개선하는 요인으로 작용했다.

다만, 연간 해외여행객 수가 3,000만 명에 육박하면서 향후 단순한 양적 성장률은 빠르게 둔화될 것으로 전망된다. 이제 여행과 항공 업계는 폭발적인 수요 증가가 아니라, 상품의 고도화와 항공 노선 다변화 등 '질적 성장'에 주목해야 하는 성숙기에 진입했다.

4. 여행과 항공 산업의 투자 포인트

1) 소비심리, 환율, 유가 등 매크로 변수

해외여행 수요는 경기에 민감해 소비심리와 가처분 소득에 절대적인 영향을 받는다. 일반적으로 소비자심리지수[CCSI]가 100 이상이면 여행, 레저 수요가 증가하지만, 경기 위축 국면에서는 해외여행 수요가 국내 여행으로 대체되는 경향이 있다.

환율과 유가 역시 핵심 변수다. 특히 환율은 해외여행 수요 자체를 억제하기도 한다. 환율이 급등하면 같은 100만 원으로 즐길 수 있는 숙소, 음식, 문화의 등급이 낮아지기 때문이다. 항공 요금 구조도 중요하다. 항공기 이용요금은 운임, 공항시설사용료, 그리고 유류할증료로 구성되는데, 유류할증료는 국제 유가에 연동된다. 유가가 오르면 할증료가 높아지는데, 국제 유가 시세가 달러로 책정되기 때문에 환율 상승은 곧 유류할증료 인상으로 직결되어 여행객의 비용 부담을 가중시킨다.

반면, 황금연휴는 수요를 폭발시키는 촉매제다. 2025년 10월, 한글날과 개천절, 추석이 겹치며 10여 일 이상의 연휴가 지속된 사례가 대표적이다. 이 기간 해외 항공권 예약 건수는 전년 대비 37% 급증했으며, 연휴 기간 인천공항 총이용객은 174만 명을 넘어서며 역대 추석 연휴 중 최다 여객 실적을 기

국민 해외관광객수 추이

단위: 만 명

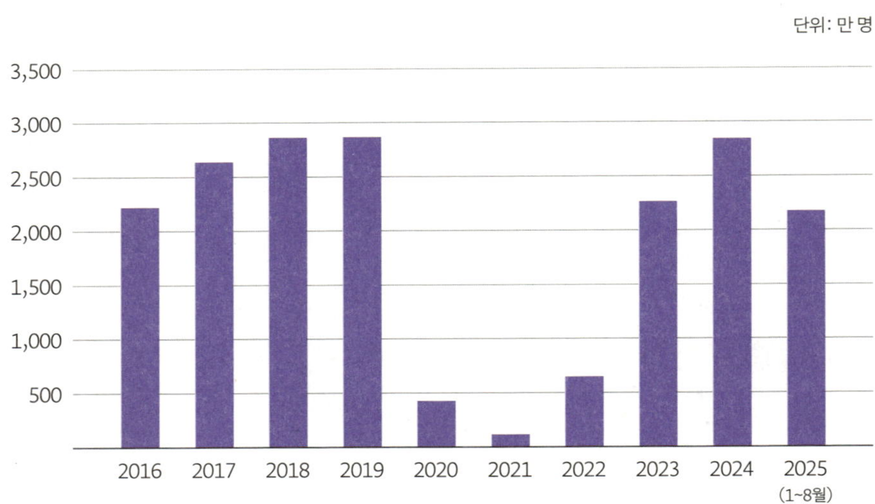

출처: 한국관광통계

운항 경로별 탑승객 수

단위: 만 명

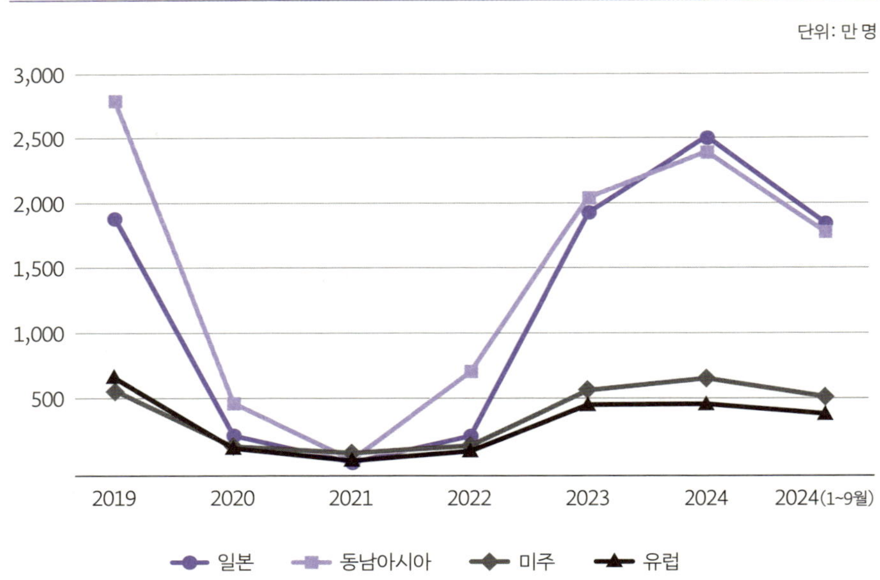

출처: 한국관광통계

록했다. 반대로 코로나19와 같은 팬데믹이나 전쟁 등 지정학적 리스크는 언제든 수요를 급격히 위축시킬 수 있는 잠재적 악재임을 기억해야 한다.

2) 고마진 패키지 여행과 온라인 확대

여행 경험이 축적되면서 여행의 '질'을 중시하는 분위기가 확산되고 있다. 이에 따라 여행사들은 고급 패키지 상품 출시로 매출[Q]과 수익성[P]을 모두 잡는 전략을 취하고 있다. 기존의 저가 패키지는 가격은 저렴했지만 가이드 팁 강요나 의무 쇼핑 등으로 만족도가 낮았다. 반면 '노 팁, 노 옵션, 노 쇼핑'을 내세운 고급 패키지는 가격 저항이 있음에도 불구하고 실제 구매 전환율이 저가 상품 대비 2배가량 높은 것으로 나타났다.

고급 패키지는 항공권과 호텔 등 핵심 요소만 제공하고 일정은 자유롭게 구성하는 등 개별 여행객의 니즈를 반영한다. 특히 여행사들은 대규모 물량을 바탕으로 한 바잉 파워Buying Power가 있어, 소비자가 개별적으로 예약하는 것보다 훨씬 합리적인 가격에 항공과 숙박을 제공할 수 있다. 하나투어의 「하나투어 2.0」, 모두투어의 「모두시그니처」가 이러한 프리미엄 전략의 대표적인 예다. 또한 여행업계는 비용 절감을 위해 고비용 구조인 대리점과 홈쇼핑 의존도를 낮추고, 자사 앱이나 라이브커머스 등 온라인 채널 비중을 확대하며 지급수수료를 줄이는 체질 개선을 진행 중이다.

3) 프리미엄 수요 확대

해외여행객 수가 코로나 이전 수준을 회복했지만, 성장률 둔화와 공급 경쟁 심화는 항공사들의 수익성을 위협하고 있다. 고환율, 고물가로 인한 소비 여력 감소도 부담이다. 이러한 상황에서 항공사들이 찾은 돌파구는 '프리미엄 클래스'다.

과거 비즈니스 클래스는 주로 기업의 출장(상용) 수요가 중심이었으나, 최근에는 '나를 위한 보상' 심리가 확산되며 레저 수요와 MZ세대로 고객층이 넓어지고 있다. 또한 고령화로 순자산 규모가 큰 '액티브 시니어' 계층이 증가하고, 자산 가격 상승에 따른 소득 양극화가 진행되면서 프리미엄 좌석에 대한 지불 용의가 높아졌다.

대한항공은 이러한 변화에 발맞추어 퍼스트 클래스를 축소하는 대신, 비즈니스 클래스와 이코노미석 사이의 '프리미엄 이코노미' 비중을 늘려 상용 수요와 레저 수요를 동시에 흡수하고 있다. 저비용항공사LCC들의 변화도 눈에 띈다. 제주항공은 2019년부터 '비즈니스 라이트' 좌석을 도입해 쏠쏠한 재미를 보고 있으며, 유럽 등 장거리 노선에 취항한 티웨이항공은 LCC 최초로 장거리 노선에 '침대형 비즈니스 좌석(비즈니스 세이버)'을 도입해 합리적인 가격에 프리미엄 수요를 공략하고 있다. 결국 항공업 투자의 핵심은 누가 더 효율적으로 프리미엄 수요를 흡수해 객단가를 방어하느냐에 달려 있다.

호텔과 카지노

1. 호텔 산업의 개요와 특징

호텔 산업은 부지 매입과 건축이라는 대규모 자본이 투입되는 대표적인 산업이자, 숙련된 인력을 통해 부가가치를 창출하는 인적 서비스 산업이다. 과거의 호텔이 단순한 '숙박' 기능을 제공하는 여행의 부수적인 인프라였다면, 2025년 현재의 호텔은 미식, 휴식, 엔터테인먼트가 결합된 라이프스타일 플랫폼이자 여행의 목적 그 자체로 진화했다.

특히 2025년 시점에서 호텔 산업을 주목해야 하는 이유는 명확하다. 엔데믹 이후 억눌렸던 글로벌 여행 수요가 폭발하는 '보복 소비' 구간을 지나, K-컬처의 위상 강화로 인한 방한 관광 트렌드가 구조적으로 정착된 시기이기 때문이다. 전 세계적인 인플레이션 압력 속에서도 '경험'에 지갑을 여는 소비 패턴은 더욱 강화되었고, 이는 호텔 객실료 상승에 대한 저항을 낮추며 산업의 수익성을 구조적으로 레벨업시키고 있다.

　한국관광협회중앙회 등 업계 통계에 따르면 2024년 말 기준 전국 관광호텔 수는 1,085개, 총 객실 수는 13만 7,991개에 달한다. 이 중 서울에 위치한 호텔은 316곳으로 전체의 29.1%를 차지하며, 객실 수는 5만 3,126개로 무려 38.4%에 육박한다. 이는 구매력이 높은 비즈니스 수요와 외국인 관광객이 몰리는 서울에 4~5성급 글로벌 럭셔리 호텔 브랜드들이 집중되어 있기 때문이다. 투자 관점에서 볼 때, 이러한 서울 집중 현상은 2025년 외국인 관광객의 폭발적 증가와 맞물려 서울 지역 호텔들의 객실 단가^{ADR}를 전국 평균 대비 가파르게 끌어올리는 핵심 요인이 되고 있다.

　호텔업의 가장 큰 재무적 특징은 감가상각비, 임대료, 이자비용, 인건비 등 고정비 비중이 절대적으로 높다는 점이다. 업계에 따르면 전체 영업 비용 중 고정비가 차지하는 비중은 60~80%에 달한다. 이는 객실 손님이 있든 없든 매달 막대한 비용이 고정적으로 지출된다는 의미다. 따라서 호텔업은 전형적인 '영업 레버리지^{Operating Leverage}' 산업으로 분류되며, 업황 변동에 따른 실적의 진폭이 매우 크다. 통상적으로 객실 점유율이 70% 이상을 넘어서면, 그 이후 발생하는 추가 매출은 고스란히 영업이익으로 직결되어 이익이 기하급수적으로 늘어나는 구조다. 반대로 점유율이 50% 이하로 떨어지면 고정비 부담을 이기지 못하고 적자 폭이 급격히 확대된다. 코로나19 팬데믹 시기 수많은 호텔이 대규모 적자를 냈던 이유도, 반대로 2025년 현재 호텔 기업들의 이익이 매출 증가율을 상회하며 급증하는 이유도 바로 이 비용 구조에 있다.

　또한 호텔 산업은 진입장벽이 높고 공급이 비탄력적이다. 호텔을 짓기 위해서는 부지 매입과 건축에 막대한 초기 자본^{CAPEX}이 필요할 뿐만 아니라, 지자체로부터 까다로운 사업계획 인허가를 받아야 한다. 도시계획 변경, 교통·환경 영향평가, 교육환경보호구역 심의 등 복잡한 사전 검토 및 협의 절차를 거치다 보면 인허가에만 수개월에서 1년 이상이 소요된다. 이후 착공해 완공하기까지 다시 2~3년이 걸리므로, 하나의 호텔을 시장에 공급하기 위해서는 최소 3년에서 5년의 긴 시간이 필요하다. 이러한 '공급의 시차'는 투자자에게 중요한 기회 요인이 된다. 2025년 현재처럼 관광객 수요가 폭발하는 시기에, 지난 팬데믹 기간 동안 멈추었던 신규 호텔 공급은 즉각적으로 반응할 수 없기 때문이다. 결국 수요가 공급을 초과하는 '구조적 공급 부족' 현상이 발생하면서, 호텔 사업자는 객실 점유율 상승을 넘어 가격 결정권을 쥐고 수익성을 극대화할 수 있는 호황 국면을 맞이하게 된다.

2. 카지노 산업의 개요와 특징

카지노는 게임, 음악, 쇼, 댄스 등 오락 시설을 갖춘 연회장이란 의미의 라틴어 '카사 Casa'가 어원이다. 세계 최초의 카지노는 1638년 이탈리아 정부가 인정한 '리도또'라는 카지노 전용 공간으로, 베니스 축제 동안 운영되었다.

오랜 기간 유교적 사상이 사회에 팽배했던 우리나라는 카지노 산업을 한때 사행행위 영업으로 규정했다. 그러다가 1994년 8월 「관광진흥법」 개정으로 카지노 산업은 정식 관광 산업으로 인정을 받게 되었으며 방한하는 '외국인 관광객을 유치해 외화 획득을 통한 관광수지 개선, 일자리 창출' 등의 목적을 갖게 되었다.

카지노는 문화체육관광부의 허가가 필요한 산업으로 전국에 총 17개 사업장이 존재한다. 이 중에서 16곳은 외국인 카지노, 1곳은 내국인 카지노다. 외국인 카지노는 말 그대로 외국인 관광객만 출입할 수 있는 곳이다. 내국인 입장이 가능한 국내 유일 카지노는 강원랜드다. 강원랜드는 석탄 산업 사양화에 따른 폐광지역 경제회생을 위해 관광 산업 육성을 목적으로 한 「폐광지역 개발 지원에 관한 특별법」 제정 후 1998년에 설립되었다. 강원랜드를 제외하고 카지노 산업은 외국인 관광객 유입에 영향을 받는다.

2010년대 초반, K-팝과 드라마로 촉발된 한류 열풍은 중국인을 중심으로 방한 관광객의 폭발적인 증가를 이끌었다. 2009년 782만 명에 불과했던 방한 외국인은 2016년, 불과 7년 만에 1,724만 명을 기록하며 2배 이상 급증했다. 그러나 이러한 상승세는 지정학적 리스크와 전염병이라는 외부 변수에 의해 수차례 꺾였다. 2015년 메르스[MERS] 사태로 일시적 위축을 겪은 데 이어, 2017년 사드[THAAD] 배치 이슈로 중국인 단체 관광객의 발길이 끊기며 전체 방한 외국인 수가 급감했다. 이후 회복세를 보이던 시장은 2020년 코로나19 팬데믹이라는 전대미문의 악재를 만나며 다시 한번 침체기에 빠졌다.

하지만 2023년 리오프닝 이후 상황은 극적으로 반전되었다. K-콘텐츠의 글로벌 위상이 더욱 높아지면서 방한 관광객은 2024년 약 1,750만 명을 기록해 팬데믹 이전 수준을 완전히 회복했다. 이어 2025년에는 사상 최초로 2,000만 명 시대를 목전에 두며 양적 성장을 넘어선 질적 도약의 시기를 맞이하고 있다. 투자자가 주목할 점은 관광객의 구성 변화다. 과거 중국인 단체 관광객에 절대적으로 의존하던 구조에서 벗어나 일본, 동남아, 미주, 유럽 등으로 국적이 다변화되었으며, 여행 형태 또한 단체 쇼핑에서 개별 체험형 관광[FIT]으로 진화했다. 이처럼 외래관광객 수요는 국제 정세와 질병, 그리고 문화적 트렌드에 민감하게 반응하며, 이는 호텔, 면세점, 그리고 외국인 전용 카지노 기업의 실적과 밸류에이션을 결정짓는 가장 강력한 핵심 변수로 작용한다.

3. 호텔과 카지노 산업의 성장성

호텔과 카지노 산업은 한국을 방문하는 외국인 관광객 증가에 힘입어 구조적인 성장이 기대된다. 방한 외래관광객 수는 2019년 1,750만 명을 기록하며 정점을 찍었으나, 코로나19 팬데믹으로 2020년 251만 명까지 급감하며

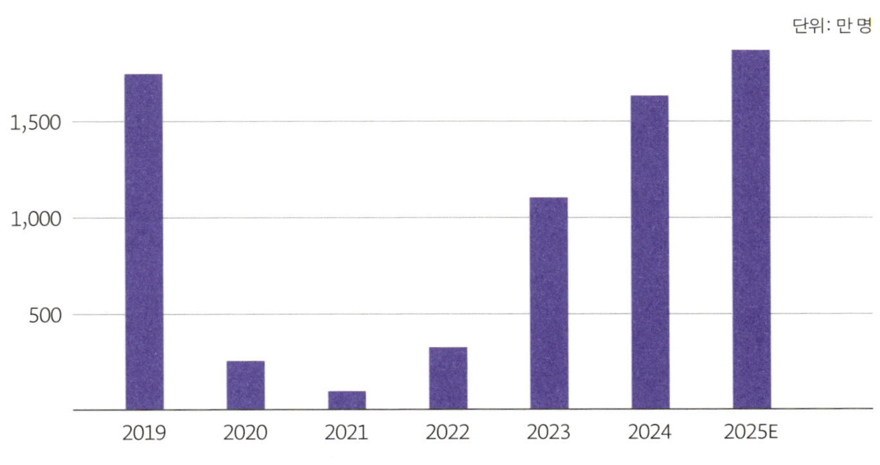

긴 침체의 터널을 지났다. 그러나 엔데믹 이후 회복세는 가팔랐다. 2023년 1,103만 명, 2024년 1,636만 명을 기록하며 팬데믹 이전 수준을 회복했고, 2025년 9월 누적 기준 1,408만 명을 돌파하며 연간 기준 사상 최대치 경신이 확실시된다. 이러한 폭발적 성장의 배경에는 유튜브, 틱톡 등 SNS 플랫폼과 넷플릭스를 위시한 OTT를 통해 전 세계적으로 확산된 K-콘텐츠의 인기가 자리하고 있다. 실제로 올해 1분기 외래관광객 조사에 따르면, 전체 응답자의 40%가 한류를 접하고 나서 한국 여행에 대한 관심이 커졌다고 답했다. 여기에 2024년부터 본격화된 미용 의료 목적의 관광객 급증 또한 인바운드 수요를 견인하는 핵심 축이 되었다.

질적인 측면에서도 긍정적인 변화가 감지된다. 2025년 9월 누적 기준 국적별 방한 외래관광객을 살펴보면 중국이 423만 명으로 1위, 일본 266만 명, 대만 140만 명, 미국 109만 명 순이다. 중국이 여전히 가장 많은 비중을 차지하지만, 2019년 동기 대비로는 오히려 4.7% 감소했다. 반면 대만은 49.1%,

미국은 39.2%, 유럽은 21.0%씩 각각 증가했다. 이는 특정 국가(중국)에 대한 의존도가 낮아지고, 구매력이 높은 서구권 및 기타 아시아 국가로 포트폴리오가 다변화되고 있음을 의미하며, 산업의 안정성 측면에서 매우 긍정적인 신호다. 정부는 2027년까지 방한 외국인 관광객 3,000만 명, 관광수입 300억 달러 달성을 목표로, 과거 쇼핑 중심의 저가 관광에서 벗어나 문화, 오락, 체험 중심의 고부가가치 관광지로 한국의 매력을 높이는 데 정책 역량을 집중하고 있다.

4. 호텔과 카지노 산업의 투자 포인트

1) 방한 외래관광객 수

호텔과 카지노 산업의 주가는 결국 '얼마나 많은 외국인이 한국을 찾는가'에 수렴한다. 따라서 해외 관광객을 유인할 수 있는 강력한 콘텐츠와 우호적인 정책 변화를 포착하는 것이 투자의 핵심이다. 대표적인 트리거는 K-콘텐츠다. 2025년 넷플릭스에서 방영된 〈케이팝 데몬 헌터스〉가 역대 최고의 글로벌 히트작에 오르면서 한국을 찾는 '성지순례' 관광객이 급증했다. 서울시에 따르면 드라마의 배경이 된 서울을 찾은 외국인 관광객 수는 2025년 7월 약 136만 명으로 전년 동월 대비 23.1% 증가했다. 트립닷컴 데이터에 따르면 해당 드라마 공개 직후 스페인발 한국행 항공편 예약이 전년 대비 146% 폭증하기도 했다.

또 다른 핵심 동력은 'K-메디컬'이다. 보건복지부에 따르면 2024년 한국을 찾은 외국인 환자 수는 약 117만 명으로 전년 대비 93.2%나 급증했다. 이 중 절반이 넘는 약 70만 명이 피부과 및 미용 시술을 위해 방문했다. 이는 단순 관광보다 체류 기간이 길고 소비 지출액이 커 호텔업계에 직접적인 수혜를 준다.

여기에 강력한 정책 모멘텀이 더해졌다. 정부는 외국인 관광객 3,000만 명 달성을 위해 2025년 9월 29일부터 2026년 6월 30일까지 중국 단체 관광객에 대해 한시적 무비자 입국을 허용했다. 이는 중국인 관광객의 심리적, 절차적 장벽을 제거하는 조치로, 2025년 하반기부터 중국 인바운드 수요가 폭발적으로 증가할 것으로 전망된다. 또한 원화 약세 기조는 외국인 관광객의 여행 비용 부담을 낮추고, 내국인의 해외여행 수요를 국내로 돌리는 효과가 있어 산업 전반에 우호적인 환경을 조성하고 있다.

2) 호텔: 공급 부족에 따른 가격 상승

호텔 산업 투자의 핵심 논리는 '수요는 폭증하는데 공급은 막혀 있다'는 점이다. 2019년까지 국내 호텔 공급은 꾸준히 늘어왔으나, 코로나19 팬데믹을 거치며 수익성이 악화된 호텔들이 폐업하거나 주거용 오피스텔로 용도 변경되는 등 구조조정이 일어났다. 2025년 현재 외래 관광객 수 증가로 숙박 수요는 팬데믹 이전을 넘어섰지만, 호텔 공급은 요지부동이다. 건설 원가와 금리 상승으로 신규 호텔 착공이 급감했기 때문이다. 호텔 건설은 인허가부터 준공까지 최소 3년에서 5년이 소요되는 장기 프로젝트다. 따라서 향후 2~3년간은 구조적인 공급 부족 현상이 지속될 수밖에 없다.

실제로 한국호텔업협회에 따르면 국내 핵심 시장인 서울의 경우 2019년 333개였던 호텔 수는 2023년 313개로, 객실 수는 5만 3,664개에서 5만 2,517개로 오히려 뒷걸음질 쳤다. 공급이 제한된 상황에서 수요가 몰리면 가격 결정권은 호텔 사업자가 쥐게 된다. 이에 따라 서울 주요 호텔의 객실 점유율[OCC]은 만실에 육박하고 있으며, 평균 객실 요금[ADR] 또한 꾸준히 우상향하며 이익률 개선을 이끌고 있다.

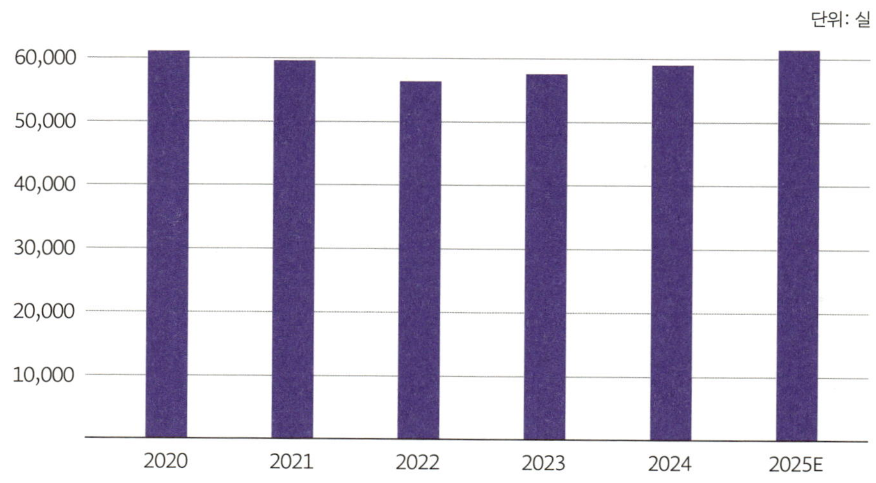

3) 카지노: 드롭액·홀드율↑, 콤프↓

카지노의 수익 구조를 이해하기 위해서는 세 가지 핵심 용어를 알아야 한다. 방문객이 게임을 위해 칩을 구매한 총액인 '드롭액 Drop Amount', 카지노가 게임에서 이겨 매출로 가져가는 비율인 '홀드율 Hold Ratio', 그리고 고객 유치를 위해 제공하는 무료 숙박이나 식음료 서비스 비용인 '콤프 Comp 비용'이다. 즉, 카지노 실적이 좋아지려면 드롭액과 홀드율은 높이고, 콤프 비용은 효율적으로 통제해야 한다.

　카지노 고객은 크게 VIP와 매스 Mass(일반 고객)로 나뉜다. VIP는 전체 드롭액의 80~90%를 차지할 정도로 비중이 크지만, 게임 실력이 좋아 카지노의 승률(홀드율)이 상대적으로 낮고, 모셔오기 위해 막대한 콤프 비용을 써야 한다. 반면 매스 고객은 드롭액 비중은 작지만 홀드율이 높고 콤프 비용이 적게 들어 수익성(마진)이 좋다. 따라서 카지노 기업 입장에서는 VIP로 외형을 유지하면서 매스 고객 비중을 늘리는 것이 최상의 시나리오다. 2025년 10월 누

파라다이스의 고객별 드롭액 비중(2025년 10월 누적 기준)

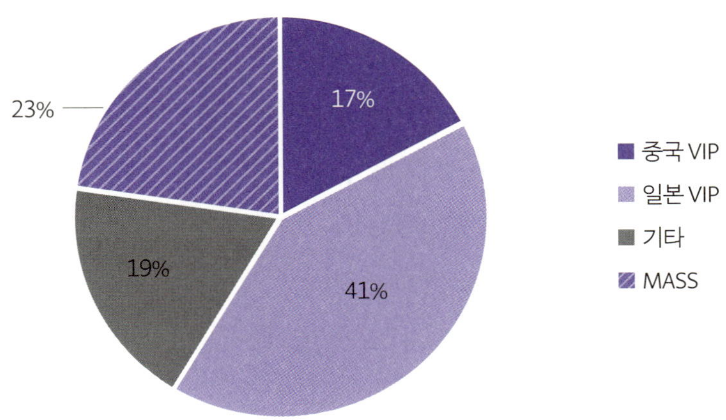

출처 : 파라다이스

GKL의 고객별 드롭액 비중(2025년 10월 누적 기준)

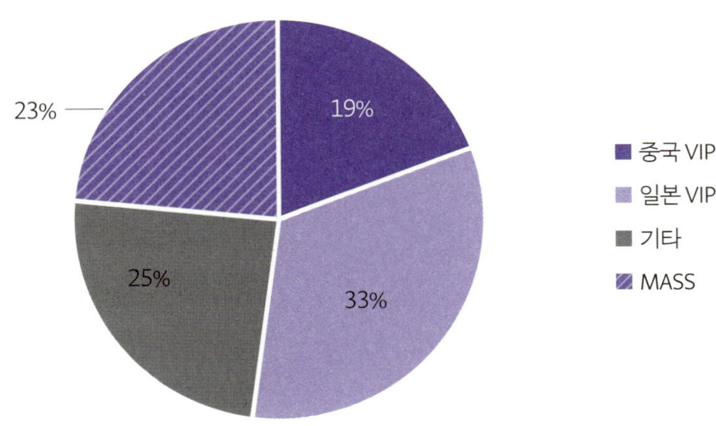

출처 : GKL

적 기준 파라다이스와 GKL의 고객 비중을 보면 일본 VIP가 여전히 가장 큰 비중을 차지하고 있으나, 중국 무비자 정책 등의 영향으로 중국 VIP와 매스 고객의 비중이 점차 확대되는 추세다.

이러한 시장 환경에서 카지노 기업들의 생존 전략은 '복합리조트'다. 단순히 도박만 하는 곳이 아니라 호텔, 쇼핑, 공연, 컨벤션 등 다양한 레저·문화 시설을 갖춘 복합리조트는 VIP뿐만 아니라 수익성 높은 매스 고객을 유인하는 강력한 무기다. 롯데관광개발의 제주 드림타워, 파라다이스의 인천 파라다이스시티, 강원랜드의 하이원리조트, 그리고 영종도에 새롭게 개장한 인스파이어 리조트 등이 대표적이다. 이들은 비카지노 부문의 매력을 통해 모객 효과를 극대화하고 콤프 비용 효율성을 높여, 드롭액 성장과 이익률 개선이라는 두 마리 토끼를 잡고 있다.

레저 산업 투자 지표

실적 및 투자 지표: 2025년 3분기 연환산 기준
시가총액: 2025년 12월 23일 기준

단위: 억 원

종목코드	종목명	매출액	영업이익	순이익	PER	시가총액
003490	대한항공	232,312	14,228	9,480	8.8	83,586
035250	강원랜드	14,559	2,482	3,627	11.1	40,328
032350	롯데관광개발	5,763	1,013	−578	−31.3	18,095
008770	호텔신라	39,707	−103	−2,202	−8.0	17,681
020560	아시아나항공	77,597	−1,306	−3,343	−5.0	16,706
034230	파라다이스	11,218	1,591	1,003	15.1	15,155
114090	GKL	4,260	589	532	17.6	9,371
499790	GS피앤엘	3,669	467	168	51.6	8,646
039130	하나투어	5,539	438	679	11.2	7,582
025980	아난티	2,628	47	−399	−18.2	7,263
089590	제주항공	15,557	−1,697	−1,609	−2.7	4,347
091810	티웨이항공	16,674	−2,702	−3,345	−1.2	3,889
215000	골프존	5,027	729	381	10.1	3,828
475560	더본코리아	3,895	−111	−107	−34.1	3,642
272450	진에어	13,865	170	−63	−57.6	3,607
339770	교촌에프앤비	5,120	370	164	13.7	2,243
005430	한국공항	6,535	400	354	5.8	2,064
298690	에어부산	8,462	203	−490	−4.1	2,017
080160	모두투어	1,985	91	175	11.2	1,947
070960	모나용평	2,822	301	74	21.8	1,608

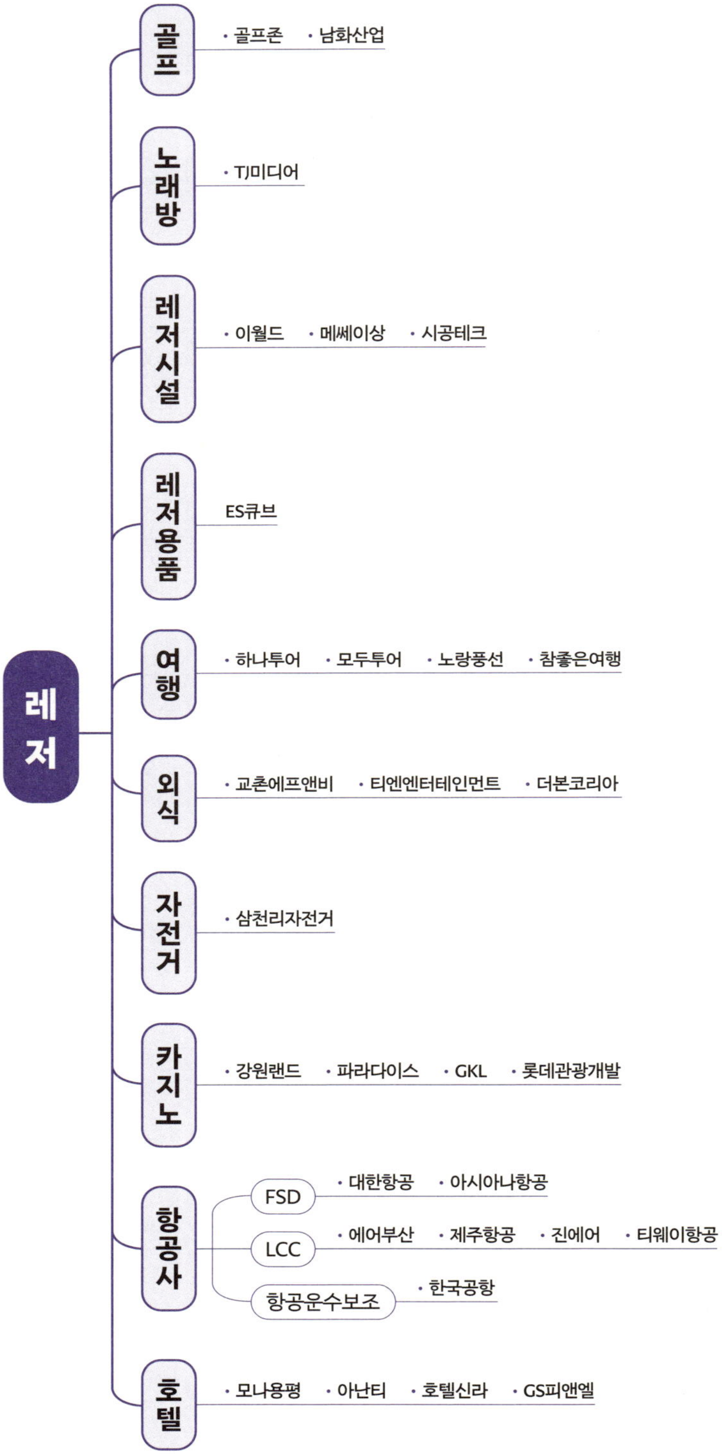

레저

- **골프**: ·골프존 ·남화산업
- **노래방**: ·TJ미디어
- **레저시설**: ·이월드 ·메쎄이상 ·시공테크
- **레저용품**: ES큐브
- **여행**: ·하나투어 ·모두투어 ·노랑풍선 ·참좋은여행
- **외식**: ·교촌에프앤비 ·티엔엔터테인먼트 ·더본코리아
- **자전거**: ·삼천리자전거
- **카지노**: ·강원랜드 ·파라다이스 ·GKL ·롯데관광개발
- **항공사**
  - FSD: ·대한항공 ·아시아나항공
  - LCC: ·에어부산 ·제주항공 ·진에어 ·티웨이항공
  - 항공운수보조: ·한국공항
- **호텔**: ·모나용평 ·아난티 ·호텔신라 ·GS피앤엘

미디어

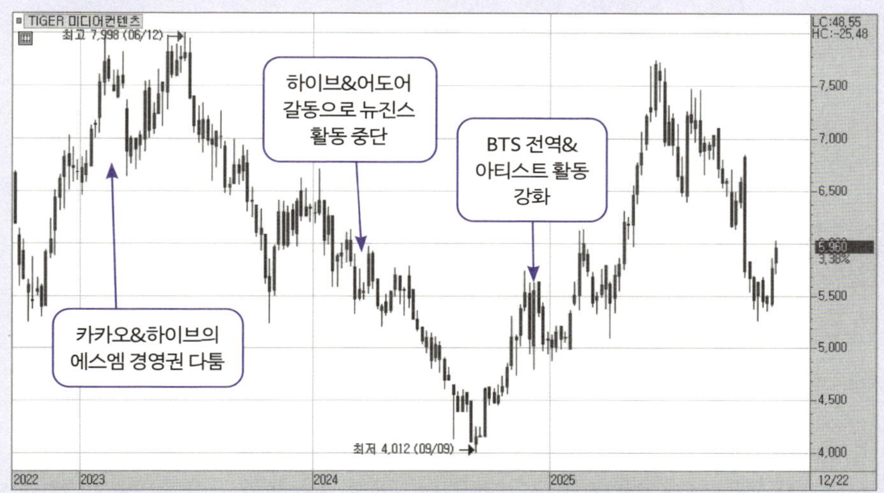

미디어 산업에 속해 있는 기업은 총 91곳으로, 시가총액에서 차지하는 비중은 0.9%다. 미디어 산업은 방송과 콘텐츠, 엔터테인먼트, 영화배급과 멀티플렉스, 광고로 구분했다.

미디어 업종은 지난 3년간 큰 변동성을 보였다. 2023년엔 에스엠을 둘러싸고 카카오와 하이브의 인수전이 미디어 업종을 뜨겁게 달구었다. 넷플릭스의 한국 25억 달러 투자 발표도 미디어 업종 상승에 트리거가 되었다. 다만 2024년 들어 하이브와 어도어의 갈등으로 대표 아이돌 그룹인 뉴진스의 활동이 정지되며 엔터테인먼트 업계 투자 심리를 급랭시켰다. 급기야 같은 해 8월 엔캐리 트레이드 악재로 글로벌 주식시장 수급이 위축되며 미디어 업종은 크게 하락했다. 이후 BTS 멤버들 전원의 군 전역으로 BTS 완전체 활동이 가시화되었고 다른 엔터 기업들의 아티스트 활동도 강화되면서 주가가 크게 회복되었다. 한편

2025년 새 정부가 출범하며 중국의 한한령限韩令 해제 가능성도 커지면서 미디어 업종 수혜 기대감도 높아졌다.

미디어

1. 미디어 산업의 개요와 특징

21세기 초 인터넷 혁명으로 인쇄 매체가 쇠락하고 네이버, 다음과 같은 포털에서 텍스트 콘텐츠를 찾아보는 시대가 열렸다. 2007년 애플의 아이폰 출시로 내 손 안의 컴퓨터 '스마트폰' 시대가 도래했고, 결과적으로 TV에서 벗어나 온라인 동영상 플랫폼이 대중화되는 시발점이 되었다. 유튜브, 넷플릭스의 등장으로 OTT 플랫폼 사업자도 동영상 플랫폼 사업에 뛰어들면서 매체 간 경쟁은 더욱 치열해지고 있다. 미디어의 헤게모니가 기존 언론사, 방송사에서 구글, 네이버 등 인터넷 플랫폼 기업으로 옮겨 가면서 콘텐츠 제작사의 위상도 커지고 있는 상황이다.

　미디어 산업은 크게 채널 역할을 하는 방송사와 콘텐츠를 제작하는 제작사로 나뉜다. 국내 산업분류에 따르면 방송사와 콘텐츠사를 모두 합해 방송영상 산업으로 분류하고 있다. 방송사는 지상파방송, 유선방송, 위성방송, 인터

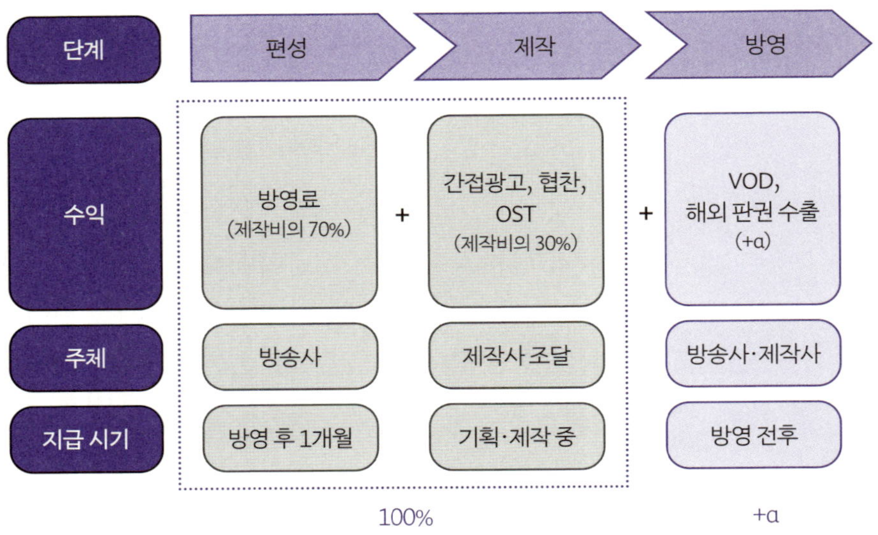

출처: 래몽래인 투자설명서

넷영상물 제공업 등으로 구분되는데 콘텐츠의 전송 방식이 다르다는 점이 차이점이다.

지상파는 공중파라고 흔히 알고 있는 KBS, MBC, SBS, EBS다. 전파를 통해 안테나 대 안테나로 직접 수신하는 방식이다. 유선방송은 유료 가입자를 따로 모집하는 방송으로, 흔히 케이블 TV라고 알려져 있다.

동축 케이블을 통해 콘텐츠를 공급한다. 인터넷영상물제공업자는 IPTV로, 국내 통신 3사의 인터넷망을 통해 방송 서비스를 제공한다. 위성방송은 말 그대로 위성을 통해 송수신을 하는 사업자로, 국내에서는 KT 스카이라이프 1곳만 존재한다.

방송사는 제작사에 일반적으로 콘텐츠 제작을 의뢰하며 제작비의 약 70%를 지원한다. 제작사는 방송사 지원 제작비를 제외하고 간접광고PPL, 협찬,

OST 등으로 제작비의 30%를 충당해 손익분기점^{BEP}을 맞춘다. 제작사의 추가 수익은 VOD 판매, 재방송 등이 대표적이며, 흥행작의 OTT 플랫폼과 해외 판권 수출을 통해 추가 매출을 창출하기도 한다. 그러나 방송 플랫폼 간 경쟁이 치열해지면서 제작 전 단계에서 OTT 플랫폼과 계약을 맺는 사례가 늘고 있다. 과거 방송사의 영역을 OTT 플랫폼이 대체하는 흐름이다.

2. 미디어 산업의 성장성

방송통신위원회에 따르면 유료 방송의 경우 가입 가구 비율은 2022년 92.7%를 기록한 이후 정체 상태에 머물러 있다. 채널별로 살펴보면 2024년 말 기준, 유일하게 가입 가구가 확대되고 있는 것은 IPTV(점유율 58.6%)뿐이며, 디지털 케이블은 33.7%, 위성방송은 7.7%로 하락세가 지속되고 있다. 이는 미디어 소비의 중심이 전통적인 방송 채널에서 온라인 동영상 서비스^{OTT}로 완전히 이동했음을 명확히 보여준다.

유료 방송의 가입률은 정체되어 있는 가운데 OTT 시장이 급성장했다. 방송통신위원회의 '방송매체 이용행태 조사'에 따르면 국내 OTT 이용률은 2022년 72%에서 2024년에는 79%를 돌파했다. 코로나19 팬데믹을 거치며 유튜브 이용률은 2022년 66.1%에서 2025년 70%에 육박하며 명실상부한 '국민 앱'으로 자리 잡았고, 넷플릭스 이용률 또한 40%에 근접하며 압도적인 1위 사업자의 지위를 유지하고 있다. 그러나 시장의 내부 기류는 심상치 않다. 막강한 스포츠 중계권을 확보한 쿠팡플레이가 토종 OTT 1위로 올라서고, 티빙과 웨이브의 합병이 가시화되면서 '타도 넷플릭스'를 기치로 내건 국내 플랫폼 간의 생존 경쟁이 격화되고 있기 때문이다.

2025년 현재 OTT 가입률이 80%를 넘어서며 시장 자체는 성숙기에 접어

427

미디어 매체별 점유율

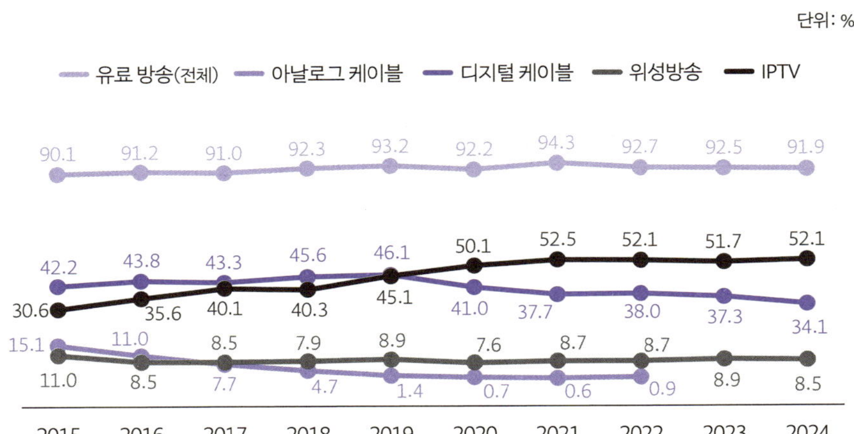

국내 주요 OTT 제작투자비 총액

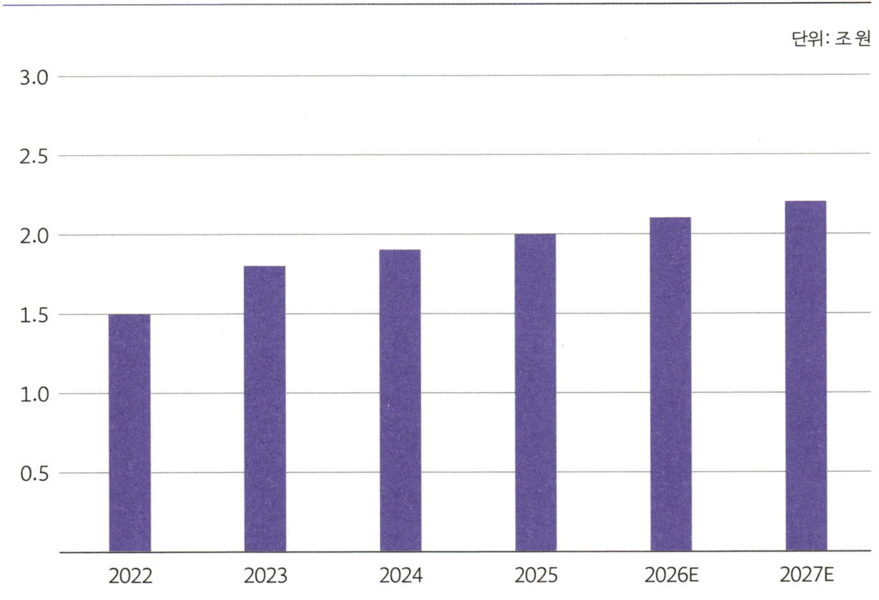

들었다. 하지만 신규 가입자가 정체된 '제로섬 Zero-Sum' 게임 상황이기에, 경쟁사 고객을 뺏어오기 위한 출혈 경쟁과 콘텐츠 투자는 오히려 지속될 전망이다. 이는 주요 OTT 업체들의 공격적인 콘텐츠 투자 계획에서 여실히 드러난다. IBK투자증권에 따르면 국내 OTT의 오리지널 콘텐츠 제작 투자비는 2024년 1조 7,613억 원에서 2027년 2조 2,219억 원으로 연평균 8.1% 증가할 것으로 관측된다. 넷플릭스와 디즈니플러스가 기존의 거대 투자 규모를 유지하는 가운데, 티빙과 쿠팡플레이 등 토종 플랫폼의 투자 확대가 전체 시장 성장을 견인하는 형국이다.

여기서 투자자가 주의해야 할 점은 시장의 질적 변화다. 과거처럼 '만들기만 하면 플랫폼이 사가던' 공급자 우위의 시대는 끝났다. 플랫폼들이 수익성을 따지기 시작하면서, 글로벌 시장에서 확실히 흥행할 수 있는 소수의 '대작(텐트폴)' 콘텐츠에만 자금이 쏠리는 양극화가 심화되고 있다. 따라서 드라마 제작사에 대한 투자는 단순한 연간 제작 편수가 아니라, 넷플릭스 등 글로벌 OTT에 콘텐츠를 공급해 본 이력(트랙 레코드)이 있는지, 그리고 시즌제로 확장 가능한 핵심 IP를 자체 보유하고 있는지 여부가 기업 가치 평가의 핵심 기준이 되어야 한다.

정부의 정책 또한 콘텐츠 산업을 단순한 문화 향유의 수단을 넘어 국가의 핵심 성장 동력으로 격상시켰다. 2025년 9월, 정부는 '대중문화교류위원회' 신설을 전격 발표하며, "K-컬처 시장 300조 원, 수출 50조 원 달성"이라는 구체적이고 공격적인 목표를 제시했다. 이는 콘텐츠 산업을 반도체, 자동차, 배터리 등과 어깨를 나란히 하는 대한민국의 '수출 주력 산업'으로 육성하겠다는 강력한 의지의 표명이다.

이를 실현하기 위해 정부는 전방위적인 자금 지원에 나섰다. 특히 글로벌 OTT의 하청 기지로 전락할 우려가 있는 국내 생태계를 보호하고 자생력을 키우기 위해, OTT 오리지널 제작 자금 지원을 대폭 확대했다. 그중에서도 주목할 것은 'K-콘텐츠 제작보증제도'다. 이는 자금력이 부족한 중소 제작사와 신진 감독, 작가들이 안정적으로 콘텐츠를 제작할 수 있도록 정부가 보증을 서는 제도로, 창의적인 IP가 사장되지 않도록 돕는 안전판 역할을 한다.

3. 미디어 산업의 투자 포인트

1) IP를 활용한 원소스 멀티유스

게임 산업과 마찬가지로 방송 콘텐츠 시장 역시 IP가 중요하다. 단순히 방송용 콘텐츠를 넘어서 웹툰, 웹소설 IP를 영상으로 제작하는 IP 원소스 멀티유스가 일반화되고 있다. IP를 활용한 콘텐츠는 제작사나 방송사 입장에서 선호할 수밖에 없다. 이미 흥행 검증을 마친 웹소설, 웹툰을 배경으로 기본 인지도와 유저를 확보할 수 있기 때문이다. 실패 가능성도 적으며, 스토리 제작을 위한 비용도 절감된다. 네이버웹툰의 IP를 활용해 넷플릭스 OTT로 방영된 작품으로는 〈지금 우리 학교는〉, 〈지옥〉이 있으며, 카카오엔터테인먼트의 IP를 활용한 작품으로는 tvN의 〈김비서가 왜 그럴까〉, 티빙의 〈술꾼도시여자들〉이 대표적이다.

2) K-콘텐츠의 글로벌화

과거 한류가 드라마와 K-팝 중심이었다면, 현재는 예능, 다큐멘터리, 영화, 그리고 공연 중계로 그 영역이 전방위적으로 확장되고 있다. 특히 중장년층을 타깃으로 한 스포츠 중계나 콘서트 실황 등 실시간 콘텐츠를 OTT가 흡수하면서, 한류 소비층의 연령대가 1020세대에서 전 세대로 넓어졌다. 또한 넷플릭스의 〈피지컬: 100〉 시리즈에 이어 〈흑백요리사: 요리 계급 전쟁〉 등이 비영어권 국가에서까지 신드롬급 인기를 끌면서, 한국식 예능 포맷을 수출하는 이른바 'K-포맷 K-Format' 산업도 가파르게 성장하고 있다.

시장조사기관 옴디아 Omdia 등에 따르면 2025년 7월 기준 글로벌 OTT가구 보급률은 47% 수준이다. 여기서 투자자가 주목해야 할 것은 지역별 격차다. 미국과 유럽 등 서구권은 이미 보급률이 포화 상태에 이른 성숙기 시장인 반면, 아시아와 중남미 시장은 여전히 글로벌 평균을 밑돌며 성장 여력이 충분하다. K-콘텐츠는 특히 아시아권에서 언어·정서적 친숙성과 높은 완성도를 무기로 가입자를 끌어모으는 핵심 킬러 콘텐츠 역할을 하고 있다.

반면 이미 성숙기에 진입한 서구권 시장에서 OTT 플랫폼들의 전략은 '가입자 확대'에서 '수익성 방어'로 전환되었다. 구독자 증가세가 정체되자, 넷플릭스와 디즈니플러스 등은 막대한 제작비가 드는 자체 오리지널 제작을 축소하고, 검증된 외부 라이선스 콘텐츠 구매를 확대하는 추세다. 이 지점에서 K-콘텐츠의 독보적인 경쟁력인 '압도적 가성비'가 빛을 발한다.

미국 드라마의 회당 제작비가 수백억 원을 호가하는 데 비해, 웬만한 텐트폴(대작)급 K-콘텐츠의 회당 제작비는 30억~40억 원 수준으로 북미의 10분의 1에 불과하다. 그럼에도 불구하고 글로벌 흥행 타율은 매우 높다. 즉, 글로벌 OTT 입장에서 K-콘텐츠는 비용 효율성을 극대화하면서도 구독자를 묶어둘 Lock-in 수 있는 가장 매력적인 투자처다. 이에 따라 국내 제작사들은 단순 용역 제작을 넘어 판권 판매 및 공동 제작의 기회가 확대되고 있으며, 이는 기업 가치 제고의 중요한 모멘텀이 되고 있다.

엔터테인먼트

1. 엔터테인먼트 산업의 개요

엔터테인먼트란 '오락'으로, 많은 사람들을 즐겁게 하는 것을 바탕으로 하는 문화 활동을 의미한다. 다만 국내 주식 시장에서 엔터테인먼트라는 개념은 하이브, 에스엠[SM], JYP 엔터테인먼트 같은 연예기획사를 다루는 섹터를 지칭하는 용어다. 이 책에서도 아티스트들을 발굴하고 육성해 음반 판매 및 콘서트 기획 등 다양한 부가가치를 창출하는 기업을 엔터테인먼트사(이하 엔터사)로 지칭한다.

한국콘텐츠진흥원에 따르면 2024년 기준 국내 음악제작업 관련 사업체 수는 2,000여 개에 달하지만, 소자본으로 누구나 창업이 가능하기 때문에 진입 장벽이 낮다. 다만 하이브, JYP엔터테인먼트, 에스엠, YG엔터테인먼트 등 상위 4개 사가 전체 시장의 70% 이상을 점유하고 있는 과점 시장이다. 플레이어는 많지만 자본력과 아티스트 육성 시스템을 갖추고 있는 상위권 기업들의 입지가 점차 견고해지고 있다. 다만 상위권 기업이라고 해도 특정 아티스트 비중이 큰 것이 특징이다. 업계 4위권인 YG엔터테인먼트의 2025년 음반 판매량 기준 블랙핑크의 비중은 베이비몬스터의 성장에 힘입어 40%대로 완화된 것으로 파악된다. 특정 아티스트 비중이 큰 것은 엔터사에 리스크다. 실제 블랙핑크의 재계약 시점을 맞아 주요 아티스트인 제니, 지수 등이 1인 기획사 설립설이 돌자 YG엔터테인먼트 주가가 급락한 바 있다. YG엔터테인먼트 외에도 하이브, JYP 엔터테인먼트, 에스엠 역시 몇몇 아티스트 의존도가 큰 편이다. 엔터사들은 특정 아티스트 집중도를 낮추기 위해 지속적으로 신규 아티스트들을 발굴하고 있다. 이에 대한 근본적인 해결책으로 하이브[HYBE]가 주도하는 '멀티 레이블' 체제가 업계 표준으로 자리 잡고 있다. 이는 독립적인 여러 레이블을 산하에 두어 아티스트 포트폴리오를 다각화함으로써, 특정 그룹의 활동 공백이나 재계약 리스크를 분산시키는 고도화된 전략이다.

2. 엔터테인먼트 산업의 성장성

국제음반산업연맹[IFPI]에 따르면 2024년 전 세계 음악 시장 규모는 약 300억 달러로 전년 대비 8%가량 늘었다. 이 중 음원 스트리밍 시장이 약 200억 달러로 전체 음악 시장의 67%를 차지하며 성장을 주도했고, CD 및 레코드 등 실물 음반 판매 시장은 약 46억 달러, 공연 수익이 나머지를 차지했다.

한국의 음반 수출 역시 폭발적인 성장세를 이어가고 있다. 산업통상자원부와 관세청 데이터에 따르면 K-팝 음반 수출 금액은 2017년 약 4,418만 달러에서 2022년 약 2억 3,311만 달러로 5배 이상 급증했다. 특히 BTS와 블랙핑크 등 메가 IP의 낙수 효과로 2020년부터 성장세가 가파라졌다. 2023년 이후에는 BTS의 단체 활동 중단이라는 우려에도 불구하고, 솔로 활동의 성공

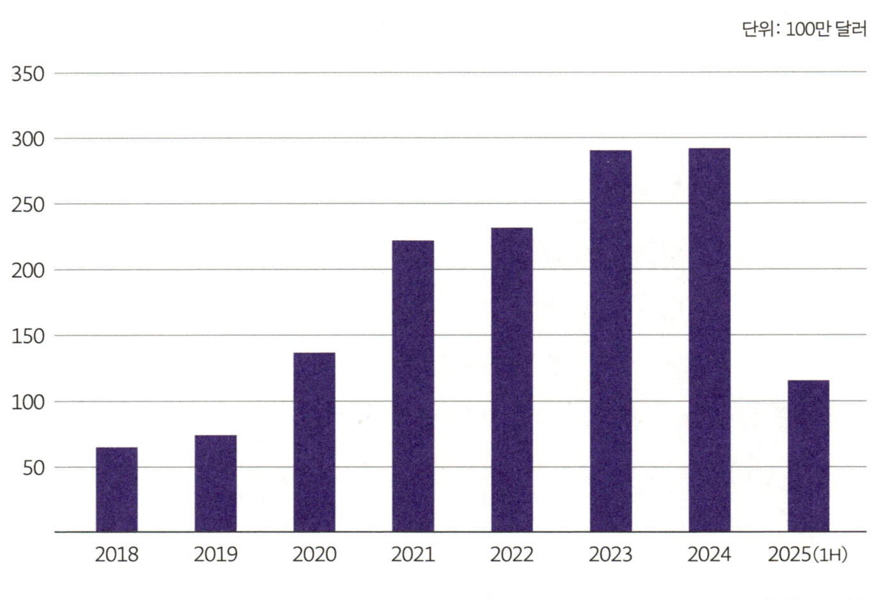

과 스트레이 키즈, 투모로우바이투게더[TXT], 세븐틴 등 다양한 아티스트들이 글로벌 팬덤을 확장하며 수출액은 여전히 우상향 곡선을 그리고 있다.

이에 따라 2020년부터 해외 음반 판매량이 국내 판매량을 넘어선 수출 주도형 산업으로 완전히 자리 잡았다. 국가별 판매액을 살펴보면 2024년 기준 일본이 약 1억 달러로 1위를 유지했으며, 미국이 약 8,000만 달러로 2위 자리를 굳혔고, 과거 주요 시장이었던 중국은 3위로 밀려났다. 투자자가 주목할 점은 성장률이다. 2024년 상반기 미국 내 K-팝 음반 판매량은 전년 동기 대비 40% 이상 급증했다. 세계 최대 음원 시장인 미국에서의 고성장이 지속된다면 관련 엔터사들의 밸류에이션(기업가치)은 긍정적으로 재평가될 가능성이 높다. 이밖에도 독일, 대만, 홍콩, 네덜란드, 영국, 프랑스 등 전 세계로 수출 저변이 확대되며 질적, 양적 성장의 두 마리 토끼를 잡고 있다.

산업의 수익 구조가 근본적으로 변화하고 있다는 점도 놓쳐서는 안 된다. 과거 엔터테인먼트 산업이 단순한 음반 판매 중심이었다면, 현재는 '음원/스트리밍 → 글로벌 공연 → 캐릭터 MD → IP 라이선싱'으로 부가가치가 무한히 확장되는 구조로 진화했다. 따라서 단순히 앨범 판매량에 일희일비하기보다, 대규모 글로벌 투어를 통해 티켓 매출과 고마진 MD 및 IP 라이선싱 매출을 동시에 극대화할 수 있는 엔터사를 주목해야 한다. 또한 유튜브 쇼츠, 틱톡 등 숏폼 영상 플랫폼이 글로벌 팬덤 형성의 기폭제가 되면서, 저연차 신인 아티스트들도 데뷔와 동시에 해외 팬덤을 확보하고 조기 수익화(BEP 달성)가 가능해졌다는 점 또한 엔터사들의 이익 체력을 높여주는 강력한 기회 요인이다.

3. 엔터테인먼트 산업의 투자 포인트

1) 글로벌 공연 시장 확대

넷플릭스 오리지널 애니메이션 〈케이팝 데몬 헌터스〉의 흥행은 K-팝의 지평을 넓히는 결정적인 계기가 되었다. 작품 공개 후, 기존에 K-팝에 친숙했던 아시아권보다 오히려 서구권과 라틴 아메리카 지역에서의 검색량이 급증하며 장기간 높은 관심도를 유지했기 때문이다. 실제로 미국 내 정식 개봉 없이 진행된 이벤트성 '싱어롱' 상영회만으로 이틀간 1,800만 달러의 박스오피스 성과를 거둔 것은 서구권 확산의 가능성을 숫자로 증명한 사건이었다. 이러한 흐름은 단순한 음원 소비를 넘어 K-팝 아티스트들의 북미 중심 월드 투어 매진 행렬로 이어지고 있다.

시장조사기관 스타티스타[Statista]에 따르면 2025년 기준 글로벌 공연 시장 규모는 약 367억 달러로 추정된다. 이 중 미국 시장이 150억 달러로 전체의 40.9%를 차지하는 압도적인 1위 시장이다. 한국 시장이 전 세계의 1%에 불과하다는 점을 감안하면, 북미 시장의 잠재력은 실로 막대하다. 현재 K-POP 의 주력 해외 공연 무대는 한국 시장의 3배 규모인 일본이지만, 최근에는 일본보다 시장 규모가 큰 영국, 독일 등 유럽 시장으로의 진출이 가속화되고 있다. 특히 2만 5,000석 이상의 대형 스타디움급 공연장의 70%가 서구권에 몰려 있다는 점은, 관객 동원력을 갖춘 톱티어 아티스트를 보유한 엔터사들에 엄청난 기회 요인으로 작용한다.

콘서트 티켓 가격[ATP]의 구조적 상승 또한 수익성 개선의 핵심이다. 국내 엔터 4사의 콘서트 티켓 가격은 평균적으로 2~3년에 한 번씩 약 8~17% 인상되는 추세이며, 이는 해외에서도 마찬가지다. 또한 과거의 전 좌석 동일가 정책에서 벗어나 구역별 차등 가격제를 도입하고, 아티스트와 손을 마주치는 '하이터치'나 리허설을 관람하는 '사운드체크' 등 팬들의 체험 욕구를 충족시키는 부가 서비스를 포함한 고가 VIP 티켓 구성을 확대하면서 티켓당 평균 매출을 극대화하고 있다.

2) 고마진 MD 상품 확대

과거 엔터테인먼트 산업에서 MD[Merchandise]라고 하면 콘서트장 앞에서 파는 응원봉, 티셔츠, 슬로건 등 공연 연동 굿즈가 대부분이었다. 그래서 공연이 없으면 MD 매출도 자연스럽게 줄어드는 부수적인 수입원에 불과했다. 그러나 2025년 현재, MD는 엔터사의 수익 구조를 책임지는 핵심 사업으로 진화했다. 공연과 직접 연계되지 않은 기획형 MD, 아티스트를 캐릭터화한 공식 IP 기반 굿즈, 그리고 게임·완구·패션·F&B 등 이종 산업과의 컬래버레이션을 통한 라이선싱 MD까지 그 저변을 넓히고 있기 때문이다.

무엇보다 MD는 엔터사의 사업 부문 중 가장 높은 마진율을 자랑한다. 콘서트나 방송 출연은 아티스트 인건비, 무대 장치, 대관료, 이동 경비 등 변동비 비중이 크고 리스크가 높은 사업이다. 반면 MD는 한 번 디자인과 기획

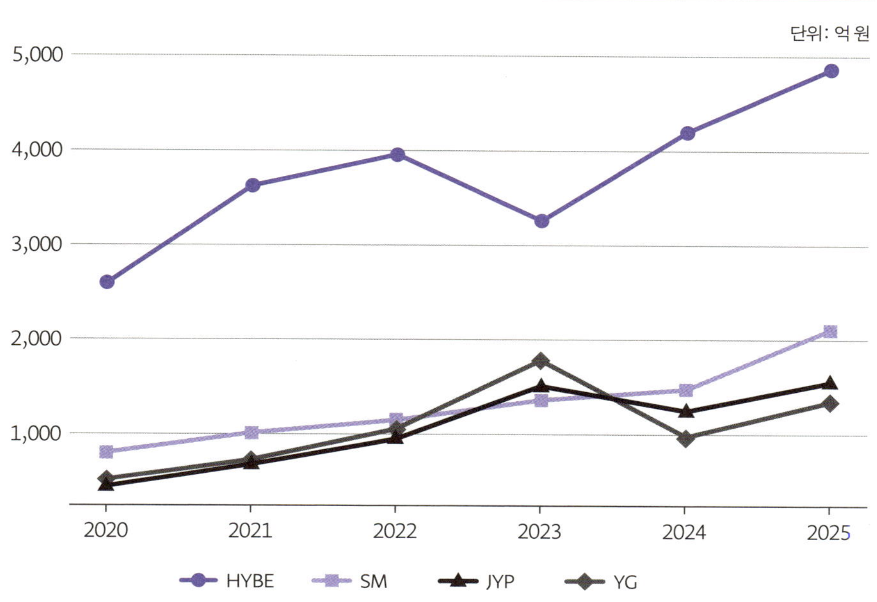

을 완료하면 재생산이 쉽고, 공급망과 재고 관리만 효율화하면 추가 비용 대비 이익 레버리지가 매우 크다. 특히 IP 라이선싱 사업은 파트너사로부터 로열티를 수취하는 구조라 비용 부담이 거의 없는 '순도 높은 이익'을 창출한다. 즉, 엔터사 입장에서 MD 매출 비중이 늘어날수록 기업 전체의 영업이익률이 상승하는 효과를 누릴 수 있다.

또한 캐릭터 MD는 아티스트의 활동 휴식기(군백기 등)에도 꾸준히 팔리는 '비활동기 매출'을 만들어낸다는 점에서 중요하다. "좋아하는 아티스트가 없어도 캐릭터가 귀여워서 산다"는 라이트 팬덤이나 일반 대중의 수요까지 포괄할 수 있기 때문이다. 실제로 하이브, JYP Ent. 등 주요 엔터 4사의 MD 매출 비중은 꾸준히 우상향하고 있으며, 이는 엔터주가 단순한 매니지먼트 회사를 넘어 '종합 IP 플랫폼 기업'으로 재평가받는 근거가 되고 있다.

광고

1. 광고 산업의 개요와 특징

제품이나 서비스를 판매하기 위해서는 광고가 필수다. 광고는 소비자와 기업이 만나는 접점이며, 다양한 미디어 채널을 통해 노출된다. 과거 광고는 전통 4대 매체로 불리는 TV, 라디오, 신문, 잡지에서의 노출 비중이 높았다. 그러나 인터넷 등 뉴미디어 채널이 급부상하고 타깃 광고의 중요성이 커지면서 4대 매체의 광고 비중은 점차 감소하고 있다. 인터넷은 전통 4대 매체에 비해 잠재 고객을 정확히 찾아내 광고할 수 있다. 또한 잠재 고객의 클릭, 이탈, 잔류 시간 등을 실시간으로 확인하고 분석할 수 있다. 최근에는 여기에 생성형 AI 기술이 결합되면서, 개인별로 최적화된 광고 소재를 실시간으로 만들어내는 '초개인화' 마케팅이 대세로 자리 잡고 있다.

광고 산업의 이해관계자는 크게 광고주, 대행사, 미디어렙, 매체로 구분된다. 광고주는 제품을 홍보하고자 하는 기업이며, 대행사는 광고주를 대신해 매체에 광고를 하는 데 필요한 모든 업무를 수행한다. 미디어렙은 매체의 광고지면을 광고 대행사에 판매하는 역할을 한다. 특정 매체사의 매체 광고 판매권을 가진 회사로 볼 수 있다. 광고주가 광고 대행사에 광고를 맡기면, 광고 대행사는 이에 걸맞은 광고를 제작 후 미디어렙사에 적합한 매체 광고를 의뢰한다. 미디어렙사는 온오프라인 등 적절한 매체를 선정해서 광고 대행사에 판매하는 구조다.

광고 산업은 경기와 흐름을 함께한다. 경기가 위축되면 소비가 침체되고 기업들 역시 광고 예산을 줄인다. 반대로 호황이 찾아오면 소비가 활력을 띠고 기업들의 마케팅비 집행도 확대된다. 기업들의 광고비 지출은 연말 소비 시즌, 올림픽 및 월드컵 등 특정 스포츠 이벤트 발생 시 증가하는 경향이 있다.

| 2. 광고 산업의 성장성

광고 산업의 성장성은 국내 경제 성장률과 유사하다. 내수 중심의 시장을 형성하고 있고 광고비가 국내 총생산 규모와 관련이 있기 때문이다. 제일기획에 따르면, 국내 총광고비는 2022년 소폭 성장에 그쳤으나, 2023년 약 16조 5,000억 원, 2024년에는 약 17조 원을 기록하며 다시 완만한 성장세로 돌아섰다.

매체별로 살펴보면 방송 광고비는 정체되어 있는 가운데 인쇄, 옥외 광고비는 추세적으로 감소하고 있다. 특히 2020년 코로나19 사태를 맞아 크게 감소한 후 좀처럼 회복하지 못하고 있다. 반면 디지털 광고비는 팬데믹 때 유일하게 성장한 매체로 이후로도 증가세를 이어가고 있으며, 그 안에서도 변화가 나타나고 있다.

디지털 중에서도 모바일 광고비 성장세가 두드러진다. 2025년 모바일 광고비는 8조 원을 돌파하며 전체 광고 시장의 약 50%를 차지하는 핵심 매체가 되었다. 전통 매체뿐만 아니라 PC에서 이탈한 광고예산이 모바일에 집중되는 모양새이다. 스마트폰 대중화에 따른 모바일 트래픽이 확산되는 가운데 유튜브, OTT 플랫폼 등 온라인 동영상 광고 시장이 급성장한 결과다. 여기에 더해, 쿠팡 등 대형 이커머스 기업이 자사 데이터를 활용해 광고 상품을 판매하는 '리테일 미디어' 시장이 새로운 성장 동력으로 급부상하고 있다.

모바일 광고 시장의 성장은 단순히 트래픽 때문만은 아니다. TV나 신문 등 전통 매체의 경우 노출 규모는 크지만 타깃 광고가 불가능했다. 광고주 입장에서는 필연적으로 비효율을 발생시킬 수 있는 광고 매체인 셈이다. 그러나 인터넷 광고의 경우 유저의 관심사 등을 파악해 맞춤형 광고를 노출해 주므로 구매전환율이 높다. 특히 2024년을 기점으로 구글 등에서 제3자 쿠키 지원이 중단되면서, 플랫폼이 직접 수집한 '자사 데이터 1st Party Data'의 가치가 급등했다.

광고주 입장에서는 명확한 데이터를 기반으로 성과 측정이 가능한 디지털, 특히 구매 데이터와 직접적으로 연결되는 플랫폼 광고에 예산을 집중할 수밖에 없는 구조가 된 것이다. 이러한 이유로 앞으로도 인터넷 광고 시장의 성장이 지속될 것으로 전망된다. 이에 따라 네이버, 카카오, 유튜브 등 인터넷 플랫폼 기업들의 광고 매체 파워는 더욱 커질 것으로 예상된다. 향후 광고 산업의 헤게모니는 양질의 자사 데이터를 가장 많이 확보하고, 이를 AI 기술로 가장 효율적으로 활용하는 기업이 차지하게 될 것이다.

3. 광고 산업의 투자 포인트

1) 우량 광고주, 매체 확보 여부

광고 대행사는 우량 광고주를 확보하는 것이 중요하다. 그런 차원에서 제일기획, 이노션 등 대기업 광고 계열사는 그룹사라는 안정적인 마켓을 확보하고 있다. 그룹사의 신제품 출시 일정에 맞추어 광고 예산이 크게 늘어나기 때문에 이 시점이 대기업 광고 계열사에는 중요하다.

미디어렙사의 경우 경쟁력 있는 매체를 확보하는 것이 중요하다. 특히 모바일 광고 시장이 급성장하고 있는 만큼 네이버, 카카오 등 인터넷 플랫폼 기업의 광고 판매권을 쥐고 있는 것이 핵심이다.

2) 계절성과 이벤트

전통적으로 광고비 집행은 여름휴가를 앞둔 2분기와 크리스마스 등 연말 시

즌인 4분기에 집중된다. 계절 및 시기에 따라 소비자들의 소비패턴이 바뀌고
이에 따라 기업들의 마케팅 활동이 집중되기 때문이다. 올림픽, 월드컵과 같
은 글로벌 스포츠 이벤트 기간에도 광고비 집행이 늘어난다. 전 세계 시청자
들의 시선이 집중되기 때문에 기업들 역시 자사 제품을 홍보하기 위해 열을
올리기 때문이다.

미디어 산업 투자 지표

실적 및 투자 지표: 2025년 3분기 연환산 기준
시가총액: 2025년 12월 23일 기준

단위: 억 원

종목코드	종목명	매출액	영업이익	순이익	PER	시가총액
352820	하이브	26,599	1,099	-9	-16,251	138,539
041510	에스엠	11,295	1,621	3,100	9.5	29,328
030000	제일기획	45,114	3,289	1,824	14.4	26,287
035900	JYP Ent.	7,883	1,502	1,588	16.2	25,797
035760	CJ ENM	54,847	879	832	17.1	14,232
253450	스튜디오드래곤	5,154	172	188	69.3	13,030
122870	와이지엔터테인먼트	4,777	370	504	24.6	12,411
079160	CJ CGV	21,963	452	-2,374	-4.2	9,985
376300	디어유	778	265	138	68.5	9,460
214320	이노션	21,129	1,602	846	8.9	7,548
037270	YG PLUS	2,316	160	216	20.3	4,386
419530	SAMG엔터	1,347	199	340	12.2	4,142
034120	SBS	9,445	218	466	7.6	3,532
230360	에코마케팅	4,175	481	283	12.4	3,515
473980	노머스	776	156	168	17.2	2,899
053210	스카이라이프	9,940	289	-1,175	-2.2	2,552
182360	큐브엔터	2,041	-46	-8	-260.0	2,152
036420	콘텐트리중앙	10,229	-171	-789	-2.5	1,932
037560	LG헬로비전	12,884	253	-1,029	-1.8	1,851
040300	YTN	1,329	-105	-38	-48.1	1,847

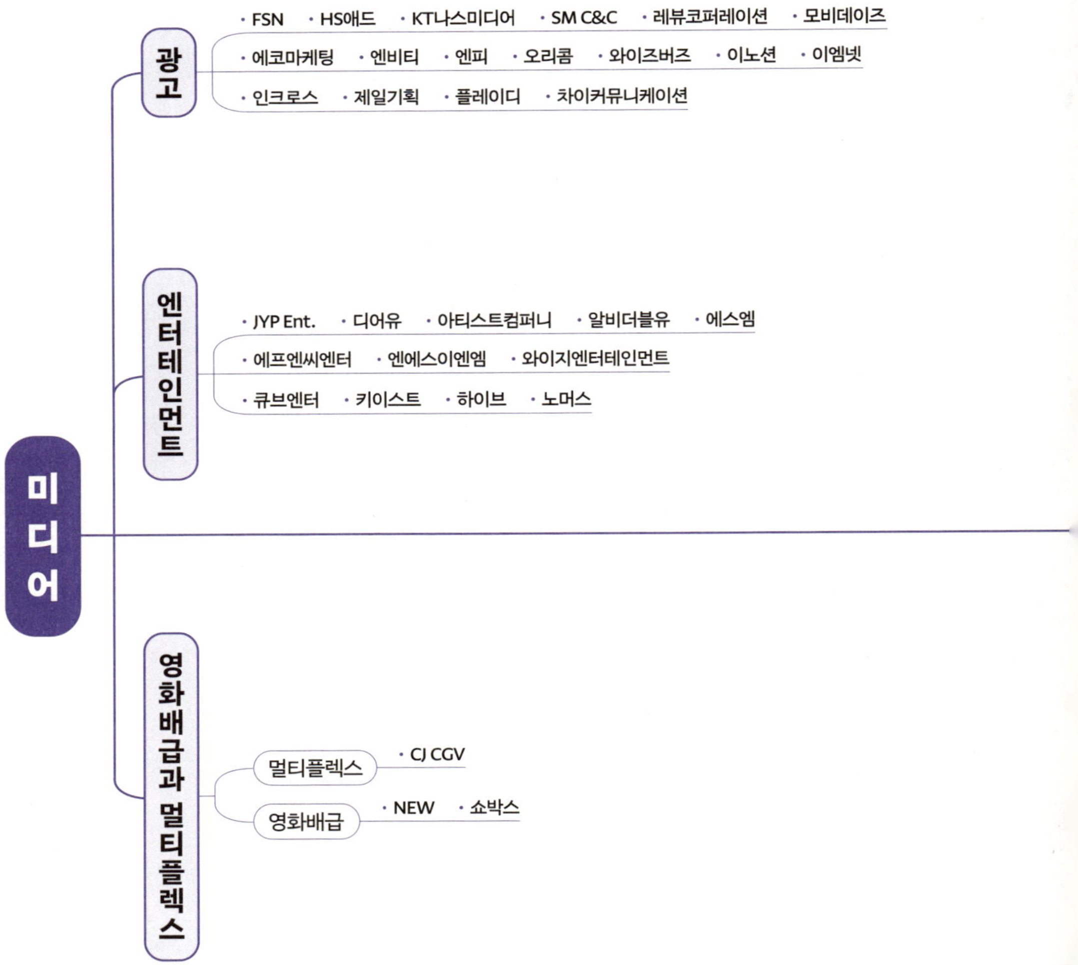

미디어

광고
· FSN · HS애드 · KT나스미디어 · SM C&C · 레뷰코퍼레이션 · 모비데이즈
· 에코마케팅 · 엔비티 · 엔피 · 오리콤 · 와이즈버즈 · 이노션 · 이엠넷
· 인크로스 · 제일기획 · 플레이디 · 차이커뮤니케이션

엔터테인먼트
· JYP Ent. · 디어유 · 아티스트컴퍼니 · 알비더블유 · 에스엠
· 에프엔씨엔터 · 엔에스이엔엠 · 와이지엔터테인먼트
· 큐브엔터 · 키이스트 · 하이브 · 노머스

영화배급과 멀티플렉스
멀티플렉스 · CJ CGV
영화배급 · NEW · 쇼박스

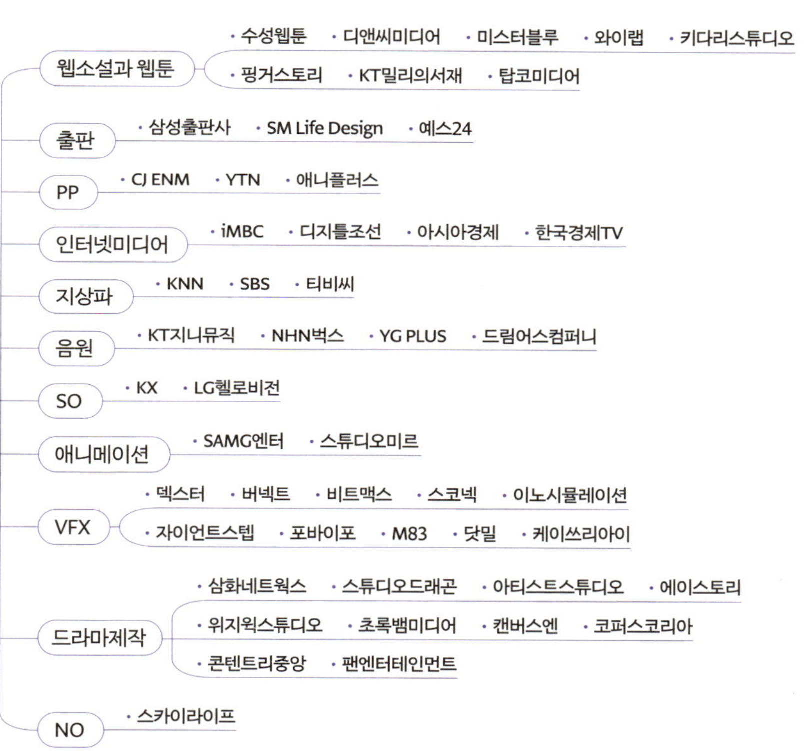
방송과 콘텐츠
웹소설과 웹툰
· 수성웹툰   · 디앤씨미디어   · 미스터블루   · 와이랩   · 키다리스튜디오
· 핑거스토리   · KT밀리의서재   · 탑코미디어
출판
· 삼성출판사   · SM Life Design   · 예스24
PP
· CJ ENM   · YTN   · 애니플러스
인터넷미디어
· iMBC   · 디지틀조선   · 아시아경제   · 한국경제TV
지상파
· KNN   · SBS   · 티비씨
음원
· KT지니뮤직   · NHN벅스   · YG PLUS   · 드림어스컴퍼니
SO
· KX   · LG헬로비전
애니메이션
· SAMG엔터   · 스튜디오미르
VFX
· 덱스터   · 버넥트   · 비트맥스   · 스코넥   · 이노시뮬레이션
· 자이언트스텝   · 포바이포   · M83   · 닷밀   · 케이쓰리아이
드라마제작
· 삼화네트웍스   · 스튜디오드래곤   · 아티스트스튜디오   · 에이스토리
· 위지윅스튜디오   · 초록뱀미디어   · 캔버스엔   · 코퍼스코리아
· 콘텐트리중앙   · 팬엔터테인먼트
NO
· 스카이라이프

게임

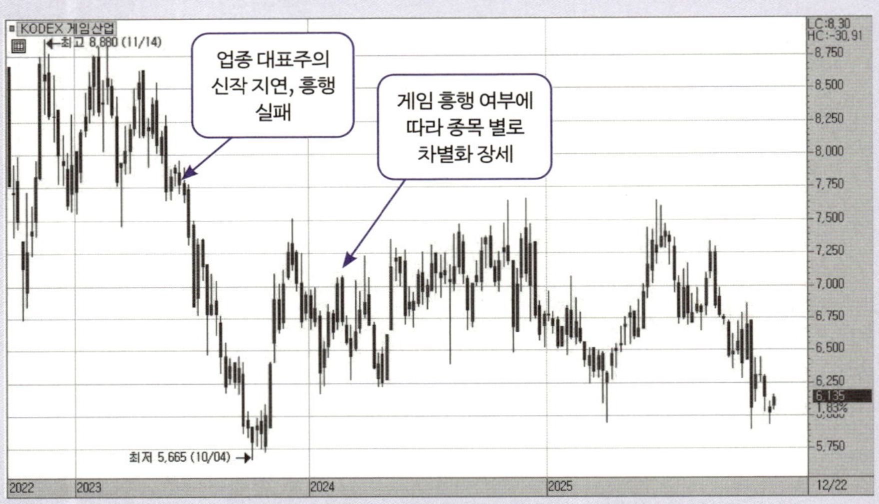

게임 산업은 게임의 장르에 따라 FPS, RPG, 소셜 카지노, 보드게임, 캐주얼 게임 섹터로 구분했다. 게임 산업에 속하는 기업은 총 31곳으로 시가총액에서 차지하는 비중은 0.9%다.

게임 업종은 2023년 들어 본격적으로 약세로 전환했다. 업종 대표주들이 대형 신작을 잇달아 발표했지만, 성과가 기대에 미치지 못하면서 투자심리가 빠르게 위축되었다. 대표적으로 엔씨소프트는 야심작 '쓰론 앤 리버티'를 공개했으나 출시 직후 글로벌 이용자 반응이 기대치를 밑돌았다. 크래프톤 역시 차세대 신작 'inZOI' 개발 소식을 전했지만, 출시가 지연되면서 투자자들의 기대가 빠르게 식었다. 여기에 확률형 아이템 의무화 등 국내 규제, 중국 당국의 온라인게임 규제 불확실성까지 겹치며 게임 업종 전반에 대한 디스카운트가 확대되었다. 다만 2024년 들어선 종목별로 차별화 장세가 나타났다. 크래프톤은

대표작 '배틀그라운드'의 안정적 매출과 신작 'inZOI'의 출시 초기 긍정적 반응로 주가가 꾸준히 올랐다. 넷마블 역시 2024년 5월 출시한 '나 혼자만 레벨업: 어라이즈'가 홍행을 거두며 투자자들의 관심을 끌었다. 반면 엔씨소프트는 '쓰론 앤 리버티'의 글로벌 홍행 부진으로 또 한 차례 조정을 받았으며 위메이드는 암호자산인 '위믹스'의 상장폐지 위기로 주가가 급락했다.

게임

1. 게임 산업의 개요 및 특징

크래프톤은 배틀그라운드 하나로 지금의 자리에 있다고 해도 과언이 아니다. 특히 배틀그라운드는 2018년 전 세계 유료 게임 1위를 차지했을 정도로 선풍적인 인기를 끈 게임이다. "게임 하나 잘 만들면 돈벼락 맞는다"라는 말이 괜히 나온 것이 아니다.

이처럼 게임 산업은 레버리지가 큰 산업이다. 과거 콘솔 게임만 존재했을 당시에는 이런 경우가 거의 없었다. 인터넷이 대중화되기 전에는 국경이라는 물리적인 장벽이 존재했기 때문이다. 그러나 인터넷의 발달로 전 세계 누구나 온라인 게임을 즐길 수 있는 시대가 찾아왔고 스마트폰의 대중화로 글로벌 유저들의 접근성이 더욱 높아졌다. 그 결과 전 세계 게이머들을 사로잡을 수 있는 신작이 출시되면 돈방석에 앉는 게 가능해졌다.

물론 반대의 경우도 있다. 수년 동안 수천억 원의 개발비를 투입하고 야심 차게 게임을 출시했지만, 기대 이하의 성적을 거두고 역사의 뒤안길로 사라지는 게임도 있다. 이렇게 실패하는 경우가 대다수이며, 성공하는 경우는 소수에 불과한 것이 현실이다.

한국의 2024년 게임 수출액은 약 90억 달러로, K-콘텐츠 수출의 절반 이상을 차지하는 핵심 산업이다. 그러나 수출 대상국에는 극적인 변화가 있었다. 한국콘텐츠진흥원의 '대한민국 게임백서'에 따르면, 과거 30~40%에 달했던 중국 수출 비중은 '판호^{版號}' 발급 제한의 영향으로 2024년 10%대까지 급감했다. 반면, 북미와 유럽향 수출 비중이 합산 40%를 넘어서고, 동남아 비중도 20%에 육박하는 등 '탈중국' 및 시장 다변화가 이루어지고 있다.

게임은 필수소비재는 아니지만 경기에 거의 영향을 받지 않는다. 트렌드에 민감하지도 않다. 1998년 초기 인터넷 시대에 탄생한 '리니지'라는 게임이 지금도 여전히 유저들의 선택을 받는 것만 보아도 알 수 있다. 다만 청소년의 게임 중독 문제, 사행성 이슈로 정부의 규제를 받고 있다. 확률형 아이템 규제, 온라인 결제 한도 규제 등이 대표적이다. 확률형 아이템은 게임 내에서 무작위 확률로 획득하는 아이템이다. 2023년 2월 확률형아이템 법적규제 내용을 담은 게임산업진흥에 관한 법률 일부 개정안이 국회 본회의를 통과했다. 2024년부터 게임사는 자사에서 서비스 중인 게임의 확률형아이템 확률 정보를 게임물, 홈페이지 등에 표시해야 한다.

2. 게임의 종류

스포츠는 육상 경기, 구기 종목, 수상 스포츠, 기계체조 등 다양한 종목으로 구성된다. 게임 역시 다양한 종목으로 나뉘는데 RPG, FPS, 보드게임, 소셜 카지노, 캐주얼 게임, 스포츠 게임 6가지가 대표적이다. 먼저 RPG는

Role-Playing Game의 약자로 '역할 수행 게임'이다. 쉽게 말해 게임사가 설정해놓은 가상세계에서 캐릭터를 설정하고 역할을 수행하는 게임이다. 리니지, 검은사막, 던전앤파이터 등이 대표적이다. RPG 게임은 대부분 매출 상위를 차지하고 있다. 다수의 유저가 온라인으로 참여하는 RPG 게임을 MMORPG Massively Multi-player Online Role Playing Game라고 한다.

FPS 게임은 First Person Shooter의 약자로 1인칭 슈팅 게임으로 부른다. 게임상의 캐릭터 시점으로 3차원 공간을 누비며 총 같은 무기로 적을 공격하는 게임 장르다. '배틀그라운드', '서든 어택' 등이 대표적이다. 보드게임은 고스톱, 포커, 바둑, 장기, 체스 등 '보드'에서 진행되는 게임을 말한다. 소셜 카지노 게임은 보드게임과 다소 영역이 겹치는데, 오프라인 카지노와 유사한 환경을 온라인상에서 구현한 게임이다. 게이머가 카드류, 슬롯머신 등에 참여해 게임머니를 획득할 수 있다. 캐주얼 게임은 '캐주얼'이라는 뜻처럼 간단하게 즐길 수 있는 게임을 뜻한다. 조작법, 규칙 등이 단순하고 비교적 짧은 시간에 즐길 수 있다. '애니팡', '앵그리버드', '카트라이더' 등이 캐주얼 게임에 속한다. 마지막으로 스포츠 게임은 축구, 농구 등 스포츠 환경을 매우 유사하게 구현해 게임을 즐길 수 있는 게임이다. '위닝 일레븐', '피파 온라인'이 대표적이다.

게임 산업은 비즈니스 모델에 따라 개발사, 퍼블리셔, 플랫폼으로 구분된다. 대부분의 중소 게임 기업은 개발에만 집중하기도 버겁다. 하지만 신작을 출시하고 유저들에게 어필하기 위해서는 마케팅도 필수다. 마케팅까지 챙길 여력이 없는 개발사 대신 게임을 유통, 홍보해 주는 기업이 퍼블리셔다. 영화 산업에도 영화 제작사와 영화 배급사가 있는 것처럼 게임업계에서도 이 둘은 떼려야 뗄 수 없는 관계다. 퍼블리셔는 카카오게임즈, 넷마블 등 유통 채널 및 자금력을 보유한 대형사 중심으로 구성된다. 퍼블리셔는 게임 개발 역량이 출중한 개발사들을 발굴해 퍼블리싱 계약을 맺고 자금을 지원해 준다. 이처

플랫폼
(30%)
퍼블리셔
(42%→28%)
개발사
(28%→42%)

럼 개발사가 계약에 따라 지원받은 돈을 선수금이라 한다. 최근에는 대형 게임사가 경쟁력 있는 중소형 개발사들을 인수하고 퍼블리셔와 개발을 동시에 추진하는 경우가 많아지고 있다.

플랫폼은 크게 모바일, PC, 콘솔로 나뉘는데, 각 플랫폼의 사업자들은 해당 채널에 입장하기 위한 입장료를 받는다. 모바일 플랫폼 회사는 애플의 앱스토어, 구글의 플레이스토어가 대표적인데 전체 게임 매출의 30%가량을 수취한다. 나머지 70%에서 퍼블리셔와 개발사가 나누어 갖는 구조다. 개발사가 퍼블리셔로부터 선수금을 받을 경우 퍼블리셔가 선수금을 회수할 때까지 42% 정도를 가져 가지만, 이후에는 28%를 수취한다. PC 역시 모바일과 비슷하다.

모바일 게임 비즈니스 모델에 따른 수익 배분율은 플랫폼 기업 없이 퍼블리셔와 개발사만 존재했다. 그런데 스팀이라는 거대 PC 게임 플랫폼이 탄생하면서 일부 대형사를 제외하고 스팀을 통해 유통하는 모양새다. PC 게임 플랫폼 회사는 전체 매출의 30%가량을 수취한다. 콘솔 게임 플랫폼 사업자는 X박스, 플레이스테이션이 대표적인데 역시 전체 게임 매출의 30%가 이들 회사의 몫이다.

3. 게임 산업의 성장성

한국콘텐츠진흥원에 따르면 글로벌 게임 시장 규모는 2024년 기준 약 1,900억 달러를 기록했으며, 2027년까지 연평균 3% 중반의 안정적인 성장세를 이어갈 전망이다. 이 중 모바일 게임은 연평균 5%의 성장률을 보이며 전체 시장의 확장을 견인할 것으로 보인다. 주목할 점은 성장의 축이 이동하고 있다는 것이다. 과거 모바일 게임 시장은 한국, 중국, 일본 등 아시아권이 주도했으나, 2023년을 기점으로 아시아 시장은 성숙기에 진입하며 성장이 정체되었다.

반면 최근에는 유럽, 남미 등 신흥 시장을 중심으로 모바일 게임 수요가 늘어나고 있다. 오히려 '모바일 종주국'이라 불리던 아시아권에서는 고사양 콘솔과 PC 게임 매출이 증가하는 역설적인 현상이 나타나고 있다. 국가별 시장 규모를 살펴보면, 미국이 22.4%의 점유율로 1위를 지키고 있으며, 중국이 20.9%로 그 뒤를 바짝 쫓고 있다. 일본은 9.0%로 3위, 한국은 7.8%로 세계 4위의 게임 강국 지위를 유지하고 있다.

한국의 게임 시장 규모는 2024년 기준 24조 2,000억 원으로 전년 대비 5.6% 성장했다. 그러나 2025년 상반기 성적표는 암울하다. 시장 규모가 11조 4,000억 원에 그치며 지난해 같은 기간보다 8.5%나 감소했다. 블록버스터급 신작의 부재와 기존 라이브 게임들의 트래픽 감소가 겹친 탓이다. 근본적인 원인은 한국 게임 산업의 기형적인 구조에 있다. 전 세계 게임 시장 중 모바일 비중은 평균 45% 수준이지만, 한국은 무려 65%가 모바일 게임에 쏠려 있다. 문제는 모바일 게임이 유튜브, 틱톡, 웹툰, OTT 등 다른 숏폼 및 엔터테인먼트 콘텐츠와의 '시간 점유율 전쟁'에서 밀리고 있다는 점이다. 여기에 '게임 이용 장애 질병코드 도입' 논의 등 게임에 대한 부정적인 인식과 규제 리스크까지 더해지며 이용자 이탈이 가속화되고 있다.

실제로 한국인의 게임 이용률(최근 1년간 게임을 이용한 경험이 있는 사람 비율)
은 2022년 74.4%에서 2024년 59.9%로 급락했다. 여기에 또 설상가상으로
막대한 마케팅 자본과 가벼운 게임성을 앞세운 중국산 양산형 게임들이 국내
안방을 점령하면서, 국내 모바일 게임 시장은 그야말로 살아남기 힘든 '레드
오션'이 되었다.

내수 모바일 시장이 한계에 봉착하면서, 국내 게임사들은 '콘솔Console'과
'PC' 시장으로 생존을 위한 방향 전환을 서두르고 있다. 콘솔 게임 시장은 고
도화된 그래픽 퀄리티와 탄탄한 스토리라인이 필수적이라 진입장벽이 매우
높다. 이는 중국산 양산형 게임이 쉽게 넘볼 수 없는 영역이자, 미국과 일본
업체들이 강점을 보여온 시장이다.

하지만 최근에 유의미한 기록을 내며 성공한 사례들에서 입증되었듯, 한국
게임사들의 개발력은 콘솔 시장에서도 충분히 통할 수 있는 경쟁력을 갖추었
다고 평가받는다. 따라서 투자자들은 모바일 MMORPG 일변도에서 벗어
나 콘솔 및 PC 플랫폼으로 매출원을 성공적으로 다각화하고 있는 기업에 주
목해야 한다.

마지막으로 게임 산업의 미래를 결정할 키워드는 '생성형 AI'다. 향후 게임
산업은 생성형 AI를 개발 전 과정에 도입해 막대한 제작 비용과 시간을 절감
하고, 유저마다 다른 반응을 보이는 NPC 등을 통해 더욱 방대하고 개인화된
게임 경험을 제공하는 방향으로 진화할 것이다. 결국 미래 게임사의 밸류에
이션은 AI 기술을 얼마나 효율적으로 활용해 이익률을 높이는지, 그리고 글
로벌 시장을 겨냥한 멀티플랫폼 IP 개발 역량을 갖추었는지에 따라 결정될
전망이다.

4. 게임 산업의 투자 포인트

1) 신작 게임 출시

개발사는 수년 동안 수백억, 수천억 원을 들여 게임을 만든다. 이렇게 준비한 게임이 세상에 공개되니 기대감이 클 수밖에 없다. 이때 퍼블리셔들은 유저들을 끌어모으기 위한 공격적인 마케팅을 펼친다. 이에 따라 신작 출시일이 다가올수록 게임사들의 주가는 긍정적으로 반응하는 경향이 있다. 실제 게임이 출시되면 클로즈 베타 서비스 Closed Beta Service, CBT, 오픈 베타 서비스 Open Beta Service 등을 거치는데 유저들의 반응이 어떤지, 얼마나 많은 게이머들이 모였는지에 따라 게임 흥행 여부를 가늠할 수 있다.

모바일 게임의 경우 구글 플레이스토어, 애플 앱스토어에서의 무료 인기 앱 순위가 성과 지표가 된다. 당연히 순위가 높을수록 주가는 긍정적으로 반응할 가능성이 높다. 오픈 베타 서비스가 끝나면 유료 모델로 바뀌게 되는데, 이 역시 구글 플레이스토어, 애플 앱스토어 인기 매출 앱 순위에 오른다.

콘솔 게임은 출시 전 '얼리 액세스 Early Access'나 데모 버전을 통해 초기 유저들의 반응을 테스트한다. 이때 발생하는 디지털 다운로드 판매량은 게임의 초기 화제성과 팬덤 규모를 직접적으로 보여주는 가장 중요한 지표다. 투자자가 주목해야 할 또 다른 핵심 지표는 '메타크리틱 Metacritic' 점수다. 이는 전 세계 비평가들의 점수를 종합한 지표로, 게임의 완성도와 품질을 객관적으로 보여주는 잣대다. 콘솔 게이머들은 구매 결정 시 이 점수를 신뢰하는 경향이 강하기 때문에, 높은 메타크리틱 점수는 곧 장기 흥행 Long-run을 보증하는 수표와도 같다. 또한 출시 전에는 스팀 Steam과 같은 플랫폼에서 유저가 '찜하기 Wishlist'를 누른 순위를 통해 게이머들의 기대 수준과 잠재 구매력을 미리 파악할 수 있다. 따라서 투자자들은 신작 출시 전후로 이러한 지표들의 추이를 면밀히 모니터링해야 한다.

게임사	주요 신작	종류
크래프톤	프로젝트 Gold Rush, 프로젝트 Windless, Blindspot / Black Budget	PC/콘솔
엔씨소프트	신더시티, Bonfire, Time Takers	PC/콘솔
네오위즈	P의 거짓 차기작, WolfEye 신작	PC/콘솔
넷마블	프로젝트 이블베인	PC/콘솔
시프트업	프로젝트 Spirit	PC/콘솔

국내 게임사들이 모바일에서 콘솔, PC로의 체질 개선을 선언한 만큼, 2026년부터는 굵직한 대형 신작들이 대거 쏟아질 예정이다. 크래프톤은 'PUBG(배틀그라운드)' 이후 가장 중요한 대형 프로젝트인 '프로젝트 골드러시Gold Rush'를 2027년 전후 출시 목표로 개발 중이며, 판타지 액션 RPG인 '프로젝트 윈드리스Windless'도 준비하고 있다. 또한 PUBG IP를 확장한 '블랙 버짓Black Budget' 등 프랜차이즈 신작들도 대기 중이다. 엔씨소프트는 첫 글로벌 콘솔 슈팅 게임인 'LLL(신더시티)'과 '본파이어Bonfire'를 2026년에 출시할 예정이며, 배틀로얄 장르인 '타임 테이커스Time Takers'의 퍼블리싱을 맡아 포트폴리오를 다각화하고 있다. 네오위즈는 글로벌 히트작 'P의 거짓'의 차기작을 PC와 콘솔로 출시할 계획이며, '울프아이WolfEye' 신작 퍼블리싱을 통해 글로벌 입지를 강화하고 있다.

2) 핵심 IP 보유 여부

2025년 11월 현재, 국내 게임 상장사 중 시가총액 1위는 단연 크래프톤이다. 게임사 중 유일하게 10조 원이 넘는 거대 기업이지만, 핵심 매출원이 '배틀그

게임사	핵심IP
크래프톤	배틀그라운드
넥슨	던전 앤 파이터, 메이플스토리, 카트라이더
엔씨소프트	리니지, 아이온, 블레이드 앤 소울
넷마블	세븐나이츠, 모두의 마블
펄어비스	검은 사막
카카오게임즈	오딘
위메이드	미르의 전설
네오위즈	P의 거짓
컴투스	서머너즈 워
웹젠	뮤

출처: 각 사

라운드'라는 단일 IP에 편중되어 있다는 점은 리스크이자 기회다. 사업보고서에 따르면 모바일, PC, 콘솔을 포함한 PUBG IP 관련 매출 비중은 2025년 3분기 누적 기준 약 95%에 달하는 것으로 추정된다. 이처럼 게임사의 핵심 매출원으로 자리 잡은 게임을 'IP 게임'이라고 한다. 특정 게임을 모태로 플랫폼을 확장하거나 다양한 파생 작품을 출시해 수명을 연장하고 수익을 극대화하는 전략이다.

최근 게임 시장의 트렌드는 단순한 IP 게임을 넘어 '프랜차이즈 IP'로 진화하고 있다. 프랜차이즈 IP란 한 번 성공한 게임을 시리즈, 세계관, 캐릭터, 미디어 믹스(애니메이션, 소설 등) 형태로 무한히 확장시키는 전략 자산이다. 크래프톤이 PUBG를 기반으로 '뉴스테이트', 애니메이션, 웹소설 등으로 확장을 시도하는 것이 대표적인 예다. 게임사들이 새로운 IP 개발[New IP]보다 기존 IP 확장에 집중하는 이유는 명확하다. 이미 검증된 두터운 팬층을 기반으로 실패 리스크를 줄이고, 마케팅 비용을 절감하면서 일정 수준 이상의 판매량을 담보할 수 있기 때문이다.

글로벌 대형 게임사들의 M&A 전쟁 또한 이러한 검증된 프랜차이즈 IP 확보에 초점이 맞추어져 있다. 마이크로소프트가 '엘더스크롤', '폴아웃' 등을 보유한 베데스다의 모회사 제니맥스미디어를 인수한 것이나, 소니가 '헤일로'를 만든 번지[Bungie], '호라이즌' 시리즈의 게릴라게임즈, '스파이더맨'의 인섬니악 게임즈를 잇달아 인수한 것도 같은 맥락이다. 실제로 2025년 콘솔 시장을 휩쓴 '몬스터 헌터', 'EA FC', '배틀필드', '마리오카트', '엘든링' 등의 흥행작들은 모두 기존 인기 IP의 후속작이었다.

결국 게임 기업에 강력한 IP는 개발 리스크를 방어하고 지속 가능한 사업성을 보장하는 가장 중요한 무형 자산이다. 따라서 투자자들은 게임사를 평가할 때, 단순히 현재 흥행 중인 게임이 무엇인지 확인하는 것을 넘어, 그 IP가 시리즈와 장르를 넘나들며 확장 가능한 '슈퍼 IP'로서의 잠재력을 가졌는지, 그리고 회사가 이를 어떻게 프랜차이즈화할 계획인지 주의 깊게 살펴보아야 한다.

게임 산업 투자 지표

실적 및 투자 지표: 2025년 3분기 연환산 기준
시가총액: 2025년 12월 23일 기준

단위: 억 원

종목코드	종목명	매출액	영업이익	순이익	PER	시가총액
259960	크래프톤	30,244	12,674	12,468	9.5	118,742
036570	엔씨소프트	15,121	-1,167	3,416	12.6	43,088
251270	넷마블	26,865	2,769	1,076	39.3	42,246
263750	펄어비스	3,658	-42	530	43.7	23,193
462870	시프트업	2,936	1,902	1,923	11.3	21,668
293490	카카오게임즈	4,994	-304	-1,115	-12.4	13,791
192080	더블유게임즈	6,759	2,287	1,599	7.4	11,844
112040	위메이드	5,871	35	2,094	4.1	8,674
225570	넥슨게임즈	1,884	-393	-318	-25.1	7,989
095660	네오위즈	4,161	622	226	24.7	5,573

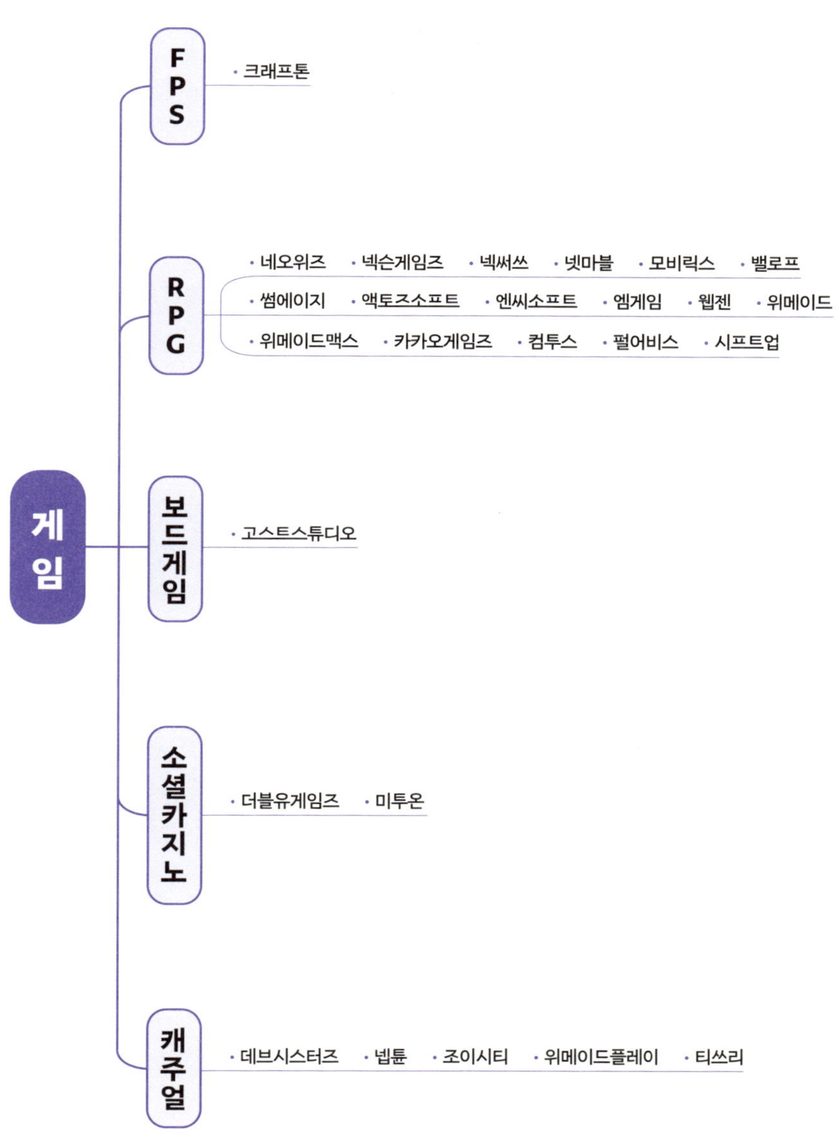
게임
FPS
· 크래프톤
RPG
· 네오위즈   · 넥슨게임즈   · 넥써쓰   · 넷마블   · 모비릭스   · 밸로프
· 썸에이지   · 액토즈소프트   · 엔씨소프트   · 엠게임   · 웹젠   · 위메이드
· 위메이드맥스   · 카카오게임즈   · 컴투스   · 펄어비스   · 시프트업
보드게임
· 고스트스튜디오
소셜카지노
· 더블유게임즈   · 미투온
캐주얼
· 데브시스터즈   · 넵튠   · 조이시티   · 위메이드플레이   · 티쓰리

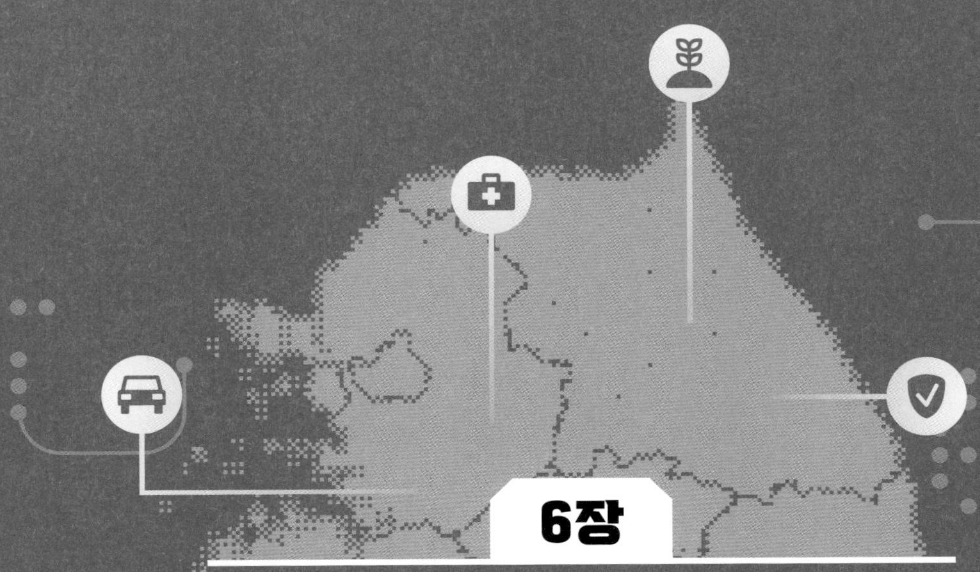

내구재

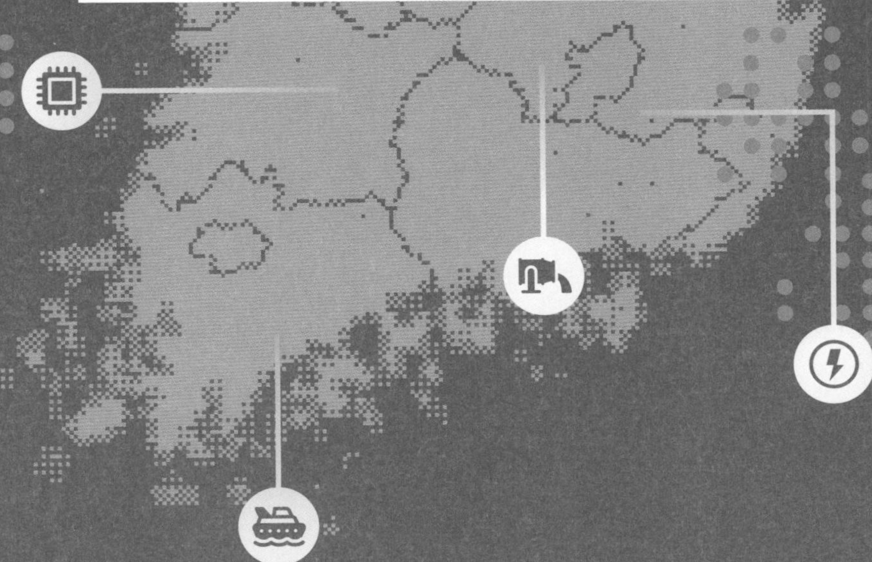

2차전지

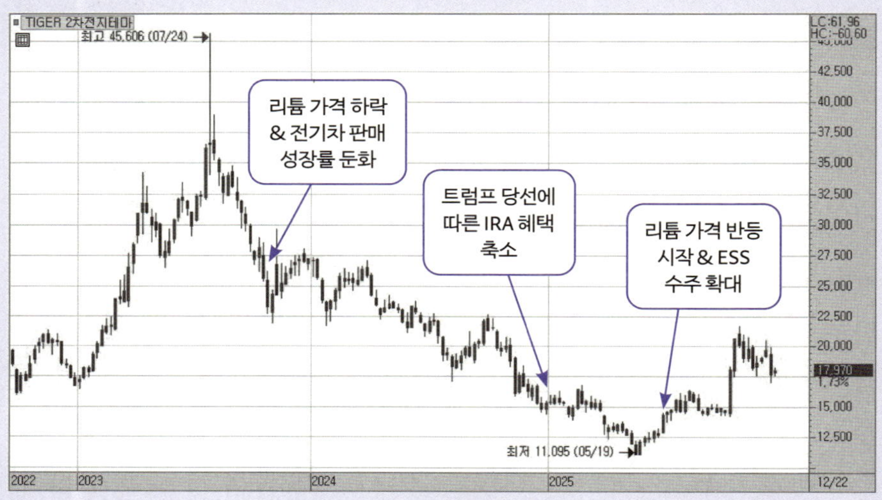

2차전지 산업에 속한 기업은 총 70곳으로 주식 시장에서 차지하는 비중은 5.4%다. 2차전지 산업을 비즈니스 모델에 따라 2차전지 완성품을 만드는 2차전지 세트, 2차전지 핵심 소재나 부품을 만드는 2차전지 소재 및 부품, 2차전지 제조 공정용 장비를 납품하는 2차전지 장비로 구분했다. 이 외에 2차전지 재활용 비즈니스를 영위하는 기업과 2차전지 설비 구축 및 시운전을 담당하는 엔지니어링 기업도 존재한다

2023년까지 최고의 성장 테마로 군림하던 2차전지는 리튬 가격 하락, 보조금 정책 축소 등으로 장기간 하락세를 겪었다. 2023년까지 글로벌 전기차 판매량이 크게 증가했지만, 2024년부턴 중국 제외 성장률이 10%미만으로 하락하며 2차전지 업종 투자심리도 악화되었다. 특히 중국을 중심으로 양극재의 원재료인 리튬 가격이 크게 하락하면서 소재 기업들

의 수익성도 급격히 나빠졌다. 글로벌 리튬 가격은 2022년 고점 대비 한때 70% 넘게 하락하기도 했다. 이 가운데 인플레이션 감축 법안 폐지를 공약한 트럼프 대통령이 당선되면서 2차전지 기업들은 또 한 차례 조정을 받았다.

2025년 9월 현재 미국에서 전기차 구매 시 보조금 지급과 세액공제 혜택은 2025년 말을 기점으로 종료될 예정이다. 악재에 짓눌린 2차전지 업종은 2025년 5월을 기점으로 다소 반등했다. 리튬 채굴 업체들의 구조조정으로 공급량이 줄면서 리튬 가격이 다소 반등했으며 유럽을 중심으로 전기차 판매가 다시 회복된 영향이다. LG에너지솔루션이 테슬라로부터 6조 원 규모의 ESS를 수주한 것도 가뭄에 단비 같은 역할을 했다.

2차전지

1. 2차전지 산업의 개요와 특징

아이들 장난감에 들어가는 건전지는 한 번 사용하고 버리는 1회용 전지가 대부분이다. 반면 스마트폰에 들어 있는 배터리는 계속 충전해서 사용한다. 이처럼 한 번 사용하면 쓸 수 없는 전지를 1차전지, 충전을 통해 계속 사용할 수 있는 전지를 2차전지라고 한다. 현재 가장 널리 통용되는 2차전지는 리튬이온전지다. 리튬이온전지는 방전 시 리튬이온이 양극에서 음극으로 이동하고, 충전 시에는 음극에서 양극으로 이동하며 전기를 발생시킨다.

2차전지는 노트북, 핸드폰, 태블릿 PC 등 IT 기기 시장과 함께 성장했다. 다만 소형 IT 기기에서 2차전지의 역할은 주변기기에 가까웠다. 일례로 스마트폰 원가에서 배터리가 차지하는 비중은 5% 내외 정도다. 이러한 점이 과거 삼성이나 LG 등 대기업 IT 기기 부품 계열사가 배터리를 핵심 비즈니스로 삼지 않은 이유다. 그러나 ESS, 전기차 시장이 도래하며 상황은 달라졌다.

ESS는 에너지저장 시스템으로, 각종 발전소에서 생산된 전기를 저장하는 용도다. 태양광, 풍력 등 신재생 에너지는 환경에 영향을 받기 때문에 일정하게 생산되지 않는다. 바람은 잘 불다가도 안 불며, 햇빛이 쨍쨍 내리쬘 때도 있지만 구름이 많이 끼는 날도 있다. 따라서 생산된 에너지를 저장할 수 있는 초대형 배터리 ESS가 등장한 것이다. ESS는 신재생 에너지, 스마트 그리드 산업과 맞물려 성장 중이다.

ESS가 2차전지의 존재감을 부각해주었다면, 전기차는 2차전지를 주인공으로 만들어주었다. 내연기관 차량에서 전기차로 바뀌면서 원가의 40% 내외를 차지하는 2차전지는 투자자들의 관심을 받기에 충분했다. 큰 틀에서 보면 2차전지는 친환경이란 테두리 안에서 에너지 산업과 관련이 있으며, 전방 산업인 자동차 산업과 연관지어 볼 수 있다.

2. 2차전지의 종류

1) 2차전지 모양에 따른 분류

2차전지는 배터리의 모양에 따라 원통형, 각형, 파우치형으로 나뉜다. 원통형 배터리는 일상생활에서 흔히 사용하는 건전지 형태다. 원기둥 모양의 배터리가 전기차에 맞게 커진 것이라고 보면 된다. 원통형 배터리는 사이즈가 규격화되어 있어 대량생산을 통한 비용 절감이 가능하다. 부피당 에너지 밀도가 높다는 장점도 있다. 반면 차량에 장착하기 위해서는 여러 개의 배터리를 하나로 묶어야 하므로 배터리관리 시스템 구축에 비용이 많이 든다. 원통형 배터리는 LG에너지솔루션, 삼성SDI, 파나소닉이 주로 생산하고 있으며 테슬라 차종에 주로 사용된다.

각형은 납작하고 각진 상자 모양의 배터리다. 알루미늄 캔으로 둘러싸여 있어 외부 충격에 강하다. 다만 알루미늄 캔 안의 2차전지 모듈은 원형 형태로 되어 있어 공간 활용성이 낮다. 또한 제조 공정이 복잡하며 무겁다는 단점도 있다. 각 형은 CATL, 비야디 등 중국 기업들이 주로 생산하며 국내에서는 삼성SDI가 주로 생산한다. BMW, 폭스바겐, 벤츠, 아우디 등 독일 완성차 기업과 토요타, 혼다 등의 일본 기업이 사용한다.

파우치형은 얇은 판 같은 생김새다. 각형, 원통형과 달리 소재를 층층이 쌓아 올려 내부 공간을 빈틈없이 채웠다. 공간 효율성이 높아 에너지 용량 역시 높다. 다만 배터리 모듈을 부드러운 필름으로 감싸고 있기 때문에 외부 충격에 약하다. 따라서 이를 보완할 수 있는 기술이 필요하며 이는 생산 비용의 증가로 이어진다. 파우치형은 LG에너지솔루션, SK온이 대표적인 생산 기업이다. 현대차와 기아 등 국내 기업과 GM, 포드, 르노 등이 파우치형 배터리를 사용하고 있다.

SNE리서치에 따르면 2025년 상반기 기준 글로벌 배터리 시장에서 각형이 약 60%, 파우치형이 약 25%, 원통형이 약 15%를 각각 차지하고 있다. 중국 전기차 시장 성장에 힘입어 각형 배터리 점유율이 가장 높으며, 높은 에너지 용량이라는 장점에 힘입어 파우치형은 점유율을 빠르게 확대하고 있다.

다만 테슬라가 기존 원통형 배터리의 단점을 개선한 4680 배터리를 채용할 것이라고 밝히면서 원통형 배터리 사용이 다시 늘어날 것으로 기대되었었다. 2170 배터리에 비해 4680 배터리는 용량은 5배, 출력은 6배 높으며 주행 거리 역시 16% 이상 높다고 알려져 있다. 그러나 2025년 10월 4680 배터리는 제조 공정의 수율 확보 문제로 당초 기대보다 양산 확대가 더디게 진행되고 있다. 테슬라뿐만 아니라 리비안, 루시드 등도 원통형 배터리 사용을 늘릴 전망이었으나, 현재는 각형과 파우치형을 포함한 다양한 폼팩터를 병행 채택하는 전략이 유지되고 있어, 원통형의 '게임 체인저'로서의 역할은 아직 제한적이라는 것이 시장의 평가다.

구분	원통형	각형	파우치형
이미지			
장점	· 가격 저렴 · 대량생산 용이 · 에너지 밀도 높음	· 외부 충격에 강함 · 생산 공정 간단	· 용량, 크기 등 설계 용이 · 공간 효율성 높음
단점	· BMS 시스템 구축 비용 높음	· 열방출 어려워 냉각 장치 필요 · 공간 효율성 낮음	생산 원가 높음
제조사	LG에너지솔루션, 삼성SDI, 파나소닉	삼성SDI, CATL, 비야디, 도시바	LG에너지솔루션, SK온

출처: 한경코리아마켓

2) 2차전지 소재에 따른 분류

2차전지의 핵심 소재는 양극재, 음극재, 전해질, 분리막이다. 양극재는 양극을 이루는 소재, 음극재는 음극을 이루는 소재다. 전해질은 양극과 음극을 둘러싸고 있는 물질로, 리튬이온이 원활하게 이동하도록 돕는다. 분리막은 양극과 음극의 직접적인 접촉을 차단해 열 발생 가능성을 낮춘다. 한편 음극은 전류를 흐르게 하는 '음극기재(집전체)'와 리튬이온을 저장하는 '음극활물질'로 구성된다. 음극기재로는 주로 동박(전지박)이 사용되며, 흑연이나 실리콘 같은 활물질을 지지하고 전자를 이동시키는 역할을 한다.

2차전지 소재 중에서 원가를 가장 많이 차지하는 것은 양극재다. 나머지 소재 원가 비중은 비슷하다. 2차전지 소재 기업뿐만 아니라 2차전지 생산 기업 역시 양극재 자체 생산 비중을 높이고 있는 이유다. 양극재는 니켈, 철, 코발트, 망간, 알루미늄 등 다양한 소재가 쓰인다.

소재의 종류, 구성비에 따라 니켈 비중이 높은 삼원계 배터리인 NCM(니켈, 코발트, 망간), NCA(니켈, 코발트, 알루미늄)과 니켈 대신 철을 사용하는 LFP(리튬인산철) 배터리로 구분할 수 있다. 삼원계 배터리는 LFP 배터리에 비해 에너지 밀도가 높다는 장점이 있다. 과거에는 고가의 전기차에는 성능이 좋은 삼원계 배터리가 쓰이며, 중저가 모델에는 LFP 배터리가 사용된다는 인식이 지배적이었다. 그러나 2024년을 기점으로 테슬라, 포드 등 글로벌 OEM들이 가격 경쟁력을 위해 북미, 유럽 시장의 주력 모델에도 LFP 채택을 대폭 늘리면서, LFP는 중저가를 넘어 '메인스트림' 기술로 자리 잡았다. 우리나라 기업은 삼원계 배터리, 중국 배터리 제조 기업은 LFP 배터리가 주력이다.

삼원계에 비해 LFP는 화학적 안정성, 가격 등에 경쟁우위가 있는 것으로 알려져 있다. 다만 재활용 가치가 낮고 삼원계에 비해 리튬 비중이 높아 향후 리튬 가격이 상승 시 가격경쟁력이 낮아질 수 있다. 그럼에도 몇몇 글로벌 시장조사기관, IB들은 LFP 사용 비중이 늘어날 것으로 보고 있다. SNE리서치에 따르면 2025년 현재, 글로벌 양극재 시장에서 LFP의 비중은 45%에 육박하며 삼원계 시장을 빠르게 추격하고 있다. UBS증권은 2030년 전 세계 배터리의 40%는 LFP가 차지할 것이라고 내다보았다.

중국의 LFP 배터리에 맞서 국내 2차전지 업체들은 에너지 밀도를 높인 'K-LFP'(주로 LMFP, 망간 혼합) 배터리 양산을 2025년부터 본격화함과 동시에 NMx(코발트프리) 배터리 개발에 집중하고 있다. 코발트프리 배터리는 말 그대로 코발트의 함량 줄이거나 아예 제외한 배터리다. 삼원계 배터리의 핵심 소재인 니켈, 망간, 코발트. 알루미늄 중 코발트는 가장 비싸고 생산 지역도 한정되어 있다. 수급이 불안정해 가격 변동이 심하고 생산에도 차질이 생길 수밖에 없다. 코발트를 다른 광물로 대체할 수 있다면 광물 수급 불안 해소 및

2차전지 핵심 소재와 역할

구분	기능	역할
양극재	배터리 용량, 출력	효율
음극재	배터리 용량, 수명	효율
전해질	리튬이온의 통로	안전
분리막	양극과 음극 섞임 방지	안전
동박	전자의 저장	효율

출처: 업계 자료 취합

양극재 종류에 따른 2차전지의 종류

분류	LFP	삼원계
양극	LFP	NCM, NCA
음극	흑연	흑연
음극기판	동박	동박
전해질	LiPF6	LiPF6
에너지밀도(Wh/kg)	143.1	208
가격	저렴한 편	다소 높은 편
안전성	높음	다소 낮음
주력 국가	중국	한국

출처: 업계 자료 취합

배터리 원가를 대폭 낮출 수 있다. 다만 코발트를 무작정 제외할 순 없는데 배터리 안전성에 무리가 갈 수 있기 때문이다. 양극재 회사 중에서 에코프로비엠이 NMx를 개발하고 있다.

코발트와 니켈 함량을 줄이고 망간 비중을 늘린 망간리치(하이망간) 제품도 각광받고 있다. 망간리치 양극재 종류로는 고전압 $LiNi0.5Mn1.5O4$ [LNMO], $Li2MnO3$ 기반의 리튬 과량 소재인 LLO [Li-rich layered oxides], OLO [Over-lithiated oxides]가 대표적이다. 망간리치 양극재 상용화는 포스코퓨처엠, LG화학, 에코프로비엠이 추진하고 있다. 각 사는 2026~2028년 양산을 목표로 고객사들과의 개발을 가속화하고 있다.

그러나 2025년 투자자들이 LFP와 하이망간을 넘어 궁극의 '게임 체인저'로 주목하는 것은 바로 '전고체 배터리 [All-Solid-State Battery]'다. 전고체 배터리는 화재 위험이 없고 에너지 밀도를 획기적으로 높일 수 있어 '꿈의 배터리'로 불린다. 이 분야에서는 삼성SDI가 2027년 양산을 목표로 가장 앞서나가고 있으며, 전고체 배터리의 상용화 시점이 향후 2차전지 산업의 판도를 결정할 가장 중요한 변수가 될 것이다.

3. 2차전지 제조 공정

2차전지의 제조 공정은 크게 전극, 조립, 화성으로 구분되며 각각의 공정마다 여러 개의 하부 공정이 자리하고 있다. 전극 공정은 양극과 음극을 만드는 공정이다. 양극활물질과 음극활물질에 도전재, 바인더 및 용매 등을 섞어 슬러리 [Slurry] 상태로 만든 후 코팅한다. 코팅된 슬러리는 압연 과정을 거쳐 두께를 줄이고, 에너지 밀도를 높인 극판이 된다. 마지막으로 극판을 제품 기준에 맞게 절단한다. 전극 공정은 양극과 음극을 만드는 중요한 공정인 만큼 전체 장비 투자 금액의 약 32%를 차지한다.

조립 공정은 배터리 셀을 만드는 공정이다. 조립 공정은 원통형, 각형, 파우치형 등 배터리의 모양에 따라 조금씩 다르다. 먼저 배터리 모양에 상관없이 양극과 음극 탭^{TAB}을 만드는 노칭^{Notching} 공정을 거친다. 다음에는 원통형과 각형의 경우 양극판과 음극판, 분리막 등 배터리 소재를 쌓은 뒤 돌돌 말아 젤리롤을 만드는 와인딩^{Winding} 공정을 거친다. 파우치형은 젤리롤이 아닌 양극판과 음극판과 분리막을 층층이 쌓는 스태킹 공정을 거친다. 그 이후 완성된 젤리롤을 케이스에 넣고 양극 및 음극 탭을 접착시키는 웰딩^{Welding} 공정, 케이스에 전해액을 주입하는 필링^{Filling} 공정, 마지막으로 진공, 건조 등 과정을 거치면 배터리 셀이 완성된다. 배터리 셀을 만드는 조립 공정은 전체 장비 투자 금액의 약 20%를 차지한다.

화성 공정은 배터리 셀에 전기적 특성을 부여하는 공정이다. 마치 고기의 육질을 부드럽게 하기 위해 숙성시키는 것처럼 배터리 셀도 일정한 온도와 습도에서 일정 시간 에이징^{Aging} 과정을 거친다. 이후 셀에 전기적 특성을 부여하기 위해 충전과 방전을 반복하는 포메이션^{Formation} 공정을 거친다. 추가로 파우치형은 셀 내부 가스를 제거하는 디게싱^{Degassing}, 폴딩^{Folding} 공정이 필요하다. 마지막으로 검사 공정을 통해 내부 결함이 있는지 확인한다. 화성 공정은 전체 장비 투자 금액의 13% 수준이며, 이 중에서 화성 공정의 핵심인 포메이션 장비에만 약 55%가 투자된다.

전극, 조립, 화성 공정 외에도 중간에 2차전지 제조 과정에서 결함이 없는지 등을 검사하는 검사 공정, 각종 소재 및 반제품 등을 이송해 주는 자동화 공정, 배터리 제조 과정에서 이물질 등을 제거하는 탈철 공정 등이 있다. 이 같은 공정을 한데 묶어 기타 공정이라 하며, 전체 장비 투자 금액의 35%를 차지한다. IRA 법안 도입으로 미국 내 설비투자 늘면서 인건비 등 비용 감축의 일환으로 자동차 장비 투자 비중이 확대되고 있다. 2차전지 장비 제조사 대부분은 특정 장비 하나만 취급하기보단 전 공정에 걸친 다양한 장비를 만든다.

4. 2차전지 산업의 성장성

2차전지 시장은 크게 ESS와 전기차 시장이라는 두 개의 축과 맞물려 성장한다. 시장조사기관 EV Volumes에 따르면 글로벌 전기차 판매량은 2025년 2,210만 대에서 2030년 4,070만 대로 연평균 13% 성장할 것으로 전망된다. 코로나19 직후인 2020년부터 2023년까지 연평균 60%에 달하는 폭발적인 성장세를 기록했던 것과 비교하면, 글로벌 전기차 보급률이 20%를 넘어서면서 성장 속도가 확연히 둔화되는 '캐즘' 구간에 진입한 것이다.

지역별 온도 차는 뚜렷하다. 세계 최대 시장인 중국은 2025년 기준 보급률이 51.6%에 도달해 전기차가 대세로 자리 잡았으며, 유럽 또한 26.7%의 견조한 수준을 기록하고 있다. 반면 미국 시장은 트럼프 2기 행정부의 출범과 함께 IRA 수정 및 'OBBBA_{On-shore Battery Building Back Act}' 법안 도입으로 전기차 보조금 지급이 중단되면서, 보급률이 10%대에 머무는 정체기를 겪고 있다. 이에 따라 전기차용 배터리 시장의 눈높이 역시 과거에 비해 하향 조정되었다. 하지만 위기 속에 기회는 있다. 바로 ESS 시장이다. 트럼프 2기의 OBBBA 법안이 전력망 현대화에 대한 투자를 예고하면서, 2030년까지 연평균 20% 내외의 고성장이 예상되는 ESS 시장이 새로운 활로로 부상했다.

글로벌 배터리 패권 경쟁에서는 중국 기업들의 약진이 매섭다. SNE리서치에 따르면 2025년 3분기 누적(1~9월) 글로벌 전기차용 배터리 사용량 기준, 중국의 CATL이 점유율 36.6%로 압도적인 1위를 차지했다. 뒤를 이어 BYD가 17.9%로 2위를 기록했으며, 한국의 LG에너지솔루션은 9.8%로 3위, 파나소닉이 4.8%, SK ON이 4.2% 순이었다. 삼성SDI는 2.8%로 8위

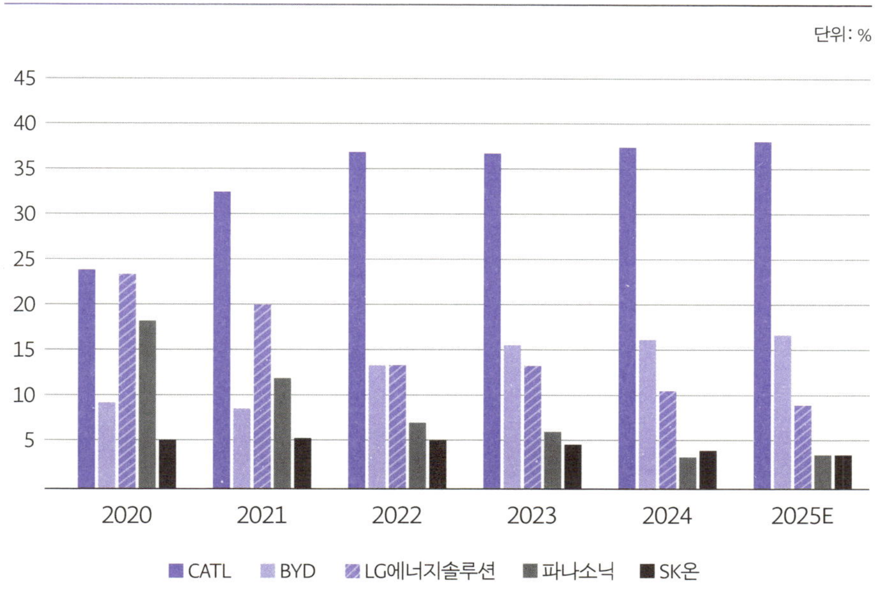

에 머물렀다.

이러한 중국 업체들의 점유율 확대는 구조적인 현상이다. 중국은 연간 5,500만 대에 달하는 막대한 전기차 생산 능력을 바탕으로 내수 시장을 장악한 것은 물론, 가격 경쟁력을 앞세워 유럽, 동남아 등으로 수출 물량을 공격적으로 밀어내고 있기 때문이다. 반면 미국 시장 의존도가 높은 한국 업체들은 OBBBA 법안 통과에 따른 미국 전기차 시장의 성장 둔화 여파를 고스란히 받고 있다. 이에 따라 국내 2차전지 기업들은 포트폴리오를 다변화해, 전기차용 배터리 수요 둔화를 ESS 시장 전환으로 방어하는 전략적 태세 전환에 총력을 기울이고 있다.

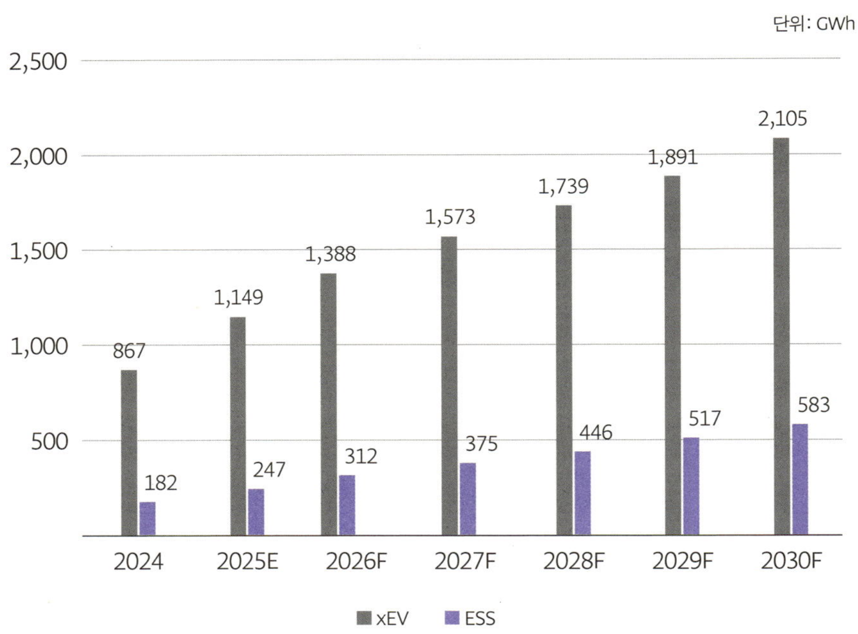

출처: NH투자증권

5. 2차전지 산업의 투자 포인트

1) 변화하는 기술 트렌드

앞서 살펴본 양극재 기술 트렌드 외에도 음극재, 도전재, 전해질 분야에서 배터리 성능을 높이기 위한 혁신이 지속되고 있다. 가장 주목할 분야는 음극재다. 기존 흑연 음극재에 실리콘을 10~15% 혼합한 '실리콘-흑연 복합 음극재'가 대량 양산 단계에 진입했다. 실리콘은 흑연 대비 에너지 밀도가 10배 이상 높고 충·방전 속도도 빠르지만, 부피 팽창이라는 치명적 단점이 있었다. 이를 해결하기 위해 탄소나노튜브[CNT] 도전재가 필수적으로 사용되며, 최근에는

CNT와 그래핀을 혼합한 복합 도전재도 부상하고 있다. 현재 실리콘 음극재 양산 선두 주자는 대주전자재료이며, 포스코퓨처엠, 한솔케미칼, 애경케미칼, SKC 등도 개발 경쟁에 뛰어들었다.

전해질 역시 변화의 바람이 거세다. 기존 육불화인산리튬^{LiPF6} 중심에서 고전압 환경에서도 안정성을 확보할 수 있는 특수 전해질(LiFSI, LiPO2F2 등)과 난연 첨가제 사용이 늘고 있다. 이는 하이니켈 양극재와 실리콘 음극재 적용 확대로 배터리 내부 전압이 높아졌기 때문이다.

차세대 배터리 기술 개발도 한창이다. 리튬이온배터리 이후 전고체, 나트륨, 리튬황 배터리가 주목받고 있다. 이 중 '꿈의 배터리'로 불리는 전고체 배터리는 용량, 안전성 등 모든 면에서 우수하지만 높은 제조 단가가 걸림돌이다. 이에 따라 고체와 액체 전해질을 혼합해 기존 공정을 활용하면서도 안전성을 높인 '준전고체 배터리'가 2027~2028년 양산을 목표로 징검다리 역할을 할 것으로 보인다. 한편, 에너지 밀도는 낮지만 가격 경쟁력이 뛰어난 '나트륨(소듐) 배터리'는 중국 업체들을 중심으로 저가형 전기차(LFP 대체)와 ESS 시장을 노리고 있으며, 리튬황 배터리는 UAM(도심항공교통), 드론 등 특수 목적용으로 자리를 잡을 전망이다.

2) 전기차에서 ESS로 전환

2025년 2차전지 시장의 핵심 키워드는 단연 'ESS'다. 미국 트럼프 2기 행정부가 추진한 'OBBBA' 법안이 통과되면서, ESS 투자에 대한 세액공제^{ITC} 혜택이 파격적으로 확대되었기 때문이다. 과거에는 태양광 설비와 연계해야만 혜택을 주었지만, 이제는 ESS 단독 프로젝트에도 노동 및 국산화 요건 충족 시 최대 40~50%의 ITC를 제공한다. 이는 발전사들에 ESS 설치를 '선택'이 아닌 '가장 수익성 높은 필수 투자'로 만들었다.

이러한 시장의 변화는 배터리의 폼팩터(형태)와 소재 혁명으로 이어진다.

ESS는 전기차와 달리 무게나 부피 제약이 덜한 대신, 가격 경쟁력과 장수명, 화재 안전성이 절대적으로 중요하다. 따라서 'LFP 양극재'와 열 관리에 유리한 '각형' 구조가 ESS 시장의 표준으로 자리 잡고 있다.

국내 배터리 3사 역시 이러한 흐름에 맞추어 북미 투자 계획을 ESS 중심으로 급선회하고 있다. LG에너지솔루션은 기존 전기차용 라인을 ESS 전용으로 전환하며 2025년 7월 테슬라와 3년간 약 6조 원 규모의 LFP 공급 계약을 체결하는 잭팟을 터뜨렸다. 삼성SDI는 2027년까지 ESS 출하량을 현재의 2배 이상인 26GWh로 늘리고 중대형 각형 배터리 생산 능력을 대폭 확대할 계획이다. SK온 역시 2025년 9월 미국 개발사 플랫아이언^{Flatiron}과 대규모 공급 계약을 맺으며 조지아 공장의 일부 라인을 ESS 전용 LFP 라인으로 전환하고 있다.

3) EV, 유럽 중저가 시장 공략

북미 전기차 시장이 보조금 축소로 주춤한 사이, 기회의 땅은 유럽으로 이동하고 있다. EV 볼륨스 전망에 따르면 2026년 미국 전기차 판매량은 역성장이 예상되지만, 유럽은 17.7% 성장하며 중국의 성장률을 앞지를 것으로 보인다. 이는 2025년부터 강화된 EU의 탄소 배출 규제(CO_2 규제)와 독일, 프랑스 등의 보조금 재개 덕분이다.

유럽 시장의 트렌드는 명확하다. '프리미엄'에서 '중저가'로의 이동이다. 테슬라 등 고가 전기차 수요는 둔화된 반면, 스텔란티스, 폭스바겐 등 유럽 완성차 업체들은 2만 5,000~3만 유로 대의 보급형 전기차 출시에 사활을 걸고 있다. 여기에 중국산 배터리 규제가 강화되면서, 유럽 현지 생산 거점을 갖춘 한국 기업들에 반사이익이 기대된다.

폴란드에 거대한 생산 기지를 둔 LG에너지솔루션은 르노와 대규모 LFP 배터리 계약을 체결하며 유럽 중저가 시장을 선점했다. 헝가리 공장을 보유한 삼성SDI는 프리미엄 라인업을 유지하면서도 보급형 시장 대응을 위한 전략을 고심 중이다. 소재 기업 중에서는 유럽 내 대규모 동박 공장을 운영하는 롯데에너지머티리얼즈가 폭스바겐 등 주요 고객사를 확보하며 수혜를 입을 것으로 전망된다.

4) 원자재 가격 변동과 공급망

2차전지 산업의 수익성은 핵심 광물인 리튬 가격과 직결된다. 리튬 가격이 하락하면 고가에 매입한 원재료가 원가에 반영되어 양극재 업체들의 수익성이 악화되는 '래깅 Lagging 효과'가 발생하고, 반대의 경우 수익성이 개선된다. 2023~2024년 중국발 과잉 투자로 급락했던 배터리 소재 가격은, 중국 정부의 과당 경쟁 억제 정책과 공급 조절로 인해 2025년 들어 바닥을 다지고 반등하는 추세다.

중국 내 과도한 설비 투자로 인해 2023년부터 2024년까지 배터리 공급량이 수요를 초과하면서 배터리 셀, 소재, 핵심 원자재 가격은 급락세를 면치 못했다. 그러나 2025년 현재, 시장은 바닥을 다지고 반등의 기미를 보이고 있다. 이는 중국 정부가 과도한 출혈 경쟁을 억제하기 위해 도입한 '반내권反內卷' 정책 덕분이다. 원가 이하 판매를 금지하고, 일정 가동률을 충족하지 못하는 업체의 증설을 제한하면서 중국 업체들의 과잉 생산이 해소되고 핵심 소재 가격이 차츰 제자리를 찾아가고 있다.

광물 공급 측의 '자원 민족주의' 강화 또한 가격 회복을 뒷받침하는 구조적 요인이다. 니켈 최대 생산국인 인도네시아는 원광 수출 제한과 자국 내 가공 의무화 정책을 강화했으며, 콩고는 코발트 광산 재계약 및 로열티 인상을 추진했다. 중국 역시 흑연, 희토류 등 핵심 소재에 대한 수출 통제를 강화하며 자원을 무기화하고 있다. 이러한 공급 측면의 압력은 소재 가격의 하방을 지지하며, 배터리 소재 및 셀 업체들의 수익성 개선에 기여할 전망이다.

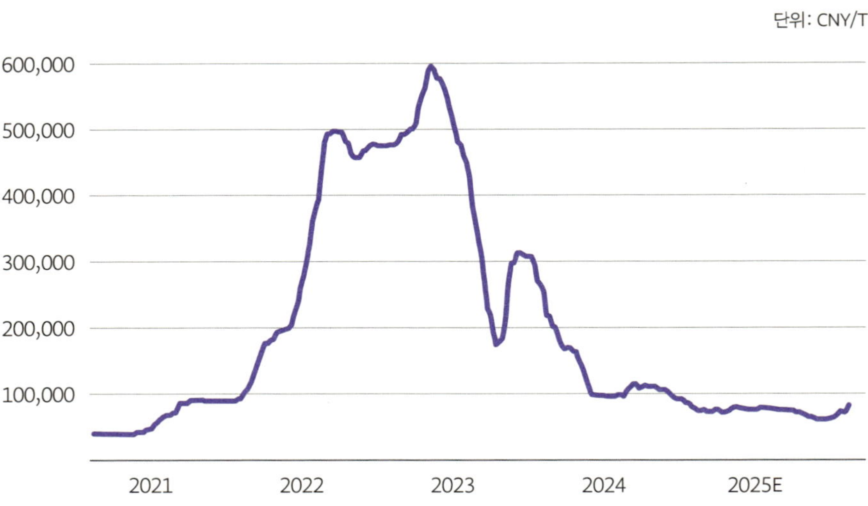

출처: 트레이딩이코노미

이러한 공급망 불안 속에서 자체 조달 능력을 갖춘 기업의 가치는 더욱 빛난다. POSCO홀딩스는 2018년 인수한 아르헨티나 염호에서 2025년 연산 1만 톤 규모의 리튬 상업 생산에 성공했다. 이는 2028년 12만 톤 생산 목표를 향한 첫걸음이며, 현재 추가 설비 확장 공사가 순조롭게 진행 중이다. 호주 필바라와 합작 설립한 포스코필바라리튬솔루션 역시 2024년부터 본격 가동에 들어가 2025년 연간 4만~5만 톤의 수산화리튬을 안정적으로 생산하고 있다. 니켈 생산을 위해 설립한 합작회사 SNNC 역시 가동률을 높이고 있다.

에코프로 그룹 역시 공급망 다변화에 총력을 기울이고 있다. 2024년부터 독일 AMG 리튬사로부터 연 5,000톤의 리튬을 안정적으로 조달하고 있다. 다만, 호주 원자재 기업 이오니어^{loneer}와의 탄산리튬(연 7,000톤) 조달 계약은 현지 환경 규제 문제 등으로 지연되고 있으며, 업계에서는 2026년 이후에나 공급이 가능할 것으로 보고 있다. 니켈의 경우 인도네시아 QMB 지분 인수를 통해 2023년부터 조달하고 있으며, 추가 투자를 통해 2030년까지 연 5만 톤 규모를 확보할 계획이다. 결국 원자재 가격 변동성을 헷지하고 안정적인 마진을 확보하기 위해서는 광산부터 전구체, 양극재로 이어지는 수직계열화 수준이 기업의 펀더멘털을 결정짓는 핵심 척도가 될 것이다.

2차전지 산업 투자 지표

실적 및 투자 지표: 2025년 3분기 연환산 기준
시가총액: 2025년 12월 23일 기준

단위: 억 원

종목코드	종목명	매출액	영업이익	순이익	PER	시가총액
373220	LG에너지솔루션	239,814	−4,487	−8,757	−104.2	912,600
006400	삼성SDI	131,625	−19,001	−5,517	−40.7	224,834
003670	포스코퓨처엠	31,044	311	−2,105	−83.0	174,779
247540	에코프로비엠	24,995	983	31	4,989.0	155,211
066970	엘앤에프	19,025	−4,375	−4,576	−9.3	42,783
011790	SKC	18,374	−2,807	−4,523	−9.0	40,746
450080	에코프로머티	3,654	−783	1,151	35.2	40,571
361610	SK아이이테크놀로지	2,793	−2,625	−1,808	−12.4	22,491
020150	롯데에너지머티리얼즈	6,930	−1,515	−1,228	−13.8	16,966
348370	엔켐	3,004	−1,145	−2,009	−8.0	16,021
005070	코스모신소재	4,822	80	27	564.4	15,280
178320	서진시스템	10,197	−224	−1,193	−12.1	14,436
161580	필옵틱스	2,262	−91	−64	−162.0	10,391
137400	피엔티	7,620	1,179	1,011	9.3	9,402
121600	나노신소재	1,056	17	−53	−122.9	6,472
278280	천보	1,310	88	156	40.1	6,274
222080	씨아이에스	4,556	500	466	11.6	5,416
336370	솔루스첨단소재	6,123	−627	−424	−12.5	5,315
365340	성일하이텍	1,754	−708	−1,257	−4.1	5,176
033790	피노	1,910	23	−46	−87.4	4,041

2차전지

부품
· 나노팀　· 삼기에너지솔루션즈　· 상신이디피　· 세아메카닉스
· 신성에스티　· 신흥에스이씨　· 아이티엠반도체　· 알멕　· 와이엠텍
· 상아프론테크　· 테이팩스　· 서진시스템　· 이닉스

세트
· LG에너지솔루션　· 삼성SDI

소재
동박　· SKC　· 롯데에너지머티리얼즈　· 솔루스첨단소재
분리막　· SK아이이테크놀로지　· 더블유씨피　· 대진첨단소재
전구체　· 에코프로머티　· 피노
양극재　· 에코프로비엠　· 엘앤에프　· 코스모신소재　· 포스코퓨처엠
전해질　· 엔켐　· 이수스페셜티케미컬　· 천보
· 나노신소재　· 하이드로리튬

엔지니어링
· 탑머티리얼　· 강원에너지

장비
조립　· 나인테크　· 에이치와이티씨　· 엠플러스　· 원익피앤이
　　　· 유일에너테크　· 에이아이코리아　· 케이엔에스
원료 전처리　· 대보마그네틱
활성화　· 메가터치　· 에이프로　· 하나기술
전극　· 씨아이에스　· 윤성에프앤씨　· 지아이텍　· 티에스아이　· 피엔티
　　　· 필에너지　· 필옵틱스　· 디에스케이　· 디이엔티　· 엠오티　· 케이지에이
검사　· 엔시스　· 이노메트리　· 민테크　· 아이비젼웍스
열처리　· 원준
검사　· 엔시스　· 이노메트리　· 민테크　· 아이비젼웍스

폐배터리 재활용
· 새빗켐　· 성일하이텍　· 킵스파마

자동차

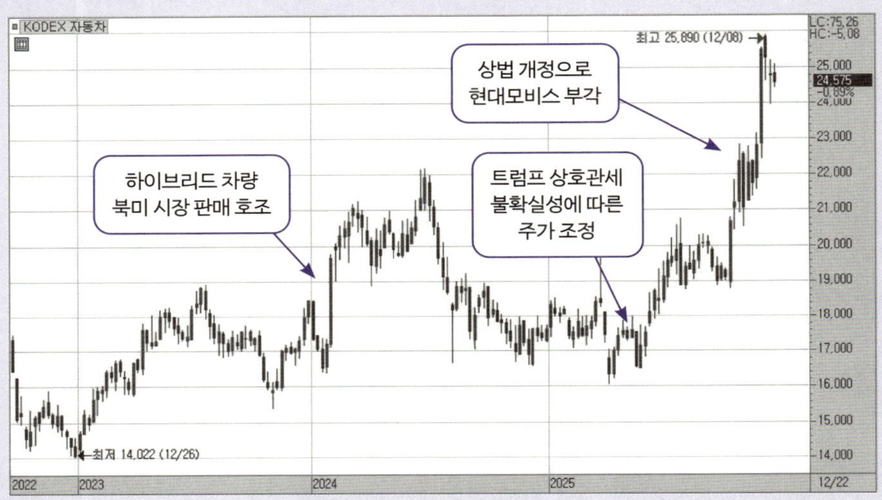

자동차는 내구재 중 가장 비싼 품목이며, 가장 복잡한 기계다. 자동차는 2만여 개에 달하는 부품으로 구성되어 있다. 이 모든 것을 한 기업에서 만드는 것은 현실적으로 불가능하며 경제성도 없다. 현대차, 기아 등 몇몇 완성차 기업을 중심으로 수십, 수백 곳의 부품사가 밸류체인을 형성하고 있는 이유다. 구체적으로 자동차는 세세한 부품을 제조하는 부품사가 있으며, 부품을 모아 모듈을 만드는 기업과 모듈을 조립해 완성차를 만드는 기업이 존재한다. 이 책에서는 자동차 산업을 크게 완성차를 만드는 기업과 완성차 기업에 자동차 부품, 모듈을 납품하는 기업으로 구분했다. 자동차 산업에 속한 기업은 총 149곳으로 전체 시가총액의 5.1%를 차지한다.

자동차 기업들은 미국 시장 판매가 호조를 거두며 2024년 상반기까지 긍정적인 흐름을

이어갔다. 현대차와 기아가 북미 시장에서 하이브리드 차량 및 전기차 판매가 늘면서 주가 상승에 탄력이 붙었다. 특히 달러당 1,400원대의 고환율 효과와 SUV 등 고부가가치 차량 판매가 늘면서 수익성도 크게 개선되었다. 다만 2024년 하반기 엔캐리 트레이드로 촉발된 시장 급락이 변수로 작용하면서 자동차 업종 주가도 부진했으며 뒤이어 트럼프 당선에 따른 관세 불확실성도 자동차 업종 주가 흐름에 영향을 미쳤다. 한국은 미국과 FTA를 체결한 국가임에도 불구, 상호관세로 자동차 관세가 0%에서 15%로 늘어나면서 자동차 기업들의 영업환경이 악화된 상황이다. 다만 분기 배당금을 인상하는 등 현대차그룹의 지속적인 주주환원 정책, 관세 핸디캡을 극복하기 위해 미국 조지아주 공장에 31조 원을 투자하기 약속하면서 주가는 점차 회복되고 있다.

한편 KODEX 자동차 ETF는 현대차 등 자동차 기업 주가보다 선전하는 흐름을 보였는데, 이는 현대모비스가 사실상 현대차 그룹의 지주회사로 상법 개정에 따른 주가 상승 모멘텀을 받았기 때문이다. 우여곡절은 겪은 자동차 업황에도 불구, 현대모비스는 2024년부터 상법 개정 기대감에 따라 저평가된 지주회사들의 가치가 부각되면서 긍정적인 흐름을 이어갔다.

자동차

1. 자동차 산업의 개요와 특징, 성장성

국내 도로에서 자주 마주치는 자동차 브랜드는 무엇이 있을까? 일단 현대차와 기아가 가장 많다는 사실을 부인할 사람은 없을 것이다. 다음으로 KGM(구 쌍용차), 르노코리아(구 르노삼성), 쉐보레가 국산 자동차 브랜드 중에서는 간간이 눈에 띈다. 수입차 브랜드 중에서는 독일 3사라고 불리는 벤츠, BMW, 아우디가 단연 압도적이다. '노[No] 재팬' 운동은 하이브리드 차량의 인기가 급부상하며 사실상 종식되어, 토요타 등 일본 자동차 브랜드도 다시 판매량을 크게 늘려가고 있다.

앞서 일상생활에서 자주 접하는 자동차 브랜드를 언급했는데, 사실 이 정도 브랜드가 글로벌 자동차 시장을 주름잡고 있다. 자동차 산업 포털 마크라인스[MarkLines]의 2024년 결산 자료에 따르면 글로벌 자동차 판매량은 토요타가 약 1,082만 대로 1위다. 뒤를 이어 아우디 브랜드를 갖고 있는 폭스바겐 그룹이 약 924만 대로 2위, 현대자동차 그룹이 3위(약 723만 대), 르노-닛산 얼라이언스가 4위(약 624만 대) 순이다. 주목할 점은 전기차 판매에 힘입은 BYD(약 427만 대) 등 중국계 기업들의 약진으로, 5위권 경쟁이 그 어느 때보다 치열해졌다는 것이다. 주요 자동차 생산국은 중국과 미국, 일부 유럽 지역과 일본, 한국 등이다.

자동차 주요 소비국 역시 생산국과 비슷하다. 2024년 중국이 약 2,550만 대 판매량을 기록했으며, 미국과 유럽이 각각 약 1,600만 대, 1,340만 대의 판매 시장을 형성하고 있다. 중국, 미국, 유럽 지역을 합치면 전체 자동차 판매량(약 8,900만 대)의 60%가량이다. 이처럼 자동차 시장은 전 세계 상위 10개

2024년 메이커별 글로벌 자동차 판매량

단위: 100만 대

순위	메이커(그룹)	국가	판매량
1	토요타 그룹	일본	10.82
2	폭스바겐 그룹	독일	9.24
3	현대-기아	한국	7.23
4	르노-닛산 얼라이언스	프랑스/일본	6.24
5	제너럴 모터스(GM)	미국	5.96
6	스텔란티스	네덜란드	5.36
7	BYD	중국	4.27
8	혼다	일본	3.51
9	포드 그룹	미국	3.51
10	스즈키	일본	2.89

출처: 마크라인

국이 생산의 90%, 판매의 70%를 점유하는 과점 체제다.

국내 신차 시장은 2024년 기준 약 170만 대 규모로, 고금리와 경기 침체 우려로 전년 대비 다소 감소했다. 이 중에서 현대차, 기아의 합산 판매량은 약 128만 대로 국내 시장의 75% 이상을 점유하고 있다. 국산 자동차 브랜드만 놓고 본다면 점유율이 90%에 육박한다. 따라서 국내 자동차 부품사들의 경우 현대기아차의 신차 스케줄, 판매 동향에 민감하다. 일반적으로 자동차 부품 기업들의 수익성은 완성차 기업 수준을 넘어서기 어렵다. 거대 고객사 한두 곳에 수백 곳의 협력사가 종속되는 구조이기 때문이다. 완성차 기업의 판매가 부진해 수익성이 악화되면, 그 영향이 고스란히 협력사에 미치게 된다. 유독 자동차 부품 기업들의 주가가 자산가치나 벌어들이는 이익 대비 낮게 거래되는 이유다.

다만 2025년 현재, 이러한 '저평가' 논리에는 변화가 생겼다. 현대기아차가 고수익 하이브리드 및 전기차^{EV} 중심으로 성공적인 전환을 이루면서, 이들 신규 차종에 핵심 부품을 공급하는 기업(예: 구동모터, 전력반도체, 고성능 섀시 부품)들은 과거의 내연기관 부품사와는 완전히 차별화된 실적과 밸류에이션을 인정받고 있다. 투자자 역시 이들 '신新 부품사'와 '구舊 부품사'를 명확히 구분해 접근할 필요가 있다.

2. 자동차 산업의 성장성

글로벌 자동차 산업은 양적 성장의 한계에 직면했다. 2025년 글로벌 자동차 판매량은 약 8,690만 대로 추정되는데, 이는 전년 대비 0.9%라는 미미한 성장률에 불과하다. 이러한 정체의 배경에는 복합적인 요인이 자리 잡고 있다. 우선 2025년 출범한 미국 트럼프 2기 행정부의 강력한 보호무역주의와 상호

관세 정책이 자동차 수출의 불확실성을 키웠다. 또한 세계 최대 자동차 시장인 중국의 경기 둔화가 장기화되면서 글로벌 소비 심리가 위축된 점도 결정적이다. S&P 글로벌과 SNE리서치 등 주요 기관의 전망에 따르면, 글로벌 자동차 판매량은 2026년 8,790만 대, 2027년 9,010만 대로 완만한 흐름을 보일 것으로 예상된다. 즉, 자동차 산업은 이미 성숙기에 진입한 지 오래되어 폭발적인 판매량 증가를 기대하기 어려운 구조다.

그러나 투자자의 시각에서 실망하기에는 이르다. 전체 판매량의 정체 속에서도, 판매 단가와 부가가치를 높이는 '질적 성장'이 강력하게 진행되고 있기 때문이다. 그 중심에는 내연기관에서 전기모터로 동력원이 바뀌는 '친환경차'와, 운전의 주체가 사람에서 AI로 넘어가는 '자율주행차'라는 두 가지 거대한 축이 있다.

1) 친환경차

친환경차란 기존 내연기관 차량 대비 이산화탄소 배출이 적고 연비가 우수한 자동차를 통칭한다. 여기에는 엔진과 모터를 함께 쓰는 하이브리드[HEV], 외부 충전이 가능한 플러그인 하이브리드[PHEV], 순수 배터리로만 가는 전기차[BEV], 그리고 수소를 연료로 전기를 만들어 모터를 돌리는 연료전지차[FCEV](수소전지차)가 포함된다.

한때 시장 규모와 성장률 측면에서 가장 각광받았던 주인공은 단연 전기차였다. 과거 주요 시장조사기관들은 2030년 전기차 판매량이 6,000만 대에 달해 전체 신차의 60%를 차지할 것이라는 장밋빛 전망을 내놓기도 했다. 그러나 2024년부터 시작된 충전 인프라 부족, 배터리 화재 안전성 이슈, 그리고 무엇보다 미국의 보조금 중단 정책은 전기차 대중화의 속도를 늦추는 캐즘을 불러왔다. 이에 따라 EV 볼륨스 등 전문 기관들은 2030년 전기차 판매량 전망치를 4,070만 대 수준으로 하향 조정했다.

이러한 전기차의 공백을 메우며 2025년 시장의 주인공으로 떠오른 것은 바로 '하이브리드[HEV]'다. 내연기관에서 전기차로 넘어가는 과도기적 기술로 치부받던 하이브리드는, 충전 스트레스가 없고 연비 효율이 높다는 현실적인 장점 덕분에 재평가받고 있다. 실제로 2024년 글로벌 HEV 판매량은 942만 대로 전년 대비 21.9% 성장했으며, PHEV는 633만 대로 53.8%나 급증했다. 이러한 하이브리드 차량의 고성장세는 2025년에도 두 자릿수 성장률을 유지하며 완성차 업체들의 수익성을 방어하는 핵심 역할을 하고 있다.

반면, '궁극의 친환경차'로 불리던 수소연료전지차는 혹독한 겨울을 보내고 있다. SNE리서치 자료에 따르면 2024년 전 세계 FCEV 등록 대수는 약 1만 2,866대에 그쳤다. 2022년 2만 대를 넘겼던 시장이 2023년 1만 4,000대,

글로벌 xEV PT별 수요 규모 및 증가율

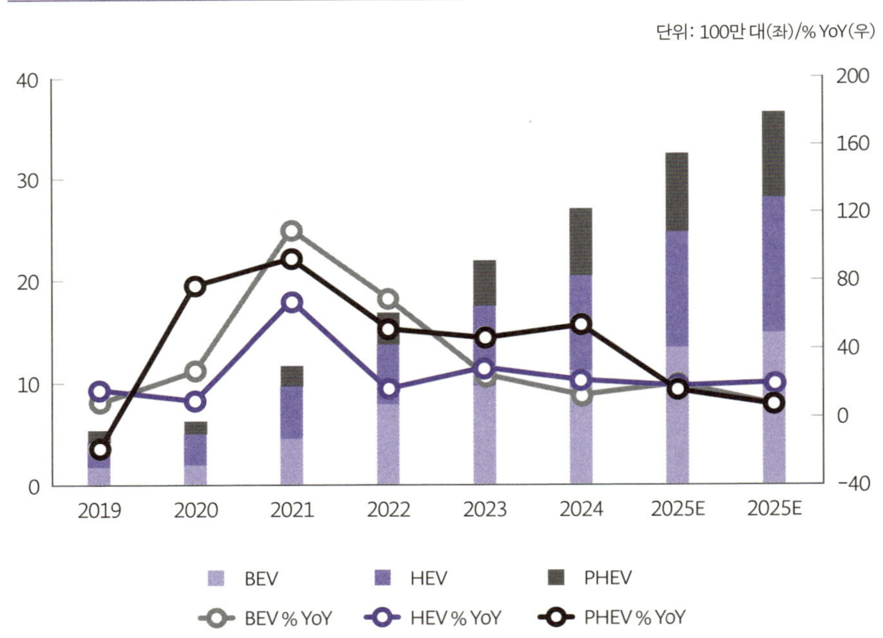

출처: 한화투자증권

2024년 1만 2,000대로 지속적으로 축소되고 있는 것이다. 이는 수소충전소 인프라 구축에 막대한 비용이 들고, 청정수소의 생산 단가가 여전히 비싸 경제성을 확보하지 못했기 때문이다. 글로벌 완성차 메이커들이 승용차 부문에서 수소차 개발을 중단하거나 축소하고 전기차와 하이브리드에 집중하면서, 수소차는 당분간 상용차(트럭, 버스) 등 특수 목적 시장에 머물 것으로 보인다.

결론적으로 투자자들은 시기에 따른 유연한 전략이 필요하다. 단기 및 중기적으로는 하이브리드 차량의 판매 호조에 따른 부품사들의 실적 개선에 주목해야 하며, 장기적으로는 캐즘을 극복하고 다시 주류가 될 전기차 밸류 체인(배터리, 열관리 등)의 저점 매수 기회를 노려야 한다.

2) 자율주행차

자율주행차는 운전자가 브레이크, 스티어링 휠, 가속 페달 등을 제어하지 않아도 차량이 스스로 주행 환경을 인식해 위험을 판단하고 경로를 계획해 안전 운행이 가능한 자동차를 말한다. 자율주행과 떼려야 뗄 수 없는 개념이 바로 첨단운전자보조시스템[ADAS]이다. ADAS는 운전 중 발생할 수 있는 위험 상황을 차량이 스스로 인지하고 경고하거나 기계 장치를 제어하는 기술로, 완전 자율주행으로 가기 위한 필수적인 전제 조건이자 초기 단계다. 미국도로교통안전국[NHTSA]과 자동차공학회[SAE] 기준에 따르면 자율주행 기술은 레벨 0부터 레벨 5까지 6단계로 구분된다.

2025년 현재, 자율주행 시장은 '현실적인 타협'과 '기술적 고도화'가 동시에 진행되고 있다. 우선 레벨 1~2단계의 초기 자율주행 기술은 이미 대중화되었다. 테크인사이트[TechInsights]에 따르면 2025년 신차 시장에서 레벨 1~2단계 합산 침투율은 73%에 달할 것으로 추정된다. 이제 소비자들은 차선 이탈 방지나 어댑티브 크루즈 컨트롤이 없는 신차는 구매 목록에서 제외할 정도다.

자동차 메이커들은 여기서 한발 더 나아가, 고속도로 등 특정 구간에서 운

레벨 구분	Lv.0	Lv.1	Lv.2	Lv.3	Lv.4	Lv.5
명칭	無 자율주행	운전자 지원	부분 자동화	조건부 자동화	고도 자동화	완전 자동화
운전 주시	항시 필수	항시 필수	항시 필수 (조향핸들을 상시 잡고 있어 야 함)	시스템 요청시 (조향핸들 잡을 필요 X, 비상시 에만 운전자가 운전)	작동구간 내 불필요 (비상시 에도 시스템이 대응)	전 구간 불필요
자동화 구간	–	특정구간	특정구간	특정구간 (예: 고속도로, 자동 차 전용도로 등)	특정구간	전 구간
예시	사각지대 경고	조향 또는 감가속 중 하나	조향 및 감가속 동시작동	고속도로 혼잡 구간 주행지원 시스템	지역(Local) 무인택시	운전자 없는 완전자율주행

출처 : 국토교통부

전자가 조향 핸들에서 손을 떼도 되는 '레벨 2+' 단계의 기술 보급에 집중하고 있다. 그러나 운전자가 전방 주시 의무에서 완전히 벗어나 딴짓을 해도 되는 '레벨 3' 이상의 상용화는 예상보다 더디게 진행되고 있다. 기술적 난이도도 높지만, 더 큰 장벽은 규제와 법적 책임 문제다. 사고 발생 시 그 책임이 제조사에 있는지 운전자에게 있는지에 대한 사회적 합의와 보험 체계가 아직 명확히 마련되지 않았기 때문이다.

따라서 투자자들은 완전 자율주행이라는 먼 미래의 꿈보다는, 당장 수익을 창출하는 ADAS 시장의 확장에 주목해야 한다. 레벨 2에서 레벨 2+로 고도화될수록 차량 1대당 탑재되는 카메라, 레이더, 라이다 등 센서의 개수가 늘어나고, 이를 처리하는 고성능 반도체와 소프트웨어의 단가가 상승하기 때문이다.

3. 자동차 기업의 투자 포인트

1) 월별 판매량과 사전계약 대수

자동차 기업에 투자할 때 가장 기본이자 핵심이 되는 지표는 단연 판매량이다. 자동차는 고정비 비중이 높은 장치 산업이므로, 많이 팔수록 이익 레버리지 효과가 극대화되기 때문이다. 현대차와 기아는 매월 첫 영업일에 지난달의 국내 및 해외 판매량을 공시한다. 국내 자동차 부품사 대부분은 현대기아차의 생산량에 실적이 연동되는 종속적인 구조를 가지고 있으므로 이 수치를 꼭 체크해야 한다.

이러한 맥락에서 '신차 출시 일정$^{New\ Car\ Cycle}$'은 주가 향방을 가르는 중요한 이벤트다. 통상 자동차 모델은 출시된 지 3~5년이 지나면 디자인과 파워트레인을 대폭 변경하는 '풀 체인지(완전 변경)'를 진행한다. 이때 대기 수요가 집중되며 판매량이 급증하는 '신차 효과'가 발생한다. 물론 신차가 출시된다고 해서 무조건 흥행하는 것은 아니다. 따라서 본격적인 판매에 앞서 발표되는 '사전계약 대수'는 해당 모델의 시장 기대감을 확인하는 선행지표로 활용된다. 최근에는 단순한 판매 대수^{Q}를 넘어, 고수익 차종인 SUV나 하이브리드 모델의 판매 비중^{Mix}이 얼마나 늘어났는지가 주가에 더 큰 영향을 미치고 있다.

2) 주력 수출 시장: 미국과 유럽

한국 자동차 산업의 심장은 미국에서 뛰고 있다. 한국의 최대 수출 시장인 미국향 자동차 수출 금액은 2024년 기준 약 400억 달러로, 전체 자동차 수출금액의 과반인 51%를 차지했다. 특히 미국 수출 금액은 전년 대비 8.3% 성장하는 등 꾸준한 우상향 곡선을 그리고 있다. 반면, 2위 시장인 유럽은 같은 기간 수출 금액이 약 80억 달러에 그치며 25.4%나 감소했다. 미국과의 격차가 크게 벌어졌고 비중도 축소되고 있지만, 유럽은 글로벌 친환경차 트렌드를 선도하는 시장이라는 측면에서 여전히 전략적 중요성이 크다. 따라서 투자자는 두 시장의 상반된 트렌드에 맞추어 차별화된 전략을 취해야 한다.

미국 시장의 핵심 키워드는 '하이브리드'와 '현지 생산'이다. 현대차그룹은 수익성이 월등히 높은 HEV 모델 라인업을 공격적으로 확대하고 있다. 특히 미국 내 선호도가 높은 대형 SUV 세그먼트에서 팰리세이드 HEV 및 텔루라이드 HEV의 출시가 예정되어 있어 강력한 신차 효과가 기대된다. 또한 트럼프 2기 행정부의 관세 장벽을 넘기 위해 현지 생산 확대가 필수적이다. 이에 따라 현대차그룹은 당초 전기차 전용 공장으로 기획했던 HMGMA(미국 조지아 신공장)를 HEV도 함께 만드는 혼류 생산 체제로 긴급 전환했다. 기아 스포티지 HEV가 이곳의 첫 생산 모델이 될 가능성이 높다. 결국 자동차 부품주 투자 역시 HEV 관련 부품을 공급하거나, 현대차를 따라 북미 현지에 공장을 보유해 관세 리스크에서 자유로운 기업에 집중해야 한다.

반면 유럽 시장의 키워드는 '소형 전기차'다. 유럽 주요 도시들의 좁은 도로 환경, 주차난, 그리고 보조금 축소로 인한 가격 민감도가 맞물리면서, 고가 프리미엄 EV보다는 실용적인 엔트리·컴팩트 BEV 수요가 증가하고 있다. 이에 기아는 유럽 전략형 저가 전기차 모델인 'EV2'를 준비 중이며 슬로바키아 공장에서 생산할 계획이다. 현대차 역시 컴팩트 모델인 '아이오닉 3(가칭)'를 유럽용으로 기획하고 체코 공장을 통해 생산할 가능성이 높다.

3) 자율주행과 로보택시

완전 자율주행이 가능한 레벨 3 이상의 기술은 2030년부터 본격적으로 상용화될 전망이다. 그리고 이 시장의 문을 여는 열쇠는 개인이 소유하는 승용차가 아닌 '로보택시'가 될 것이다. 블룸버그NEF에 따르면 글로벌 자동차 판매 중 로보택시 침투율은 2027년 0.1%를 시작으로 2030년 0.3%, 2035년 2.7%로 확대될 것으로 보인다. 비중 자체는 미미해 보이지만, 판매량으로 환산하면 2025년부터 2030년까지 연평균 90%, 이후 2035년까지 51%라는 폭발적인 성장세가 예상된다. 시장별로는 북미, 중국, 유럽 등 선진 시장이 성장을 주도할 것이다.

다가오는 로보택시 시장을 선점하기 위한 완성차 메이커들의 경쟁은 치열하다. 테슬라와 아마존(죽스)이 차량 제조부터 자율주행 소프트웨어[SW], 차량 공유 서비스까지 모든 영역을 수직계열화하는 전략을 취한다면, 기존 완성차 메이커들은 전문 기업들과의 파트너십을 통해 연합군을 형성하고 있다. 현대 차그룹 역시 이러한 흐름에 동참하고 있다. 현대차는 자율주행차 및 배달 로봇을 개발하는 미국의 스타트업 '에이브이라이드[AVRIDE]'와 파트너십을 맺고 아이오닉 5 기반의 로보택시를 개발 중이며, 이를 우버[Uber] 플랫폼을 통해 테스트할 계획이다.

더욱 주목할 것은 현대차그룹의 자체 AI 로드맵인 '아트리아[Atria] AI'다. 현대차그룹은 엔비디아로부터 2026년부터 2030년까지 최신형 블랙웰 GPU 5만 장을 공급받기로 계약했다. 이는 테슬라의 슈퍼컴퓨터 '도조[Dojo]'에 필적할 만한 자체 자율주행 학습 시스템을 구축하겠다는 의지다. '아트리아 AI'는 단순한 자율주행을 넘어, 로봇이 현실 세계를 이해하고 움직이는 '피지컬 AI[Physical AI]'의 핵심 두뇌 역할을 하게 된다. 현대차는 자회사로 최고의 로봇 하드웨어 기술을 가진 '보스턴 다이내믹스'를 보유하고 있어, 소프트웨어(두뇌)와 하드웨어(몸체)를 모두 생산할 수 있는 전 세계 몇 안 되는 포트폴리오를 완성했다. 현대차그룹이 아트리아 AI를 적용한 자율주행 차량을 2026년 3분기에 성공적으로 선보인다면, 시장은 현대차를 단순한 제조업체가 아닌 'AI 모빌리티 기업'으로 재평가될 가능성이 크다.

자동차 산업 투자 지표

실적 및 투자 지표: 2025년 3분기 연환산 기준
시가총액: 2025년 12월 23일 기준

단위: 억 원

종목코드	종목명	매출액	영업이익	순이익	PER	시가총액
005380	현대차	1,860,396	125,947	106,973	5.5	589,702
000270	기아	1,132,013	99,520	78,285	6.0	468,886
012330	현대모비스	604,309	34,131	41,715	7.9	330,267
161390	한국타이어앤테크놀로지	182,776	17,675	9,510	7.7	73,582
000240	한국앤컴퍼니	14,146	3,685	3,092	8.2	25,253
204320	HL만도	94,150	3,885	1,186	21.1	25,075
018880	한온시스템	107,168	431	-3,015	-6.8	20,465
005850	에스엘	50,684	3,344	3,144	6.3	19,810
011210	현대위아	83,986	2,114	1,448	13.4	19,472
073240	금호타이어	47,820	5,815	2,542	6.9	17,437
003570	SNT다이내믹스	6,800	908	817	19.7	16,078
089860	롯데렌탈	29,132	3,049	1,242	9.4	11,619
004490	세방전지	21,748	1,530	1,328	6.9	9,198
064960	SNT모티브	10,006	1,007	899	10.2	9,196
381970	케이카	24,074	789	530	15.2	8,026
002350	넥센타이어	30,541	1,453	1,617	4.6	7,481
003620	KG모빌리티	41,395	309	29	257.7	7,478
015750	성우하이텍	44,324	2,679	1,840	2.9	5,408
009900	명신산업	15,917	1,149	991	4.8	4,775
450140	코오롱모빌리티그룹	23,629	319	13	341.2	4,576

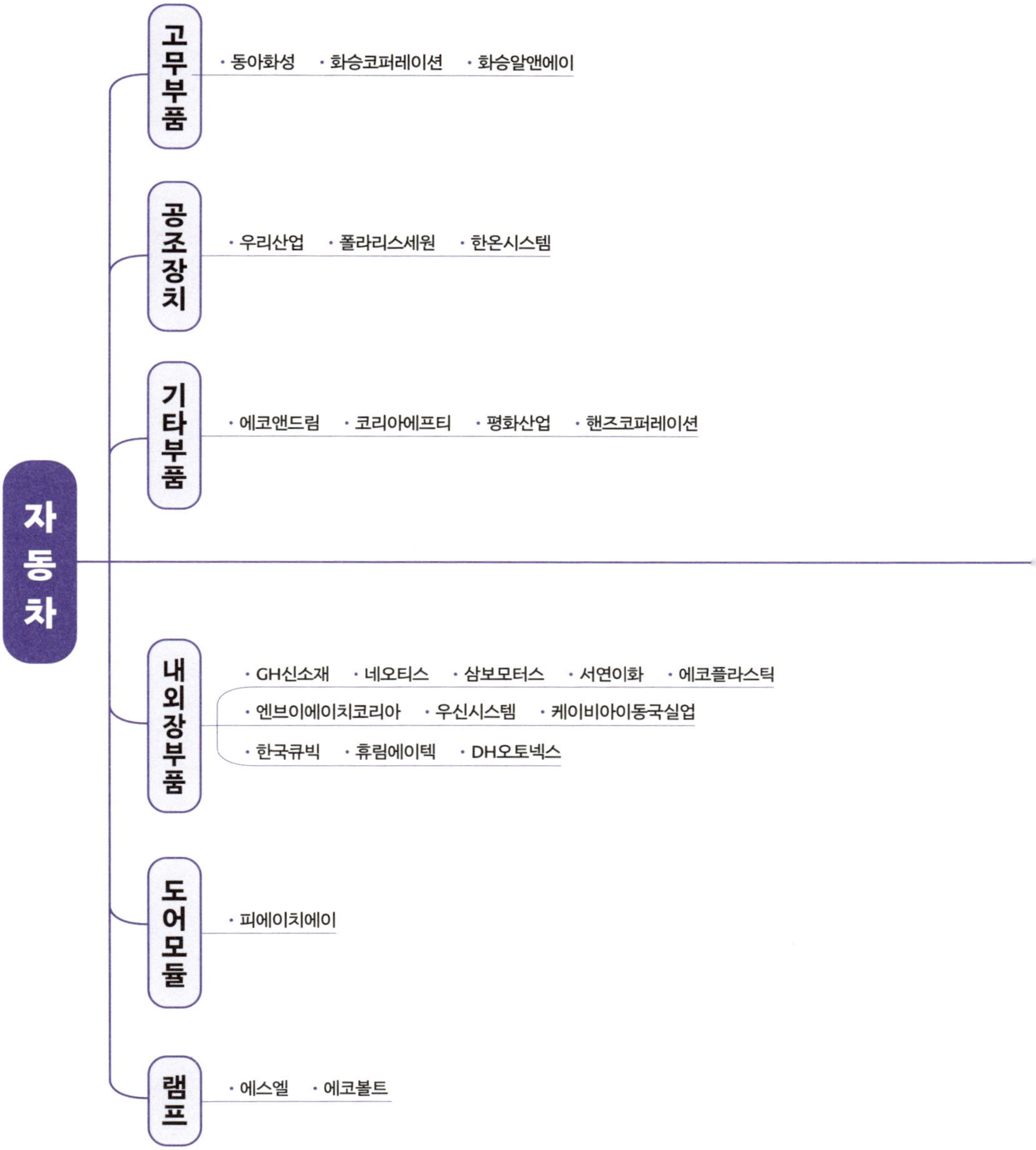

자동차

- 고무부품: · 동아화성 · 화승코퍼레이션 · 화승알앤에이
- 공조장치: · 우리산업 · 폴라리스세원 · 한온시스템
- 기타부품: · 에코앤드림 · 코리아에프티 · 평화산업 · 핸즈코퍼레이션
- 내외장부품: · GH신소재 · 네오티스 · 삼보모터스 · 서연이화 · 에코플라스틱 · 엔브이에이치코리아 · 우신시스템 · 케이비아이동국실업 · 한국큐빅 · 휴림에이텍 · DH오토넥스
- 도어모듈: · 피에이치에이
- 램프: · 에스엘 · 에코볼트

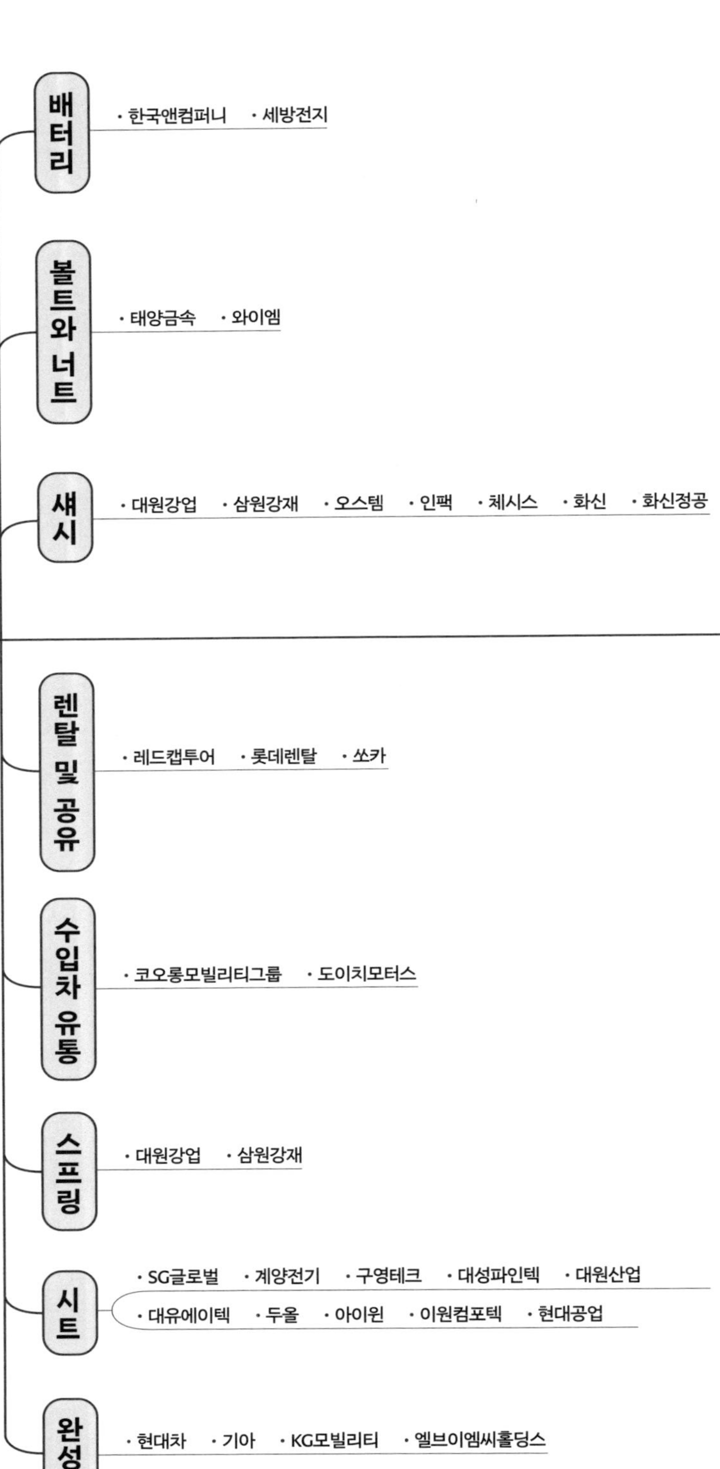

배터리
·한국앤컴퍼니 ·세방전지
볼트와너트
·태양금속 ·와이엠
섀시
·대원강업 ·삼원강재 ·오스템 ·인팩 ·체시스 ·화신 ·화신정공
렌탈 및 공유
·레드캡투어 ·롯데렌탈 ·쏘카
수입차 유통
·코오롱모빌리티그룹 ·도이치모터스
스프링
·대원강업 ·삼원강재
시트
·SG글로벌 ·계양전기 ·구영테크 ·대성파인텍 ·대원산업
·대유에이텍 ·두올 ·아이윈 ·이원컴포텍 ·현대공업
완성차
·현대차 ·기아 ·KG모빌리티 ·엘브이엠씨홀딩스

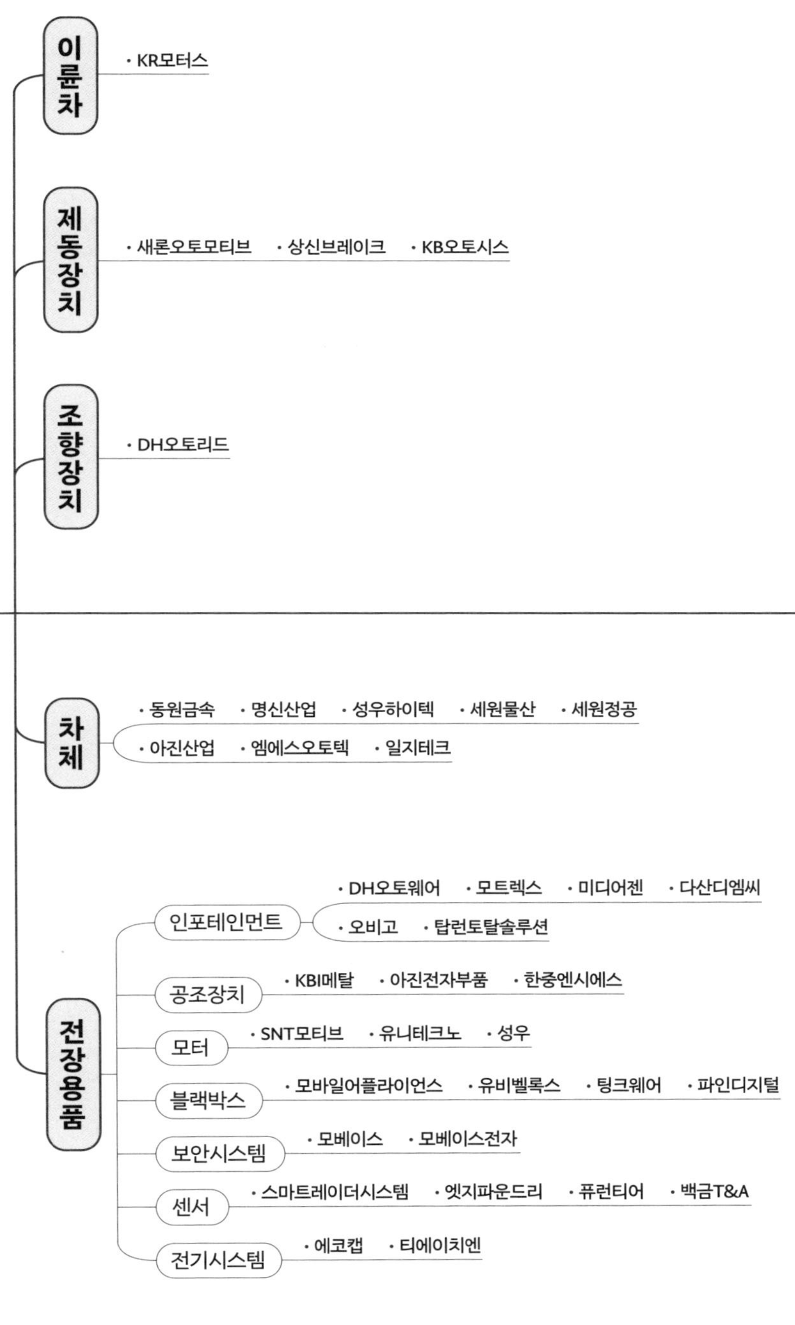

이륜차
· KR모터스

제동장치
· 새론오토모티브   · 상신브레이크   · KB오토시스

조향장치
· DH오토리드

차체
· 동원금속   · 명신산업   · 성우하이텍   · 세원물산   · 세원정공
· 아진산업   · 엠에스오토텍   · 일지테크

전장용품
인포테인먼트
· DH오토웨어   · 모트렉스   · 미디어젠   · 다산디엠씨
· 오비고   · 탑런토탈솔루션

공조장치
· KBI메탈   · 아진전자부품   · 한중엔시에스

모터
· SNT모티브   · 유니테크노   · 성우

블랙박스
· 모바일어플라이언스   · 유비벨록스   · 팅크웨어   · 파인디지털

보안시스템
· 모베이스   · 모베이스전자

센서
· 스마트레이더시스템   · 엣지파운드리   · 퓨런티어   · 백금T&A

전기시스템
· 에코캡   · 티에이치엔

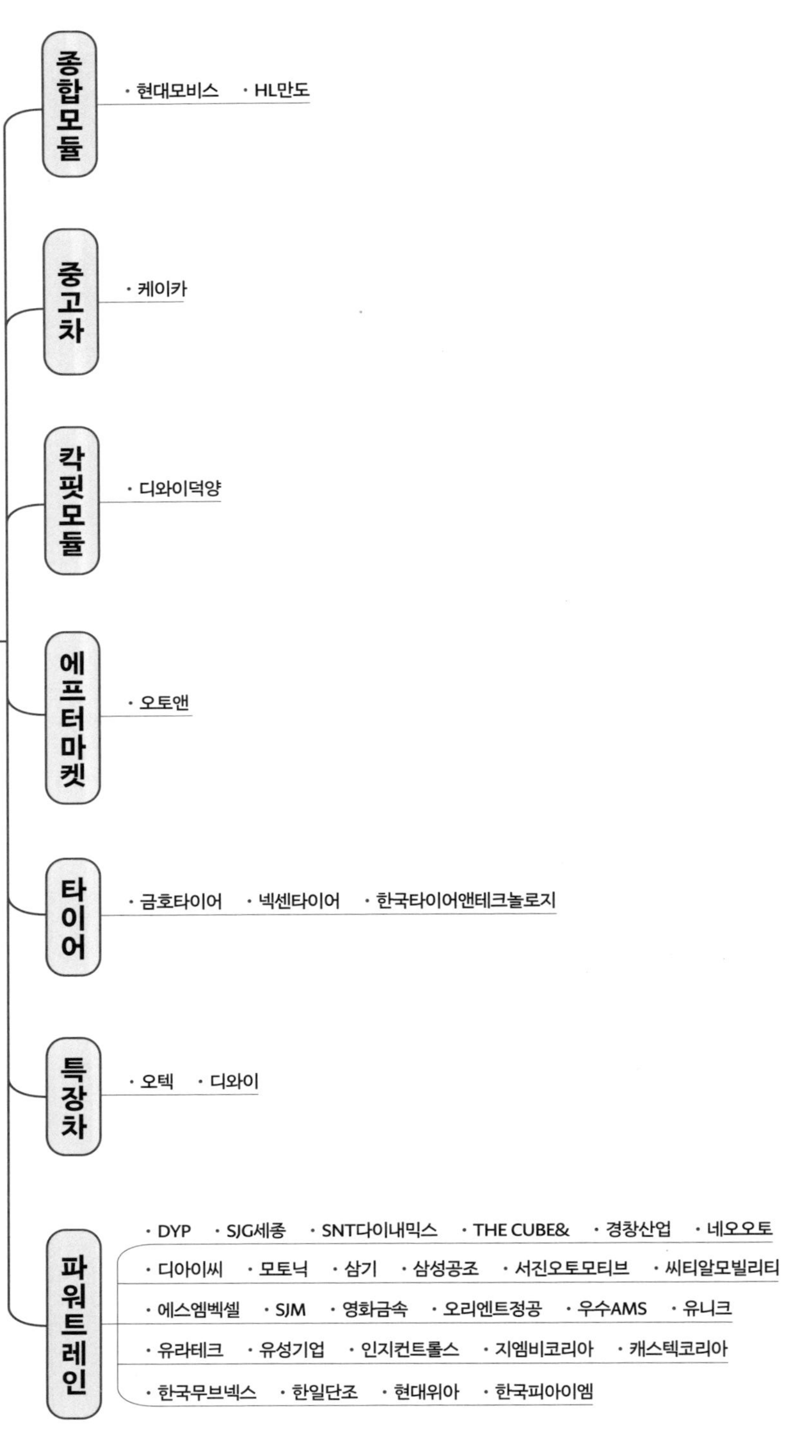

종합모듈
· 현대모비스 · HL만도
중고차
· 케이카
칵핏모듈
· 디와이덕양
에프터마켓
· 오토앤
타이어
· 금호타이어 · 넥센타이어 · 한국타이어앤테크놀로지
특장차
· 오텍 · 디와이
파워트레인
· DYP · SJG세종 · SNT다이내믹스 · THE CUBE& · 경창산업 · 네오오토
· 디아이씨 · 모토닉 · 삼기 · 삼성공조 · 서진오토모티브 · 씨티알모빌리티
· 에스엠벡셀 · SJM · 영화금속 · 오리엔트정공 · 우수AMS · 유니크
· 유라테크 · 유성기업 · 인지컨트롤스 · 지엠비코리아 · 캐스텍코리아
· 한국무브넥스 · 한일단조 · 현대위아 · 한국피아이엠

• 부록

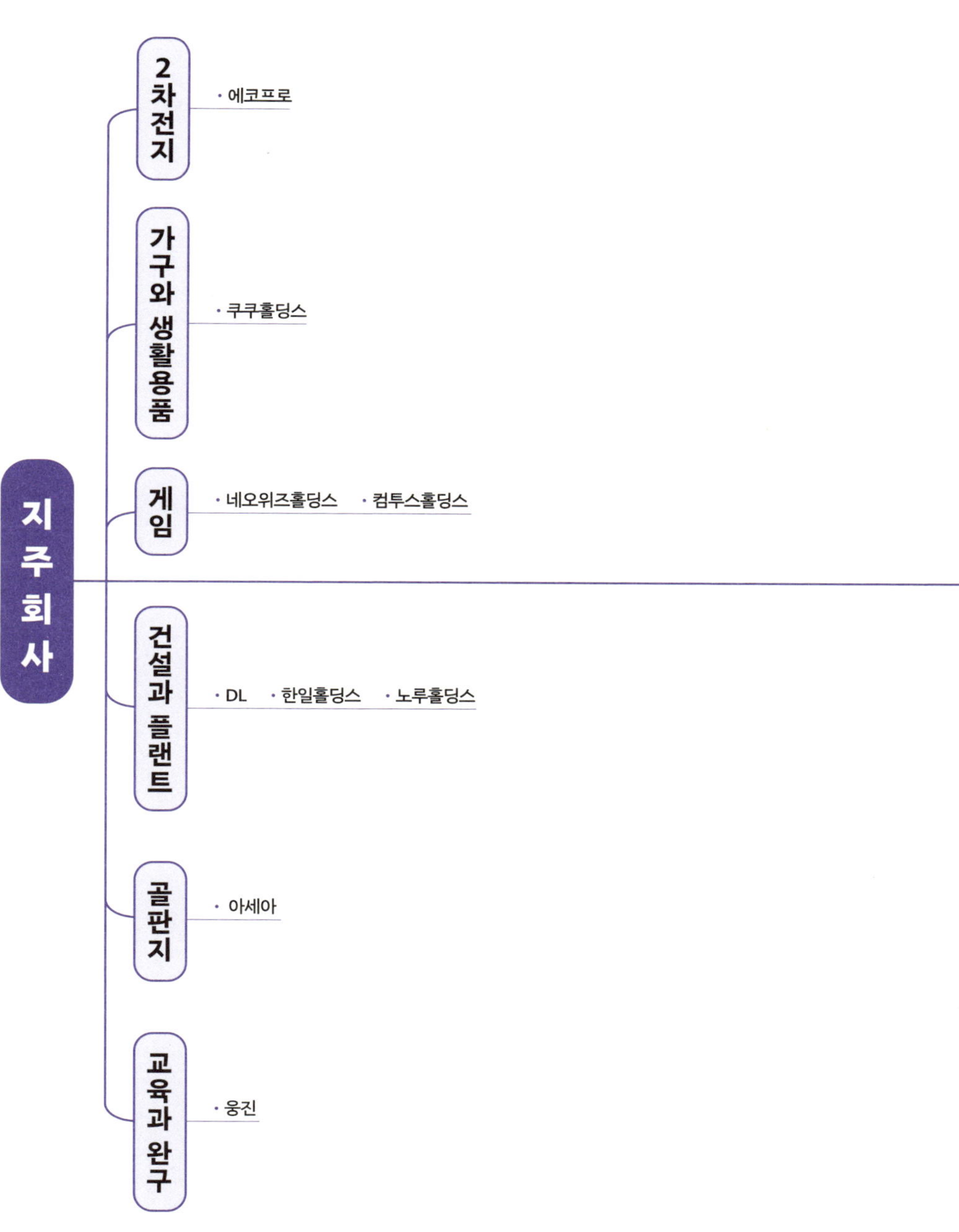

지주회사
2차전지
· 에코프로
가구와 생활용품
· 쿠쿠홀딩스
게임
· 네오위즈홀딩스   · 컴투스홀딩스
건설과 플랜트
· DL   · 한일홀딩스   · 노루홀딩스
골판지
· 아세아
교육과 완구
· 웅진

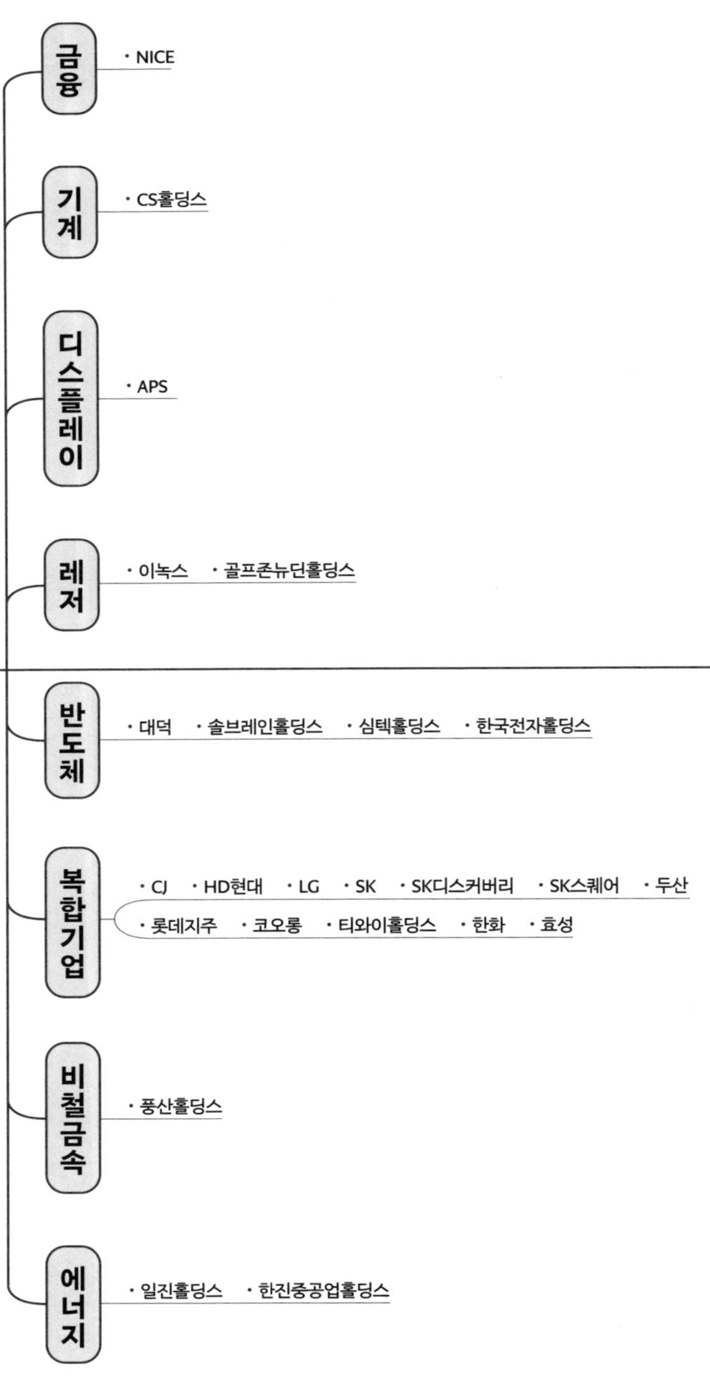

금융
· NICE
기계
· CS홀딩스
디스플레이
· APS
레저
· 이녹스   · 골프존뉴딘홀딩스
반도체
· 대덕   · 솔브레인홀딩스   · 심텍홀딩스   · 한국전자홀딩스
복합기업
· CJ   · HD현대   · LG   · SK   · SK디스커버리   · SK스퀘어   · 두산
· 롯데지주   · 코오롱   · 티와이홀딩스   · 한화   · 효성
비철금속
· 풍산홀딩스
에너지
· 일진홀딩스   · 한진중공업홀딩스

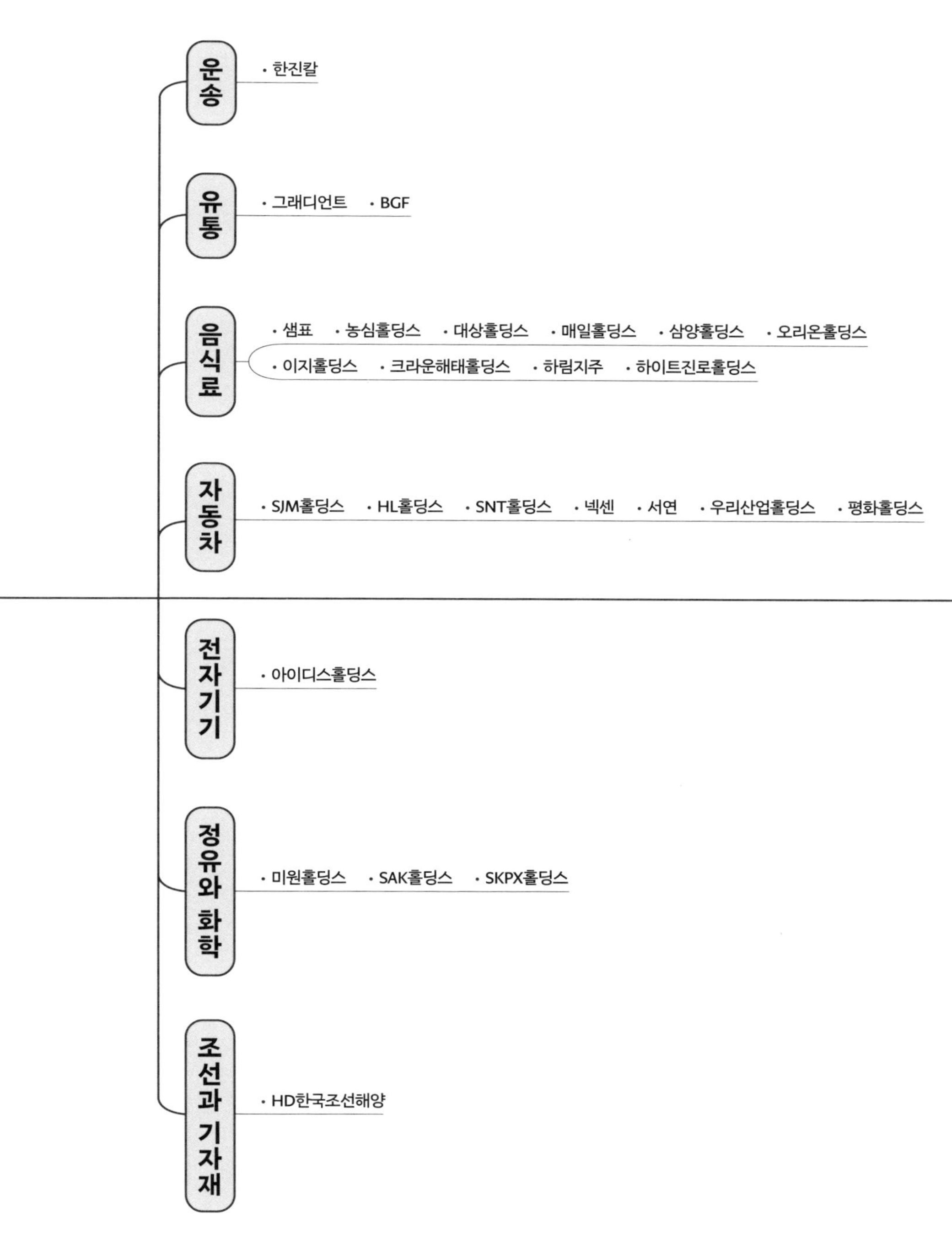

운송
· 한진칼
유통
· 그래디언트   · BGF
음식료
· 샘표   · 농심홀딩스   · 대상홀딩스   · 매일홀딩스   · 삼양홀딩스   · 오리온홀딩스
· 이지홀딩스   · 크라운해태홀딩스   · 하림지주   · 하이트진로홀딩스
자동차
· SJM홀딩스   · HL홀딩스   · SNT홀딩스   · 넥센   · 서연   · 우리산업홀딩스   · 평화홀딩스
전자기기
· 아이디스홀딩스
정유와 화학
· 미원홀딩스   · SAK홀딩스   · SKPX홀딩스
조선과 기자재
· HD한국조선해양

종이와 포장재
· 한솔홀딩스

제약과 바이오
· JW홀딩스   · 녹십자홀딩스   · 대웅   · 동아쏘시오홀딩스   · 일동홀딩스
· 제일파마홀딩스   · 종근당홀딩스   · 진양홀딩스   · 한미사이언스   · 휴온스글로벌

철강과 광물
· LX홀딩스   · 세아홀딩스   · 세아베스틸지주   · 세아제강지주

통신
· 유비쿼스홀딩스

패션
· 영원무역홀딩스   · F&F홀딩스   · 한세예스24홀딩스

화장품
· 아모레G   · 한국콜마홀딩스

2026~2027
대한민국 산업지도

초판 1쇄 발행 2026년 1월 12일

지은이 이래학
브랜드 경이로움
출판 총괄 안대현
책임편집 이제호
편집 김효주, 심보경, 정은솔, 이수빈
마케팅 김윤성
표지디자인 양희아
본문디자인 김혜림

발행인 김의현
발행처 (주)사이다경제
출판등록 제2021-000224호(2021년 7월 8일)
주소 서울특별시 강남구 테헤란로33길 13-3, 7층(역삼동)
홈페이지 cidermics.com
이메일 gyeongiloumbooks@gmail.com (출간 문의)
전화 02-2088-1804 **팩스** 02-2088-5813
종이 다올페이퍼 **인쇄** 재영피앤비
ISBN 979-11-94508-69-4 (03320)